煤电能源供应链风险递展动因分析及风险控制模拟模型研究

谭忠富　刘平阔　刘文彦　著

国家自然科学基金项目"煤电能源供应链风险递展动因分析及风险控制模拟模型研究"（71273090）资助出版

科学出版社

北　京

内 容 简 介

本书第 1 章为绪论，第 16 章为政策含义与展望。其余内容共分为四个部分：第一部分为煤电能源交易稳定匹配的研究，包括第 2 章到第 5 章。第二部分为能源供应链风险递展的分析，包括第 6 章到第 10 章。第三部分为能源供应链风险管控方案的设计，包括第 11 章到第 13 章。第四部分为煤电能源供应链的经济效率和环境效益的讨论，包括第 14 章和第 15 章。本书通过对中国煤电能源供应链风险递展机理分析，补充供应链风险理论研究前辈们的成果，完善能源供应链风险管理理论体系，为能源体制改革中的相关问题提供理论依据和技术支持。

期望本书能为能源管理部门、能源企业联盟组织及其决策者提供参考，并供相关领域的研究学者阅读参考。

图书在版编目（CIP）数据

煤电能源供应链风险递展动因分析及风险控制模拟模型研究/谭忠富，刘平阔，刘文彦著. —北京：科学出版社，2016.12
ISBN 978-7-03-051265-9

Ⅰ. ①煤⋯ Ⅱ. ①谭⋯ ②刘⋯ ③刘⋯ Ⅲ. ①煤炭工业—工业企业管理—供应链管理—风险管理—研究 Ⅳ. ①F407.21

中国版本图书馆 CIP 数据核字（2016）第 314167 号

责任编辑：马 跃 刘英红 / 责任校对：钟 洋
责任印制：张 伟 / 封面设计：无极书装

科 学 出 版 社 出版
北京东黄城根北街 16 号
邮政编码：100717
http://www.sciencep.com

北京京华虎彩印刷有限公司 印刷
科学出版社发行 各地新华书店经销
*
2017 年 6 月第 一 版 开本：720×1000 B5
2017 年 6 月第一次印刷 印张：20 3/4
字数：409000
定价：120.00 元
（如有印装质量问题，我社负责调换）

前　　言

中国的能源体制正处于新一轮电力体制改革和供给侧改革的过程中；煤炭产业和发电产业的改革是中国全面深化改革的重要组成部分。2016 年 4 月，国家发展和改革委员会、国家能源局发布《关于促进我国煤电有序发展的通知》（发改能源〔2016〕565 号），通知提出了 13 项具体要求：建立煤电规划建设风险预警机制；结合风险预警适时调整相关措施；强化规划引领约束作用；严控各地煤电新增规模；按需推进煤电基地建设；加大淘汰落后产能力度；取消一批不具备核准条件煤电项目；缓核一批电力盈余省份煤电项目；缓建一批电力盈余省份煤电项目；严格按程序核准建设煤电项目；强化事中事后纵横协调监管；加强专项监督检查；严厉查处违规建设。研究中国煤电能源供应链的风险递展及风险控制问题，加强相关学科领域的建设，跟踪分析并剖析改革热点问题，可为中国拟定改革方案和路线、优化改革措施起到重要的借鉴作用，为产业的科学发展提供依据和参考。

本书共分为 16 章。本书对现阶段中国煤电能源供应链的市场环境和政策环境进行分析，研究能源供应链的结构、行为及绩效，针对供应链风险管理问题进行专题论述，形成适合中国煤电能源供应链风险管理实际情况的一般性理论体系，并构建分析模型，提供管理工具，以期对中国电力体制深化改革、推动能源部门供给侧改革和促进能源产业发展提供参考和帮助。

在写作过程中，得到了国家自然科学基金项目"煤电能源供应链风险递展动因分析及风险控制模拟模型研究"（71273090）的资助，并得到了国务院国有资产监督管理委员会、国家能源局、国家电网公司、国网天津市电力公司、北京供电局、国华电力（国华准电、河北三河）、神华新疆、大唐国际、神华包神铁路、河南电网电力交易中心、首创证券、华北电力大学（经济与管理学院）以及上海电力学院（经济与管理学院）等相关部门、企业、单位的各级领导、专家和员工的支持和配合，在此表示衷心的感谢和真挚的敬意。

囿于作者的能力水平，作者虽然对著作各个部分进行了反复研究和推敲，但难免存在疏漏和不足，恳请各位读者谅解，并期待着您的评判指教！

作　者

华北电力大学第一教学楼

2016 年 10 月

目　　录

第 1 章 绪 论

1.1 煤电能源供应链风险管理课题背景及研究目的

1.1.1 煤电能源供应链风险管理选题背景

在世界能源结构中，煤炭一直处于非常重要的地位，尤其是在中国的资源禀赋决定了中国的能源结构以煤为主，而且短期内不会发生改变的情况下。中国的电力工业以燃煤火电为主，煤炭的最大用户是发电企业，而且，煤炭与发电都是投资大、周期长的基础产业，煤炭与发电的协同关系非常重要，而价格的协调又是其关键所在。煤电价格协调的关键在于发电结构调整，其次是煤电产业链的价格调整。煤电价格协调关系到整个国民经济的健康发展，是一个长期的过程，真正的煤电价格协调依赖于煤电价格机制的完善。

中国煤电价格机制的目标是政府指导下的市场化机制，但当前运行的机制还远不是市场化机制，主要体现的是政策性，而不是市场性。温家宝总理在十一届全国人大二次会议上的政府工作报告中指出，"2009 年将推进资源性产品价格改革。继续深化电价改革，逐步完善上网电价、输配电价和销售电价形成机制，适时理顺煤电价格关系"。2009 年 12 月 14 日，国家发展和改革委员会（简称国家发改委）公布的《关于完善煤炭产运需衔接工作的指导意见》指出，中国将进一步推进煤电价格形成机制改革，理顺煤电价格关系。

在产业链中上游、下游企业之间的竞争不应该是单个企业与企业之间的竞争，而应该是产业链之间的竞争。在这种情况下，产业链上的企业除了考虑自身的利益外，更需要考虑整个产业链的竞争力和利益。因此在煤电产业链中，上游、下游企业之间必须在考虑自身利益的同时，更加注重相互合作，从而追求整个产业链整体利益的最大化。煤电联动的比例需要进行调整优化，包括煤炭价格、电力价格连续上涨的幅度限制等。

中国是目前全球最大的发展中国家，尚未完成工业化、城镇化进程，中国人均国内生产总值（GDP）仅相当于全球平均水平的 70%左右，面临改善民生、发展经济、保护环境和应对气候变化的巨大压力，中国社会经济发展中仍然存在不协调、不平衡、不可持续等问题，因此改变传统的粗放型发展方式迫在眉睫。

2015年10月26日召开的十八届五中全会审议通过了《中共中央关于制定国民经济和社会发展第十三个五年规划的建议》，阐明了党和国家的战略意图，顺应了中国经济发展新常态的内在要求。创新、协调、绿色、开放、共享五大发展理念，对破解发展难题、增强发展动力具有重大指导意义。2014年、2015年，全社会的用电量均为5.5万亿千瓦时左右，即用电量几乎没有增长。相反的，中国每年的新增电力装机却持续在1亿千瓦以上，累计装机已达近15亿千瓦。

2016年2月2日，中国电力企业联合会（China Electricity Council，CEC）发布的《2016年度全国电力供需形势分析预测报告》指出，从供给侧看，预计2016年全年新增发电装机1亿千瓦左右，其中非化石能源发电装机约为5 200万千瓦；预计2020年中国的总装机会超过20亿千瓦。2016年上半年，全社会每年的用电量都在5.5万亿千瓦时左右，目前也没有出现电荒等拉闸限电的情况。因此，目前的15亿千瓦总装机已完全可以满足未来几年的电力市场需要，甚至可能会过剩。中国每年的新增装机中，火电占比仍然过高：2015年，新增火电装机超过6 000万千瓦，预计"十三五"期间，火电还将至少增加2亿千瓦装机。政府也尤为关心煤炭和煤电陷入困境等问题，而这类问题不可能使用行政手段解决。在市场经济时代，"去产能"是行业自动实现的，转型也是必需的。

1. 煤炭亏损

2016年1月20日，中国煤炭工业协会（China National Coal Association，CNCA）于北京召开了2015年度煤炭工业改革发展情况的发布会。根据中国煤炭工业的数据显示，在统计的90家大型煤炭企业中，产量在行业中占比为69.4%，但2015年的前11个月，这90家大型煤炭企业的利润只有51.3亿元，同比减少500亿元，降幅为90.7%，中国全社会的存煤连续4年超过3亿吨。

2016年年初亏损煤炭企业的占比肯定超过了90%，截至2015年年底，环渤海动力煤价格指数已经跌至370元/吨，若该价格维持一年，中国的整个煤炭板块必然均出现亏损。自2012年以来，由于下游煤炭需求持续疲软、煤炭供大于求，再加上海外煤炭进口量持续上升等因素的影响，全国煤炭价格出现回落，而且一直"持续"到现在。由秦皇岛海运煤炭交易市场发布的环渤海动力煤价格指数的走势也表明煤炭价格确实在持续降低。秦皇岛的发热量为5 500大卡/千克动力煤（1大卡≈4 185焦耳），已经从2011年10月最高点的860元/吨，降到2015年年底的370元/吨，甚至一度跌破这个数。2016年1月20日，最新出炉的环渤海动力煤价格指数报收于372元/吨，虽然比2016年1月13日上涨了1元/吨，但仍处于低位徘徊阶段。从企业角度看，2016年1月17日，神华集团发布了一则关于2016年1月各煤种价格政策的消息：环比2015年12月的现汇售价，神华销售集团与用户谈判之后确定的各煤种价格有涨有跌，但总体上涨 2.68 元/吨。一方面 1 月是一年当中煤耗最高的阶段，另一方面在煤矿限产保安全和煤矿放假影响下，1 月整体产量不足，全国煤炭市场处于阶段性企业稳定时期，煤炭价格小涨也是正常的，但 2016 年全年的煤炭价格形势并不容乐观。

之所以煤炭价格备受各方关注，是因为影响煤炭企业收入、盈利水平的最直接要素就是煤炭价格，而持续降低的煤炭价格让整个煤炭行业面临亏损。由于煤炭严重供过于求，煤炭价格还在下滑，2015 年煤炭行业亏损面超过了 90%，这已经得到了各方面的认可。值得注意的是，截至 2015 年年底，环渤海动力煤价格指数跌至 370 元/吨，与之比较的 2015 年年初的环渤海动力煤价格则是 525 元/吨。这是一个逐步下跌的过程，直到 2015 年 10 月以后，煤炭价格才降到 380 元/吨直至 370 元/吨。

2. 火电受限

2015 年前两季度，中国新投产的火电项目约为 2 343 万千瓦，同比增长 55%，使火力发电技术总装机容量达 9.35 亿千瓦；各地火力发电项目核准进程加快，核准在建规模约 1.9 亿千瓦。然而中国电力企业联合会发布的 2015 年前三季度电力供需形势分析预测报告显示：由于中国工业生产下行、工业转型升级、产业结构调整等宏观经济因素的影响，中国前三季度全社会用电量仅为 4.13 万亿千瓦时，同比增长 0.8%，增速同比回落 3 百分点。根据中国电力企业联合会的预测，在"十三五"期间，中国能源发展将进入一个低速增长期，2002 年到 2008 年能源平均增长 8% 的情况将不会再出现。从煤炭资源和其他能源增长的整体情况分析，2015 年中国能源可能会出现负增长。

2015 年前三季度，火力发电装机利用小时数为 3 247 小时，同比减少 265 小时；对比 2014 年，利用小时数降幅持续扩大。虽然需求下降，但建设进度却在提速。2015 年前三季度火力发电增加了约 3 955 万千瓦，全年或超 5 500 万千瓦。在建火电项目仍有近 8 000 万千瓦。一方面，目前中国依然存在火力发电增速回落甚至负增长的现象，另一方面，中国清洁能源出现了大量的弃风、弃水、弃光的现象。此时，"十三五"电力市场中的无序竞争将可能进一步恶化；在市场规则不健全的情况下，发电产业将处于极为不利的地位。

由此可见，能源系统性规划极为重要，尤其是需求调整亟待解决。中国西部的煤电基地仍在发展，一方面是煤电机组出现停产、停运，另一方面是一部分的大型煤电也在努力发展，争取上网。在"十三五"期间，不合理的规划将造成经济和投资的极大浪费，且电力调度也无法协调和优化。截至 2020 年，中国煤电装机容量可能会超过长期煤电总装机的需要峰值，届时将产生上亿千瓦煤电机组过剩产能的问题，并意味着火力发电机组成为沉没成本而永久过剩。

因此，针对能源系统性规划，控制建设规模、放缓火电开工、控制煤电机组、优化电力调度、推动清洁能源、发展分布式可再生能源刻不容缓。

1.1.2　研究意义及目的

1. 煤电能源供应链结构布局风险控制有利于节能减排

电力不仅是能源生产者，更是能源消费者，电力所用原煤占全国总量的 60% 多，以电力为中心的能源供应链节能问题非常关键。中国近 80% 的电量主要来自于燃煤，而煤炭需要铁路、公路、船舶运输到电厂，铁路运输将耗用电能，公路、船舶运输将产生油耗。可见，电源布局应该与大型煤电基地规划吻合，建设大型坑口电厂以降低煤耗率，还可以减少煤炭运输带来的二次能源消耗及污染排放。火电机组容量结构对煤耗率影响很大，13.5 万千瓦及以下机组平均煤耗超过 390 克标准煤/千瓦时，30 千瓦亚临界机组平均供电煤耗为 330 克标准煤/千瓦时，60 万千瓦超临界机组供电煤耗仅为 270 克标准煤/千瓦时。中国平均发电煤耗率如果达到日本的水平，按 2010 年年底发电量计算，每年可以节约 1 亿吨标准煤左右。可见，电源结构优化（降低燃煤机组比例，提高大型燃煤机组、可再生能源发电比例）不仅可以节约煤炭，还可以降低运煤过程中的油耗、电耗，且减少污染排放。再者，电网结构优化（提高输电电压等级、输电代替输煤）可以减少"窝电"，减少输配电损失（中国输配电损失率比日本高出 10%，如果中国能达到日本的输配电损失率水平，每年可减少输配电损失 700 多亿千瓦时，相当于 2 665 万吨标煤），减少运煤能耗，进而减少污染排放。

2. 煤电能源供应链投资周期关系风险控制有利于减少社会损失

电力不能储存，生产与消费需要保持时时平衡；电力投资高度密集、回收期长。如果电力发展严重"超前"就会造成电力设施的闲置，反之，如果发展"滞后"又会导致缺电，带来国民经济损失。电力发展的忽高忽低也会带来煤炭发展的忽快忽慢，如电力短缺带来"扩建电源—扩建电网—增加煤炭生产规模"，而电力过剩带来"减少电源投资—减少电网投资—压缩煤炭生产规模"，该链条的每个环节投资都需要一个周期，周期的不同步就会带来煤电产业投资链的一次次起伏，造成社会资源的巨大损失，国有投资损失一般又会通过价格转嫁给社会用户。

3. 煤电能源供应链价格关系风险控制有利于供应链稳定

电力产业是煤炭产业的最大用户，煤炭是发电所用的重要能源，二者彼此相互依赖、相互影响。如果电力中断，几乎所有的产业都将不能正常运转。煤电能源供应链的协调发展可以保证电力的正常运转，为社会生产与生活稳定提供保障。近几年，随着国际煤炭价格的走高、发电装机的迅速扩展，煤炭需求出现激增，煤炭市场价格不断上涨。而发电企业电价由政府管制，煤价又构成了发电运行成本的70%，利润会随着煤价上涨而被压缩，甚至出现亏损，于是，每年的煤电价格之争愈演愈烈，甚至出现了一些燃煤发电商由于亏损而放弃发电的现象，从而使电力供应出现结构性短缺。尽管国家发改委2004年年底出台了煤电联动政策，但是由于煤、电两个利益集团对价格联动的科学依据均存质疑，政策无法得以执行。可见，煤电价格关系风险控制问题有必要进行研究以减少煤电能源供应的不稳定性。

4. 煤电能源供应链经济运行风险控制有利于增加各主体利益

中国发电产业每年的含硫氧化物、温室气体（greenhouse gas，GHG）排放量在所有工业中占首位。通过发电节能调度可以节约煤炭，如优先安排水电、风电以减少燃煤机组燃料消耗，同是火电机组，应先调用煤耗率低的机组，这样可以减少发电燃煤，减少污染排放。另外，用户环节的有序用电可以减少发电投资，改善电网运行经济性，减少用户电费开支，改善负荷曲线，节省发电端煤炭消耗，减轻煤炭运输负担，节约运输能耗，减少污染排放。对用户端采取峰谷分时电价，即把一天分为尖峰、高峰、低谷、平段四个时段，分别设计不同的电价，可以进行削峰填谷，提高发电侧的能源效率。美国数据表明利用电价进行调峰的手段与采用抽水蓄能机组、燃油、燃气调峰机组等物理手段相比，发电环节的成本可以节省至少1/2，也有利于用户环节节约电费。

5. 煤电能源供应链发展与风险管理有利于电力体制改革

中国电力体制改革持续近14年。改革过程中的电力体制改革大事记总结如表1-1所示。

表1-1 中国电力体制改革大事记

时间	事件
2002年	国务院《电力体制改革方案》（5号文）下发，开启第一轮电力体制改革
2003年	启动东北电力市场试点和华东电力市场试点
2013年4月	国家发改委经济体制综合改革司立项研究售电侧电力体制改革研究
2014年6月	中央财经领导小组会议强调抓紧制订电力体制改革总体方案
2014年9月	广东省启动电力直接交易深度试点工作
2014年10月	《中共中央 国务院关于进一步深化电力体制改革的若干意见》征求意见稿下发
2014年11月	深圳市启动输配电改革试点
2014年11月	《中共中央 国务院关于进一步深化电力体制改革的若干意见》上报
2015年3月	新一轮电力体制改革"三放开、三加强、一独立"的中发〔2015〕9号文颁布

在新一轮电力体制改革中，《中共中央 国务院关于进一步深化电力体制改革的若干意见》中在主要的"三放开、三加强、一独立"核心内容上的规定包含了5个

亮点：亮点1，明确定位电网职能，即电力输送高速通道。亮点2，强调促进分布式能源发展，实现新一轮电力体制改革的重要目的。亮点3，发电侧和售电侧同时放开，构建新市场，探索增长点和发展机会。亮点4，从电网系统中剥离电力交易部门，促进发展区域电力交易平台。亮点5，由中国共产党中央政治局常务委员会对定稿进行讨论，以中共中央和国务院的名义下发改革文件，彰显政府对电力体制改革的决心。

随着中国市场经济的深入发展，电力体制改革的推进刻不容缓。新一轮电力体制改革的核心是"管住中间，放开两端"，即放开发电侧、售电侧市场，监管电网。发电侧在过去十多年实施厂网分开、实行竞价上网，已初步形成竞争、开放的市场格局。在新电力体制改革重启之时，售电市场因其自然垄断性较弱，改革的阻力相对较小，成为政府部门、专家学者和社会公众的关注聚焦点。放开大用户直接购电、放开电网末端市场的售电侧改革成为当前电力体制改革的切入点。

一方面，此次电力改革的力度、广度和深度超越以往，售电侧改革的政府预期、电网企业的发展定位、改革承接方案、推进实施路径等研究论证工作迫在眉睫。售电侧放开市场机制下的电力交易模式是对电力改革顶端设计方案的具体承接和实际执行，是建设统一开放、竞争有序的市场体系的重要组成部分，它必须与中国经济体制改革进程和经济社会发展阶段相适应，必须与能源发展战略和低碳经济发展要求相协调。在新的电力体制改革形势下，如何设计电力市场交易体系模式、如何构建有效的市场结构和交易机制直接关系到市场的运行效率和运营秩序，直接影响政府、电网公司、电力生产者、电力消费者等各相关方的利益，直接影响市场主体参与交易的积极性，甚至很大程度上决定改革的成效，并对公司参与电力体制改革、未来的发展和定位有重要影响和意义。

另一方面，中国电力工业长期以来固化下来的以电价体系为核心的利益分配格局渗透国民经济的各个方面，并形成了相对稳定的秩序。售电侧市场化改革伴随着市场主体利益格局的重新调整，必将影响电力市场资源的配置效率和配置公平度，进而影响市场主体的承受能力。因此非常有必要在交易体系模式设计阶段，深入研究剖析国家顶层改革形势的政策信号和发展预期；对各主要交易模式执行过程中改革的成本和收益进行测算分析，量化不同市场主体执行交易机制所造成的盈利损益状况，分析不同交易模式的适用性；对电力交易潜在风险进行度量预判，防范和纠偏电力市场交易中的不利因素和负面影响；建立电力市场体系建设的支撑机制，提出有效规避电网企业盈利风险的政策建议，增强交易体系模式的科学性和针对性，促进售电侧放开的电力市场持续完善成熟，实现渐进式改革的有序推进、市场主体的平稳过渡。

6. 煤电能源供应链发展有利于履行巴黎气候大会承诺

2015年12月12日，世界各国在巴黎气候大会上通过了一份由各国专家共同撰写的文件，其中要求中国在环境问题上做出更多的承诺，同时该文件中还有一个计划长远的项目用以指导中国该如何规范其行为。中国政府的思维模式开始有了显著变化，逐渐正视气候环境与能源、社会可持续发展的协调发展。自 2000 年以来，全球 2/3 的二氧化碳排放量的增长量都来自中国。2008 年以前，中国环境保护部均未制定相应的政策，环境问题只是其外交政策的一个小分支；2012 年，各市政府开始公布空气污染数据。但中国提出的"在 2030 年前控制碳排放"的决定与以往的"发展中国家的中国不应该被规定做出绝对数目的减排目标"立场完全不同，中国明确提出大幅减少碳浓度（即每单位 GDP 的排放量）达五分之一的目标，同时将增加五分之一用除化石燃料以外的清洁能源发电的电量。在现存计划之外，政府拟在 2017 年开始运行全国碳排放交易系统，甚至开始拟定征收碳排放税，而在许多发达的西方国家这都是一件避而不谈的事。

政府希望环境问题可以得到国内广泛共识，增加改革进程、增强改革效果，保证经济的持续稳定增长。与此同时，中国面临能源枯竭问题。近几年中国是煤炭净进口国，而煤炭发电量占中国总发电量的 2/3。全球 2014 年生产煤炭 81.6 亿吨、石油 42.2 亿吨、天然气 3.5 万亿立方米，全球化石能源剩余探明可采储量折合标准煤有 1.2 万亿吨。作为世界能源消费第一大国，中国的能源资源更为紧缺，煤炭、石油、天然气可采年限分别仅为世界的 1/3、1/5、1/2。能源对外依存度持续提高，2014 年石油、天然气对外依存度分别达到 60%、32%。能源安全关系到国民经济持续发展和社会进步保障，能源对外依存度已经被各国提升至国家战略高度关注。气候变化将导致冰川融化、海面上升、粮食减产、物种灭绝等，是全人类面临的最紧迫、最严峻的挑战。工业革命以来，大气二氧化碳上升超过 40%，目前已经达到 0.04%的浓度。全球地表平均温度上升了 0.85℃，如不尽快采取行动，到 21 世纪末，大气二氧化碳浓度将超过 0.045%的浓度的警戒值，全球升温将超过 4℃。经济粗放型增长方式而导致的化石能源过度消耗，是造成环境污染和气候变化的关键因素。联合国政府间气候变化专门委员会（Intergovernmental Panel on Climate Change，IPCC）分析，温室气体的主要部分为二氧化碳，其中化石能源消费活动所产生的二氧化碳排放量约占人为二氧化碳排放量的 90%以上。同样，全球性的气候条约有利于进一步实施重构经济。中国各省级政府及各个国有企业领导必须在考虑淘汰落后产能的同时，着手解决低碳减排的问题。即使国有产业的用电量下降了，民用和私营企业的用电量也会上升。另外，由中央政府制定有关环境的法律法规常常无法在地方得到高效的执行。但对中央政府而言，变更中国的行为模式也开始有了政治必要性。

气候变化是当今人类社会面临的共同挑战。中国是全球最大的发展中国家，人口众多，地形地貌条件复杂多样，经济发展中的不平衡、不协调、不可持续的问题依然突出，极易遭受气候变化不利影响。积极应对气候变化，既是中国广泛参与全球治理、构建人类命运共同体的责任担当，更是我们实现可持续发展的内在要求。现在，气候变化问题已成为中国外交的重点之一，政府必须要拿出遵守承诺的行动。以经济增长为核心的传统发展观虽对促进经济增长起了积极作用，但经济高增长发展过度依赖化石能源，导致气候变化、能源安全、环境污染、气候变化问题日益突出，威胁到人类的生存与发展。截至2015年年底，已有中国、美国、欧盟等121个国家和地区提交了国家自主贡献文件，做出了减排承诺，为应对气候变化奠定了坚实基础。中国也必须具有其自身可用的方法处理能源、环境、社会的协调发展问题。

7. 煤电能源供应链发展有助于实现能源发展"十三五"规划

中国已基本明确了未来能源发展和能源改革的战略方向，任务主要集中于能源消费总量控制、煤炭清洁高效利用、清洁能源大力发展、能源体制改革等方面。2015年1月至2016年2月，国家政府起草制定能源发展"十三五"规划；2016年3月至2016年5月，国家开展能源发展"十三五"规划的上报等工作。

在能源发展规划中，明确首要任务是"控制煤炭消费"。中国已进入推进能源体制革命的关键战略机遇期。在"十三五"期间，中国将加快建设安全、清洁、高效、低碳的现代能源体系，目前的首要任务是控制煤炭消费总量、提高煤炭清洁利用率以及适度发展现代煤化工产业。规划中，明确以"优化能源布局"为发展的总体思路。中国能源发展中存在"供需逆向分布"和"能源与水逆向分布"两大矛盾；"对能源布局进行优化"成为能源发展"十三五"规划的总体思路。针对中国能源资源禀赋差异的限制约束问题，规划中的能源生产布局依旧是"五基两带"[①]。预计在"十三五"期间，十四个大型煤炭基地的煤炭产量约占全国产煤量的95%以上。由于煤炭市场供过于求，因此对煤炭基地的规划将进行层次划分：黄陇、蒙东和陕北基地应优先，宁东、神东、山西（晋北、晋中和晋东）基地应巩固，河南、冀中、鲁西、两淮基地应限制，新疆基地应优化。另外，蒙华铁路将成为"十三五"期间重要的规划投产煤炭运输铁路。预计截至2017年，蒙华铁路将达到1亿吨煤炭的年运能，未来将实现2~3亿吨；同时由蒙华铁路所输送的煤炭的成本将会降低，每吨可节省200元的运费成本，相当于每千瓦时的火电上网电价降低0.1元。蒙华铁路作为专用性动力煤输送通道，既会对中国能源布局的协调产生深远影响，也会对华东地区缺电的问题起到缓解作用。在能源发展规划中，能源"十三五"发展规划的核心内容将是"保障能源安全、提高能源利用效率"。气候环境问题、资源问题、节能降耗压力以及减排压力等迫使并推动中国传统能源产业转型升级的步伐加快，而产业转型与产业升级是中国能源产业

---

① 五大能源基地包括东北、山西、鄂尔多斯、西南、新疆；两个能源开发带包括核电及海上。

的必经之路。战略方向上，中国将在"十三五"时期构建发达的现代产业体系；能源发展规划是一个导向，但目标会随中国能源产业的发展变化而不断进行调整。

在能源发展规划的细分领域中，也对煤炭产业和发电产业指明了发展方向。

1）煤炭：控制消费总量

中国"十三五"能源发展规划的重要任务是控制能源消费总量，其中的重点是控制煤炭消费总量，煤炭消费占比将从现有的 66% 降至 60% 以下。经济发达的省、直辖市将承担煤炭消费量控制的重点任务。根据"十三五"期间的能源消费总量分析，煤炭仍是主要的发电动力；因此，在保证减少散煤燃烧的目标下，集中、高效的燃烧将成为煤炭利用的未来发展方向。针对煤化工产业发展问题，从国家政府顶层设计思路的层面分析，现阶段中国煤化工产业仍需要稳步而有序的发展，这既是中国提供战略储备的必要，又是煤制油气作为替代能源的应急需求保证，更是中国在国际事务中谈判的信心保障。

2）电力：绿色化、智能化、市场化

2014 年 6 月，由习近平总书记提出的能源"四个革命、一个合作"战略构想对中国能源规划（尤其是中国电力规划）提出了更严的发展要求并给予了更高的发展期望，战略构想标志着中国进入了能源生产和能源消费的革命新阶段。在遵循"新常态"发展形势的前提下，为了适应新阶段的电力发展需要，亟须对"十三五"时期的电力规划进行统一性、创新性和革命性的调整。"十三五"期间以及未来一个阶段，在保证电力发展增量空间的基础上，中国电力应当适应社会经济"新常态"的环境，政府和电力部门应树立全面、系统、协调、稳健的电力规划理念，建立统一、有序的规划发展机制，采取科学合理的综合性能源资源规划方法，宏观把握，统筹存量调整与增量优化，形成更为高效、低耗、安全、智能的现代电力系统，全面提升经济效益、系统效率和环保水平。

3）火力发电：合理调控煤电装机

在"十三五"期间以及未来一个阶段中，火力发电技术发展将面临更为严峻的发展形势。从供需均衡看，目前已经核准和审批的火力发电项目发电能力已超过规划期内的新增电力需求。遵循"非化石能源优先发展"的原则，在考虑清洁能源、新能源的发电优先上网的前提下，规划期内的火力发电技术发电量的增长空间仅为 9 000 亿千瓦时左右；按装机平均利用小时数为 4 500 进行估算，"十三五"新增火电装机容量仅需 2 亿千瓦。但目前全国火电机组核准已发路条的火电项目规模约 2 亿千瓦，若上述项目均可在规划期间建成投产，则截至 2020 年中国火电装机将达 13 亿千瓦，规模比 2015 年增长近 3 亿千瓦。若"十三五"能源发展规划中不对煤电产业进行合理规划和调控，则在 2020 年，中国煤电规模将会超过长远未来煤电总装机所需要的峰值。以上的电力规划问题是"十三五"规划与以往的五年规划所不同的方面。

8. 煤电能源供应链发展与风险管理有助于实现煤电联动机制

2012 年 12 月 25 日，国务院发布了国办发〔2012〕57 号文件《国务院办公厅关于深化电煤市场化改革的指导意见》，明确提出自 2013 年起取消由政府相关部门组织煤炭企业和重点电力企业签订的重点煤炭合同，取消电煤价格双轨制以实现中国电煤价格的并轨，通过交易机制，促使煤炭企业和燃煤发电企业自主协商，确定生产要素的交易价格，以完善煤电价格联动机制。

煤电联动机制意在缓解煤电价格矛盾，但在"市场煤、计划电"的情况下，机制实际的作用效果并不明显，原因有三个：首先，煤炭价格的波动与物价总水平的波动高度相关，政府控制物价总水平的措施会推迟或停止煤电价格联动机制发挥作用；其次，受区域经济发展水平、机会主义行为、运力等因素的制约，煤炭交易过程出现价格扭曲，出现了"制度失灵"；最后，中国的电价体现着公共政策目标，社会公众对电价上涨或波动预期不足，造成了实施煤电联动的障碍。

动态联动过程的核心为煤电价格联动（图 1-1）。煤炭企业与燃煤发电企业的长期成本可影响投资者评价可观测的成本优势，进而影响投资；持续稳定的投资是产业发展的必要条件；生产规模增加的同时，伴随规模经济、学习效应和技术进步的出现，从而提高生产效率，扩大能源产量；供给的增加会使市场中的能源价格下降，但需求的增加会使能源价格增加，在科学合理的中长期规划中，能源价格相对稳定；当上网电价调整时，销售电价同步进行调整。此时，价格联动可将煤炭价格变动情况通过企业变动成本，传导给燃煤发电厂，进而调节供求关系，促进产业技术进步及煤、电生产规模协调发展。

在"煤电联动"机制作用的过程中，随着"成本–价格–投资–规模"联动程度的增大，煤电能源供应链会涉及风险问题，包括政策风险、能源价格风险、煤炭质量风险、金融风险、运输风险、损耗超标、生产事故及自然灾害等。

此外，政府征用和商业侵占也是中国企业应考虑的问题。中小型煤矿（煤炭企业）会因为被战略性取消淘汰[①]而失去对生产性资产投资的信心，此时煤矿所有者会考虑一次性转让所有权，从而促成中国煤矿兼并重组或"煤电联营"。若此时的政府方面缺乏"可信性承诺"，将给独立的煤炭企业中长期的、固定的、通用型的或专用性的投资带来风险。即便投资与改革目的无关，监管交易成本也会随政府征用风险的增加而增加。在这个过程中，煤矿产权的价值可能会被政府低估，煤矿企业无法得到合理补偿。出于自我保护的目的，煤炭企业会制造"泄密风险"。

---

① 根据国家能源局的信息可知，2013 年中国淘汰的煤矿有 1 256 处。

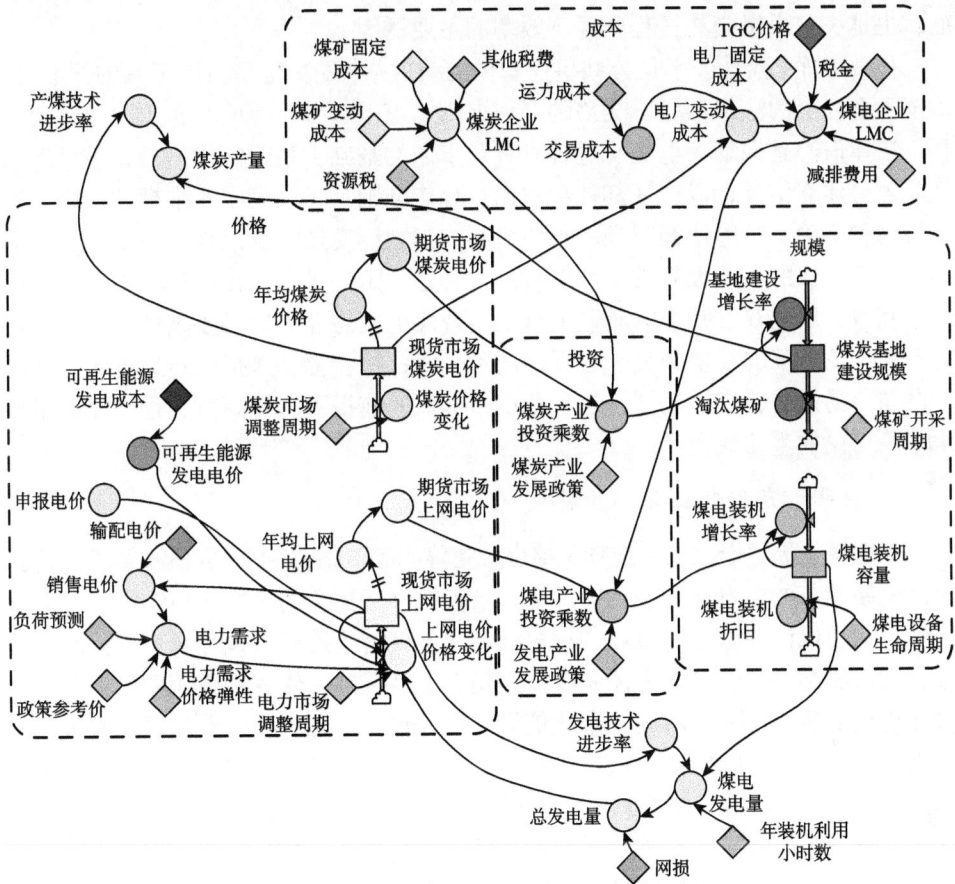

图 1-1　煤电联动机制

1.1.3　煤电能源供应链风险管理选题作用

1. 明确"制度绩效"

制度变迁过程中，作为经济社会系统的考察标准，经济效率和社会公平应作为煤电交易的终极目标。

一方面，煤电交易的经济效率不仅是一个"数量"概念，而且是一个"质量"概念，体现于煤炭和电能的交易量达到均衡、生产成本最小化和交易成本最节约。任何治理结构下的交易量达到均衡时，交易过程不存在供给不足或产能过剩的现象；生产成本最小化要求煤、电双方在劳动、资本工具和资源能源投入最少的情况下，实现生产要素组合最大产出；交易成本最节约则体现交易协调过程中的成本控制问题，且由于治理结构的不同而发生改变。煤电交易边界的适应性（自发适应性和相互协调反应）、激励强度和控制能力，是资源配置过程中的主要效率特征，也是决定煤炭交易过程中经济效率的主要诱因。

另一方面，社会公平是公共事业重要的绩效指标，决定于协调工具的约束力，体现于全社会的法律信心、交易的合作准则、煤电双方平等的利益追求及社会福利。法律信心是保证煤电交易过程具有约束力的基础，基于法律信心，燃煤发电企业才可建立信誉，以实现其社会效用；合作准则是一种克服有限理性、机会主义行为和不确定性等协调问题的契约机制，当制度变迁的预期绩效不明显，也不存在一定形式的（或无效的）补偿机制或修正预定安排时，社会福利将无法实现公平利益；煤电双方平等的利益追求是实现煤电交易公正的必要条件，以避免任何不充分信息下的妥协和交易过程中的不平等；社会福利是指政府通过煤、电的生产与交易过程，在保证煤、电产业健康发展的前提下，提高对其他产业的服务水平及居民的生活质量。

2. 说明"定价政策化与价格失调"

《能源发展"十二五"规划》提出"完善能源价格机制"，价格改革成为能源体制机制改革的重点和核心。电力重组给正在进行重组的煤炭部门增添了压力[①]，因此，为了保证中国煤炭市场的相对稳定，不仅需要持续重视煤炭市场化改革过程，还需始终推动中国电力体制改革进程。价格管制，使煤炭企业和电力企业无法在价格上达成统一，所以，企业依靠专用性政策获得利润，致使其管理水平无法提高。中国电力的价格一直被监管，需求受经济环境的影响，供给受政策规划的约束。煤炭和电能的定价被政策化的原因有三个：首先，煤炭产业和电力产业存在大量沉没投资。一旦进行了投资，煤、电企业必须维持经营，直到收入超过成本。其次，为了实现规模经济，区域市场中的煤炭或电力供给者数量较少，这也是形成垄断的原因之一。最后，煤炭和电力的大规模消费关系着国民经济发展，其定价水平是政府、煤炭企业、电力部门和用电企业关心的重要指标。

2008 年，煤炭价格持续增长，尽管政府提高了平均上网电价，仍解决不了中国燃煤发电企业普遍亏损的局面。2011 年，电煤合同实际执行价格在 2010 年基础上增加约 30 元/吨，致使燃煤发电企业亏损面进一步扩大。电煤价格不仅不能实现发电产业的垄断性利润，而且不能有效地控制生产成本以实现节约。"市场煤、计划电"的定价模式也有悖于市场规律，电价无法随煤价波动及时联动，由此造成的亏损无法通过价格反向传导进行调解，也使电力企业在缺少协调工具时，无法利用私人秩序（或私人安排）解决交易冲突。

3. 避免"可占用准租金与机会主义行为"

中国50%以上的煤炭需求者为燃煤发电企业，致使企业存在大量专用性资产。

---

① Brousseau E. 契约经济学理论与应用. 王秋石译. 北京：中国人民大学出版社，2011.

专用性资产的可占用准租金并非煤炭市场中发电产业的垄断性租金，其产生的原因是在煤、电企业双方交易过程中，未对竞争性资产加以限制。当煤价过低时，一个坑口发电厂与周边煤矿之间会出现这种机会主义行为。一旦煤矿资产安置以后，其迁移费用相对较高，且特定的发电厂对其专用，致使所提供的煤炭不会减少但支付给煤矿的价格有一定幅度的下降。此时，即使在公开、自由的竞争性市场中，作为沉没成本的煤矿设备资产对特定发电厂的专用性仍会产生准租金。由于存在交易成本、信息成本和流动成本，特定的燃煤发电企业占用煤炭企业的特定资产，同时也存在潜在的供给者，但资产的专用化会导致买方垄断。当煤价过高时，在煤炭市场中，供不应求现象是产生煤价过高的内生动力。此时，燃煤发电企业的专用性投资成为沉没成本，特定的煤炭企业占用燃煤发电企业的特定资产，同时也存在潜在的需求者，但资产的专用化会导致卖方垄断。在无政府干预的情况下，由于专用性投资的存在，总会产生"敲竹杠"的现象，讨价还价过程的博弈结果会使煤、电某一方的利润为零[①]。

重点电煤合同意在减轻燃煤发电企业的亏损压力，但若电煤价格存在较大的上涨可能性，电力企业亏损将可能加剧，"煤电之争"的局面也将恶化。当"市场煤"价格高于"合同煤"价格时，煤炭企业普遍拒绝签订长期合同，甚至出现隐藏行为和属性，违反国家煤价调控政策、擅自提高价格的行为，通过降低煤质、以次充好等手段变相涨价，以及通过串通涨价、哄抬价格等违法行为变相弥补差价损失[②]，出现"逆向选择"和"道德风险"问题。然而近几年来，中国煤炭市场持续低迷，煤价一路走低，加之中转港口、接卸港口和电厂煤库存过多，部分电力企业也出现放弃重点合同而转购市场煤的行为。另外，机会主义行为会造成一种不仅是财富分配效应的效率损失：为了改善缔约后讨价还价的能力，即使企业是风险中性的，机会主义行为会也使其承担一种对实际资源进行投入的成本。为了避免"套牢"，企业会减少专用性投资。

4. 鼓励"生产经营权与运力开放"

煤炭行业准入管制相对复杂，产业组织中一方面是大量"小、散、乱"的小型煤矿，另一方面是大型煤炭企业。若煤炭生产过程存在规模经济，则煤炭市场中仅有少量的具有有效规模的煤炭企业提供有效供给。此时，可预期的煤炭供给契约会存在价格超过成本的垄断剩余[③]。若大量的投标并不可行（如重点电煤合同），则这就为燃煤发电企业和煤炭企业的所有权改革提供了明确的"激励"。在

---

① Williamson（1971）认为讨价还价为非生产性行为，对双方都会造成利润损失，所以，应建立避免谈判成本的激励措施。

② 2011年，国家发改委组织对重点省份开展涉煤价格专项检查，重点查处煤炭企业此类违法行为。

③ 若在契约的最终决定阶段，大量的煤炭企业意愿且能够进行投标，这种剩余就可能不出现。

新一轮煤炭重组①中，煤炭卖方主体的市场集中度不断提高。2013 年 6 月 29 日，全国人大常委会通过了对于修改《中华人民共和国煤炭法》的决定，对煤炭行业取消煤炭生产许可证和煤炭经营资格证。改革之初，煤炭经营许可证颁发的初衷是维护中国煤炭产业经营秩序②。但随着煤炭市场化的深入和物流产业化的发展，政府坚持利用集权经济手段干预煤炭市场中的经济行为，反而会导致煤、电企业双方的成本增加，并最终产生"行政寻租"等现象。

运力成本属于交易成本。在没有"重点煤"合同销售量的指导下，基于其庞大的市场份额，以及改变运力配额分配方法的谈判冗长，大型煤炭生产商的运力配额受到新政策影响的程度较小，而小型煤炭生产商可能更难参与竞争以维持配额。现行电价形成机制和电价机制无法客观、真实、直接地反映煤炭交易价格的波动，是目前"煤电矛盾"的集中体现。解决煤炭运输问题③，是克服"市场失灵"、解决"煤电矛盾"的首要任务。重点合同煤与铁路运输计划挂钩，而非重点合同煤运输则要自筹运力，由此导致的点车费、加车费等运力"寻租行为"推高了煤价。运力交易市场不健全、不完善，是交易成本增加的主要原因。

5. 指出"节能减排的限制与煤炭进口的冲击"

中国煤炭的价格受国际能源价格的影响，供给受到国外进口煤炭的冲击，需求受到"节能减排"政策的限制。

燃煤发电产业属于高物流、高能耗、高污染的传统产业，除了在技术上实现煤炭利用效率的提高以外，政府还要求淘汰落后产能，因此许多减排政策都是针对电力产业而实施的。一方面，不仅节能减排（如供电煤耗、电力二氧化硫排放量、发电水耗等）成为发电产业绩效考核的重要指标④，而且资源税从价计征范围扩大到煤炭等应税品目⑤。虽然，政府规制可反映能源行业稀缺性特点，发挥其对资源开采使用、环境保护等的调节作用，但也提高了对煤、电产业可持续的

---

① 2013 年 2 月 4 日，国家发改委编制了新的《煤炭产业政策》（修订稿），与 2007 年的政策相比，差别主要体现在三个层面，即控制未来煤炭产能规模、提高煤炭企业的准入门槛、提高环保要求，这将迫使煤炭企业进一步推广洁净煤技术。

② 煤炭经营许可证是煤炭生产、贸易企业的核心证照，决定企业是否有资格参与煤炭经营。1996 年 8 月公布的《中华人民共和国煤炭法》将煤炭经营许可写入法条。随着国家能源管理体制的变化，经营许可证审批权从煤炭工业部转移到国家经济贸易委员会、国家计划委员会，再到国家发改委。根据国家发改委〔2004〕第 25 号《煤炭经营监管办法》的规定，煤炭经营资格证不得伪造，不得买卖、出租、转借或以其他任何形式转让。

③ 对运力和价格方面的改革，新发布的《国务院办公厅关于深化电煤市场化改革的指导意见》不仅明确指出要推进电煤运输市场化改革，进一步建立公开公平的运力配置机制；而且明确提出要不断完善煤电价格联动机制，当电煤价格波动幅度超过 5%时，以年度为周期，相应调整上网电价，同时将电力企业消纳煤价波动的比例由 30%调整为 10%。

④ 2011 年，国务院《关于印发"十二五"节能减排综合性工作方案的通知》。

⑤ 2013 年，国务院《关于 2013 年深化经济体制改革重点工作的意见》。

要求，增加了产业发展的压力。另一方面，国家推行竞价上网、节能调度和绿色证书交易等制度，使可再生能源对化石能源的冲击，既体现了二者的互补性，又体现了二者的替代性。可再生能源发电产业与煤电产业的协调发展，也成为履行燃煤发电企业社会责任（corporate social responsibility，CSR）、减少对环境系统的负外部性影响、提高社会福利水平的发展要求。

针对鼓励煤炭进口问题，中国煤炭"十二五"规划中给出了明确指示；而从效果看，电煤双轨制的取消将更加有利于煤炭进口。2012 年中国进口煤炭总量约为 2.89 亿吨，2013 年为 3.29 亿吨，2014 年为 2.91 亿吨；根据历年的相关数据测算，国内外煤炭价差与进口煤总量呈正相关关系，即价差扩大时进口量增加，因此，国内、外煤炭价差将直接影响进口煤总量。虽然，大量的煤炭进口有助于中国国内煤炭市场趋于稳定，但国家正计划削减全国燃煤总量，在煤、电的博弈过程中，煤炭企业面临挑战。

6. 调整"错装在政府身上的手"

中国特色社会主义初级阶段的基本国情中存在一个传导关系：经济体制→煤、电企业产权→煤、电能源价格。价格体系存在差异，就要求中国煤炭、电力市场化改革与世界其他工业化国家的改革有所不同。所以，"煤电之争"的实质并非价格摩擦，而是体制问题。"市场化"（或"自由化"）过程即为"放松规制规定"过程。政府对煤炭市场和电力市场的规制局限包括两个方面：一方面，规制的作用容易随受规制煤炭企业和燃煤发电企业活动的类型以及规制形式的变动而改变；另一方面，在规制被取代前，必须针对煤电双方的经济活动，对其替代措施的特性进行评估。

制度决定经济的绩效，而制度禀赋和制度结构会限制国家的规制治理和规制激励。规制是政府与企业之间的一个隐性契约，包含实质和机构，分别讨论国家职能和机构设置。煤、电企业拥有大量专用性投资，而政府却存在强烈的机会主义的激励。对于吸引长期投资，"规制治理"机制设计比产业结构选择更重要，其目的是激励煤、电企业进行投资以及限制政府的机会主义行为[1]。但是"市场化"并不意味着政府完全不干预电煤交易，相反地，有效的规制（如价格限制、激励计划或促进竞争等）还可赋予政府比较大的相机行事权力。政府的机构改革和职能转变，才是实现政府内部权力优化配置，以及厘清和理顺政府与市场、与社会之间的关系的有效措施。

---

[1] Holburn 等（2002）认为规模经济、沉没成本和大规模消费是政府对基础设施产业采取机会主义行为的激励。

1.2 国内外的相关领域研究现状

1.2.1 一般供应链风险控制研究

风险管理包括风险辨识、风险计算、风险度量、风险控制四个阶段。如何辨识、计算、度量、控制供应链风险，已经成为供应链研究的重要内容（周艳菊等，2006）。本章准备研究一种特殊的供应链即煤电能源供应链的风险控制。先回顾一般供应链的风险控制。供应链上各环节企业之间环环相扣，彼此依赖，相互影响，任何一个企业出现风险都可能波及其他企业，最后带来整个供应链的风险，使其达不到预期目标甚至导致供应链失败。

1997 年 Lee 等对供应链牛鞭效应给出了分析模型（Lee et al., 1997），随后，有关供应链的研究进入高潮，主要集中在产品需求预测、生产计划、分销、运输与库存决策等方面。Cranfield Management School（2002）把供应链风险理解为供应链的脆弱性，其会降低供应链运行效率，导致供应链的破裂。供应链风险控制就是在辨识和度量供应链风险基础上，协调供应链成员从整体上减少供应链的脆弱性，消除、减轻和控制风险，保障供应链运行安全。

那么如何辨识供应链的风险衍生源呢？Juttner 等（2003）按照供应链风险的来源、结果、驱动力和防控策略，把供应链风险衍生源分成环境风险、网络风险和组织风险。这只是一种框架性的划分，对具体的煤电能源供应链，需要更加细致、深化和有针对性。有了风险衍生源指标，还需要研究风险源的传递、扩展机理。邓明然和夏喆（2006a，2006b）提出供应链风险传递是指系统受到内外部不确定因素的干扰和影响，使某一节点的风险以各种形式被传递和扩散到关联节点，进而导致供应链目标产生偏离或失败。Khalid 和 Rajaguru（2006）采用向量自回归-多元广义自回归条件异方差（vector autoregressive-multivariate generalized autoregressive conditional heteroskedasticity，VAR-MGARCH）模型，将样本期划分为全部样本期、危机前、危机期间、危机后阶段，研究贸易市场、金融市场的关联货币风险及其风险传递。

供应链风险如何度量呢？先度量单个风险，计算其发生概率、发生时间及其损失影响，然后再进行综合评价来确定供应链的总体风险水平。由于供应链上的风险形态多样且相互关联、交叉、渗透，会共同作用于某个环节，该环节所面临的集成风险会具有叠加、放大效应。单种风险因子驱动的风险度量法一般都不适用于集成风险度量。张金清和李徐（2008）通过引入 Copula 函数来度量集成风险，可以刻画单个资产收益率分布的非正态性质即"尖峰厚尾"特征，还可以描述不同投资收益率之间复杂的相互关系。Copula 函数能够把相互关联的多个风险因子

"连接"起来，构建由多个风险因子驱动的投资组合收益率的联合分布，再利用风险值（value-at-risk，VaR）方法度量集成风险。该方法可以考虑用来度量煤电能源供应链中的集成风险。供应链风险度量不是最终目的，最终目的应该是风险控制。吴军等（2006）介绍了风险控制的主要模型，包括典型 Markowitz 投资组合风险控制模型、建立在 Black-Scholes 模型上的衍生工具风险控制模型。Ghirardi 等（2008）针对分散式供应链结构，分别构建供应商、制造商、装配商、运输商的风险控制优化模型，最后给出了优化模型的求解算法。Tang（2006）将供应链的风险控制分为三阶段，即供应阶段的风险控制：柔性生产、多源供应；过程阶段的风险控制：柔性过程、柔性制造；需求阶段的风险控制：需求延迟、柔性价格、价格响应；并针对每个阶段分别给出了相应的模型。

供应链各节点企业之间具有亲密的合作伙伴关系，但为了追求自身利润的最大化，必然会保留一些"秘密"信息，而这些信息可能对其他的企业有害（委托人往往比代理人处于一个更不利的位置）。供应链企业间的这种伙伴关系实际上是一种"委托代理"关系，成员企业为个体利益而隐瞒私有信息的存在，引发了供应链企业的委托代理风险问题（林勇和马士华，2000）。徐玖平和陈书建（2004）从信息不对称角度出发，研究了风险投资机构与风险企业之间的利益博弈，核心是研究由于信息不对称对风险投资商产生的代理风险以及风险投资商如何控制代理风险。对投资机构与风险企业之间的委托代理关系进行模型化，利用定量方法解决投资商与风险企业之间的代理问题。徐兵和朱道立（2008）指出供应链结构及链内协调是供应链管理（supply chain management，SCM）的核心问题。利用超网络方法分析供应链运作过程，利用博弈理论和 Newsvendor 模型协调链内成员的收益共享合约。舒彤等（2010）提出了基于影响因子的供应链协同预测方法，依据历史数据分层级、分区域提取因子并进行量化，同时在预测值中进行还原，以影响因子作为纽带实现信息在供应链中的向上传递、向下传递，提高分预测及总预测的精度。

关于煤电能源供应链上各环节之间的风险传递、扩展路径与控制模型方面的系统研究，目前还少有这方面的文献。以上学者的思想可以用于煤电能源供应链的组成分析、风险分析、风险控制，但需要结合能源供应链的具体特征进行修正性使用。

1.2.2 煤电能源供应链的价格风险研究

中国政府出台的"煤电价格联动"机制只有正向联动，没有反向联动，当煤炭价格下降时，并没有设计相应电价下调路径。谭忠富等（2009）指出，基于成本变化构建了煤炭价格与发电上网价格的联动平衡关系模型，通过该模型可以建立煤电价格的动态联动，只是没有讨论供电价格如何实现联动。于立宏和郁义鸿（2010）讨论了电煤基准价格、上网电价与销售电价之间的关系，提出以电价倒推来确定电煤基准价格并实施区间规制，但缺少成本方面的经济学依据，不容易操作。杨彤等（2010）构建了包含煤炭和电力、涉及 76 个产业的价格传导网络模型，可以模拟价格风险传导。模型分析得出，电力产业价格传导强度大于煤炭产业价格传导强度，当煤炭和电力价格分别上涨相同幅度时，电价上涨导致的居民消费价格指数（consumer price index，CPI）上涨幅度明显大于煤价上涨产生的效应。

　　Boonchuay 和 Ongsakul（2011）通过 Monte Carlo 方法模拟了发电商竞争对手的报价行为，将平均-标准方差率作为风险指标，考虑了燃煤机组的非凸运行成本和机组连续启/停时间约束，通过追求风险最小化来构建发电商报价优化模型。Azevedo 等（2010）给出了长期负荷预测模型和电力价格波动范围预测模型，介绍了长期风险管理物理工具（现货合同、远期合同）与金融衍生工具（期货合同）。根据均方差原理，给出了利润最大化和规避 MCP 价格风险波动的优化模型，目标函数中考虑了风险厌恶因子。Sadeghi 和 Shavvalpour（2006）指出，能源交易价值会随着时间、市场条件、价格的变化而变化，能源市场竞争带来市场价格的过高波动风险，给出了历史自回归滑动平均（auto-regressive and moving average，ARMA）模型预测模型和基于广义自回归条件异方差（generalized autoregressive conditional heteroskedasticity，GARCH）模型的协方差模型用以计算 VaR。Kazempour 和 Moghaddam（2011）基于 Markowitz 理论，寻求发电商在电能市场、备用市场、燃料市场之间不同风险状态下利润的均衡，考虑燃料获得不确定性、市场清除价格不确定性、排放约束、机组强迫停运率、机组备用启动率、价格预测偏差，建立了利润最大化混合整数非线性优化模型。

　　柴建等（2011）引入非正态广义 T 分布（skewed generalized T distribution，SGT）描述原油市场价格分布，利用随机波动（stochastic volatility，SV）模型度量国际原油价格波动率；基于 Bayesian 原理，建立 Bayesian-SV-SGT 模型对国际原油价格的 VaR 进行估计。实际上，该模型可以用于煤炭价格波动风险特征分析。雷莲萍和李华（2001）对影响煤炭铁路运输的因素进行分解，细化为铁路建设成本、燃料成本、替代效应、外部经济环境成本。郑勇（2003）运用线性规划方法建立了一个煤炭运输模型，对跨省间的煤炭运输费用进行了实证分析，分析了煤炭运输成本与发电价格的关系。

　　以上学者尽管不是对煤电能源供应链价格风险的整体进行研究，只是单独环节的研究，但方法和思想对本书的研究具有借鉴作用。

1.2.3 煤炭产能、煤炭运输产能与发电产能匹配风险研究

张星星和孙璐（2009）运用产业组织理论，定性分析了中国煤炭产业的市场结构、市场行为、市场绩效以及市场结构的最优选择。曲创和秦阳洋（2009）指出中国煤炭企业和电力企业双方在电煤市场上的谈判势力来源于经济依赖性、市场结构和政府规制。王庆云和王溢辉（2006）对煤炭运输占铁路运输的比重变化及各地区铁路煤运现状做了分析，并预测了主要产煤省份的交通运输建设状况，以及南北运输通路、主要港口运输通路未来运输能力的增长，提出煤炭运输必须要服从资源禀赋特征。雷莲萍等（1999）研究了发电结构变化对煤运的影响，指出电力结构、电力交易模式、铁路提速、公路建设、电力"厂网分离"、发电节能调度等均对煤运规划产生影响。

1.2.4 发电环节与电网输电环节协调风险研究

中国能源和负荷分布很不均衡，电源、电网协调发展可以防止发电资源和输电资源的浪费，但电源、电网为相对独立的市场主体，因此必须研究有效的协调激励机制，使电源、输电、分布式发电、配电协调规划，有利于提高发电、输电、配电各环节的安全效益、经济效益以及环保效益。张鲲等（2011）在发电规划和输电规划博弈分析的基础上，运用古诺模型模拟发电与输电扩展行为，并通过求解混合互补型问题寻求均衡。黄良宝等（2009）建立了适应于电网规划的节能发电调度数学模型，分析了节能发电调度对电网规划的影响。大型风电场往往远离负荷中心，需要进行高电压、长距离输电，但风能的随机性、间歇性和反调峰性使风电功率预测误差较大，风电接入电网时会对接入点附近电能质量、电压稳定性、电网频率和保护装置产生一定的影响，陈远等（2011）对风电场接入电网的各种并网方案进行了可靠性和经济性评估。黄守军等（2011）采用委托代理模型研究了基于碳减排调度的厂网合作竞价机制，可以促进电力市场的稳定供给，增加低碳机组的发电收益，实现电网企业购电成本最小或利润最大化。

1.2.5 发电运行、电网运行、用户用电对煤炭供应风险影响研究

发电环节节煤主要取决于发电装机设备等级、平均负荷率。在发电装机设备等级一定的前提下可以提高平均负荷率；在平均负荷率一定的情况下，可以优化分配机组之间负荷，提高可再生能源发电比例以减少火电机组燃料消耗，同是火电机组，先调用煤耗低的机组，后调用煤耗高的机组。发电权置换能够促进大火电和小火电之间、大水电和小水电之间、水电（风电）和火电之间、不同流域水电之间的相互补偿和优化配置，能够发挥大火电成本低、污染小、效率高的优势

和水电等可再生资源的经济效益和社会效益，防止水电（风电）较丰富的区域出现"弃水（风）"不发电现象，实现水（风）火互补、调峰错峰、互为备用等。张明文等（2009a）给出机组之间发电成本差距分析模型，在考虑合同电量基础上给出节能调度优化模型，最后确定需要置换的发电机组，并给出置换机组之间效益分配方式。只是没有给出煤炭需求增减的具体风险计算模型。"发电吃煤耗，供电吃线损"现象应该说与电价机制有一定的关系，因为高的发电成本、输配电损失可以自然转嫁到用户的电价中去。中国电网综合线损目前在 6%左右，如果线损降低 1 百分点，全社会一年就可节约 300 亿千瓦时的发电量。降低线损需要电网选取最佳运行方式，包括调整负荷（峰谷差越小则线损越小）、调整变压器（适时分、并列及转移负荷）、购买发电无功电量、惩罚功率因数（用户功率因数越高则线损越小）等，在传输相同电量的基础上，减少系统损耗。王绵斌和谭忠富（2009）分析了电网运行对线损率的影响，但是线损电量没有分解到燃煤发电部分上，也就没法确定对发电用煤需要增减形成的风险。能源之间具有一定的替代性（如 5 000 亿千瓦时的电量可替代 0.75 亿吨石油），煤炭、石油、电力三种能源的边际替代率为 17.27：3.22：1（魏一鸣，2006），可见，应该提高电力消费比重，降低石油（如电气化铁路、地铁、电动机车等）和煤炭（燃煤锅炉等）的消费比重，实现"以电代油"。Yang（2008）分析了中国能源强度与电力强度的对比变化，并对煤炭、电力、运输的能源效率、污染物排放进行了对比分析，发现和煤、油相比，电力的能效最高、污染最小。Steenhof（2006）对比了中国煤、电、油的能源消费强度变化，发现电力消费强度增长最快，对能源消耗的风险影响最大，能源节约从电力入手效果最好；运用 Laspeyres 分解方法，发现用电结构调整最为关键。但用电结构的调整需要通过电价或者政策来引导，Steenhof（2006）对这方面的工作没有涉及。中国石油严重短缺，通过发展电气化（铁路电气化、公交电气化、地铁等），可以适当减弱航空、交通的用油增速，实现节油减排。谭忠富等（2009）认为，实施峰谷分时电价可以改变用户电力负荷时间分布，降低电网负荷峰谷差即削峰填谷，由此可以减少高峰时段高煤耗率机组上网发电的概率，从而节约发电煤炭消耗量。Bannai 和 Tomita（2007）从用户端的能源服务角度出发，建立了金融衍生数学模型，以此来保证用户规避燃料价格波动带来的电力价格波动风险，并对服务前后的能源节约进行了对比。

1.2.6　煤电能源供应链各环节的协调风险研究

Joskow（1985，1987，1988，1990）分别以煤炭市场为研究背景，讨论了煤电"纵向一体化"与长期合约之间的权衡，长期合约设置及其绩效分析；提出规制的限制、煤炭供应商市场力以及"纵向一体化"的不经济性，可能使长期合约比"纵向一体化"更适合。王华清和宋学锋（2009）分析了煤运电产业链纵向关系，即煤电市场结构、煤电纵向安排、煤运电关系与政府规制等，提出应从战略层面上关注煤运电各子系统的协调关系。关于煤电能源供应链各环节的总体协调风险的研究文献非常少。

1.2.7 煤电能源供应链发电侧多源投资风险控制

朱磊等（2009）运用实物期权理论，建立矿产资源最优投资策略模型，考虑了矿产价格以及汇率的不确定性情况。相对于传统的净现值法，实物期权方法可以更好地考虑未来的不确定性。Liu 等（2008）指出，水力发电商的目标是售电利润最大化，但其必须面对着来水、上网价格的风险不确定性。Liu 等（2008）介绍了双边市场下风险规避的物理和金融合同模型、基于 VaR 与条件风险价值（conditional VaR，CVaR）下的投资组合模型，并建立了风险约束下发电调度随机优化模型。Pousinho 等（2011）构建了含有风电的电力市场风险约束下利润最大化随机优化模型，分析了不同风险水平下的期望利润、利润标准方差、期望利润的置信区间。Oksay 和 Iseri（2011）针对土耳其，分析了太阳能光伏发电、太阳能聚热发电、生物质发电、风力发电、小水电、地热发电的成本，并与电力批发价格、电力零售价格进行了区间对比，数据分析结果表明可再生能源发电投资风险最小。Vehvil€ainen 和 Keppo（2003）给出了非管制电力市场风险管理金融衍生工具，利用 Monte Carlo 方法进行电力投资组合绩效模拟，针对北欧电力市场给出了风险模拟和优化结果。Huanga 和 Wu（2008）构建了发电组合投资模型，考虑了多种能源发电，目标函数是组合发电成本风险最小化，这种目标的结果是提高可再生能源发电比例。Ramanathan（2001）列举八种能源供应技术（风电、煤电、水电、生物质能发电、燃气发电、太阳能发电、核电、燃油发电）的比较风险评估（comparative risk assessment，CRA）方法，采用数据包络分析（data envelope analyse，DEA）模型进行评价，考虑的因素包括二氧化碳排放、土地占用、生命周期内损失、生命周期内收益。Wiser 等（2004）指出电力供应风险涉及燃料供应风险、燃料价格风险、上网价格风险、监管风险、需求风险、运行风险、环境排放允许等。Wiser 等（2004）评价了各种可再生能源发电与燃气发电的风险合同模式（价格、时间长度、电能成本、容量成本、税收）的不同，论述了二者的风险互补性。

1.2.8 环境约束下煤电能源供应链风险分析与评价

于智为等（2008）将微观仿真与中观能源规划、宏观社会经济均衡有机结合，进而发展出由演化模块（E）、综合优化模块（O）及系统动力学（system dynamics，

SD）模块（D）构成，以智慧（W）为统领的智慧、演化、优化、动力（wisdom, evolution, optimization, dynamic, WEOD）架构，对能源系统复杂性进行预测、评价与优化管理。包森等（2010）提出了能源结构的双组分模型，由统计检验估计法，对模型中的能源生产与消费的相关系数进行了预测估计。夏德建等（2010）应用全生命周期分析法建立了中国煤电能源链的碳排放计量总模型和各环节的子计量模型。林伯强等（2010）提出从供给和需求双侧管理来考虑满足能源需求问题，将二氧化碳排放作为满足能源需求的一个约束。建立优化模型，得到反映节能和排放约束下的最优能源结构，通过可计算一般均衡模型（computable general equilibrium，CGE），评估能源结构变化导致的能源成本增加对宏观经济的影响。Gabbar（2009）提出了绿色能源生产链的发展框架模型，包括能源开发、能源交易、能源储存、能源转换的生产过程；投资风险、供应需求预测、全寿命周期情景政策模拟等管理过程；能源供应系统要素、能源运输系统要素、能源储存系统要素之间的相互作用关系图模型；燃煤、燃油、垃圾、水力、太阳能、生物质等组合绿色发电的生产流程。Dumanli 等（2007）根据土耳其的 29 个电厂所在的城市，农业秸秆、生物量种类、非毒性固体废弃物、工业废弃物、一次能源的区域分布，公路、铁路的布局，二氧化碳的排放约束，从经济、技术、环境、社会的角度出发，分析了能源供应链的构建问题。Augutis 等（2011）以立陶宛为背景，提供了能源安全水平评价技术模型。安全评价分为技术、经济、社会政治，五个步骤分为威胁（自然、技术、恐怖、经济、社会政治、战争冲突）、保障（备用、多样化、物理保护、安全系统、外交）、能源系统（发电站、供应者、消费者、电力分配和供应网、存储）、风险后果（经济损失、生命损失、经济结构破坏、社会政治影响）、风险规避（应急计划、预警系统、疏散、急救）。Sadorsky（2012）针对可再生能源给出了投资风险类型与风险因素，通过计量经济学模型，分析了投资风险系数的概率分布，模拟了投资风险利润的分布特征，分析了可再生能源公司利润与石油价格波动的关系。He 和 Zhou（2012）基于 CGE 模型，从煤炭、原油、汽油、燃气、电力价格多角度出发，分析价格对比率的波动态势，据此建立风险预警指标体系，建立风险预警系统，把能源风险分为安全、关注、危险、非常危险几个等级，并通过模型计算各等级的风险值域。Skouloudis 等（2012）介绍了风险管理的金融衍生工具，包括 VaR 的拓展模型，即极值理论（extreme value theory，EVT）模型、灾难衍生模拟模型，在此基础上，给出了天然气能源安全指数的分析模型。Didem 和 Gulgun（2010）建立了可再生能源投资、可再生能源生产、一次能源进口、化石燃料生产、城市化、单位资本 GDP、人口、工业化、温室气体排放、核电投资各指标的对应比较量化矩阵，由此分析乐观、中观、悲观不同情境下可再生能源、核电投资选择倾向，以及在此基础上的温室气体排放与能源进口。

1.2.9　对相关领域研究的评价

　　煤电能源供应链中的煤炭生产、煤炭运输、电源结构与布局、电网结构、用电需求之间彼此作用、相互影响。电源结构需要考虑发电资源类型与储量、开发投资成本、电网安全、电力平衡、环保等因素，由此研究电源类型的比例分布，目的是节约煤炭；电源布局需要考虑发电资源基地位置（包括周边国家）、负荷节点位置、电煤运输分配结构、电煤运输与油耗关系、输电与输煤经济比较等。燃煤发电发展速度要和煤炭发展速度相协调，否则会出现煤炭供应的短缺或过剩；输电建设要与电源建设相协调，否则会导致发电输送不出去，给发电企业、用户均带来损失。关于煤炭生产、煤炭运输、电力生产、电力运输、产业用电等供应链各个环节的协调风险问题较复杂，从国内外的研究文献来看，具有针对性的研究成果很少。

第2章 中国煤电能源供应链及模型化描述

2.1 问题的背景介绍

目前中国已经成为了世界能源消费大国，且处于亚洲能源需求的主导地位，中国对化石能源（石油、煤炭、天然气）的依赖性逐渐增强。根据 BP 的统计数据可知，2014 年和 2015 年，世界能源消耗量中，煤炭资源依然是增长最快的化石能源，其中将近一半的煤炭消费量主要贡献国家是中国。随着中国市场经济的深入发展，电力体制改革的推进刻不容缓。2015 年启动的新一轮电力体制改革核心是"管住中间，放开两端"，即放开发电侧、售电侧市场，监管电网。在新一轮电力体制改革中，《关于深化电力体制改革的若干意见》中主要的核心包括"三放开、三加强、一独立"（图 2-1）。在改革逻辑方面，新电力体制改革主要保证了四个维度的把握（图 2-2）："市场化竞争象限"范围逐步扩大；"市场化垄断象限"和"政策性竞争象限"逐步向"市场化竞争象限"靠拢；"政策性垄断象限"刚性不可动摇。发电侧在过去十多年实施厂网分开、实行竞价上网，已初步形成了竞争、开放的市场格局。售电侧放开的体制是指适合于中国售电侧开放的机构设置和管理权限划分，及其相应关系的制度。售电侧放开是一个渐进的过程；相对于发电侧，售电侧放开过程应基于一定"空间"结构（图 2-3）。因此，煤电能源供应链中的煤电企业既可作为发电侧又可作为售电侧，参与供应链中的各种经济活动；与原企业相比，出现差异化企业定位和职能划分。

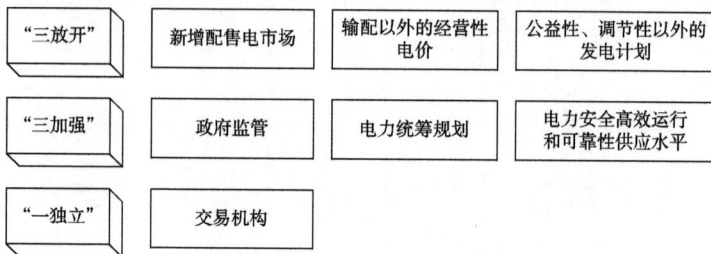

"三放开"	新增配售电市场	输配以外的经营性电价	公益性、调节性以外的发电计划
"三加强"	政府监管	电力统筹规划	电力安全高效运行和可靠性供应水平
"一独立"	交易机构		

图 2-1 "三放开、三加强、一独立"的内容

市场

市场化垄断象限

直流输电和放开的配电网

市场化竞争象限

煤电、核电、部分水电、分布式
发电放开的工业和商业用户

垄断　　　　　　　　　　　　　　　　　　　　竞争

政策性垄断象限

交流输电

政策性竞争限

风电、光伏、生物质、部分
水电、居民农业用电、
公益性用电、暂未放开的
工业和商业用电

政策

图 2-2　放松对竞争领域管制+加强对垄断领域监管

市场进入者

电网企业营销部门

潜在进入者

O　　　　　　　　　　　售电领域商业模式

居民售电领域

工业和商业售电领域

常规商业模式

创新商业模式

售电结构

图 2-3　售电侧的三维空间

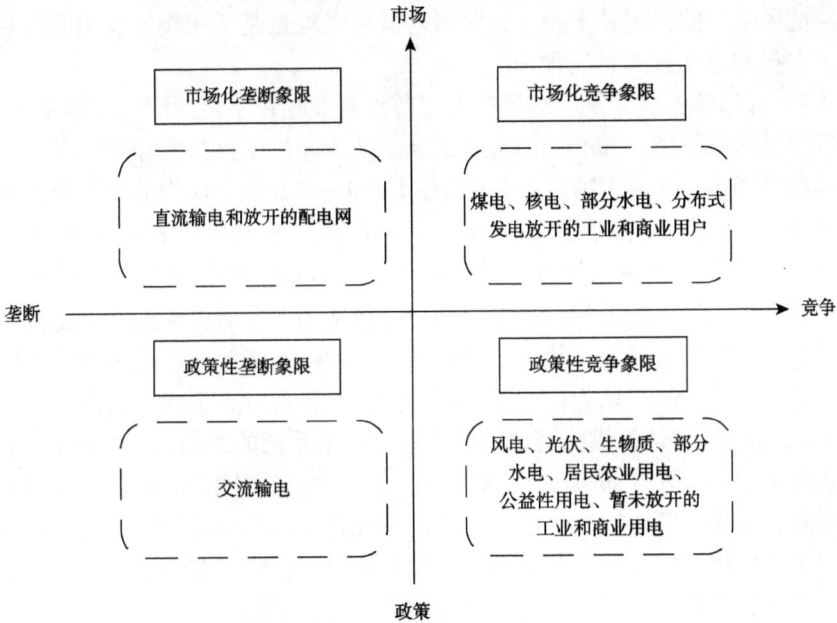

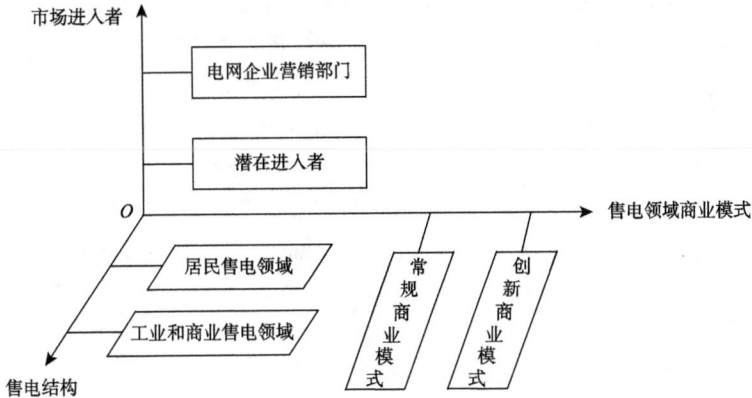

2.2　相关领域的研究情况

2.2.1　供应链及供应链风险

Anderson 和 Lee（1999）认为新型供应链战略就是协同供应链。供应链的协同水平和协调能力不仅影响着供应链系统的发展，也制约着风险管控水平和抗风险能力。因此，风险管理成为供应链系统管理的重要组成部分。但是，学术界对

"供应链风险"的界定并不统一，学者对其定义均是基于相应的理论假设和研究目的，主要的定义方式有三种。

（1）有的学者认为供应链风险源于节点企业存在不可预测的不确定性因素，导致供应链运营受损，如 Svensson（2000）认为随机干扰因素导致链条上的原料供应链偏离期望，造成不确定性的产生；Deloitte（2004）认为节点企业产生了破坏供应链的行为，致使运营目标无法实现而存在不确定性；胡金环和周启蕾（2005）认为突发性特征导致了节点企业实际收益偏离预期收益，造成不确定性风险。对供应链风险的研究，还有部分学者集中于分析供应链不确定性产生的影响效果，如马林（2004）认为不确定因素将导致网络解体，破坏供应链的安全运营；楚扬杰（2006）认为内、外不确定性因素将使节点企业承受损失。

（2）有的学者认为供应链风险源于整个链条系统的脆弱性，给上游、下游节点企业带来威胁，如 Paulsson（2003）将供应链的脆弱性、混乱和干扰定义为供应链风险；丁伟东等（2003）认为供应链系统脆弱性是一种潜在威胁，其危害将影响整个供应链；张存禄和黄培清（2004）认为多主体、多地域、多环节的特征导致供应链脆弱性，使其易受内、外部不利因素的影响。

（3）有的学者认为供应链风险源于节点企业及企业间的经济活动，如 Suh 和 Kwon（2000）认为节点企业间相互合作时的无效信息共享是导致供应链风险的主要原因；Zsidisin（2003）认为供应链风险是指一种偶然事件发生的潜在性，涉及供应商的无效供给、生产企业无法满足市场需求以及市场终端用户的安全等问题；Harland 等（2003）认为资源流的流入出现问题，将导致供应链的投入风险；McClain（2000）认为存货、供应商、技术支持、预算和管理结构等问题是供应链风险的五个基本层次；Hallikas（2002）认为需求因素、运力水平、财务状况和"讨价还价"能力是衡量供应链风险的标准；宁钟等（2006）将供应链风险情境分为自然灾害类和人为风险类。

针对供应链风险管控问题，除了在理论假设和研究目的存在差异，还在供应链风险的分类方式问题上存在两种不同：一种是以供应链内部、外部系统进行划分，如 Harland 等（2003）将供应链风险分为运行风险、市场风险、财务风险、法律风险、政治风险、治理风险、经济风险、社会风险、技术风险和环境风险等；Kleindorfer 和 Saad（2005）将供应链风险分为供需协调风险以及中断风险；Uta 等（2003）将供应链风险分为环境风险、网络风险和企业风险；陈长彬和缪立新（2009）将供应链风险分为环境风险、供求风险以及过程控制风险。另一种是以风险生成特征进行划分，如 Meulbrook（2000）将供应链风险归为法律风险、财务会计风险、供应风险和需求风险；Finch（2004）将供应链风险归为信息风险和人为风险；吴军等（2006）将供应链风险归为突发性事件和常规类风险；桑圣举和王炬香（2006）将供应链风险归为道德风险、信息风险、合作风险、环境风险和契约风险。

但是，目前对煤电能源供应链风险管理（supply chain risk management，SCRM）

的研究较少，研究主要针对发电可靠性和安全性问题（Casazza and Delea，2003）以及煤炭企业发展模式问题（江卫，2012），国内外学者均进行了相关的分析和讨论。煤电能源供应链管理的相关研究多数基于煤电矛盾，有的学者讨论了战略联盟问题（李永卓，2010；王翠，2012），有的学者分析了煤电一体化问题（郭晓鹏和杨里，2012；Green，1979），有的学者考虑了煤电供应链收益分配问题（赵丹，2012），还有的学者研究了煤电交易问题（Joskow，1985；Loredo and Sua，2000）。其中，为了说明不同经济主体的离散决策制定行为，Nagurney 和 Matsypura（2004）针对电力生产、电力输配和电力消费问题提出了一个供应链网络观点，并分析了多层网络均衡问题的建模过程和解决方法；通过一个有限维度变分不等式问题，得到均衡节点价格和均衡电力交易流。随后，Nagurney（2006）又证明了离散化、多层次的供应链网络可被视为一个运输网络均衡问题，建模过程同时考虑了弹性需求。此外，更多的研究集中于煤电能源供应链中的核心节点企业和电力市场，利用经济学模型分析发电企业的市场行为，如 Kahn（1998）构建了用以模拟发电企业竞争相互作用的模型；Day 等（2002）构建了用以模拟市场力的模型。为了研究电力市场离散度问题，Hogan（1992）、Chao 和 Peck（1996）、Wu 等（1996）与 Willems（2002）先后提出了一系列模型。

2.2.2　系统动力学方法

美国 MIT 的 Forrester（1958）在 *Harvard Business Review* 上发表了一篇奠基性论文，提出了一种计算机模拟仿真技术，即系统动力学；Senge（1994）进一步定性地介绍了"系统分析"，从而推动了系统动力学方法在管理学中的应用。系统动力学模型是考虑诸多类型的延迟，用以描述和分析供应链节点企业经济行为的方法。一般性的应用多集中于产业发展问题和企业管理问题，如赵洱崇和刘平阔（2013）利用系统动力学方法对生物质发电产业发展进行研究；Warren（2008）利用系统动力学的技术手段，研究了企业短期战略对目标实现的重要性，以及高估或低估绩效对企业发展的影响；Ceresia（2009）利用系统动力学的动态模型设计平衡计分卡，将企业战略目标进行量化分解，研究目标实现的风险控制。也有部分学者利用该方法研究了风险管控的相关问题，如袁永博等（2010）应用系统动力学的方法，对建设工程项目进行风险识别，并详细分析了工期风险的原因和后果。

也有部分研究是利用系统动力学方法对供应链管理问题进行的研究，如 Ovalle 和 Marquez（2003）评价了互联网合作工具对供应链管理的影响效果，建立了一个包含四个交易伙伴的系统动力学模型，并且比较了四种合作方式。但是，更多关于供应链风险管理的研究，最终的落脚点集中于分析牛鞭效应问题（于洋，2008）。自牛鞭效应的概念被提出以后（Lee et al.，1997），很多学者对牛鞭效应的产生原因和作用机理都进行了分析和讨论。为了研究牛鞭效应的结构性风险源，Barlas 和 Gunduz

（2011）利用系统动力学方法定义了三个典型的强制性政策，并分析了信息共享效率以减少不必要的波动。Dejonckhere 和 Disney（2008）利用系统动力学方法研究供应链中的订货需求问题，并证明节点企业采取任何产品预测方法均会产生牛鞭效应。Towill 和 del Veehio（1994）针对供应链管理构建了系统动力学模型，并分析了需求放大现象。针对牛鞭效应的缓解策略问题，李稳安和赵林度（2002）认为供应链中的市场需求预测所表现的正反馈特性是牛鞭效应产生的原因。Chen 等（2000）认为集中需求信息可以缓解和抑制牛鞭效应。Edward 等（2006）论证了合理的订单策略可有效避免放大上游节点企业的需求。针对订货延迟问题，廖诺（2010）采用系统动力学方法构建了一个多节点企业供应链模型，并由此分析牛鞭效应，证明了零售商的需求波动先于上游节点企业的需求波动。另外，还有很多研究都在讨论前置时间和信息延迟的基础上，集中分析需求预测、信息共享和企业合作等问题。Handfield 等（2009）描述了前置时间的模糊集合；Song 和 Zipkin（2009）假设了前置时间的不变性、随机性和外生性，并分析比较了多原料供给系统的绩效。Barbarosoglu 和 Arda（2004）及 Nolz 等（2010）都认为，在资源调度模型中，运输延迟通常被视为一个固定值；Bensoussan 等（2009）研究了库存系统的信息延迟问题，并指出其引起的原因是数据管理系统的不稳定或失误，同时利用了若干随机信息延迟和一个不变的运输延迟。

2.2.3　对相关领域研究的评价

分析目前已有的相关研究可知，对煤、电能源产业发展和企业管理的研究均具有较强的针对性，所解决的问题是基于一些理想假设或所研究的对象也是剥离出整个系统进行了拆分，所得到的研究结论在论证目的问题的同时又回避了其他重要问题，致使所提供的政策建议的实际操作性相对较差。另外，基于复杂系统理论和协同理论的供应链研究，尤其是中国煤电能源供应链研究，相对较少，且将能源供应链风险管理进行系统化分析的研究更少。本书针对上述问题，描述一个相对复杂的煤电能源供应链系统，并在物理系统的基础上，分析供应链风险，形成风险源递展结构，最终构建煤电能源供应链风险管控模型，并在此基础上分析煤电能源供应链风险递展的作用效果。

2.3　煤电能源供应链现状

2.3.1　煤炭产业及企业

1. 煤炭消费

自"十一五"以来，中国煤炭消费水平基本保持了相对平稳且相对较快的增长速度，年均增长量约为 1.9 亿吨，年均增长率约为 6.1%（图 2-4）。近年来，中国煤炭消费的需求量的增长趋势有所减缓。自 2000 年以来，中国煤炭消费趋势呈现出了"低迷→加速→低速"的历史发展过程。其中，中国由 2000 年的 13.6 亿吨煤炭消费，增加到了 2013 年的 38.8 亿吨煤炭消费（同比增长 3.7%），涨幅约为 185.3%。但近两年，由于整体宏观形势等原因，中国煤炭需求出现了大幅下降的情况：2014 年煤炭消费同比下降 2.8%，2015 年同比下降约 1.3%。

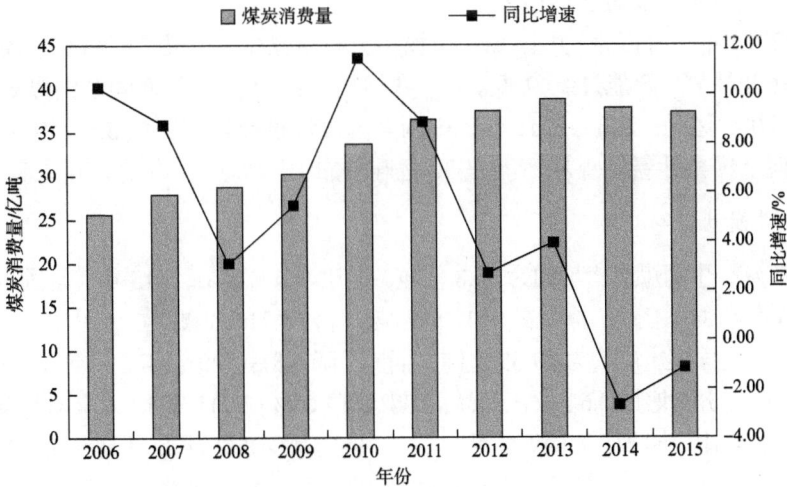

图 2-4　2006~2015 年中国煤炭消费变化情况

根据国网能源研究院的数据显示，2013 年，中国电力、钢铁、建材、化工四大高煤耗行业的煤炭消费量均有不同增长；其中电煤消费量约为 20.3 亿吨，占全国煤炭消费总量的 52.3%。2013 年，中国主要行业煤炭消费情况如图 2-5 所示。

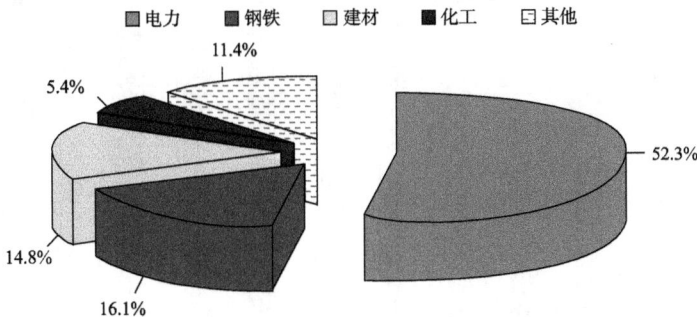

图 2-5　2013 年中国主要行业的煤炭消费情况

2. 煤炭规模

根据煤炭科学研究总院煤炭战略规划研究院的数据显示：统计截至 2015 年年

底，全国范围内煤矿总产能规模约为 57 亿吨。在以上产能规模中，39 亿吨的产能（68.4%）属于正常生产及改造的煤矿，14.96 亿吨的产能（26.2%）属于新建、改扩建煤矿，3.08 亿吨的产能（5.4%）属于停产煤矿，其中约 8 亿吨产能属于未经核准的违规项目。截至 2015 年年底，中国有 6 850 家属于规模以上的煤炭企业，并拥有煤矿 1.08 万处，但平均单井产能水平小于 35 万吨/年；7 000 多处小煤矿的产量占比不足 20%，但其发生安全事故的占比却大于 70%；中国煤炭企业产业集中度低的事实并没有实质改变。

自 2012 年 7 月以来，中国煤炭市场形势相对紧张，其根本症结在于煤炭产能过快扩张和释放，产能过剩愈演愈烈。数据显示："十二五"期间全国煤炭年均投资约为 5 000 亿元；2006~2015 年，中国全国煤炭投资累计完成 3.6 万亿元，巨大的投资使全国累计新增煤炭产能在 30 亿吨左右。

3. 煤炭生产

2013 年，中国煤炭产量约为 36.8 亿吨，同比增长 0.8%；2015 年，全国规模以上企业原煤产量 37.1 亿吨，同比减少 1.75 亿吨，降幅 4.71%（图 2-6）。其中，2015 年 1 月到 6 月，全国煤炭产量为 17.89 亿吨，同比下降 5.8%；2015 年 8 月到 11 月，全国原煤产量环比分别增加 0.64%、1.31%、1.37% 和 1.03%；2015 年 12 月全国原煤产量为 3.27 亿吨，环比增加 715 万吨，增幅 2.23%；同比减少 890 万吨，降幅 2.6%。受煤炭资源分布的约束，中国煤炭生产呈现持续向西部和北部煤炭富集大省集中的趋势，2006~2015 年中国各大电网覆盖区域的煤炭产量占全国煤炭总产量的比重变化趋势情况如图 2-7 所示。分省看，2015 年全年原煤产量排在前五名的为山西、内蒙古、陕西、贵州及山东，合计产量为 26.9 亿吨，五省（自治区）原煤产量占全国原煤产量的 72.9%。

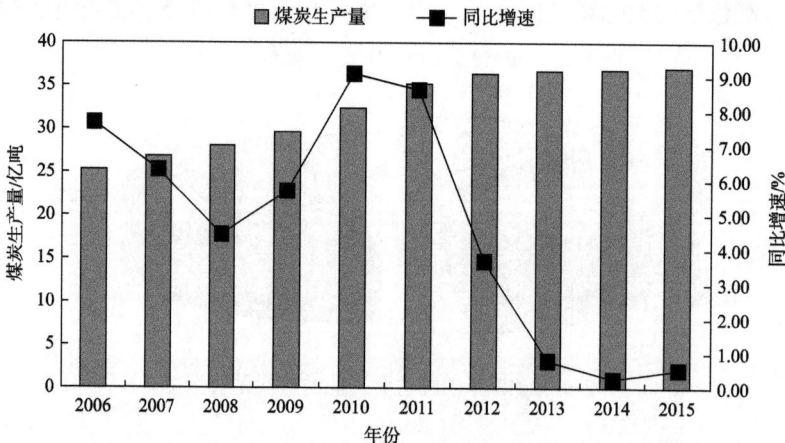

图 2-6　2006~2015 年中国煤炭产生变化情况

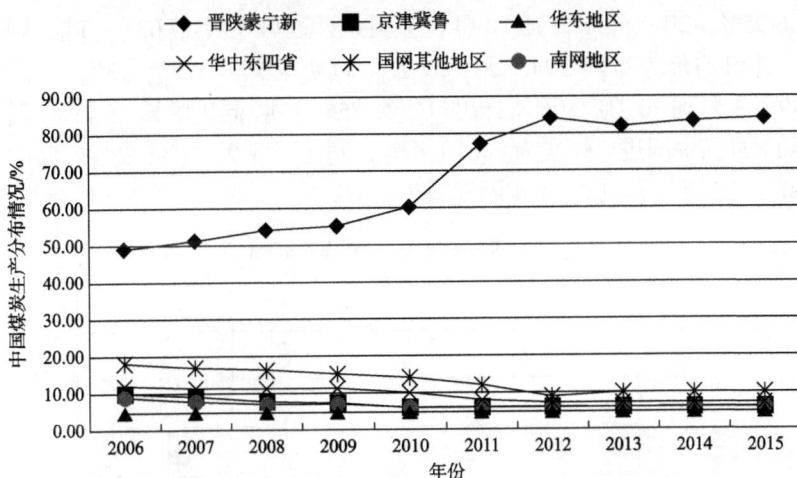

图 2-7　2006~2015 年中国煤炭生产分布情况

根据中国煤炭资源网最新数据显示：2015 年 12 月，全国范围内动力煤矿区域亏损面高达 80%左右；同年 11 月，动力煤样本矿区亏损矿井个数占比为 96.6%，环比减少 1.5%，煤矿亏损产能占比约为 85.9%，与 10 月相比减少 5.8%。2015 年 12 月，全国范围内炼焦煤样本矿区亏损面约为 90%，亏损矿井个数占 95.9%左右；亏损产能占比为 95.91%，与 11 月相比持平。动力煤方面，2015 年 12 月，所选取的 265 个矿井产能约为 70 213 万吨，其中盈利矿井产能 9 900 万吨，其占比仅为 14.1%[①]。炼焦煤方面，目前盈利的仅有五个矿井，盈利矿井个数占所选取的 122 个矿井的 4%，五个盈利矿井的产能总量约为 605 万吨，其占比也仅为 4%左右[②]。

4. 煤炭进出口

据海关统计，2015 年进口煤炭约 2 亿吨，同比下降 29.9%；出口煤炭 533 万吨，下降 7.1%（图 2-8）。其中，2015 年 6 月，中国进口煤炭约有 1 660 万吨，同比减少 845 万吨，下降 33.73%，环比增加 235 万吨，增长 16.49%；中国在 2015 年 6 月出口煤炭 47 万吨[③]，同比增加 7 万吨，增长 17.5%，环比减少 14 万吨，下降 22.95%。2015 年 10 月，中国煤炭进口 1 396 万吨[④]，同比下降 30.65%，环比下降 21.44%；2015 年 10 月，中国出口煤炭 77 万吨，较上月增加 10 万吨，环比增加 14.93%；同

---

① 受各矿区煤质及生产、运输成本因素影响，动力煤方面，盈利能力最强的矿区为神东矿区（神府区），盈利能力占比为 33%；而内蒙古的准格尔动力煤矿区、万利矿区以及平朔、朔南矿区全部处于亏损状态。

② 其中盈利能力最强的矿区为离柳矿区，盈利能力占比为 11%；内蒙古的包头矿区、河北的开滦矿区所选矿井全部处于亏损状态。

③ 2015 年 6 月中煤、神华、山煤、五矿集团出口煤炭共完成 39.3 万吨，同比减少 10.5 万吨，下降 21.2%；环比增加 9.7 万吨，增长 32.6%。

④ 煤炭进口均价为 335.08 元/吨，环比上月下降 11.66 元/吨。

比下降 6.05%。2015 年 1 月到 10 月，中国累计进口煤炭 17 031 万吨，同比下降 29.9%，进口均价为每吨 374.9 元，较去年同期减少 101.37 元/吨，下降 21.3%（图 2-9）；1 月到 10 月，中国累计出口焦炭 756 万吨，同比增长 15.42%（图 2-10）。2015 年 11 月，中国进口煤炭为 1 619 万吨，同比下降 23.01%；2015 年 11 月，中国出口煤炭 35 万吨，较 2014 年同期减少 7.9%。

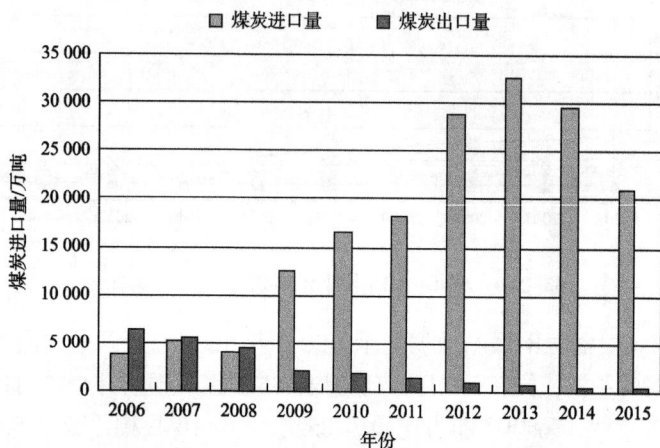

图 2-8　2006~2015 年中国煤炭进出口情况

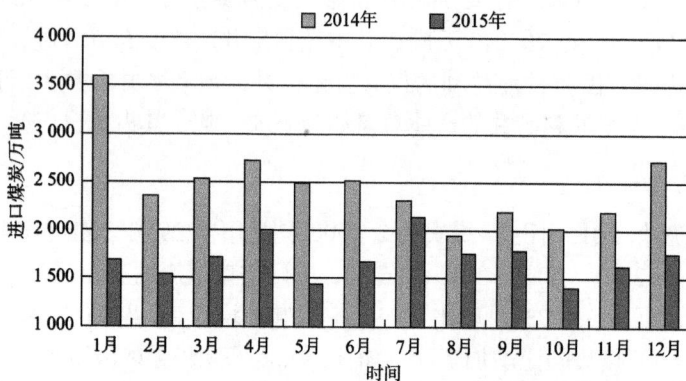

图 2-9　2014~2015 年煤炭进口对比

5. 煤炭价格

2012~2015 年，中国煤炭经济下行已持续了四年。其中，2015 年中国煤炭市场供给过剩的矛盾尤为明显，煤炭企业的经济效益下降，亏损面扩大。在煤电能源供应链中，由于上游煤炭产业严重的产能过剩以及下游电力产业低迷的市场需求等因素，2015 年全年中国动力煤价格指数下降幅度达到 29%。

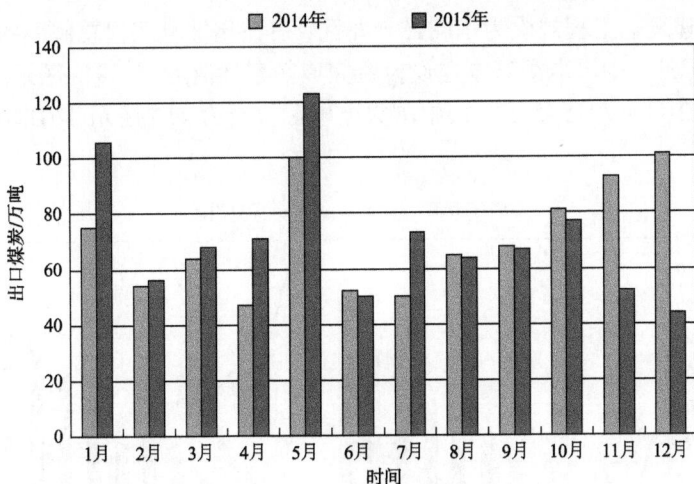

图 2-10　2014~2015 年煤炭出口对比

　　煤炭资源在产能过剩及需求不足的情况下,价格出现连续大幅度下跌的情况。2012~2014 年,秦皇岛 5 500 大卡动力煤平仓价以每年 100 元/吨的幅度下跌;2015 年动力煤平仓价下跌趋势更加突出,年末比年初下降了 155 元/吨[①],跌幅高达 30%。与此同时,炼焦煤价格方面的下降幅度更为明显。2012 年 5 月,山西焦肥精煤综合销售价格为 1 540 元/吨,而 2015 年年末其价格已低于 600 元/吨,降幅大于 60%。2015 年以来,中国炼焦煤价格累计下降约为 200 元/吨,炼焦煤价格目前仍面临较大的下跌风险和反弹压力。

　　全国煤炭价格持续大幅度降低的情况必然导致煤炭企业的经济效益严重缩水。2015 年 1 月到 10 月,中国全国范围内,规模以上的煤炭企业主营业务收入总计为 2.06 万亿元,同比降低 14.6 百分点;规模以上的煤炭企业利润为 356.2 亿元,同比降低 62.1 百分点;其中,亏损煤炭企业的亏损额为 801.9 亿元,同比增长 33.5 百分点。

2.3.2　发电产业及企业

1. 电源建设

　　2015 年 1 月到 6 月,全国范围内在建发电工程总规模为 17 265.6 兆瓦[②],其

---

　　① 2015 年年初动力煤平仓价为 515 元/吨,年末已跌到 360 元/吨,回到了 10 年前的价格水平。
　　② 水电工程规模为 358.7 兆瓦,约占总规模的 2.08%;核电工程规模为 3 623.7 兆瓦,占总规模的 20.99%;风电工程规模为 1 904.7 兆瓦,占总规模的 11.03%;光伏发电工程规模为 413.2 兆瓦,占总规模的 2.39%;垃圾及生物质发电工程规模为 149.8 兆瓦,占总规模的 0.87%。

中，火电在建发电工程规模为 10 815.5 兆瓦，占在建发电工程总规模的 62.64%[①]。2015 年 12 月，中国电源基本建设投资完成额累计值为 4 091 亿元，同比增长 12.21%（图 2-11）；2015 年 12 月，中国火电电源投资为 416 亿元，同比增长 46.64%（图 2-12）。

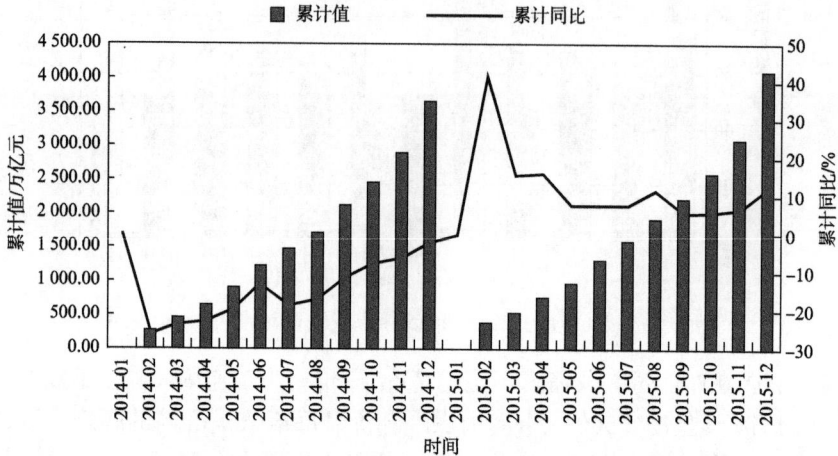

图 2-11　2014~2015 年电源基本建设投资完成额

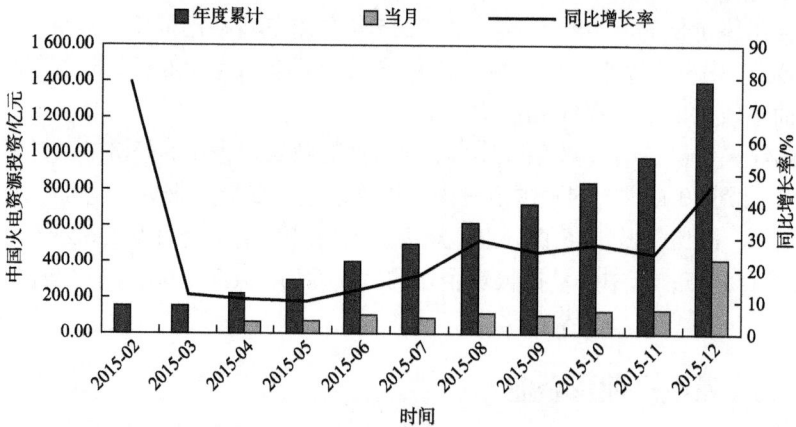

图 2-12　2015 年中国火电电源投资

根据《能源发展战略行动计划》的发展要求，到 2020 年中国的一次能源消费中，非化石能源占比应达到 15%，天然气占比应大于 10%，煤炭消费占比应小于62%。截至 2020 年，预计火电机组装机容量的剩余增长空间约为 2 亿千瓦。2015年年底中国在建、已核准及已获路条的火电装机合计约为 4 亿千瓦。即使上述火

---

① 以上数据中不包括违规开工和未申报质量监督的项目。

电机组并不会全部投产，也已说明了电力产业投资趋势与发展空间的不协调。

2. 电力生产

2015 年第三季度，中国全国电力供需形势总体宽松，全社会用电量为 41 344 亿千瓦时，同比增长 0.8%，增速同比回落 3.0 百分点。2015 年 1 月到 9 月，全国基建新增发电生产能力 7 429 万千瓦，比上年同期多投产 2 179 万千瓦，其中火电 3 955 万千瓦；电源项目在建规模约 17 665 亿千瓦，比上年同期增加 3 147 万千瓦。其中，火电在建规模 7 808 万千瓦；全国范围内主要发电企业的电源工程完成投资额约为 2 231 亿元，比 2014 年同期增加 5.6%，火电机组完成投资额约为 721 亿元，同比增长 25.7%。从产业整体看，2015 年第三季度火电项目主要以机组维护类为主，在建项目和环保改造类项目对自动化产品需求同比上年有一定的下降，第三季度电力行业自动化产品采购额同比微幅增长。

2015 年 1 月到 12 月，中国火电发电量为 42 102 亿千瓦时，同比下降 2.8%（图 2-13）。2015 年 1 月到 11 月，中国 6 000 千瓦及以上电厂火电发电设备容量为 95 957 万千瓦，同比增长 6.95%（图 2-14）。火力发电技术装机设备利用小时数与火电发电量一直呈现下降趋势，预计 2016 年的下降趋势将会持续。

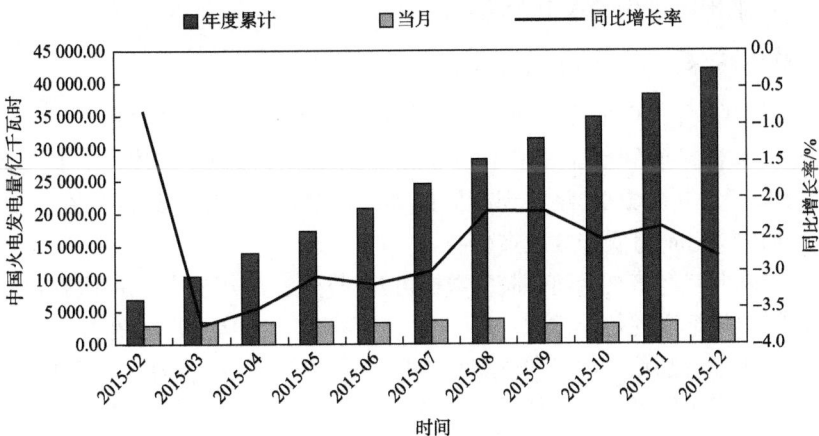

图 2-13 2015 年中国火电发电量

3. 电力消纳

由于煤炭价格下滑，国务院常务会议决定：2016 年 1 月 1 日起下调煤电机组上网电价，并且为了促进产业结构的调整，出台新的煤电联动方案。在经济增速放缓的"新常态"下，电力需求在短时间内难以大幅增长。此前为追求煤电差价，电厂盲目投资建设；此次上网电价的调整将使其面临较大的经营压力，虽然机组数量逐渐增多，但装机利用小时数持续下降，进一步压缩电厂盈利空间。

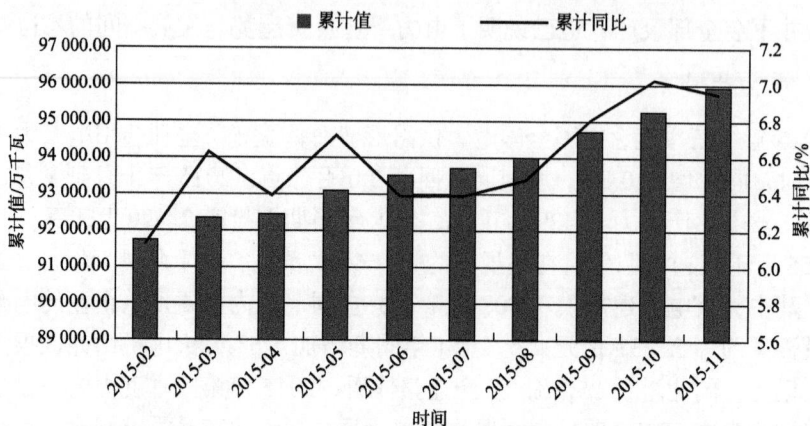

图 2-14　2015 年中国 6 000 千瓦及以上电厂火电发电设备容量统计

另外，"十三五"期间，"上大压小"政策及"一带一路"战略的实施带动了新一批火电机组投产①。中西部地区通过兴建清洁、高效的大容量机组进行能源外送，既保证了能源供给，又带动了当地经济发展，逐渐成为未来电源规划重心。在解决电力消纳问题时，应在严格控制总量的基础上，利用大用户直购、电力外送等方式消纳国内过剩的火电产能。

4. 节能环保

2015 年 12 月，环境保护部、国家发改委、国家能源局联合制定了《全面实施燃煤电厂超低排放和节能改造工作方案》。工作方案要求，全国所有具备改造条件的燃煤电厂力争在 2020 年实现超低排放，其中东部、中部地区分别在 2017 年和 2018 年以前完成超低排放改造任务。

根据国网北京经济技术研究院的数据可知：截至 2015 年 8 月底，中国有超过 5 000 万千瓦的煤电机组实现超低排放；截至 2015 年年底，大唐、浙能等均有超过 1 000 万千瓦的机组实现超低排放，华能日照电厂、黄台电厂、上安电厂、国电投平顶山电厂等陆续实现全厂机组超低排放。2015 年 2 月 3 日，中国最大容量火电机组综合升级改造项目投运。经节能减排优化升级增容改造后的神华国华绥中电厂 1 号机组在通过 168 小时满负荷试运行后正式投产。至此，作为国内最大容量的百万千瓦级火电机组改造、国家能源局"十二五"燃煤电厂综合升级改造首批项目、神华国华电力"高品质绿色发电计划"的第一个启动实施项目——绥中电厂一期工程两台俄制 800 兆瓦机组的综合升级改造宣告圆满完成，通过全面提升机组的安全、经济、环保等性能指标，开创了中国对现役大机组进行技术改造实现煤炭清洁高效利用的

---

① 《关于推进大型煤电基地科学开发建设的指导意见》提出，在 2020 年前，锡林郭勒、鄂尔多斯、晋北、晋中、晋东、陕北、宁东、哈密、准东九个现代化千万千瓦级大型煤电基地将建设完成。

先例。2015 年 3 月 18 日，环境保护部官网公告，环境保护部调整环境影响评价建设项目目录并发布《环境保护部审批环境影响评价文件的建设项目目录（2015 年本）》。其中，环境保护部将火电站、热电站、炼铁炼钢、有色冶炼、国家高速公路、汽车、大型主题公园等项目的环评审批权下放至省级环境保护部门。而据新发布的环评建设项目目录，目前由环境保护部负责审批的建设项目包括跨界河流水利工程、核电厂、新增年产 120 万吨及以上煤矿、跨界油气管网、新建运输机场、特大型主题公园等。

完成超低排放改造的机组，本身竞争力已强于普通机组，国家再给予超低排放机组 0.5 至 1 分的电价补贴，与脱硫、除尘电价等相关补贴结合，一定程度上又降低了超低排放的改造成本，进一步增强其竞争力。2016 年 1 月 1 日起，开始下调燃煤发电上网电价，使不具备改造条件的小火电机组面临更大生存压力，火电行业或加速对落后产能的淘汰。《全面实施燃煤电厂超低排放和节能改造工作方案》中要求，地方政府应对经整改仍不符合能耗、环保、质量、安全等要求的小火电机组予以淘汰关停处理，优先淘汰 30 万千瓦以下的违规机组，力争在“十三五”期间淘汰 2 000 万千瓦以上的落后火电机组。

与此同时，自备电厂的升级改造工作也被列入到 9 号文配套文件《关于加强和规范燃煤自备电厂监督管理的指导意见》中去。自备电厂长期处于“灰色地带”，未批先建导致的能效或排放不合格等问题普遍存在。截至 2014 年，中国已有超过 1.1 亿千瓦的自备电厂装机，占到全国总发电装机容量的近 8%。而根据《关于加强和规范燃煤自备电厂监督管理的指导意见》，自备电厂将纳入国家火电建设规划之中，相关建设与运行标准也将按要求执行。

5. 发电技术

2015 年 5 月 12 日，国家能源局印发《关于湖南省 2014 年度火电建设规划实施方案的补充复函》（国能电力〔2015〕157 号），同意开展华电平江电厂新建工程项目（2×100 万千瓦）前期工作。平江项目位于中国北煤南运大通道——“蒙华”铁路岳阳—吉安段的平江县境内，属典型的路口电站项目。该项目规划建设 4×1000 兆瓦高效洁净超超临界煤电机组，其中一期拟建设 2×1000 兆瓦机组。项目将采用国内最节能、经济、环保的技术，同步设计、建设、运行高效脱硫、脱硝、除尘等环保设施，烟尘、二氧化硫、氮氧化物排放分别低于 5 毫克/米^3、35 毫克/米^3、50 毫克/米^3。

2015 年 5 月 26 日，世界首个百万千瓦级超超临界间接空冷燃煤机组项目，即神华集团宁夏鸳鸯湖电厂二期 2×1 100 兆瓦机组扩建工程正式开工。该项目为国家规划建设的宁东至浙江 ±800 千伏特高压直流输电工程的重点配套电源项目。以“建成国际一流、国内领先的百万间接空冷机组”为目标，该工程以“一流、一优、两化、五示范”为基建目标体系，在追求目标高要求的前提下，坚持高标准开工建设，建设过程严格规范，加强施工安全管控、质量管控，并将按照生产基建一体化管控，为神华集团百万超超临界机组树标杆、建标准、出经验。

6. 上网电价

2015年4月20日起，国家发改委的文件中说明：下调燃煤机组发电上网电价形成的降价空间，既能使部分地区天然气发电价格以及脱硝、除尘、超低排放环保电价等突出结构性矛盾得到有效疏导，促进节能减排和大气污染防治，还能用于下调工商业用电价格。由此，全国工商业用电价格平均下调约1.8分/千瓦时。

2015年12月30日，国家发改委网站正式公布《关于降低燃煤发电上网电价和一般工商业用电价格的通知》（发改价格20153105号）。通知明确，除大工业用电价格不进行调整外，全国燃煤火电上网电价平均每千瓦时下调约3分，全国一般工商业销售电价平均下调约3分/千瓦时。同时，将居民生活和农业生产以外的其他用电征收的可再生能源电价附加征收标准，提高到1.9分/千瓦时。2016年1月1日起，下调燃煤发电上网电价，全国平均每千瓦时降低约3分，降价金额重点用于同幅度降低一般工商业销售电价、支持燃煤电厂超低排放改造和可再生能源发展，并设立工业企业结构调整专项资金等。

2.3.3　其他节点企业

1. 运力部门

中国煤炭产需呈逆向分布，形成"北煤南运""西煤东运"的格局。运力（尤其是铁路运力）历来是影响煤炭供需的关键因素；运输瓶颈一直对煤炭供应有较大的制约。

2014年，全国范围内铁路发运煤炭约为22.9亿吨，同比减少0.31亿吨，下降1.3%；尤其从9月开始，铁路煤炭运量连续4个月同比下降，12月降幅更是达到了9.3%。近年来，煤炭每年铁路运输需求在23亿吨左右，可基本忽略铁路运力对煤炭供应的制约。据中国铁路经济规划研究院估计：2015年全国铁路总运力将达到55亿吨，铁路煤炭运输总能力达到30亿吨，其中"三西"地区铁路煤炭运输能力达到14亿吨。

铁路煤炭运量增速放缓甚至增速下降的原因包括三个方面：首先是宏观经济增速放缓致使煤炭需求不景气；其次是大量进口煤炭出现在长江中游市场和沿海市场；最后铁路货运三次提价对煤炭运量的影响。

虽然铁路煤炭运量增速放缓，但并不会减少煤炭与铁路运力部门的相关性和关联度。据国家统计局的数据显示，2013年全国煤炭产量的63%是通过铁路运输，铁路煤运在铁路货运量中的占比约为58.6%。由此可见，中国铁路运力的增长速度已逐渐超过煤炭需求的增长速度。到2015年，中国拥有30亿吨的铁路煤运通道总能力，这标志着中国已基本消除长期制约煤炭运输的瓶颈问题。

2. 电网部门

2011 年，政府上收了区域电网公司的管理职能，区域电网仅保留调度职能，将主要经营性资产按照属地化原则划转到省公司。在新一轮的电力市场化改革中，电网的职能定位同时做出调整。整体性方面，未来的电网企业的定位应该是公用事业型企业（图 2-15）。经营模式应参考国外的模式，按照国家核定的固定回报率来获取收益。以三年为一周期进行总收入监管，因此其盈利空间是受国家规定的回报率管控的。

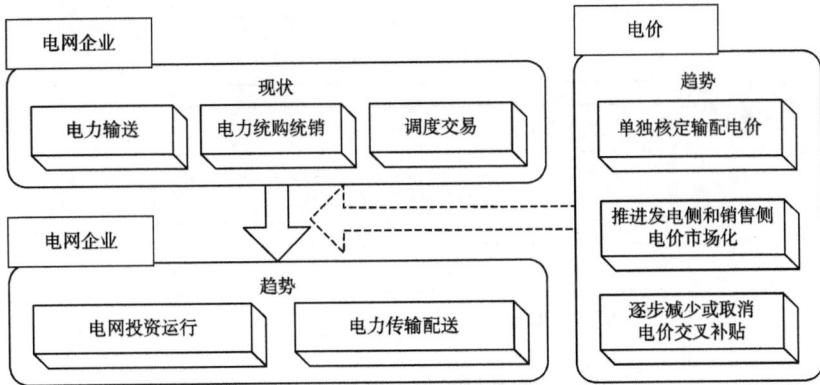

图 2-15　新电力体制改革中电网公司可预见趋势

在保证电网原有物理结构格局和电网发展规划不变的前提下，将面向电力用户供电配电设施和面向电力资源配置输电设施的不同功能进行区分，将电网企业财务核算单位进行细化；核定时以"合理成本+规定利润"为原则，并横向比较同类企业间的资产总量、输配电量和运营效率等指标，互相参考、同业竞比，在各个级别的电网公司中分别进行单独定价，然后对各级电网公司的年度准许收入总量和相应的输电、配电所有路径过网电价进行确定和结果公布。因此，未来的电网企业盈利模式也将随之调整（图 2-16）。

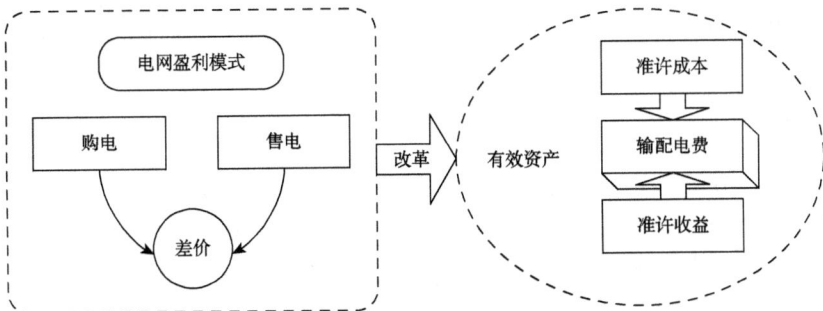

图 2-16　电网盈利模式的转变

3. 售电公司

放开的电力市场中，为了权衡交易主体的"市场力"，与发电、供电企业进行交易的经济主体可分为电力大用户和售电企业。电力大用户主要针对电压等级较高的用户；售电企业主要针对电压等级较低的用户。为了适应售电侧放开体制，新电力体制改革中规定了五类售电主体（图 2-17）；由此分析售电企业多种模式的优势如表 2-1 所示。

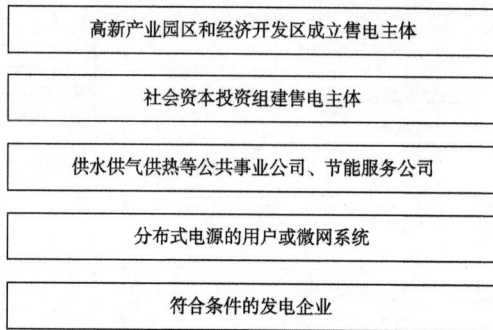

图 2-17　五大类售电主体

表 2-1　多种模式售电企业的优势分析

序号	优势
1	多种模式售电可促进售电侧与发电侧更好开展能源交易
2	多种模式售电可使电力终端消费用户自主选购，拥有更多话语权和选择权
3	多种模式售电可促进开放且充满活力地开展智能能源网建设
4	多种模式售电可让发电集团和地方供电公司拥有调整生产经营模式的机遇
5	多种模式售电可吸引地方参与终端电力经济活动，形成高效的电力保障机制

但是，售电公司的独立也需要一个相对平稳的过程。因此，售电侧放开应先从开放售电业务开始。通过资质认定，引入新的售电商：首先，允许工业用户、民用和商业用电大户有权选择售电商；其次，逐渐允许小型商业用户和居民用户自由选择售电商。

4. 终端用户

电力终端用户可分为两类：第一类为具有较高电压等级、较大市场力的工业和商业用户；在交易过程中可直接与发电、供电企业进行买卖。第二类为电压等级较低、市场力较弱的工业和商业用户、居民用户及其他电力用户；在交易过程中需通过售电公司间接与发电、供电企业进行买卖。

2.4　模型构建

2.4.1　假设前提

在新一轮电力体制改革的背景下，处于市场化改革探索试验阶段的中国煤电能源供应链，其发展既需要政府规划目标的指导，也需要产业发展政策和市场规制制度的支持。在"十三五"能源规划期间，将加快建设安全、清洁、高效、低碳的现代能源体系，控制煤炭消费成为规划期间的首要任务；在"十三五"期间，政府也把重要任务定位在"控制能源消费总量"上，其中控制煤炭消费总量的相关工作作为能源消费控制总量的重点，要求将消费比重从 66% 降至 60% 以下。

为构建中国煤电能源供应链运营的系统动力学模型，本书做如下设定。

假设 1：煤电能源供应链系统中只存在两个市场，即煤炭交易市场和电力交易市场；不考虑设备企业及市场、电力平衡市场及辅助服务市场的运营过程。

假设 2：电网企业的职能为电力传输配送调度[①]，并不参与电力交易过程；输配电价按"准许成本加+合理收益"的原则进行核算。

假设 3：因此电力交易平台中，只分析"双边交易"（大用户直购电）和"集中交易"[②]（竞价交易）。

2.4.2　边界界定

为说明分析问题、简化抽象模型，同时又不失研究的一般性，定义四种资源配置形式（煤炭企业、煤炭市场、火电企业、电力市场）的经济行为如下。

（1）煤炭企业经济行为：煤炭生产。

（2）煤炭市场中经济行为：煤炭采购交易、煤炭运输过程、煤炭订单管理。

（3）火电企业经济行为：煤炭管理、电力生产、财务管理。

（4）电力市场中经济行为：大用户直购、电力竞价交易。

系统边界界定关系如图 2-18 所示。

---

① 2011 年，国家电网上收了区域电网公司的管理职能，将主要经营性资产按照属地化原则划转到省公司，区域电网保留调度职能。2015 年 3 月 15 日，中发〔2015〕9 号文中规定，改变电网企业集电力输送、电力统购统销、调度交易为一体的状况，电网企业主要从事电网投资运行、电力传输配送，负责电网系统安全，保障电网公平无歧视开放，按国家规定履行电力普遍服务义务。

② 电力多边交易是指在交易试点放开和扩大前提下，发电商、售电商、中间商、电力终端用户作为平等交易主体共同参与，在发电侧、售电侧和需求侧引入竞争，在相对规范统一的操作平台上进行电力买卖，可以根据市场情况和双方意愿确定交易的方式，交易方式主要包括多边协商、市场撮合和市场竞价等。电力多边交易的形式包括两种，即电力多边合同和电力多边竞价。

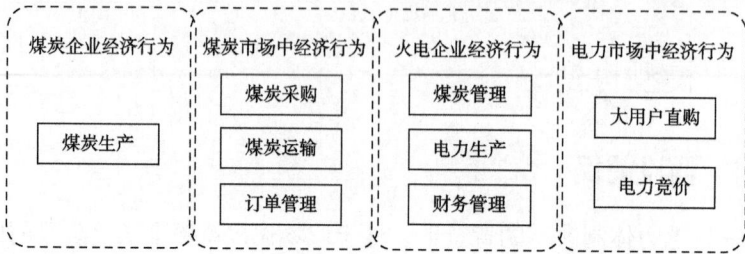

图 2-18　系统边界的界定

2.4.3　模型构建

基于上述系统界定，建立电力体制改革背景下中国煤电能源供应链运营系统的系统动力学模型的反馈回路。

1. 煤炭生产环节

图 2-19 表示的是煤炭生产环节的决策过程存量流量图[①]。在该结构中，预期订单签订量被视为一个外生变量，其作用为对该系统产生相应的激励效果，但是其取值的大小也将受到其他因素的影响。根据煤炭生产环节的作用机理模型的结构设定，可知该系统中存在两个负反馈回路：①采煤过程存量→采煤过程调整→期望煤炭生产速率→初始煤炭生产速率→采煤过程存量；②储煤中心存量→储煤中心调整→期望煤炭产量→期望采煤过程→采煤过程调整→期望煤炭生产速率→初始煤炭生产速率→采煤过程存量→煤炭生产速率→储煤中心存量。第一条负反馈回路用以控制煤炭生产，第二条负反馈回路用以控制煤炭储存。

模型主要数学方程及逻辑关系如下。

储煤中心存量[②]=INTEG（煤炭生产速率，1260000000）

采煤过程调整=（期望采煤过程-采煤过程存量）/采煤过程调整时

期望采煤过程=期望煤炭产量*采煤周期

期望煤炭产量=MAX（0，预期订单签订量+储煤中心调整）

期望储煤中心存量=预期订单签订量*期望储煤中心存量比率

储煤中心调整=（期望储煤中心存量-储煤中心存量）/储煤中心调整时间

期望储煤中心存量比率=最小订单履行时间+安全储煤比率

---

① 为了便于说明煤炭生产过程的作用机理，在该存量流量模型中，并未考虑煤炭资源禀赋约束、资金约束、劳动力约束以及生产设备约束等煤炭企业的生产能力约束问题，主要将采煤过程存量作为决策控制单元，基于一般生产理论构建煤炭生产模型。在煤炭生产环节的作用机理模型中，处于煤炭开采过程被简化为一个阶段的采煤存量，在煤炭企业的实际运营过程中，可将建模过程改变为多阶段的采煤过程存量。

② 根据《中国统计年鉴 2014》和《中国电力年鉴 2014》的数据，给定状态变量的初始量。

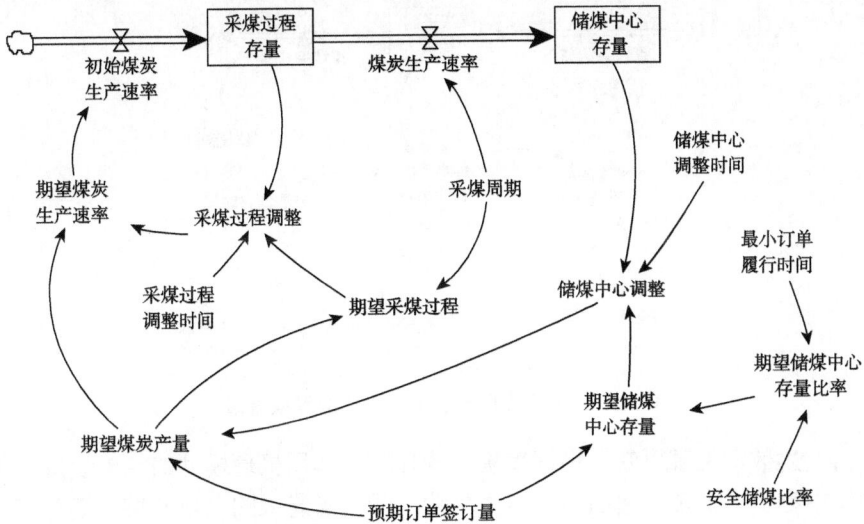

图 2-19　煤炭生产环节的作用机理

上述关系中，期望储煤中心存量比率是一个库存覆盖的概念，主要由两部分构成，即安全储煤比率和最小订单履行时间。安全储煤比率表示储煤中心有效应对突发需求而应预先设定的煤炭储备；最小订单履行时间表示储煤中心及时满足发电企业煤炭订单需求的煤炭储备。虽然期望储煤中心存量比率越高，就表示库存覆盖的能力越强、煤炭供应服务的水平越高，但是当存在库存成本约束时，储煤中心的煤炭库存量越大，总库存成本也会随着变大。

2. 煤炭采购环节

煤电能源供应链是多个节点企业经济活动互相作用的耦合。在整个链条中，煤炭企业是最原始的生产资料所有者，其下游供应链节点是储煤中心和发电企业；发电企业会根据自身企业的生产需要，选择相应的煤炭供应商。在煤炭企业、储煤中心与发电企业之间，为了实现接收、感知和反映市场信息等功能，存在着一个主要的功能性衔接单元，即煤炭采购环节。图 2-20 为煤炭采购环节作用机理的存量流量图。煤炭采购环节主要涉及 1 个存量、2 个流量和 6 个辅助变量。

模型主要数学方程及逻辑关系如下。

煤炭采购总量=INTEG（煤炭采购速率−采购完成量，100000000）

煤炭采购总量调整=（期望煤炭采购总量−煤炭采购总量）/采购调整时间

期望煤炭采购速率=煤炭采购总量调整+期望煤炭运输量

煤炭采购速率=MAX（0，期望煤炭采购速率）

期望煤炭采购总量=期望煤炭运输量*预期煤炭运输延迟

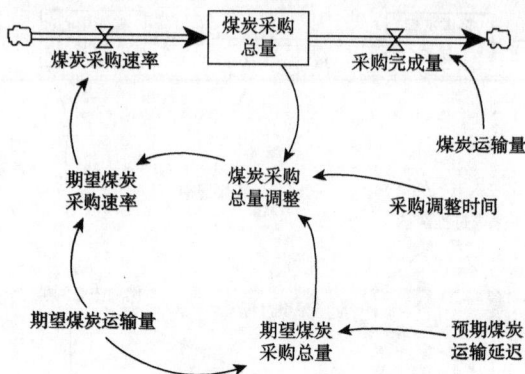

图 2-20　煤炭采购环节作用机理的存量流量图

由上述数学关系可知，根据煤炭采购环节的作用机理模型的结构设定，可知该系统中存在一个负反馈回路：煤炭采购总量→煤炭采购总量调整→期望煤炭采购速率→煤炭采购速率→煤炭采购总量。期望煤炭采购总量取决于两个变量：期望煤炭运输量和预期煤炭运输延迟。期望煤炭运输量在该系统中是一个外生变量，其作用对该系统产生相应的激励；预期煤炭运输延迟是一个时间概念，表示期望煤炭运输量的一个运输调配周期。

3. 煤炭运输环节

煤炭运输环节主要通过运力部门将储煤中心的煤炭进行输配，完成与火力发电企业进行交易职能的业务流程，是实现煤炭采购环节职能效果的重要构成要件，如图 2-21 所示。煤炭运输环节主要涉及 1 个存量、2 个流量和 7 个辅助变量。

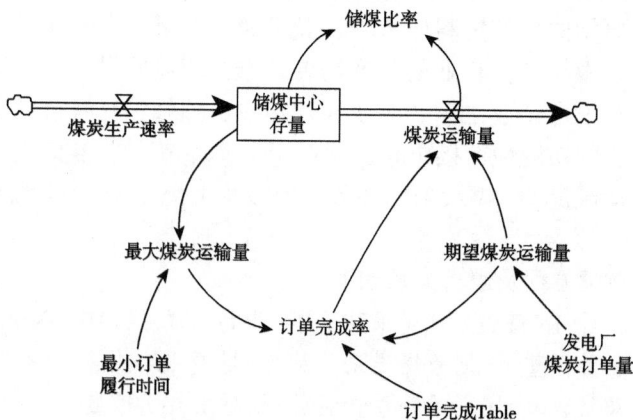

图 2-21　煤炭运输环节的作用机理

模型主要数学方程及逻辑关系如下。

储煤中心存量=INTEG（煤炭生产速率−煤炭运输量，250000000）

储煤比率=储煤中心存量/煤炭运输量

订单完成率=Table（最大煤炭运输量/期望煤炭运输量）

最大煤炭运输量=储煤中心存量/最小订单履行时间

期望煤炭运输量=发电厂煤炭订单量

煤炭运输量=期望煤炭运输量*订单完成率

由图 2-21 可知，煤炭运输环节模型中存在一个负反馈回路：储煤中心存量→最大煤炭运输量→订单完成率→煤炭运输量→储煤中心存量。该反馈回路可保证煤炭运输环节的系统平衡。订单完成率是指煤炭采购订单可被有效履行的比例，该比例被定义为一个关于最大煤炭运输量和期望煤炭运输量比值的一个表函数。在煤电能源供应链实际运营中，为了保证煤炭供给的可靠性，储煤中心的煤炭存量应是相对稳定的，因此，"煤炭运输量=期望煤炭运输量*订单完成率"可表示为

煤炭运输量=MIN（期望煤炭运输量，最大煤炭运输量）

4. 订单管理环节

图 2-22 表示煤炭订单管理环节的作用机理。在煤电能源供应链的实际运营过程中，发电企业的煤炭订单不可能在较短时间内得到满足，一般情况下会存在延迟。在履行煤炭订单的过程中，若无法及时地满足发电企业对煤电的需求，就可能会导致该发电企业重新决策，选择其他煤炭企业。因此，在煤炭订单管理环节还必须考虑煤炭订单的积压问题。煤炭订单积压量可用以表示在煤炭订单签订量和煤炭订单完成量之间所存在延迟问题。煤炭订单积压量的初始状态（TIME=0）可视为目标订单提交延迟和订单签订量的乘积；并通过一个外生变量目标订单提交延迟，控制期望煤炭运输量，以实现订单管理的合理化。同时，煤炭订单积压量也可用以表示煤电能源供应链节点企业的营运能力。煤炭订单积压量越少，则说明煤炭企业的生产能力和运力部门的运输能力越强；煤炭订单积压量越多，则说明煤炭企业的生产能力和运力部门的运输能力越差。

模型主要数学方程及逻辑关系如下。

煤炭订单积压量=INTEG（订单签订量−订单完成量，13000000）

订单提交延迟=煤炭订单积压量/订单完成量

期望煤炭运输量=煤炭订单积压量/目标订单提交延迟

煤炭运输量=期望煤炭运输量*订单履行率

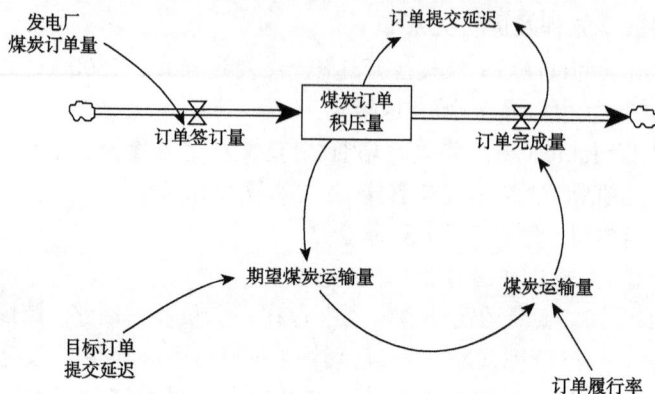

图 2-22　煤炭订单管理环节的作用机理

由上述子系统模型可知，在模型设定中，期望煤炭运输量可视为期望煤炭发货率，煤炭订单积压量会影响期望煤炭运输量。煤炭订单积压量越大，期望煤炭运输量就越大，由此导致煤炭的实际发货率（煤炭运输量）就相对越大，煤炭订单履行情况越好、订单完成量越多。煤炭订单管理环节中存在一个负反馈回路：煤炭订单积压量→期望煤炭运输量→煤炭运输量→订单完成量→煤炭订单积压量。该回路实现了煤炭订单的合理管控，用以保证煤炭订单管理环节负反馈回路的平衡特性。

5. 煤炭管理环节

对发电企业而言，如果电力生产线上的发电量要与期望火力机组发电量保持相同水平，就要求质量合格的煤炭燃料必须及时且充分。在发电厂的实际生产过程中，均建有相应的煤场，以保证煤炭的有效供应。煤炭管理环节直接影响着电力生产环节的经济活动，必要的煤场库存是协调煤炭供应和煤炭利用的过渡。图 2-23 描述一个煤炭管理环节的作用机理模型，在该子系统中，煤场库存管理成为煤电能源供应链库存管理的最后一个问题；但由于该系统与电力生产环节相连接，所以煤场库存的煤炭管理也相对较为复杂。

模型主要数学方程及逻辑关系如下。

煤场库存=INTEG（煤炭运输量−煤炭使用量，65000000）

可行的发电初始状态=煤炭使用量/单位装机煤耗

煤炭使用量=期望煤炭使用量*煤炭利用率

煤炭利用率=Table（最大煤炭使用量/期望煤炭使用量）

期望煤炭使用量=期望发电装机初始量*单位装机煤耗

最大煤炭使用量=煤场库存/最小煤场库存比率

煤炭运输量=MAX（0，期望煤炭运输量）

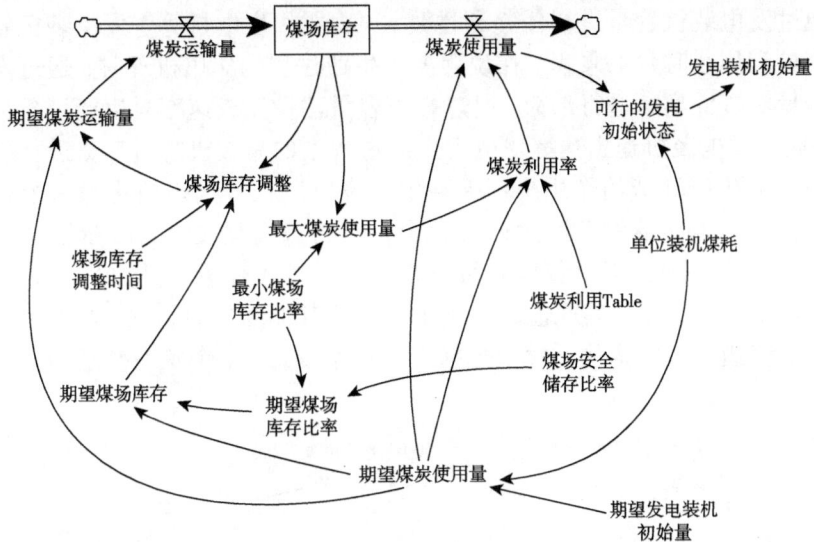

图 2-23　煤炭管理环节的作用机理

期望煤炭运输量=期望煤炭使用量+煤场库存调整

煤场库存调整=（期望煤场库存-煤场库存）/煤场库存调整时间

期望煤场库存=期望煤炭使用量*期望煤场库存比率

期望煤场库存比率=最小煤场库存比率+煤场安全储存比率

由于发电厂的煤场规模存在限制，煤炭在煤场中的库存也将受到约束，所以发电企业实际电力生产线上的发电量就不等于期望火力机组发电量，发电装机的利用情况要根据煤场库存的实际情况进行启停，由此导致发电装机初始量必须与可行的发电初始状态保持一致，且应该在煤场库存允许下的煤炭使用量约束下进行电力生产。在以上的数学关系和逻辑结构中，煤炭使用量是期望煤炭使用量和煤炭利用率的乘积，其数学关系与订单管理环节中的煤炭运输量的情况和计算方法的相同；期望煤炭使用量是期望发电装机初始量和单位装机煤耗的乘积。在煤炭管理环节，存在两个负反馈回路：①煤场库存→煤场库存调整→期望煤炭运输量→煤炭运输量→煤场库存；②煤场库存→最大煤炭使用量→煤炭利用率→煤炭使用量→煤场库存。第一个负反馈回路是用以控制煤场中煤炭的流入；第二个负反馈回路是用以控制煤场中煤炭的流出。

6. 电力生产环节

图 2-24 表示为电力生产环节的决策过程存量流量图。由于电能产品的不可储存特性，所以模型构建过程中并未直接对火力机组发电量引入存量概念，

而是通过发电装机容量进行传递和过渡。火力机组发电量等于发电装机容量和装机容量利用小时数的乘积。在说明电力生产过程的作用机理时，通过发电装机初始量对资源禀赋进行约束，通过装机容量建设完成速率对生产设备进行约束；并通过发电装机退出速率对电力生产过程中的总装机容量存量进行决策控制。在电力生产环节的作用机理模型中，发电装机容量被简化为一个阶段的存量，但在发电企业的实际生产过程中，可将该过程改变为多阶段的容量存量。在该子系统中，期望装机容量被视为一个外生变量，其作用为对该系统产生相应的激励，但是其取值的大小也将受到其他因素的影响。对电力生产环节的子系统边界进行描述，模型包括 2 个速率变量、1 个状态变量和 8 个辅助变量。

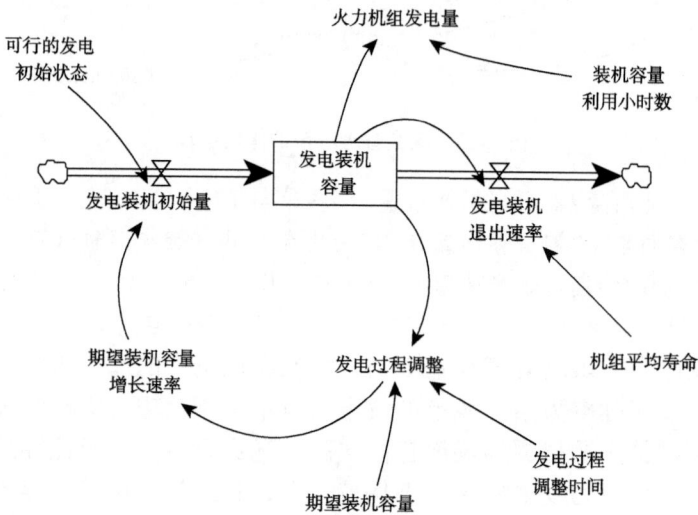

图 2-24　电力生产环节的作用机理

模型主要数学方程及逻辑关系如下。

发电装机容量=INTEG（发电装机初始量−发电装机退出速率，1*10^9）

发电装机初始量=可行的发电初始状态+期望装机容量增长速率

发电装机退出速率=发电装机容量/机组平均寿命

发电过程调整=（期望装机容量−发电装机容量）/发电过程调整时间

期望装机容量增长速率=MAX（0，发电过程调整）

在实际的发电过程中，在装机容量利用小时数既定的条件下，发电装机容量存在一个实际约束：火力机组发电量取决于发电厂实际投入运行的装机设备。由上述存量流量图和数学关系可知，在不考虑装机容量建设完成速率①的前提下，发电企业的装机容量取决于两个速率变量：发电装机初始量和发电装机退出速率。其中，发电装机初始量是由煤炭管理环节的煤炭利用情况决定的。在电力生产环节，存在一个负反馈回路：发电装机容量→发电过程调整→期望装机容量增长速率→发电装机初始量→发电装机容量。该负反馈回路与煤炭管理环节紧密衔接，用以控制发电企业实际投入运行的装机设备存量。

7. 财务管理环节

在煤电能源供应链中，资金流贯穿于节点企业生产经营管理的各个环节，资金流的疏通和顺畅将有赖于核心节点企业财务管理水平的高低。图 2-25 表示发电企业财务管理环节的作用机理。在发电企业的实际财务管理过程中，由于发电企业的现金流入合计和现金流出合计中均会存在延迟，造成发电企业的利润与发电企业现金在短期内不匹配。发电企业利润的计算方法为发电企业售电收入减去发电企业生产成本。发电企业售电收入是由现销收回现金和赊销收入现金组成的，企业应收账款在收款期期末将上一期赊销收入收回，本期的现销收回和上一期的赊销收回共同构成本期的企业现金流入；同理，发电企业本期的现购已付现金和上一期的赊购已付现金共同构成本期的企业现金流出。在发电企业财务管理的过程中，存在两个价格，即上网电价和煤炭价格。上网电价是构成发电企业售电收入的主要因素，但由于发电企业作为公共事业部门，电能产品作为大宗商品具有一定的政策工具作用效果，所以上网电价相对固定，由国家相关的政府部门进行测定；煤炭价格是构成发电企业生产成本的重要因素，由于煤炭交易相对市场化，煤炭交易价格不仅受到煤炭市场供需关系的影响，还受到国际能源的冲击，所以煤炭价格的形成机制遵循微观经济学中市场均衡价格的形成方式。在发电企业财务管理子系统中，共涉及 5 个状态变量、9 个速率变量和 20 个辅助变量。

模型主要数学方程及逻辑关系如下。

发电企业现金=INTEG（现金流入-现金流出，1000000000）

现金流入=现销收回+赊销收回

现销收回=发电企业售电收入*（1-赊销比例）

赊销收入=发电企业售电收入*赊销比例

---

① 实际生产过程中，装机容量建设完成速率和发电装机初始量将共同决定发电厂实际投入运行的装机设备状态。虽然在装机容量建设完成速率和发电装机初始量中选择最小值，也可反映出发电厂为了防止在生产过程中出现设备故障而产生生产风险所做的安全措施，但是装机容量建设完成速率是由发电企业用于扩大再生产而进行的项目投资环节决定的。由于各个电厂的决策存在差异，为了不失研究的一般性，本书并不将"装机容量建设完成速率"作为考量范畴中的变量。

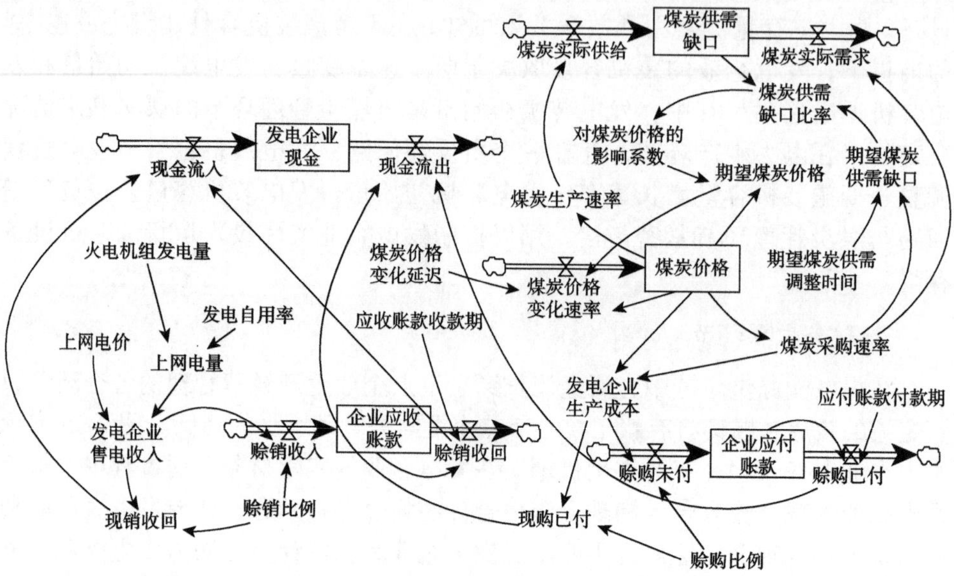

图 2-25　财务管理环节的作用机理

赊销收回=IF THEN ELSE（TIME>=应收账款收款期，MAX（企业应收账款/应收账款收款期，0），0）

企业应收账款=INTEG（赊销收入-赊销收回，500000000）

发电企业售电收入=上网电价*上网电量

上网电量=火电机组发电量*（1-发电自用率）

现金流出=现购已付+赊购已付

现购已付=发电企业生产成本*（1-赊购比例）

赊购未付=发电企业生产成本*赊购比例

赊购已付=IF THEN ELSE（TIME>=应付账款付款期，MAX（企业应付账款/应付账款付款期，0），0）

企业应付账款=INTEG（赊购未付-赊购已付，500000000）

发电企业生产成本=煤炭价格*煤炭采购速率

煤炭供需缺口=INTEG（煤炭实际供给-煤炭实际需求，0）

煤炭实际需求=煤炭采购速率

期望煤炭供需缺口=煤炭采购速率*期望煤炭供需调整时间

期望煤炭供需缺口比率=煤炭供需缺口/期望煤炭供需缺口

煤炭实际供给=煤炭生产速率

煤炭价格=INTEG（煤炭价格变化速率，400）

煤炭价格变化速率=（期望煤炭价格-煤炭价格）/煤炭价格变化延迟

期望煤炭价格=煤炭价格*对煤炭价格的影响系数

对煤炭价格的影响系数=RANDOM UNIFORM（l，m，n）

在发电企业实际的财务管理过程中，发电企业现金存量的大小可体现发电企业的财务水平和风险应对能力。在上述的存量流量关系和数学表达式中，赊销收入等于发电企业售电收入和赊销比例的乘积；赊购未付等于发电企业生产成本与赊购比例的乘积。赊销比例和赊购比例是一种企业文化的标志，也代表了发电企业对自身财务能力的信心。另外，应收账款收款期和应付账款付款期作为两个外生变量，分别对应收账款和应付账款的延迟进行调节。期望煤炭价格在煤炭供需缺口的模块成为激励性的内生变量，与煤炭价格和煤炭价格变化延迟共同作用影响煤炭价格变化速率。在发电企业的财务管理环节中，存在一个正反馈回路：煤炭供需缺口→煤炭供需缺口比率→对煤炭价格的影响系数→期望煤炭价格→煤炭价格变化速率→煤炭价格→煤炭生产速率→煤炭实际供给→煤炭供需缺口。一个负反馈回路：煤炭供需缺口→煤炭供需缺口比率→对煤炭价格的影响系数→期望煤炭价格→煤炭价格变化速率→煤炭价格→煤炭采购速率→煤炭实际需求→煤炭供需缺口。该子系统中的正反馈回路保证煤炭供给量随价格增长而递增的规律；负反馈回路保证煤炭需求量随价格增长而递减的规律。两个回路的共同作用是保证煤炭供需的均衡。

8. 大用户直购电环节

大用户直购电交易是指通过独立配电公司（委托电网企业输配协议电量，并向电网企业支付相应的输配电费），用电量较大或电压等级较高的电力终端用户与符合要求的发电企业协定购电量和购电价格，进行电力买卖；是一种双边交易模式[①]。在整个链条中，发电企业可作为售电商，直接参与电力交易活动。直购电交易模式中，购、售电双方的定价应在双边可承受的价格范围，基于上一个交易周期中竞价交易市场的平均价格进行协商定价。图 2-26 为直购电交易环节作用机理的存量流量图。直购电交易环节主要涉及 1 个存量、1 个流量和 13 个辅助变量。

模型主要数学方程及逻辑关系如下。

结算成交价=MIN（价格上限，MAX（竞价交易上网电价，价格下限））

竞价交易年平均价格=SMOOTH（结算成交价，52）

直购电双边合同交易价格=MIN（购电部门可承受的最高报价，MAX（竞价交易年平均价格，售电部门可承受的最低报价））

---

① 具有双边交易特性的中国电力交易类型包括大用户直购电交易、发电权有偿替代双边交易和基于框架协议跨省（区）电能交易。

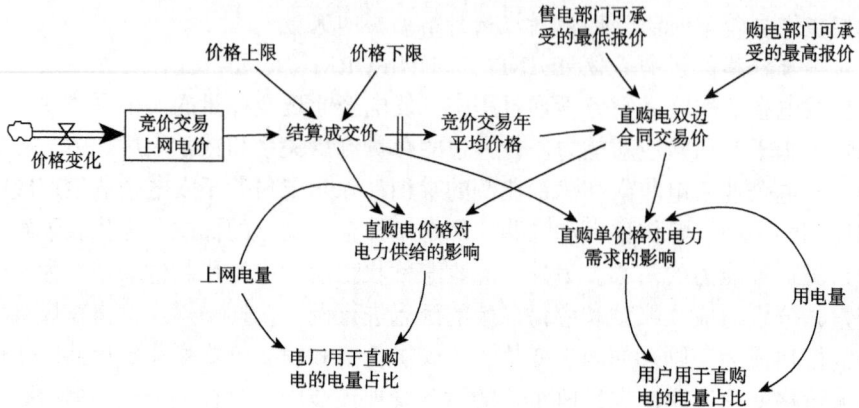

图 2-26　直购电交易环节作用机理的存量流量图

直购电价格对电力供给的影响=上网电量*（（结算成交价/直购电双边合同交易价）^0.5）

直购电价格对电力需求的影响=用电量*（（结算成交价/直购电双边合同交易价）^0.5）

电厂用于直购电的电量比例=直购电价格对电力供给的影响/上网电量

用户用于直购电的电量比例=直购电价格对电力需求的影响/用电量

大用户直购电交易的主要形式是电力双边合同。发供电企业与电力大用户（或独立售电公司）直接就交易电量和交易价格进行"讨价还价"，最后形成双边交易关系。发供电企业与电力大用户（独立售电公司）均是自愿性的协商交易关系。由于谈判过程相对"封闭"，因此电量交易价格虽以年均竞价电价作为指导，但仍存在差异。电力交易市场运营初期，为了保证市场平稳起步，稳定物价，交易平台监管部门应设定相应的价格上限（price cap）和价格下限（price floor）。

9. 电力竞价交易环节

区别于电力双边交易，还存在一种模式，即集中交易。电力集中交易模式存在两种交易方式，分别是多边交易和电力库。其中，电力多边交易是指在交易试点放开和扩大前提下，发电商、售电商、中间商、电力终端用户作为平等交易主体共同参与，在发电侧、售电侧和需求侧引入竞争，在相对统一且规范的交易操作平台上，参与者进行电力能源买卖，在考虑电力市场情况和交易双方意愿的情况下，可据此确定电力交易方式；主要的多边交易方式包括三类，分别是多边协商、市场竞价和市场撮合。图 2-27 为电力竞价交易环节作用机理的存量流量图。电力竞价交易环节主要涉及 1 个存量、1 个流量和 10 个辅助变量。

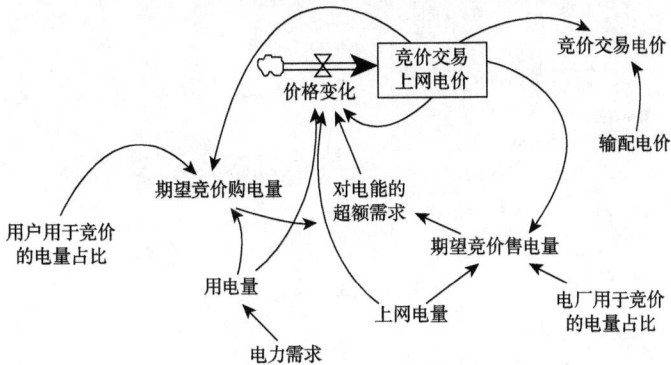

图 2-27　电力竞价交易环节作用机理的存量流量图

模型主要数学方程及逻辑关系如下。

竞价交易上网电价=INTEG（价格变化，0.45）

期望竞价售电量=（上网电量*电厂用于竞价的电量占比）*（竞价交易上网电价/0.45）^0.8

期望竞价购电量=（用电量*用户用于竞价的电量占比）*（竞价交易上网电价/0.45）^0.1

对电能的超额需求=期望竞价购电量−期望竞价售电量

价格变化=竞价交易上网电价*对电能的超额需求/（用电量−上网电量）

新一轮电力体制改革中电力多边交易的目的为深化电力体制改革；在售电端引入竞争机制；提高行业竞争力；降低用户用电成本。在电力竞价交易环节中，存在一个正反馈回路：竞价交易上网电价→期望竞价购电量→对电能的超额需求→价格变化→竞价交易上网电价。一个负反馈回路：竞价交易上网电价→期望竞价售电量→对电能的超额需求→价格变化→竞价交易上网电价。该子系统中的正、负反馈回路保证了竞价交易上网电价形成过程中的市场机制；两个回路的共同作用是保证电力市场供需的均衡。

10. 煤电能源供应链运营整合模型

根据假设 1~假设 3 的条件，界定系统边界后，可将能源供应链中九个经济活动环节进行组合嵌套；在保证各个环节、各项运营活动中，数学逻辑不变的情况下，建立九个模块之间的逻辑关系，使模型"化零为整"，成为一个有机的、复杂的、内生驱动的、外源支撑的整体。

煤电能源供应链运营整合模型如图 2-28 所示。

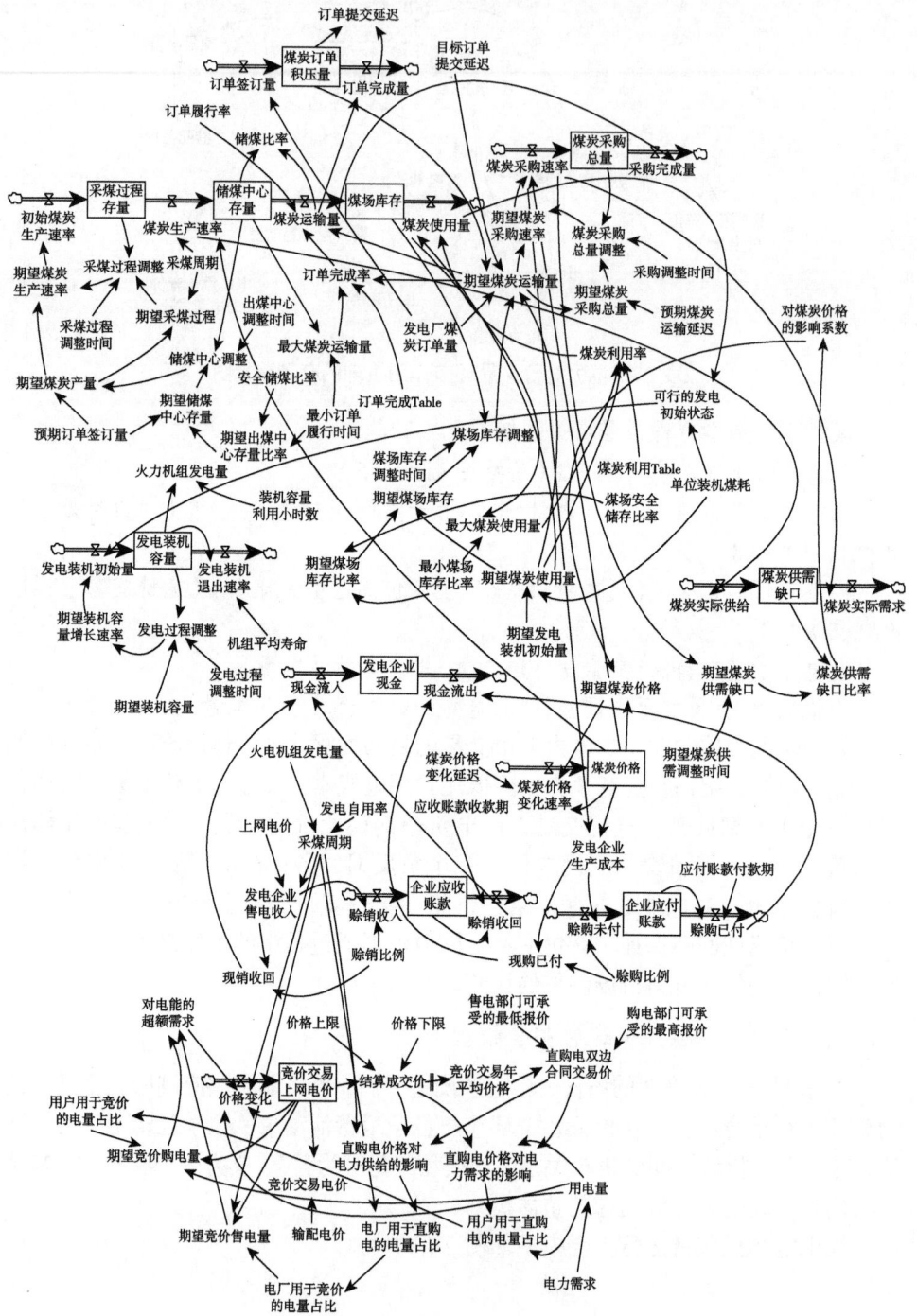

图 2-28 煤电能源供应链运营整合模型

2.5　本章小结

　　本章主要综述了目前中国煤电能源供应链中主要节点企业所在产业的市场现状，其中主要分析煤炭产业和发电产业的现状问题；根据系统动力学的相关理论与技术手段，对中国煤电能源供应链的系统边界进行界定，在合理假设的基础上，运用图形语言和数学方程表达，构建中国煤电能源供应链发展的系统动力学模型。中国煤电能源供应链发展模型是一个较为抽象但又较为具体的描述，其中包括九个模块子模型。本章的分析为下文的研究奠定了数据基础，充分体现研究的适用性和实用性价值。

第3章 中国煤电能源供应链现状及分析

3.1 问题的背景介绍

国家能源局数据显示,2015 年前三季度,中国共消耗煤炭 29 亿吨,其中电力、钢铁、建材行业分别耗煤 13.8 亿吨、4.8 亿吨和 3.8 亿吨,同比分别下降 6.1%、3.4% 和 8.4%,有且仅有化工行业耗煤量增加至 1.9 亿吨,同比增长 9.9%。根据预测:在"十三五"期间,煤矿开采和洗选企业数量从 2015 年的 6 390 家压减到 3 000 家以内;到 2020 年,煤炭开采、洗选行业的失业人数估计分别为 67.1 万和 19.1 万。为了实现"煤炭消费总量控制"的目标,煤炭占能源消费总量的比重将降低至 57.4%,较 2014 年下降 8.6%;天然气消费比重提高到 10%,非化石能源比重提高到 15.2%。但是中国煤电能源供应链中煤炭企业和发电企业的经济技术数据将如何量化分析现状问题?本章拟采用统计学方法和计量经济学方法对中国煤电能源能源供应链的进行讨论分析。统计分析、计量分析是利用科学的方法搜集、整理、分析和提供关于煤电能源供应链中的经济现象、煤电能源供应链发展规律的工作。统计分析和计量分析过程就是搜集数据→整理加工→分析研究的过程,也就是从定性认识到定量认识再到定性认识的过程。基于第 2 章的分析和描述,根据数据可得性原则,本章将利用时间序列数据对中国煤电能源供应链进行统计分析和计量分析。

3.2 煤电能源供应链现状

3.2.1 煤炭企业及煤炭产业

1. 产能和产量

自 2000 年以来,中国建设大型煤炭基地和现代化煤矿的步伐加快,大型煤炭企业发展迅速,煤炭产能快速提高。"十一五"以来中国煤炭产量及同比增速情况如图 3-1 所示。

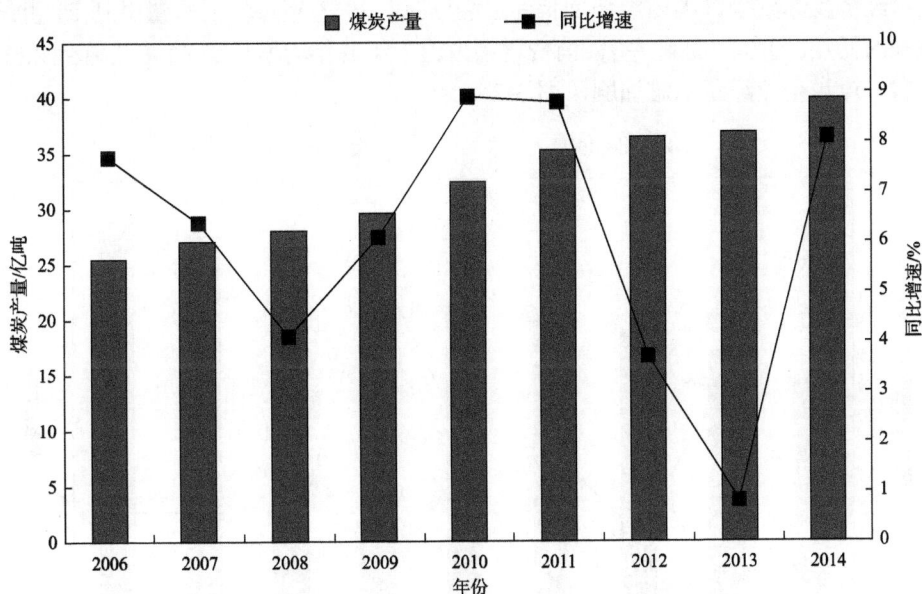

图 3-1　"十一五"以来中国煤炭产量及同比增速情况

从图 3-1 中可知，2006~2014 年，煤炭产量增加 13.15 亿吨，年均增长达 2.2 亿吨，平均增速 8.1%。2012 年煤炭产量同比增加 1.25 亿吨，2013 年煤炭产量同比增加 0.35 亿吨，年平均增长率仅为 0.8 亿吨，总体国内煤炭产量增速下滑明显。

2. 供需情况

"十一五"以来，中国电煤消费保持较快的增速。2013 年电煤需求受国民经济和工业生产增速放缓的影响，需求增速下滑，电煤供需总体宽松，全国电煤供应能力满足需求。2013 年火电发电量同比增长 7.05%（来自《2013 年国民经济和社会发展统计公报》），电煤消费约 20.3 亿吨，占钢铁、化工、建材和电力行业煤炭总消费量的 59.1%，占全国煤炭消费总量的比重为 52.3%；发运量完成 16.1 亿吨，增长 1.3%。重点电厂电煤供应量高于去年同期水平，具体数据见表 3-1。

表 3-1　2013 年重点电厂电煤供需

项目	重点电厂供煤	重点电厂耗煤	重点电厂全年煤炭库存量
供/耗量/亿吨	13.52	13.43	0.815 9
增长量/万吨	4 236	3 479	46
同比增幅/%	3.2	2.7	0.6

资料来源：《中国发电能源供需与能源发展分析报告》

自 2005 年，中国煤炭消费量大幅度增长，2012 年以来受国际金融危机影响，世界经济复苏变缓，国内经济增长受显著影响。2013 年煤炭消费量降到 21 世纪以来的低点，约为 35 亿吨左右，消费增幅由前十年的年均增长 9%左右下降到 2.6%左右，煤炭企业经营困难加剧（图 3-2）。

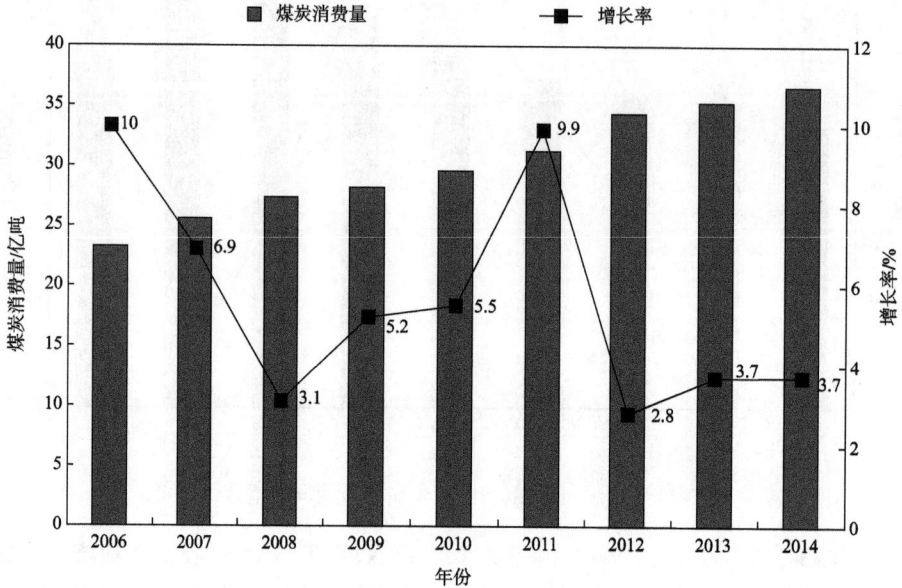

图 3-2   中国全国煤炭消费量及增长率

3. 价格

自 2001 年中国加入世界贸易组织（World Trade Organization，WTO）以来，中国煤炭市场发生重大变化，煤炭市场的价格和供需关系受国际能源市场影响。国内高于国际煤炭价格时，市场趋向进口，导致了国内煤炭价格下滑，世界煤炭价格上升，中国逐渐与国际煤炭市场接轨。在国内宏观经济上升时期，对电煤形成巨大刚性，且在短期内无法减少并逐渐增加煤炭价格的下跌可能性。2013 年年初中国煤炭价格指数为 170.7，而 9 月末则下滑至 157.8，到达年内最低点，12 月指数在 160 左右浮动，整体受季节影响较大，呈下滑趋势。

3.2.2   电力企业及电力产业

1. 发电部门

与欧美国家以石油为主的能源结构不同，受资源情况影响，中国的能源结构以煤为主，当前，火力发电是中国的主要发电来源。中国发电量比重如图 3-3 所示。

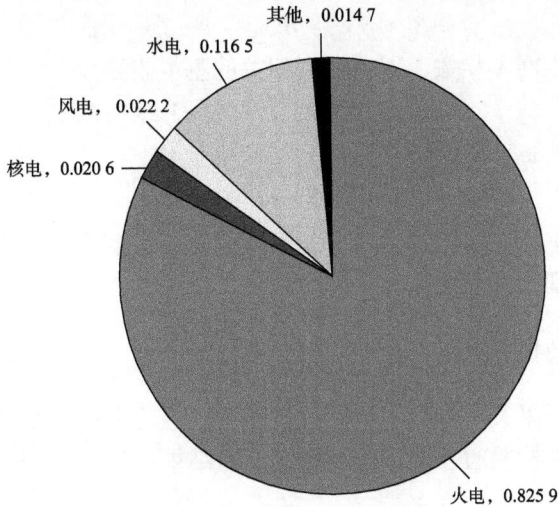

图 3-3　2011 年中国发电量比重

自 1980 年中国政府对发电行业进行行业改革以来，发电行业得到快速发展。21 世纪以来，政府推动发电侧改革，成立五大发电集团，同时受宏观经济发展带动，发电量快速增长。1980 年发电量为 3 006 亿千瓦时，而 2011 年发电量增至 47 130.19 千瓦时，增幅高达 1 467.87%。

2. 电网部门

自 2002 年，中国电力产业结构不断优化，城乡电网保障能力和电能质量增强，电力运营高效安全，电力供需总体平衡，电价基本平稳，有效保障了社会经济的平稳高速发展。从全国来看，电力行业收入总体保持平稳增长态势，但受电价调整影响，增速放缓。截至 2012 年年末，电力生产业所有者权益为 13 424.29 亿元，同比增长 11.17%，增速与 2012 年第三季度末相比上升 3.97 百分点，与上年同期相比上升 1.99 百分点。具体来看，2012 年，电力生产业主营业务收入、总资产以及所有者权益均保持稳定增长，且增速比 2012 年前三季度及上年同期均有所上升，说明企业的成长能力依旧较好。根据国家统计局数据计算可得，截至 2012 年年末，电力生产业所有者权益为 13 424.29 亿元，同比增长 11.17%，增速与 2012 年三季度末相比上升 3.97 百分点，与上年同期相比上升 1.99 百分点。

3.3　分析模型构建

3.3.1　相关性检验

对线性回归模型：

$$y_t = \beta_0 + \beta_1 x_{1t} + \beta_2 x_{2t} + \cdots + \beta_k x_{kt} + u_t \tag{3-1}$$

随机扰动项之间不相关，即无序列相关的基本假设为

$$\mathrm{cov}(u_t, u_{t-s}) = 0, \quad s \neq 0, t = 1, 2, \cdots, T \tag{3-2}$$

如果扰动序列 u_t 表现为

$$\mathrm{cov}(u_t, u_{t-s}) = 0, \quad s \neq 0, t = 1, 2, \cdots, T \tag{3-3}$$

即对于不同的样本点，随机扰动项之间不再是完全相互独立的，而是存在某种相关性，则认为出现了序列相关性。

3.3.2　平稳性检验

在协整性与因果关系分析前，需通过平稳性检验来排除虚假回归等随机干扰项的影响。平稳性检验通过以下模型确定检验结果：

$$\Delta X_t = \delta X_{t-1} + \sum_{i=1}^{m} \beta_i \cdot \Delta X_{t-i} + \varepsilon_t \tag{3-4}$$

$$\Delta X_t = \alpha + \delta X_{t-1} + \sum_{i=1}^{m} \beta_i \cdot \Delta X_{t-i} + \varepsilon_t \tag{3-5}$$

$$\Delta X_t = \alpha + \beta_t + \delta X_{t-1} + \sum_{i=1}^{m} \beta_i \cdot \Delta X_{t-i} + \varepsilon_t \tag{3-6}$$

其中，$\mathrm{H}_0 : \delta = 0$，存在单位根。检验顺序为模型（3-6）、模型（3-5）、模型（3-4）。

3.3.3　因果关系检验

因果关系检验的主要方程包括：

$$Y_t = \sum_{i=1}^{m} \alpha_i X_{1-i} + \sum_{i=1}^{m} \beta_i Y_{1-i} + \mu_{1t} \tag{3-7}$$

$$X_t = \sum_{i=1}^{m} \lambda_i Y_{1-i} + \sum_{i=1}^{m} \delta_i X_{1-i} + \mu_{2t} \tag{3-8}$$

分别对式（3-7）、式（3-8）中的 α_i（$i=1,2,\cdots,m$）$=0$ 和 λ_i（$i=1,2,\cdots,m$）$=0$ 进行检验，如果拒绝零假设"X 不是引起 Y 变化的原因"，则 X 对 Y 存在格兰杰（Granger）因果关系。

3.3.4　脉冲响应检验

VAR 模型基于数据统计性质，在分析 VAR 模型时我们往往分析当模型受到冲击后系统产生的动态变化。具体函数如下：

$$y_t = a_t y_{t-1} + a_2 y_{t-2} + b_1 x_{t-1} + b_2 x_{t-2} + \varepsilon_{1t} \tag{3-9}$$

$$y_t = c_t y_{t-1} + c_2 y_{t-2} + d_1 x_{t-1} + d_2 x_{t-2} + \varepsilon_{2t}, \quad t = 1, 2, \cdots, T \tag{3-10}$$

VAR 中的内生变量为 x_t、y_t，随机扰动项为 ε，y 的当前值和 y、x 的未来值随随机扰动项变化。

3.4　数据处理

3.4.1　原始数据及数据来源

本书的实证分析选取 2002~2014 年数据，数据来源为中国电力企业联合会、国家统计局、电力部门、BP 数据库、《中国统计年鉴》（2014 年）以及世界银行网站，如表 3-2~表 3-4 所示。

表 3-2　2002~2014 年中国动力煤平均价格及火电平均上网电价

年份	动力煤平均价格/（元/吨）	火电平均上网电价/（元/1 000 千瓦时）
2002	328	295
2003	450	389
2004	537	397
2005	572	414
2006	575	426
2007	632	346
2008	684	357
2009	592	377
2010	698	395
2011	828	437
2012	692	424
2013	546	418
2014	761.45	428.61

表 3-3　2002~2014 年中国电煤消费量及火电发电量

年份	电煤消费量/万吨	火电发电量/亿千瓦时
2002	67 321	13 381
2003	80 268	15 804
2004	91 695	17 956
2005	100 906	20 473
2006	118 241	23 696
2007	128 812	27 229
2008	131 903	27 901
2009	139 670	29 827

年份	电煤产量/万吨	火电发电量/亿千瓦时
2010	145 796	33 319
2011	164 686	38 337
2012	169 589	38 928
2013	183 074	40 907
2014	192 283.2	44 060.08

资料来源：中国电力企业联合会；国家统计局

表3-4　其他相关数据统计

年份	电煤企业收益/万元	火电企业收益/万元	GDP/万亿元	碳排放量/万吨
2002	2 208.13	394.74	1.45	13.76
2003	3 612.06	614.78	1.64	16.49
2004	4 924.02	712.85	1.93	19.98
2005	5 771.82	847.58	2.26	22.15
2006	6 798.86	1 009.45	2.71	25.13
2007	8 140.92	942.12	3.49	27.45
2008	9 022.17	996.07	4.52	28.38
2009	8 268.46	1 124.48	4.99	29.83
2010	10 176.56	1 316.1	5.93	32.58
2011	13 636	1 675.33	7.32	33.63
2012	11 735.56	1 650.55	8.23	36.42
2013	9 995.84	1 709.91	9.24	32.09
2014	14 641.49	1 888.44	9.22	33.75

资料来源：中国电力企业联合会；国家统计局

3.4.2　指标数据标准化处理

由于各指标的影响方向不完全相同，且各指标量纲之间存在差异，分别运用式（3-11）、式（3-12）对指标进行标准化处理，若x_{ki}是效益型属性，则运用式（3-11），若x_{ki}是成本型属性，则运用式（3-12）。具体结果见表3-5。

$$x_{ki} = \frac{X_{ki} - \min(X_i)}{\max(X_i) - \min(X_i)}, \quad i = 1, 2, \cdots, 8; k = 1, 2, \cdots, 12 \qquad （3-11）$$

$$x_{ki} = \frac{\max(X_i) - X_{ki}}{\max(X_i) - \min(X_i)}, \quad i = 1, 2, \cdots, 8; k = 1, 2, \cdots, 12 \qquad （3-12）$$

表 3-5　描述性统计量

统计量	N	极小值	极大值	均值	标准差
动力煤平均价格/（元/吨）	13	328	828	607.342 3	131.763 45
火电平均上网价格/（元/1 000 千瓦时）	13	295	437	392.585 4	40.536 85
电煤消费量/万吨	13	67 321	192 283.2	131 864.938 5	39 394.619 06
火电发电量/亿千瓦时	13	13 381	44 060.08	28 601.390 8	10 069.936 45
电煤企业收益/万元	13	2 208.13	14 641.49	8 379.376 2	3 724.734 4
火电企业收益/万元	13	394.74	1 888.44	1 144.8	468.979 62
GDP/万亿元	13	1.45	9.24	4.840 8	2.897 07
碳排放量/万吨	13	13.76	36.42	27.049 2	7.114 79
有效的 N（列表状态）	13				

3.4.3　特征值和特征向量

利用 SPSS 软件运算各方差归一化后的指标数据列 x_i，并得出个数据列之间的相关系数矩阵 $\boldsymbol{R}$。运用式（3-13）、式（3-14）得出 $\boldsymbol{R}$ 的特征值 λ 及特征向量 $\boldsymbol{F}_i$。

$$|\boldsymbol{R} - \lambda \boldsymbol{I}| = 0 \tag{3-13}$$

$$(\boldsymbol{R} - \lambda_i \boldsymbol{I})\boldsymbol{F}_i = 0, \quad i = 1, 2, \cdots, 8 \tag{3-14}$$

其中，$\boldsymbol{F}_i = [f_{1i}, f_{2i}, \cdots, f_{8i}]^\mathrm{T}$，且 $\boldsymbol{F}_i^\mathrm{T} \boldsymbol{F}_i = 1$。

由于在特征值和特征向量的计算过程中，Matlab 运算需要方形矩阵，故本书只可给出中国动力煤平均价格和火电平均上网价格的相关性分析及总方差（表 3-6）。

表 3-6　解释的总方差

成分	初始特征值			提取平方和载入		
	合计	方差/%	累积/%	合计	方差/%	累积/%
1	1.604	80.197	80.197	1.604	80.197	80.197
2	0.396	19.803	100			

注：提取方法为主成分分析

3.5　实证分析

3.5.1　相关性分析

1. 电煤消费价格及火电发电价格相关性分析

从图 3-4 中可以看出，中国动力煤平均价格增长迅速，尤其 2002~2008 年，交易煤炭平均价格从 2002 年的 328 元上升至 684 元,增幅高达 108.54%。但 2008 年和 2013 年价格均有有明显下降。伴随着动力煤平均价格的浮动,火电平均上网电价也随之变化,总体上与动力煤价格波动差基本吻合,但增长率远低于交易煤炭平均价格增长率。

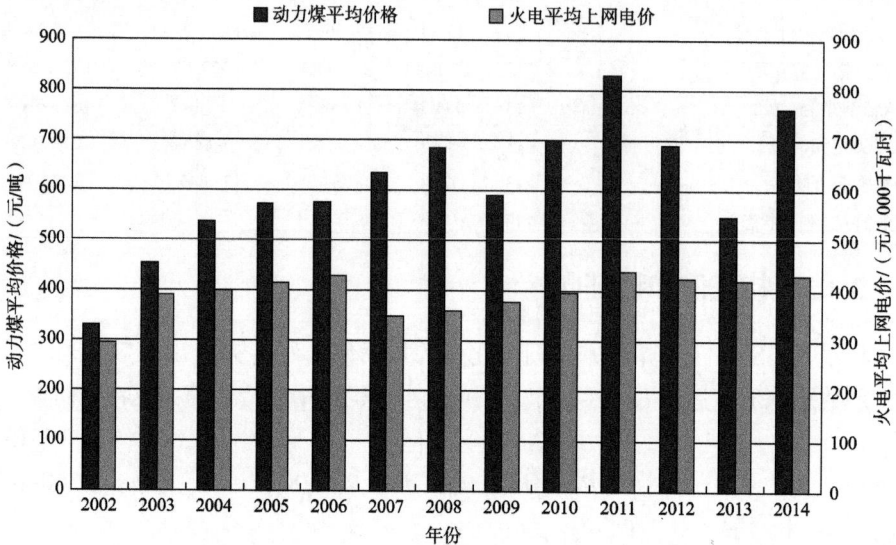

图 3-4　2002~2014 年中国动力煤平均价格及火电平均上网价格

表 3-7 中,两者做 Pearson 相关分析可得 $r=0.604$,$P=0.029$,在 0.05 水平（双侧）上显著相关。一般地,$|r|>0.95$ 存在显著性相关；$0.8 \leqslant |r| \leqslant 0.95$ 为高度相关；$0.5 \leqslant |r| < 0.8$ 为中度相关；$0.3 \leqslant |r| < 0.5$ 为低度相关；$|r| < 0.3$ 为关系极弱,认为不相关两者存在直线正相关关系。分析可得二者中度相关。

表 3-7　动力煤平均价格与火电平均上网价格相关性

项目		中国动力煤平均价格	火电平均上网价格
中国动力煤平均价格	Pearson 相关性	1	0.604[*]
	显著性（双侧）		0.029
	N	13	13
火电平均上网价格	Pearson 相关性	0.604[*]	1
	显著性（双侧）	0.029	
	N	13	13

*表示在 0.05 水平（双侧）上显著相关

2. 电煤消费量及火电发电量相关性分析

从图 3-5 中可以看出,中国电煤消费量自 2002 年以来平稳增长,涨幅高达

1.86%；中国火电发电量自 2002 年来也不断增长，涨幅低于电煤消费量。

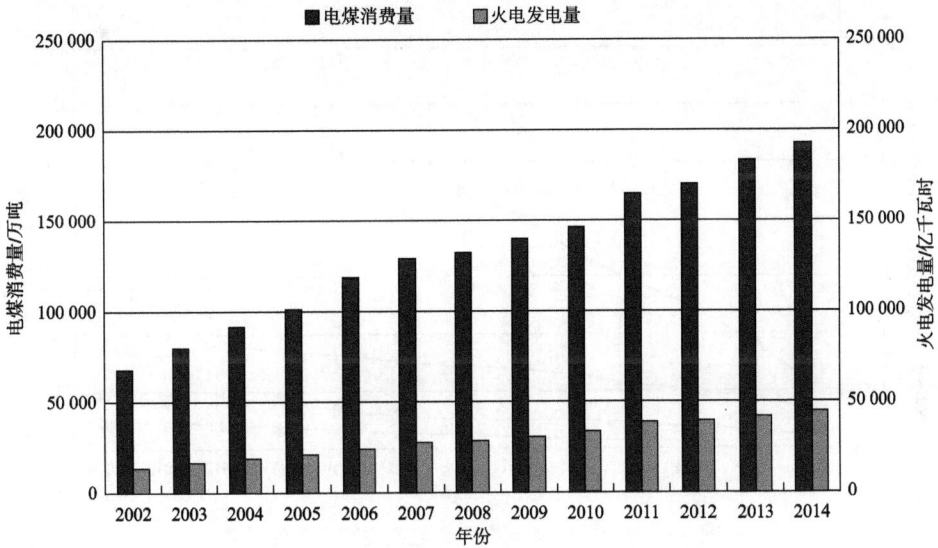

图 3-5　2002~2014 年中国电煤消费量及火电发电量

由表 3-8 可知，二者做 Pearson 相关分析可得 $r=0.996$，$P=0.000<0.05$，二者存在直线正相关关系，达到极显著相关水平。

表 3-8　电煤消费量与火电发电量相关性

项目		电煤消费量	火电发电量
电煤消费量	Pearson 相关性	1	0.996**
	显著性（双侧）		0
	N	13	13
火电发电量	Pearson 相关性	0.996**	1
	显著性（双侧）	0	
	N	13	13

**表示在 0.01 水平（双侧）上显著相关

3. 煤炭、火电企业收益 GDP 及电力部门碳排放相关性分析

一般来说，煤电价格链的传递机理是基于成本的传导，国外煤炭市场价格会通过其相关产品进出口，推高国内动力煤价格，国内动力煤价格的上涨直接推高电力、冶金、建材及化工等高耗煤产业，进而间接提高了其他非相关产业产品价格，主要增加了企业生产成本，从而对国民经济产生影响。

由图 3-6 和表 3-9 可知，二者做 Pearson 相关分析可得 $r=0.952$，$P=0.000<0.05$，二者存在直线正相关关系，达到极显著相关水平。

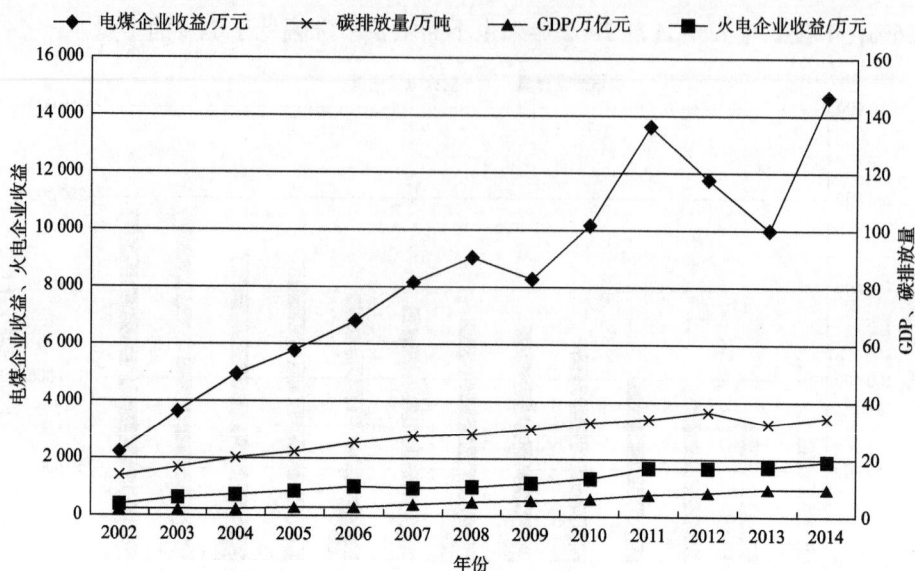

图 3-6　2002~2014 年中国其他相关数据统计结果

表 3-9　电煤企业收益与火电企业收益相关性

项目		电煤企业收益	火电企业收益
电煤企业收益	Pearson 相关性	1	0.952**
	显著性（双侧）		0
	N	13	13
火电企业收益	Pearson 相关性	0.952**	1
	显著性（双侧）	0	
	N	13	13

**表示在 0.01 水平（双侧）上显著相关

　　由表 3-10 可知，二者做 Pearson 相关分析可得 $r=0.906$，$P=0.000<0.05$，二者存在直线正相关关系，达到高度相关水平。

表 3-10　电煤企业收益与 GDP 相关性

项目		电煤企业收益	GDP
电煤企业收益	Pearson 相关性	1	0.906**
	显著性（双侧）		0
	N	13	13
GDP	Pearson 相关性	0.906**	1
	显著性（双侧）	0	
	N	13	13

**表示在 0.01 水平（双侧）上显著相关

由表 3-11 可知，二者做 Pearson 相关分析可得 r=0.941，P=0.000<0.05，二者存在直线正相关关系，达到高度相关水平。

表 3-11　电煤企业收益与碳排放量相关性

项目		电煤企业收益	碳排放量
电煤企业收益	Pearson 相关性	1	0.941**
	显著性（双侧）		0
	N	13	13
碳排放量	Pearson 相关性	0.941**	1
	显著性（双侧）	0	
	N	13	13

**表示在 0.01 水平（双侧）上显著相关

由表 3-12 可知，二者做 Pearson 相关分析可得 r=0.971，P=0.000<0.05，二者存在直线正相关关系，达到极显著相关水平。

表 3-12　火电企业收益与 GDP 相关性

项目		火电企业收益	GDP
火电企业收益	Pearson 相关性	1	0.971**
	显著性（双侧）		0
	N	13	13
GDP	Pearson 相关性	0.971**	1
	显著性（双侧）	0	
	N	13	13

**表示在 0.01 水平（双侧）上显著相关

由表 3-13 可知，二者做 Pearson 相关分析可得 r=0.924，P=0.000<0.05，二者存在直线正相关关系，达到高度相关水平。

表 3-13　火电企业收益与碳排放量相关性

项目		火电企业收益	碳排放量
火电企业收益	Pearson 相关性	1	0.924**
	显著性（双侧）		0
	N	13	13
碳排放量	Pearson 相关性	0.924**	1
	显著性（双侧）	0	
	N	13	13

**表示在 0.01 水平（双侧）上显著相关

由表 3-14 可知，二者做 Pearson 相关分析可得 $r=0.894$，$P=0.000<0.05$，二者存在直线正相关关系，达到高度相关水平。

表 3-14　GDP 与碳排放量相关性

项目		GDP	碳排放量
GDP	Pearson 相关性	1	0.894[**]
	显著性（双侧）		0
	N	13	13
碳排放量	Pearson 相关性	0.894[**]	1
	显著性（双侧）	0	
	N	13	13

[**]表示在 0.01 水平（双侧）上显著相关

3.5.2　平稳性分析

本书采用 ADF 检验方法对时间序列的平稳性进行单位根检验，见表 3-15。

表 3-15　价格类指标的 ADF 检验结果

项目		D（动力煤平均价格，2）	D（火电平均上网电价，2）
ADF 值		−3.662 762	−3.431 978
临界值	1%水平	−4.297 073	−4.121 99
	5%水平	−3.212 696	−3.144 92
	10%水平	−2.747 676	−2.713 751

从表 3-15 中可知，动力煤平均价格和火电平均上网价格不是平稳的时间序列。该检验结果符合目前中国能源价格的现状。

从表 3-16 中可知，电煤消费量和火电发电量为二阶平稳的时间序列。

表 3-16　产量类指标的 ADF 检验结果

项目		D（电煤消费量，2）	D（火电发电量，2）
ADF 值		−0.683 542	−0.218 684
临界值	1%水平	−4.121 99	−4.297 073
	5%水平	−3.144 92	−3.212 696
	10%水平	−2.713 751	−2.747 676

由表 3-17 可知，电煤企业收益、火电企业收益、GDP 及碳排放量均为二阶平稳的时间序列。

表 3-17　其他四类指标的 ADF 检验结果

项目		D(电煤企业收益,2)	D(火电企业收益,2)	D(GDP, 2)	D(碳排放量,2)
ADF 值		−1.980 462	−0.452 443	0.832 501	−2.296 909
临界值	1%水平	−4.297 73	−4.121 99	−4.121 99	−4.121 99
	5%水平	−3.212 696	−3.144 92	−3.144 92	−3.144 92
	10%水平	−2.747 676	−2.713 751	−2.713 751	−2.713 751

3.5.3　因果关系分析

对 2002~2014 年中国动力煤平均价格及火电平均上网价格进行格兰杰因果关系检验，结果如表 3-18 所示。

表 3-18　格兰杰因果关系检验结果（一）

零假设	观测值	F统计量	P 值
火电平均上网价格不是中国动力煤平均价格的格兰杰原因	11	0.068 27	0.934 7
中国动力煤平均价格不是火电平均上网价格的格兰杰原因		0.142 32	0.870 2

从表 3-18 中可得，在 5%的显著水平下，接受"火电平均上网价格不是中国动力煤平均价格的格兰杰原因"和"中国动力煤平均价格不是火电平均上网价格的格兰杰原因"。这说明，火电平均上网价格和中国动力煤平均价格存在双向的因果关系。

对 2002~2014 年中国电煤消费量及火电发电量进行格兰杰因果关系检验，结果如表 3-19 所示。

表 3-19　格兰杰因果关系检验结果（二）

零假设	观测值	F统计量	P 值
火电发电量不是电煤消费量的格兰杰原因	11	0.526 24	0.615 8
电煤消费量不是火电发电量的格兰杰原因		0.240 05	0.793 8

从表 3-19 中可得，在 5%的显著水平下，接受"火电发电量不是电煤消费量的格兰杰原因"和"电煤消费量不是火电发电量的格兰杰原因"。这说明，火电发电量和电煤消费量存在双向的因果关系。

同理，运用计量方法对 2002~2014 年电煤企业收益和火电企业收益、电煤企业收益和 GDP、电煤企业收益和碳排放量、火电企业收益和 GDP、火电企业收益和碳排放量、GDP 和碳排放量进行两两之间的格兰杰因果关系检验，结果如表 3-20 所示。

表 3-20　格兰杰因果关系检验结果（三）

零假设	观测值	F 统计量	P 值
火电企业收益不是电煤企业收益的格兰杰原因	11	1.251 2	0.351 4
电煤企业收益不是火电企业收益的格兰杰原因		0.101 01	0.905 4
GDP 不是电煤企业收益的格兰杰原因	11	2.001 83	0.215 8
电煤企业收益不是 GDP 的格兰杰原因		4.407 63	0.066 4
碳排放量不是电煤企业收益的格兰杰原因	11	14.340 7	0.005 2
电煤企业收益不是碳排放量的格兰杰原因		4.674 69	0.059 7
GDP 不是火电企业收益的格兰杰原因	11	1.733 53	0.254 6
火电企业收益不是 GDP 的格兰杰原因		0.485 93	0.637 4
碳排放量不是火电企业收益的格兰杰原因	11	0.602 09	0.577 7
火电企业收益不是碳排放量的格兰杰原因		14.980 8	0.004 6
碳排放量不是 GDP 的格兰杰原因	11	14.460 8	0.005 1
GDP 不是碳排放量的格兰杰原因		1.078 39	0.398

　　从表 3-20 中可得，在 5%的显著水平下，第一，接受"火电企业收益不是电煤企业收益的格兰杰原因"和"电煤企业收益不是火电企业收益的格兰杰原因"，这说明 2002~2014 年火电企业收益和电煤企业收益存在双向的因果关系；第二，接受"GDP 不是电煤企业收益的格兰杰原因"和"电煤企业收益不是 GDP 的格兰杰原因"，这说明 2002~2014 年 GDP 和电煤企业收益存在双向的因果关系；第三，拒绝"碳排放量不是电煤企业收益的格兰杰原因"和接受"电煤企业收益不是碳排放量的格兰杰原因"，这说明 2002~2014 年碳排放量和电煤企业收益存在单向的因果关系，即碳排放量是电煤企业收益增加的重要因素；第四，接受"GDP 不是火电企业收益的格兰杰原因"和"火电企业收益不是 GDP 的格兰杰原因"，这说明 2002~2014 年 GDP 和火电企业收益存在双向的因果关系；第五，接受"碳排放量不是火电企业收益的格兰杰原因"和拒绝"火电企业收益不是碳排放量的格兰杰原因"，这说明 2002~2014 年碳排放量和火电企业收益存在单项因果关系，即火电企业收益是碳排放量增加的重要因素；第六，拒绝"碳排放量不是 GDP 的格兰杰原因"和接受"GDP 不是碳排放量的格兰杰原因"，这说明 2002~2014 年碳排放量和 GDP 存在单项因果关系，即碳排放量增长是导致 GDP 增长的重要因素。

3.5.4　脉冲响应分析

　　从图 3-7 中可以看出，火电平均上网价格对动力煤平均价格的反应稍缓和，在第 3 时期达到峰值并在第 6 时期回落为 0，说明在短时间内，火电平均上网价格对动力煤平均价格有一定影响；动力煤平均价格对来自火电平均上网价格的效应也不明显，第 2 时期就迅速降为负值，并在之后都平稳趋近于 0。

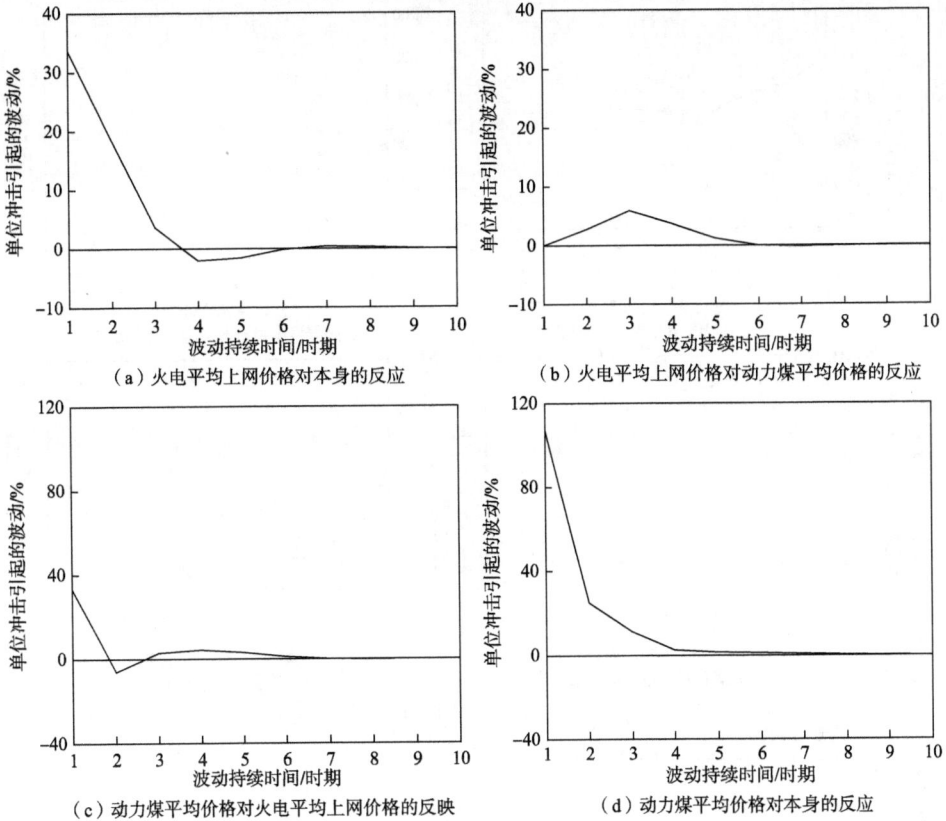

（a）火电平均上网价格对本身的反应

（b）火电平均上网价格对动力煤平均价格的反应

（c）动力煤平均价格对火电平均上网价格的反映

（d）动力煤平均价格对本身的反应

图 3-7　脉冲响应函数分析（一）

从图 3-8 中可以分析出火电发电量对电煤消费量的反应开始时存在负效应，从第 2 时期开始显著加强为正值，并从第 3 时期开始平稳发展，这说明火电发电量对电煤消费量存在长期的依存关系；电煤消费量对火电发电量的有着显著的正效应，虽然在第 2 时期有明显波动，但在第 3 时期迅速回升并达到最高值，之后的时期都趋于平稳，这说明电煤消费量与火电发电量的相互依存程度非常高。

从图 3-9 中可以看出煤炭企业收益对火电企业收益的反应从第 1 时期开始显著增长，并在第 3 时期达到最大值，这说明在这期间，煤炭企业收益对火电企业收益有显著加强的正效应，从第 3 时期开始反应有所回落并稳定保持在 400~800，这说明来自煤炭企业收益的影响处于较稳定的高水平；而火电企业对煤炭企业的影响较小，并波动较大，分别在第 2 时期和第 4 时期达到谷值和峰值，在第 6 时期之后趋于平缓。

从图 3-10 中可以看出，煤炭企业收益对 GDP 的影响较大，波动较大，分别在第 1 时期、第 5 时期、第 7 时期趋近于 0，而从第 8 时期开始，影响效应呈 "U" 形负效应变化，而从第 9 时期开始有显著的加强效应，这说明在很长一段时间，煤

（a）火电发电量对本身的反应　　　（b）火电发电量对电煤消费量的反应

（c）电煤消费量对火电发电量的反应　　　（d）电煤消费量对本身的反应

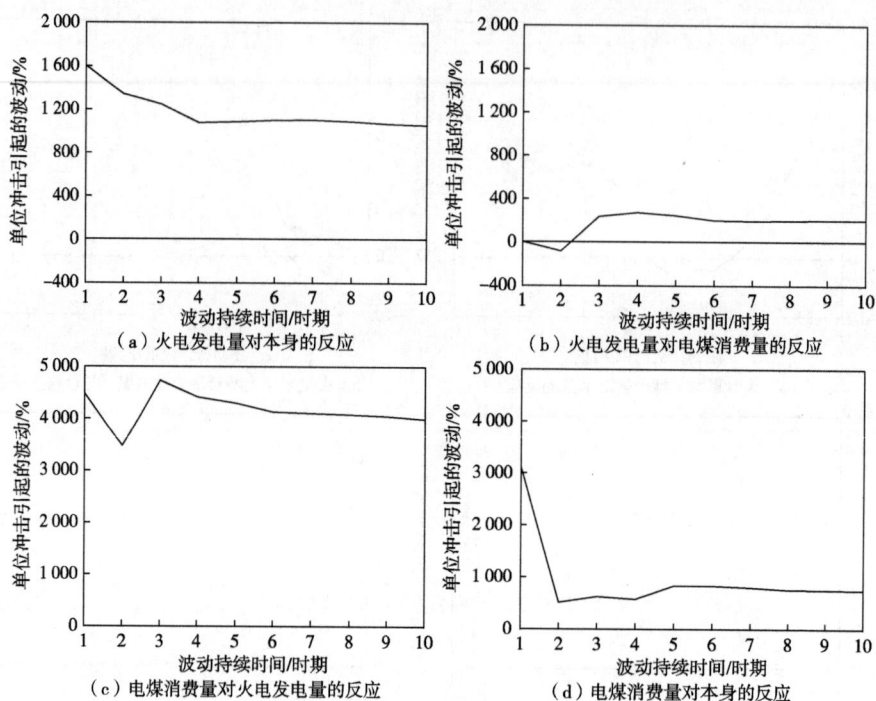

图 3-8　脉冲响应函数分析（二）

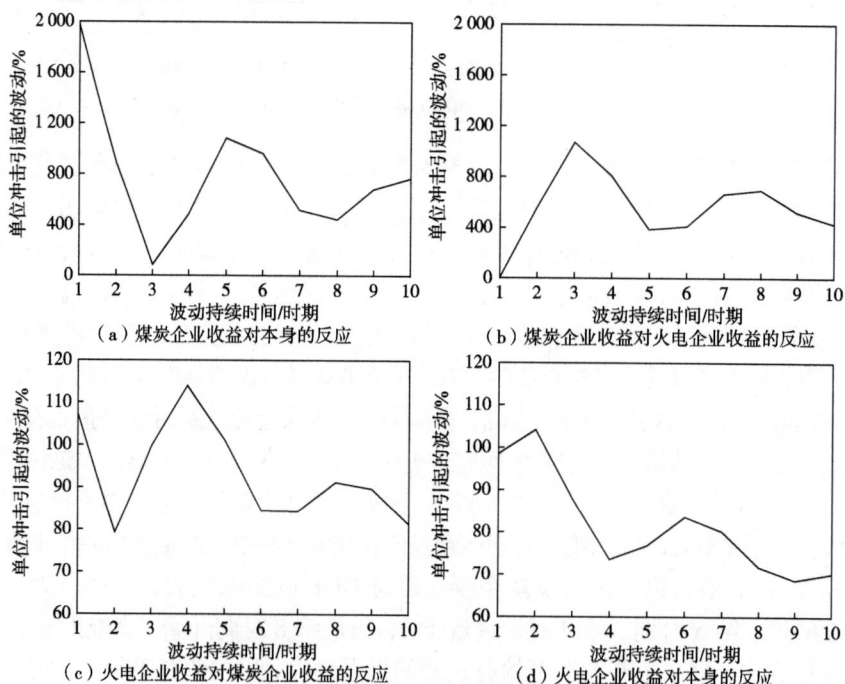

（a）煤炭企业收益对本身的反应　　　（b）煤炭企业收益对火电企业收益的反应

（c）火电企业收益对煤炭企业收益的反应　　　（d）火电企业收益对本身的反应

图 3-9　脉冲响应函数分析（三）

炭企业对 GDP 的影响并不稳定，但煤炭企业收益对 GDP 有着长期的依存关系；GDP 对煤炭企业收益的影响趋势同煤炭企业对 GDP 的影响趋势基本相同，但数值远小于煤炭企业收益对 GDP 的影响。

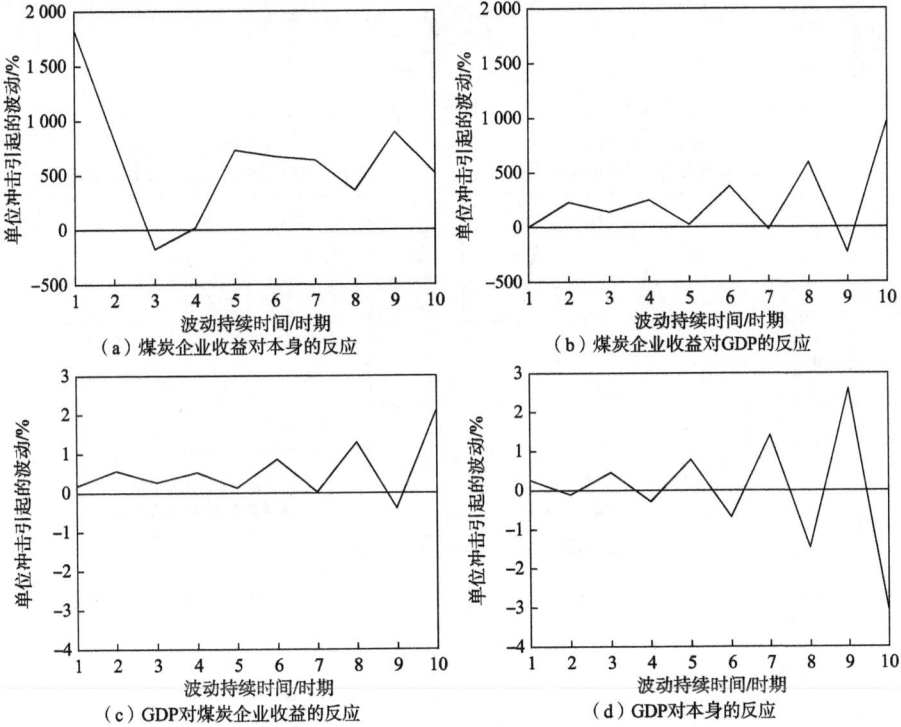

（a）煤炭企业收益对本身的反应

（b）煤炭企业收益对GDP的反应

（c）GDP对煤炭企业收益的反应

（d）GDP对本身的反应

图 3-10　脉冲响应函数分析（四）

从图 3-11 中可以看出，煤炭企业收益对碳排放量的影响在前 3 时期、第 5 时期、第 8 时期均有明显上升趋势，但变化较大，并在第 7 时期和第 9 时期都下降为负值；而碳排放量对煤炭企业收益的影响虽波动大，但数值小，说明碳排放量对煤炭企业收益的影响并不显著。

从图 3-12 中可以看出，火电企业收益对 GDP 影响较大，从第 1 时期开始，呈现快速的上升趋势，虽然影响效应有所下降并变化比较大，但从第 4 时期开始影响比较稳定；GDP 对与火电企业收益的影响同火电企业收益对 GDP 的影响趋势基本趋同，总体说明火电企业收益与 GDP 长期相互依存。

从图 3-13 中可以看出，火电企业收益对碳排放量的影响较为平缓，呈缓慢的上升趋势；而碳排放量对火电企业收益的影响虽在第 2 时期达到最高值，但从第 2 时期开始就快速下降并长期呈显著加强的负效应，这说明长期一段时间碳排放量对火电企业收益有较小的不利影响。

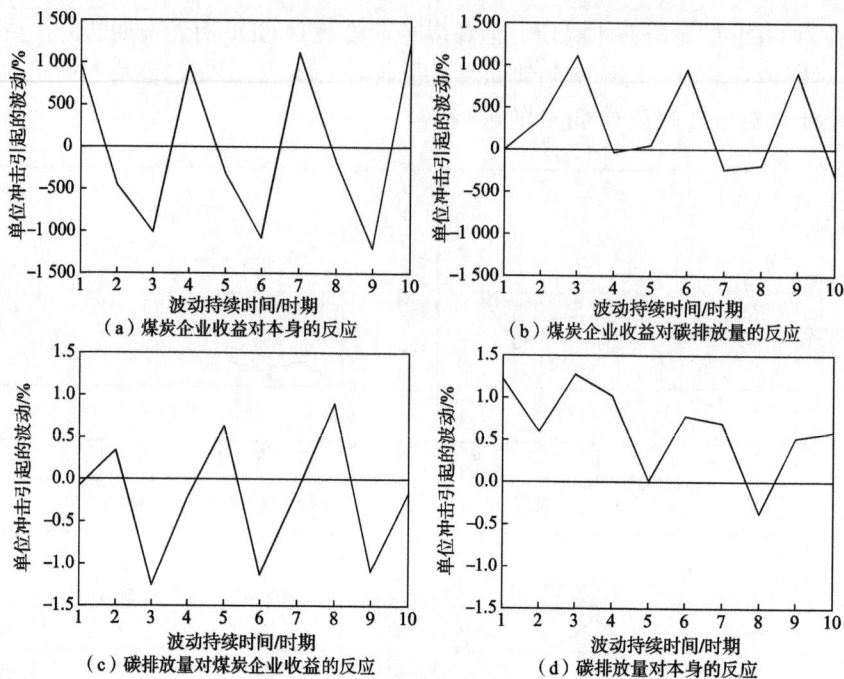

（a）煤炭企业收益对本身的反应

（b）煤炭企业收益对碳排放量的反应

（c）碳排放量对煤炭企业收益的反应

（d）碳排放量对本身的反应

图 3-11　脉冲响应函数分析（五）

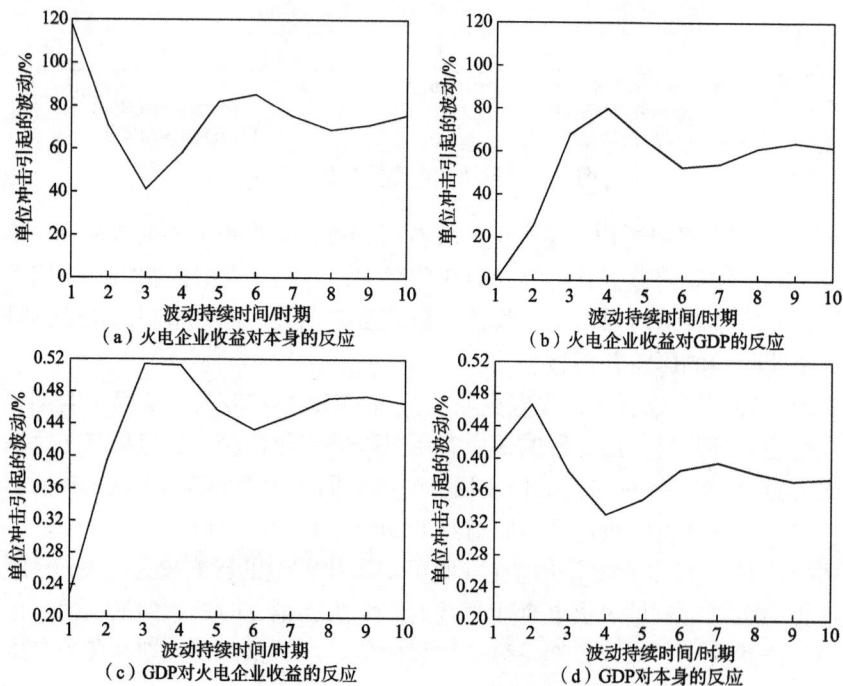

（a）火电企业收益对本身的反应

（b）火电企业收益对GDP的反应

（c）GDP对火电企业收益的反应

（d）GDP对本身的反应

图 3-12　脉冲响应函数分析（六）

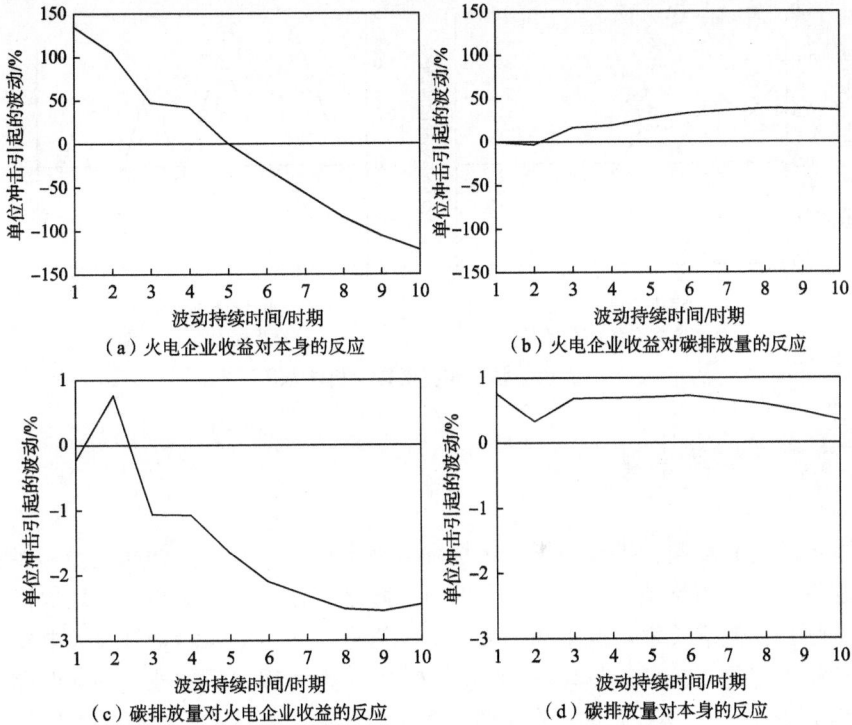

（a）火电企业收益对本身的反应　　　（b）火电企业收益对碳排放量的反应

（c）碳排放量对火电企业收益的反应　　　（d）碳排放量对本身的反应

图 3-13　脉冲响应函数分析（七）

从图 3-14 中可以看出，GDP 对碳排放量的影响非常不稳定，但影响不是很显著，但长期存在影响；而碳排放量对 GDP 的影响非常不显著，且从第 1 时期开始就波动下降，从第 5 时期开始呈负效应变化，这说明碳排放量对 GDP 存在不利影响，但影响不显著。

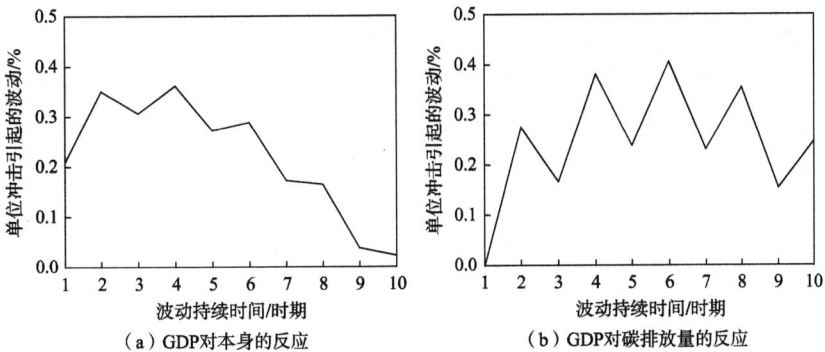

（a）GDP对本身的反应　　　　　　　（b）GDP对碳排放量的反应

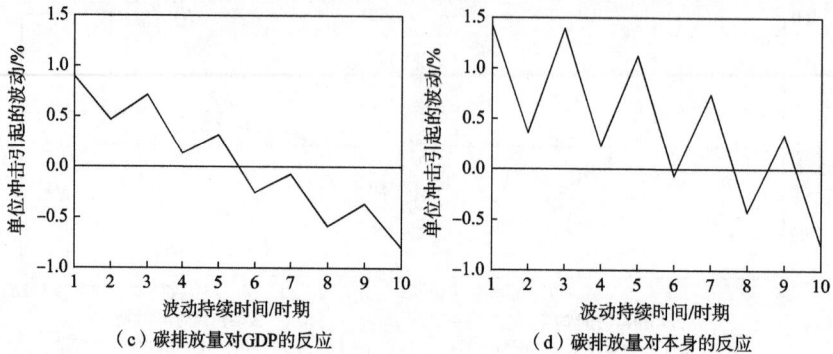

（c）碳排放量对GDP的反应

（d）碳排放量对本身的反应

图 3-14　脉冲响应函数分析（八）

3.6　本章小结

本章的研究发现：①无论煤炭市场和电力市场的能源价格如何波动，伴随着动力煤平均价格的浮动，火电平均上网电价随之变化，总体上与动力煤价格波动差基本吻合，但增长率远低于动力煤平均价格增长率；电煤消费量及火电发电量也呈正相关变化；煤炭、火电企业收益、GDP 及电力部门碳排放量均两两存在直线正相关关系，达到极显著相关水平。②动力煤平均价格和火电平均上网价格不是平稳的时间序列，这说明数据样本拟合曲线的形态不具有"惯性"延续的特点，也就是基于未来将要获得的样本时间序列所拟合出来的曲线将迥异于当前的样本拟合曲线；电煤消费量和火电发电量为二阶平稳的时间序列；电煤企业收益、火电企业收益、GDP 及碳排放量均为二阶平稳的时间序列。这说明电煤消费量、火电发电量、电煤企业收益、火电企业收益、GDP 及碳排放量等随机变量的基本特性将在包括未来阶段的一个长时期里维持不变。③对因果关系的判断，火电平均上网价格和中国动力煤平均价格存在双向的因果关系；火电发电量和电煤消费量存在双向的因果关系；GDP 和电煤企业收益存在双向的因果关系；碳排放量是电煤企业收益增加的重要因素；火电企业收益是碳排放量增加的重要因素；碳排放量增长是导致 GDP 增长的重要因素。④火电平均上网价格对动力煤平均价格的反应稍缓和；火电发电量对电煤消费量的反应开始时存在负效应，且电煤消费量与火电发电量的相互依存程度非常高。

第4章 制度变迁中电煤交易的治理成本与边界选择

4.1 问题的背景介绍

中国煤电交易的边界选择问题即为"购买"或"生产"的决策问题;制度变迁过程可体现"市场化"改革的过程。一般地,"购买"和"销售"通过"市场制"的治理结构得以实现;"生产"即是企业行为,通过"层级制"的治理结构实现;其他的情况则需要通过"混合制"的形式影响煤炭企业和火力发电企业的交易行为和分布。

中国正处于重化工业期和经济转型期,能源的需求和消费量呈现持续增长的趋势。在持续增长的能源消费中,煤炭消费的增长占比较大。煤炭可满足中国60%以上的一次能源消费;其产量所占的份额约占能源生产总量的75%以上。这种能源消耗格局使中国的经济发展、社会公平与煤炭产业的发展关系密切相关。火力发电企业又是耗煤大户。中国目前的电力结构中,火电占总装机容量的70%以上,中国发电用煤的消费量占全国煤炭销售总量的60%左右,计划内电煤的供应在主要电力企业的煤炭需求占比约为80%。近年来,由于煤价波动,煤、电企业的紧张关系不断加剧。"煤电联营"成为政府、企业和学术界讨论的焦点。但是,"煤电联营"应选择何种方式? 交易边界如何界定? 最终可安排怎样的治理结构? 这些问题成为研究的盲点。

本章针对上述问题,基于制度经济学和交易成本经济学(transaction cost economics, TCE)的相关理论,对中国煤电交易的边界选择问题进行研究。通过演化博弈分析和离散结构分析,从时间发展和资产专用性的角度,分析"购买"或"生产"的决策问题。

4.2 相关领域的研究情况

近年来,对煤、电产业的研究多集中于个别协调工具(市场、企业、制度和契约）对煤电矛盾、能源价格以及"煤电联营"等问题的影响（沈小龙和贾仁安，2012）。

首先，国外学者基于煤、电市场研究了市场力、价值链、环境政策和气候政策（Trüby，2013；Riker，2012；Haftendorn et al.，2012），国内学者则主张优化煤炭市场和电力市场，分析市场集中度、定价机制和产业链（潘克西等，2002；刘振秋和唐琪，2009；张明文等，2009b）。在煤炭市场中，煤炭价格不仅受到国际能源价格的影响（Aleksandar and Linda，1999），而且受到国内不同因素的影响，如发电企业买方市场集中度、经济增长的模式等（叶泽等，2012；白让让，2009）。由此导致价格波动的不确定性，更使煤电交易存在矛盾（刘希颖和林伯强，2013）。如何解决市场中的"煤电之争"？徐斌（2011）认为在不同的市场背景下，解决煤电矛盾的办法是不同的。煤炭市场中，既要建立必要的电煤应急储备，以防止煤价波动（杨贺等，2012），又应形成可行的电煤产运需衔接新机制，以加快推进煤炭资源整合提高市场竞争能力、完善交易市场建设和推进配套相关行业改革（薛健，2013）；另外，加强煤电企业供应链合作是必要的（赵晓丽和乞建勋，2007），应构建中国煤电产业链在需求波动条件下的纵向安排与政府规制的框架，以界定近期与远期基于产业链的煤电价格最优规制模式（于立宏和郁义鸿，2006a），才可防止由于中国煤电企业供应链市场结构而导致煤电价格传导机制的失效，并加快电力企业市场化改革（桂良军等，2012）。

其次，有的学者认为煤电一体化企业存在诸多问题（Fan，2000；Loredo and Sua，2000；王进强等，2009）。煤电一体化可使煤、电企业由竞争关系转为合作关系（杨彤等，2013）。但是，煤电一体化的过程既存在资源配置低效率、产能过剩、煤电建设不同步、产权配置不合理和资金实力不对等的问题（朱大庆和欧国立，2013），又存在激励及导向政策不明确、煤电双方对介入的领域不熟悉、体制及外部条件存在限制的问题（刘虹，2012），所以，Joskow（1985）研究了影响煤、电企业关系的因素，并分析了交易可以通过"纵向一体化"的形式而进行的原因，但是他认为"纵向一体化"具有不经济性；赵连阁（2009）也认为煤电联动机制作为一种行政手段只能是经济转轨时期的权宜之计，不可能从根本上解决煤电企业利益之争，一体化也不能完全消除煤电产品定价冲突的实质。

最后，一些学者的研究重点是体制、规制和政策。制度决定经济绩效（Williamson，1979；谭荣和曲福田，2010）。中国煤电产业链价格机制失效存在体制原因，以电价倒推来确定电煤基准价格并对电煤价格实施区间规制，应可作为近期内解决煤电矛盾的可行方案（于立宏和郁义鸿，2010）。政府在对其制定规制政策时必须基于中国煤电产业链受到内生的纵向外部性和外生的需求强波动性（于立宏和郁义鸿，2006a，2006b）。王保忠和何炼成（2012）基于经济学观念、行业竞争公平观念和可持续发展观念，建议制定解决煤电冲突问题的近期和中长期政策，认为电煤市场失灵即电煤供求不能随着市场均衡价格的变化而调整从而形成价格稳定机制，是电煤价格持续大幅度上涨并导致煤电之争的根本原因。叶泽和何娇（2013）则认为煤电之争实际上是政府经济社会目标与电价政策选择的内在冲突；于左和孔宪丽（2010）也从政策冲突视角，分析了六项助推中国煤电关系紧张政策冲突的因素，并提出了解决中国煤电关系紧张问题的政策思路。

综上所述，目前的研究多规避了煤电交易的边界选择问题。离散结构分析由Simon（1978）引入，用以比较经济组织；随后，Williamson（1991）对离散结构分析的构架进行了较为全面的论述①。在理论的实践方面，刘冰（2010）认为专业化经济可以带来长期平均成本节约，整合化经济可以产生交易成本节约，两条成本节约曲线的交叉点决定了煤、电纵向交易关系最优形式的选择。经济转型和体制改革的过程中，分析电煤的"购买"或"生产"的决策问题，既对产业发展过程的战略规划具有时效作用，又对政府制定产业发展政策促进市场化改革进程具有现实意义。

4.3　基础模型构建

4.3.1　假设条件

假设 4.1　煤炭企业和火力发电企业均是有限理性的。一方面，演化博弈中的"有限理性"决定了博弈群体中，煤炭企业和火力发电企业不可能通过一次博弈就找到最优的均衡点；另一方面，契约经济学中的"有限理性"体现了煤、电企业只能在有限程度上做到主观上追求理性，且有限理性可导致最小化煤电交易成本的动机。首先，由于煤、电企业的感知认识能力限制，包括企业在获取、储存、追溯和使用信息的过程中不可能做到准确无误；其次，则是来自沟通上的限制，因为煤、电企业在以对方能够理解的方式通过语句、数字或图表来表达自己的知识或感情时是有限制的，语言上的限制会使双方在行动中受阻。所以，有限理性可视为 Savage 理性的缺失或退化。

假设 4.2　煤电交易过程中存在资产专用性问题。与煤电交易相关的专用性资产形式包括："地点专用性"体现于火力发电企业采购后通过铁路、船运或公路等方式将煤炭运至发电厂，但部分火力发电企业会选择建设"坑口电厂"以节约库存成本和运输成本。若交易地点确定，相应的资产也高度固定。"物质资产专用性"既涉及火力发电企业，也涉及煤炭企业。交易双方为了适应煤电（特定）交易而进

---

① Williamson（1991）首先认为企业不仅是市场的简单延伸，而且还运用了不同的手段，其次解释契约法之间的差异对每一种治理形式提供了关键性法律支持，最后关注了一阶最优的问题。

行的专用性的机器设备投资。如果机器设备被挪用，其价值将大幅度降低。电厂建设时，锅炉设备的型号已规定了所需燃煤的类型。例如，煤的挥发分、水分、硫分、灰分和发热量都会影响锅炉的功率。电厂一旦建成，就会存在"套牢"（或"锁定"）问题。所以物质资产专用性与"敲竹杠"和机会主义行为之间高度相关。"专项资产"是为了增加其一般生产能力，以向特定火力发电企业销售大量电煤，企业进行的分立投资。一旦契约提前终止，煤炭企业会出现产能过剩而使生产力闲置。

假设4.3　煤电生产和火力发电在技术上存在相互依赖的关系。若将煤炭企业作为大用户（不考虑电网企业），煤炭企业为火力发电企业提供燃料，火力发电企业为煤炭企业提供工业用电：在时间上和空间上，由于供求关系，自然连续的生产过程决定了煤炭产业和火力发电产业的有效结构，此时连续性生产过程存在共同所有权意义。判断煤炭企业和火力发电企业"联动"效果是否显著的重要指标包括两点：①在物理和技术上可实现的能耗节约；②在经济上可实现的成本节约。

假设4.4　煤炭企业和火力发电企业进行交易时，决定边界的经济参数为各自的交易成本和治理成本。由于煤炭产业和发电产业的能源产品价格受政府管制或国际能源价格不确定性的影响，其收益函数的决定变量仅为煤炭和电力的交易量。若中国经济发展可持续稳定增长，在不出现重点技术进步的前提下，中国电力产品的年消费量的增长是可预测的，则电煤消费量也是可被合理规划的。所以在交易量既定的情况下，本书选择成本作为影响双方策略选择的重要因素。

4.3.2　成本模型

1）交易成本

形成交易成本的原因包括人为因素（机会主义、有限理性）和属性因素（交易频率、资产专用性、不确定性等）。交易成本包括信息租金、行为成本（谈判成本、缔约成本、违约成本与执行成本等）、规制成本（监管成本以及其他相关成本）和运力成本等。Williamson（1989）认为"成本节约"是交易成本经济学的主要问题，且由于治理结构的不同而发生改变。

2）治理成本

根据交易的基本属性，可将治理成本分类为激励成本、控制成本、决策成本以及风险分担成本等。治理结构中，层级制治理成本曲线的截距高于混合制和市场制治理成本曲线的截距，其原因是层级制会引起附加的官僚成本，却未增加相应的收益，且随着资产专用性程度的增大，由于协调适应性（C）的边际限制，一阶最优使层级制的协作性优于混合制和市场制的协作性（Williamson，1979）。

3）总成本函数

朱羿锟（2001）认为治理效率最优，客观上要求交易成本与治理成本之和最小化。无论选择怎样的治理结构，煤炭企业和火力发电企业的生产成本均各自保持不变。所以本书的建模过程将忽略生产成本，根据交易成本经济学一般性理论，建立交易-治理总成本函数：

$$TC = TrC + GC \tag{4-1}$$

其中，TC 表示煤电交易边界中涉及的总成本（除生产成本以外）；TrC 表示交易成本；GC 表示治理成本。

4.4　演化博弈分析

4.4.1　支付矩阵

令 x 为火力发电企业选择"购买"煤炭的概率；$(1-x)$ 为其选择"生产"煤炭的概率。y 为煤炭企业选择"购买"电能的概率；$(1-y)$ 为其选择"生产"电能的概率。表 4-1 为煤、电博弈双方的支付矩阵。

表 4-1　不同策略下双方的支付矩阵

主体		火力发电企业	
		购买	生产
煤炭企业	购买	TC_1, TC_2	TC_3, TC_4
	生产	TC_5, TC_6	TC_7, TC_8

表 4-1 中，TC_1、TC_3、TC_5、TC_7 和 TC_2、TC_4、TC_6、TC_8 分别是煤、电企业的交易-治理总成本，并假设取值均大于 0，且不相等。

（1）火力发电企业的成本期望函数。

$$E_{\text{electric},b} = y \cdot TC_2 + (1-y) \cdot TC_6 \tag{4-2}$$

$$E_{\text{electric},p} = y \cdot TC_4 + (1-y) \cdot TC_8 \tag{4-3}$$

$$E_{\text{electric}} = x \cdot E_{\text{electric},b} + (1-x) \cdot E_{\text{electric},p} \tag{4-4}$$

（2）煤炭企业的成本期望函数。

$$E_{\text{coal},b} = x \cdot TC_1 + (1-x) \cdot TC_3 \tag{4-5}$$

$$E_{\text{coal},p} = x \cdot TC_5 + (1-x) \cdot TC_7 \tag{4-6}$$

$$E_{\text{coal}} = y \cdot E_{\text{coal},b} + (1-y) \cdot E_{\text{coal},p} \tag{4-7}$$

4.4.2　复制动态方程的演化稳定策略求解

（1）火力发电企业的复制动态方程。

$$F(x) = \frac{dx}{dt} = x \cdot \left[E_{\text{electric},b} - E_{\text{electric}} \right]$$

$$= x(1-x)\left[y(TC_2 + TC_8 - TC_6 - TC_4) + TC_6 - TC_8 \right] \quad (4-8)$$

$$F'(x) = (1-2x)\left[y(TC_2 + TC_8 - TC_6 - TC_4) + TC_6 - TC_8 \right] \quad (4-9)$$

第一，若 $y = \dfrac{TC_8 - TC_6}{TC_2 - TC_4 + TC_8 - TC_6}$，则 $F(x) = 0$ 且 $F'(x) = 0$，即所有纵轴水平均处于稳定状态。当煤炭企业的"购买"策略概率是 y^* 时，火力发电企业选择"购买"策略的可能性都是稳定的。

第二，若 $y > \dfrac{TC_8 - TC_6}{TC_2 - TC_4 + TC_8 - TC_6}$，则当 $x_1^* = 0$ 时，$F(0) = 0$ 且 $F'(0) > 0$；当 $x_2^* = 1$ 时，$F(1) = 0$ 且 $F'(1) < 0$。此时，$x^* = 1$ 为全局唯一的演化稳定策略，即当煤炭企业的"购买"策略的激励性程度大于 $\dfrac{TC_8 - TC_6}{TC_2 - TC_4 + TC_8 - TC_6}$ 时，火力发电企业选择"购买"的可能性随之逐渐增大，最终的最优选择是电煤交易的边界使"市场"成为煤、电双方交易的有效资源配置工具。

第三，若 $y < \dfrac{TC_8 - TC_6}{TC_2 - TC_4 + TC_8 - TC_6}$，当 $x_1^* = 0$ 时，$F(0) = 0$ 且 $F'(0) < 0$；当 $x_2^* = 1$ 时，$F(1) = 0$ 且 $F'(1) > 0$。此时，$x^* = 0$ 为全局唯一的演化稳定策略，即当煤炭企业的"购买"策略的激励性程度小于 $\dfrac{TC_8 - TC_6}{TC_2 - TC_4 + TC_8 - TC_6}$ 时，火力发电企业通过内部组织，选择自己"生产"，最终的最优选择是电煤交易的边界使"企业"成为煤电交易的有效资源配置工具。

（2）煤炭企业的复制动态方程。

$$F(y) = \frac{dy}{dt} = y \cdot \left[E_{\text{coal},b} - E_{\text{coal}} \right]$$

$$= y(1-y)\left[x(TC_1 + TC_7 - TC_3 - TC_5) + TC_3 - TC_7 \right] \quad (4-10)$$

$$F'(y) = (1-2y)\left[x(TC_1 + TC_7 - TC_3 - TC_5) + TC_3 - TC_7 \right] \quad (4-11)$$

第一，若 $x = \dfrac{TC_7 - TC_3}{TC_1 - TC_5 + TC_7 - TC_3}$，则 $F(y) = 0$ 且 $F'(y) = 0$，即所有纵轴水平均处于稳定状态。当火力发电企业的"购买"策略概率是 x^* 时，煤炭企业选择"购买"策略的可能性都是稳定的。

第二，若 $x > \dfrac{TC_7 - TC_3}{TC_1 - TC_5 + TC_7 - TC_3}$，则当 $y_1^* = 0$ 时，$F(0) = 0$ 且 $F'(0) > 0$；当 $y_2^* = 1$ 时，$F(1) = 0$ 且 $F'(1) < 0$。此时，$y^* = 1$ 为全局唯一的演化稳定策略，即

火力发电企业的"购买"策略的激励性程度大于 $\dfrac{TC_7 - TC_3}{TC_1 - TC_5 + TC_7 - TC_3}$ 时，煤炭企业选择"购买"的可能性随之逐渐增大，最终的最优选择是电能交易的边界使"市场"成为煤、电双方交易的有效资源配置工具。

第三，若 $x < \dfrac{TC_7 - TC_3}{TC_1 - TC_5 + TC_7 - TC_3}$，当 $y_1^* = 0$ 时，$F(0) = 0$ 且 $F'(0) < 0$；当 $y_2^* = 1$ 时，$F(1) = 0$ 且 $F'(1) > 0$。此时，$y^* = 0$ 为全局唯一的演化稳定策略，即当火力发电企业的"购买"策略的激励性程度小于 $\dfrac{TC_7 - TC_3}{TC_1 - TC_5 + TC_7 - TC_3}$ 时，煤炭企业通过内部组织，选择自己"生产"电能，最终的最优选择是电能交易的边界使"企业"成为煤、电双方交易的有效资源配置工具，最终可实现煤炭企业的范围经济。

4.4.3　火力发电企业与煤炭企业群体稳定性

图 4-1 给出煤、电企业各自成本比较的四种不同的情境。

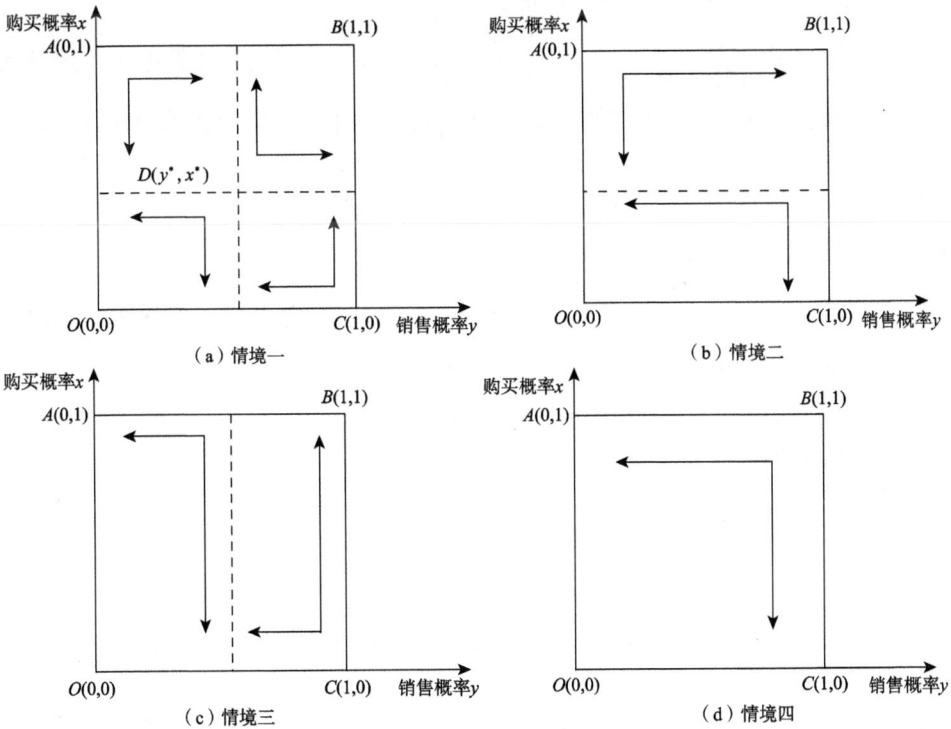

图 4-1　四种情境下的复制动态及稳定性

情境一：当 $\dfrac{TC_1 - TC_5}{TC_7 - TC_3} > 0$, $\dfrac{TC_2 - TC_4}{TC_8 - TC_6} > 0$ 时，即群体中煤、电企业的策略，既受到交易成本和治理成本的大小的影响，又影响对方交易边界的选择，即当火力发电企业"购买"策略带来的成本与"生产"策略带来的成本之间的大小关系不确定时，煤炭企业的策略是不确定的；反之亦是。则存在点 $O(0,0)$ 和点 $B(1,1)$ 为演化博弈的稳定策略；点 $D\left(y^*, x^*\right)$ 为 $y = \dfrac{TC_8 - TC_6}{TC_2 - TC_4 + TC_8 - TC_6}$ 且 $x = \dfrac{TC_7 - TC_3}{TC_1 - TC_5 + TC_7 - TC_3}$ 时的位置。点 $O(0,0)$ 表示煤炭企业选择不购买电能，火力发电企业选择不购买煤炭；点 $B(1,1)$ 表示煤炭企业选择购买电能，火力发电企业选择购买煤炭。

情境二：当 $\dfrac{TC_1 - TC_5}{TC_7 - TC_3} > 0$, $\dfrac{TC_2 - TC_4}{TC_8 - TC_6} < 0$ 时，即无论煤炭企业选择何种策略，火力发电企业选择"购买"时的成本与选择"生产"时的成本之间总存在确定的大小关系。也就是说，当 $TC_2 > TC_4$ 时，必有 $TC_6 > TC_8$ ，火力发电企业会选择自己生产煤炭；反之则会选择购买煤炭。 $x^* = 0$ 是火力发电企业的行为收敛方向；煤炭企业的行为收敛方向不确定。

情境三：当 $\dfrac{TC_1 - TC_5}{TC_7 - TC_3} < 0$, $\dfrac{TC_2 - TC_4}{TC_8 - TC_6} > 0$ 时，即无论火力发电企业选择何种策略，煤炭企业选择"购买"时的成本与选择"生产"时的成本之间总存在确定的大小关系。也就是说，当 $TC_1 > TC_5$ 时，必有 $TC_3 > TC_7$ ，煤炭企业会选择自己生产电能；反之则会选择购买电能。 $y^* = 0$ 是煤炭企业的行为收敛方向；火力发电企业的行为收敛方向不确定。

情境四：当 $\dfrac{TC_1 - TC_5}{TC_7 - TC_3} < 0$, $\dfrac{TC_2 - TC_4}{TC_8 - TC_6} < 0$ 时，即煤炭企业的决策只受到火力发电企业交易成本和治理成本的大小的影响，却不会影响火力发电企业的交易边界选择；同理可知，火力发电企业的策略对煤炭企业的交易边界也不存在影响。此时双方考虑的变量仅为四种策略中的交易成本和治理成本的最小值。点 $O(0,0)$ 为演化博弈的稳定策略。

图 4-2 中面积 S_{OCDA} 表示群体向点 $O(0,0)$ 演化的概率，如公式（4-12）所示； S_{BCDA} 表示群体向点 $B(1,1)$ 演化的概率。若鞍点 $D\left(y^*, x^*\right)$ 越趋近均衡点 $O(0,0)$ ，则 S_{OCDA} 的面积就会越小，系统向 $O(0,0)$ 演化的激励性程度也就会越小；此时，系统向 $B(1,1)$ 演化的激励性程度将增加。所以可以通过分析影响 S_{OCDA} 面积的大小间接分析演化路径的影响因素， S_{OCDA} 的计算如下：

$$S_{OCDA} = \frac{1}{2}\left(\frac{TC_7 - TC_3}{TC_1 - TC_5 + TC_7 - TC_3} + \frac{TC_8 - TC_6}{TC_2 - TC_4 + TC_8 - TC_6} \right) \quad （4\text{-}12）$$

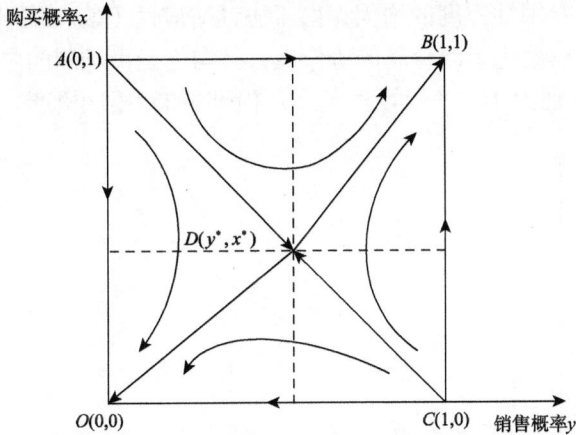

图 4-2　群体复制动态及稳定性

4.5　离散结构分析

4.5.1　资产专用性

交易成本经济学的基本观点：交易是基本分析单位（Commons，1924）。据此区别交易的关键维度，包括交易发生的频率、不确定性以及资产专用性程度。Williamson（1979）与 Gonzales（1982）认为资产专用性的程度是最重要的问题；Joskow（1987）也认为资产专用性提高了所有治理结构的交易成本[①]。

若设定煤电交易-治理总成本是资产专用性和一组外生变量的函数，则令

$$M = \mathrm{TC}_M\left(k; \boldsymbol{\theta}\right) \tag{4-13}$$

$$X = \mathrm{TC}_X\left(k; \boldsymbol{\theta}\right) \tag{4-14}$$

$$H = \mathrm{TC}_H\left(k; \boldsymbol{\theta}\right) \tag{4-15}$$

其中，M、X 和 H 分别表示市场制、混合制和层级制的总成本；k 表示专用性资产；$\boldsymbol{\theta}$ 为函数的转移参数向量。根据 Williamson（1979）的分析可知：

$$M\left(0\right) < X\left(0\right) < H\left(0\right) \tag{4-16}$$

$$M' > X' > H' > 0 \tag{4-17}$$

其中，式（4-16）说明由于存在自适应性（A），层级制的内部组织管理成本大于混合制的组织成本，但均高于此时市场组织成本。由此可知，市场制治理曲线的截距小于混合制治理曲线的截距，且均小于层级制治理曲线的截距。式（4-17）

---

① Riordan 和 Williamson（1985）认为只有当节约的生产成本和增加的收入大于附加的除生产成本以外的总成本时，才可保证更多的专用性。

反映了随着资产专用性程度的增大，由于协调适应性（C）的边际限制，一阶最优使层级制的协作性优于混合制的协作性，且均优于市场制的协作性。如图 4-3 所示，k_1 和 k_2 分别为 M、X 相等和 X、H 相等时的专用性资产。

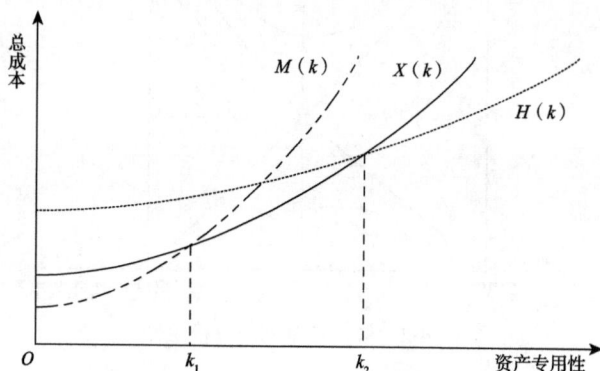

图 4-3　治理结构选择的成本曲线分析

4.5.2　煤电交易的总成本的值域

根据 Williamson（1979）的分析，设定指数形式的总成本函数，得

$$\begin{cases} M = \alpha_M \cdot k^{\beta_M} + \boldsymbol{\theta}_M \\ X = \alpha_X \cdot k^{\beta_X} + \boldsymbol{\theta}_X \\ H = \alpha_H \cdot k^{\beta_H} + \boldsymbol{\theta}_H \end{cases} \tag{4-18}$$

其中，α、β 和 $\boldsymbol{\theta}$ 为经济参数，则根据图 4-3 可知：

$$\begin{cases} \alpha_M > \alpha_X > \alpha_H > 0 \\ \beta_i > 1, \quad i = M, X, H \\ \alpha_M \beta_M > \alpha_X \beta_X > \alpha_H \beta_H > 0 \\ \boldsymbol{\theta}_H > \boldsymbol{\theta}_X > \boldsymbol{\theta}_M > 0 \end{cases} \tag{4-19}$$

若假设 $\beta_M = \beta_X = \beta_H = \beta$，其中 β 为常数，则

$$\begin{cases} k_1 = \sqrt[\beta]{\dfrac{\boldsymbol{\theta}_X - \boldsymbol{\theta}_M}{\alpha_M - \alpha_X}} \\ k_2 = \sqrt[\beta]{\dfrac{\boldsymbol{\theta}_H - \boldsymbol{\theta}_X}{\alpha_X - \alpha_H}} \end{cases} \tag{4-20}$$

图 4-4 给出煤、电企业策略组合成本之和比较的四种情况。

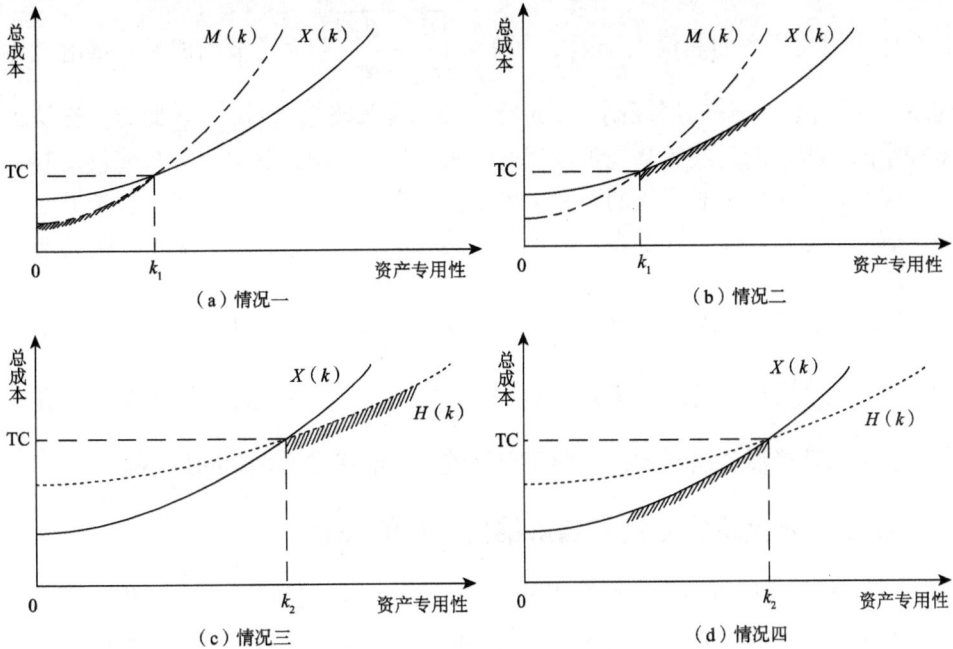

图 4-4　煤电交易边界选择中总成本包络曲线

情况一：$TC_1 + TC_2 > \max(TC_3 + TC_4, TC_5 + TC_6)$，煤炭企业和火力发电企业的专用性资产的总量大于 k_1，即 $k > \sqrt[\beta]{\dfrac{\theta_X - \theta_M}{\alpha_M - \alpha_X}}$，煤、电现货市场（市场制）不是资源配置的有效方式，为了节约成本，可以选择混合制形式（长期契约、互惠贸易、管制、特许经营等），即选择策略组合 (b,p) 或 (p,b)。例如，针对火力发电企业，可将开采经营权作为一种特殊控制权[①]。规定火力发电企业对指定矿山的指定区域具有特定权利，签发特许经营许可证，此为策略组合 (b,p) 的一种形式；针对煤炭企业，先取缔其高耗能的自备电厂，并以短期周期性契约的形式直接从火力发电企业购电，此为策略组合 (p,b) 的一种形式。

情况二：当 $TC_1 + TC_2 < \min(TC_3 + TC_4, TC_5 + TC_6)$ 时，煤炭企业和火力发电企业的专用性资产的总量小于 k_1，即 $k < \sqrt[\beta]{\dfrac{\theta_X - \theta_M}{\alpha_M - \alpha_X}}$，为了实现成本节约，煤电交易应在市场制中进行交易，即选择策略组合 (b,b)。

情况三：当 $\min(TC_3 + TC_4, TC_5 + TC_6) > TC_7 + TC_8$ 时，煤炭企业和火力发电

---

① 2013 年 6 月 29 日，全国人大常委会通过了对于修改《中华人民共和国煤炭法》的决定，修改后将对煤炭行业取消煤炭生产许可证和煤炭经营资格证。双证的取消对火力发电企业是一种激励：进入煤炭产业。

企业的专用性资产的总量大于 k_2，即 $k > \beta\sqrt{\dfrac{\theta_H - \theta_X}{\alpha_X - \alpha_H}}$，为了节约成本，煤电交易应在"一体化"企业（层级制）中进行，即选择策略组合 (p, p)。此时，交易成本较小的原因可能是层级制既可以规避中间产品营业税，又可以放松配额限制和价格控制，更可以针对产权的不完全界定实现产权的优化配置；虽然官僚成本使治理成本的截距较高，随着煤、电生产规模的增加，专用性资产增加，但其增长趋势较平缓。

情况四：当 $\max\left(TC_3 + TC_4, TC_5 + TC_6\right) < TC_7 + TC_8$ 时，煤炭企业和火力发电企业的专用性资产的总量小于 k_2，即 $k < \beta\sqrt{\dfrac{\theta_H - \theta_X}{\alpha_X - \alpha_H}}$，层级制不是资源配置的有效方式，可以选择混合制形式，以保证交易成本和治理成本之和的最小化。

4.5.3　演化博弈分析与离散结构分析的关系

（1）两种分析方法均可判断煤电交易的边界选择问题。但是，演化博弈分析适用于煤炭企业和火力发电企业规模不变时的经济决策；离散结构分析适用于煤炭企业和火力发电企业专用性投资随时间而增加时的策略选择。

（2）演化博弈分析在选择煤电交易边界时，比较的是煤、电企业各自的交易-治理总成本；离散结构分析在选择煤电交易边界时，比较的是煤、电企业在每一种策略组合中的成本之和。

（3）演化博弈分析中的交易成本和治理成本直接影响煤、电企业交易边界的选择；离散结构分析中的交易成本和治理成本通过影响治理结构的选择，间接影响煤、电企业交易边界的选择。

4.6　本章小结

一方面，世界能源价格和中国能源强度有进一步上涨和提高的趋势，中国面临着能源安全和环境保护等几个急需解决的问题；另一方面，地缘政治、美国货币宽松政策和欧债危机蔓延的不确定性以及哥本哈根联合国气候大会上中国的碳减排承诺，使中国的能源经济问题日益突出。"市场化改革"问题得到了大量理论研究的重视。但这些研究会忽略煤电交易的边界选择问题，致使其政策建议无法满足实践的需要。所以，本章的主要结论包括以下几个方面。

（1）煤炭企业和火力发电企业进行策略选择时，交易成本和治理成本是双方做出有效选择的基础。首先，基于演化博弈分析可知，演化稳定不仅受到煤、电双方策略概率的影响，还受到双方成本的限制。原则上，当煤炭企业选择的策略既定时，火力发电企业会比较"购买"和"生产"煤炭所带来的成本的大小，从中选择成本较小的交易边界；煤炭企业的决策过程亦然。但是，由于成本的限制，可能导致博弈过程不存在博弈稳定策略。其次，基于离散结构分析可知，决定交易-治理总成本的大小是交易双方的专用性资产。资产专用性会先决定煤、电企业进行交易的治理结构，在此基础上，交易成本和治理成本的大小才具有比较性。此时双方的策略组合所决定成本之和才能体现交易的效率问题和企业间的公平问题。

（2）煤、电企业在选择交易边界问题时，不仅要根据概率和成本等信息做出交易决策，还要根据企业的专用性资产现状分析长期交易的成本节约问题。"成本节约"的效应体现于所选成本最小化的策略组合与其他三种策略组合产生成本之间的差值。为了防止出现企业间无效的"寻租"行为和无效的"租金耗散"现象，对企业的专用性资产的属性、份额和未来的投资性质进行合理评价和规划是选择"购买"或"生产"的必要前提。当煤炭企业和火力发电企业的专用性投资增加，致使关系专用性资产增大时，煤电双方应先根据各自专用性资产实际情况，判断交易-治理总成本所处的分布，再分析双方的损益，形成各自的策略，最终建立博弈的支付矩阵。群体博弈的演化稳定策略的激励性程度可体现双方交易行为的收敛方向。

（3）当煤炭企业和火力发电企业的专用性资产变化时，随着制度变迁会体现三种趋势：①策略组合 (b,b) 的交易边界体现煤炭现货市场的一般形式。当市场煤价和电价可作为有效的信号和统计工具，煤电交易双方便可自发地进行调节。此时，若可实现交易成本和治理成本最小化，市场依然是最有效的治理结构和协调工具。②策略组合 (b,p) 和 (p,b) 体现混合制中的关系型契约形式。当专用性资产在一定范围内，为了实现成本节约，可选择不完备契约或特殊经营许可证等形式。③策略组合 (p,p) 的交易边界说明了煤炭企业选择了"向前一体化"、火力发电企业选择了"纵向一体化"进行电能和煤炭层级制化的 "交易"，即组织内部控制。

第5章 煤电交易稳定匹配和规模联动的机理分析[①]

5.1 问题的背景介绍

煤炭是中国最主要的一次能源，作为最大宗的工业产品占中国能源消费总量的70%以上。在中国煤炭消费结构中，工业用煤的50%以上用于二次能源转化（动力煤的65%以上用于火力发电）。在新一轮电力体制改革甚至是能源体制改革的当下，煤、电产业的可持续发展不仅涉及中国的经济增长、能源安全等问题，也涉及中国实现低碳承诺，与气候、环境问题息息相关（张炳等，2010）。

中国实施煤电联动的背景是煤炭价格波动。但由于体制和历史问题，中国的"联动"与美国和日本的略有不同（林伯强，2005；刘希颖和林伯强，2013）。国内学者多基于市场均衡理论分析"煤电之争"，但在对煤电冲突根本原因的研究结论上存在差异：叶泽和何娇（2013）认为煤炭市场失灵是导致煤电冲突的原因，并指出矛盾的实质为政府经济社会目标与电价政策选择之间的矛盾；程敏等（2009）认为煤炭企业与发电企业所处的市场结构不同是"煤电之争"的根源；于左和孔宪丽（2010）从政策冲突视角研究了中国煤电关系紧张的形成机理，并发现存在"六重"政策冲突。因此，部分学者将研究重点集中于企业内部和企业之间的协调（于左，2010）。

一部分学者讨论煤电联营的优势，并提出了"非市场导向"的研究观点：有的学者认为中国煤炭、发电产业的架构取向是推行"煤电联营"（刘博，2006）；有的学者通过博弈模型对煤、电企业的收益进行定量分析，进而证明煤电联营方案的优势（李丽等，2011）；还有的学者基于企业控制的角度对煤电交易进行研究，并提出"借助资本市场"实现煤电一体化的论点（谷敬煊和姚立军，2013）。其中一些学者对"煤电一体化"持支持态度，如武丹（2008）运用了博弈方法，认为纵向兼并能有效解决现阶段煤电矛盾；沈慧芬和高欣佳（2012）认为发电企业后

① 本章相关内容拟发表于：谭忠富，刘平阔. 如何实现煤电交易稳定匹配和规模联动？中国管理科学，2016（已录用，等待刊登）。

向化煤炭企业是盘活中国业已失衡的煤电产业链的关键。还有学者也运用综合评价技术、动态演化方法和经济计量手段，更进一步对"一体化"问题进行展开，如曾雪峰（2010）改进层次分析法（analytic hierarchy process，AHP）的煤电一体化决策模型，齐锋（2012）基于煤炭、电力和政府的动态演化讨论制度环境和需求波动对煤电"纵向一体化"的影响，徐斌（2012）运用面板数据模型证实了交易成本和组织成本可影响纵向整合的选择。但是，部分学者则对"煤电一体化"的相关问题提出批判性观点：陈军（2013）认为由于体制、政策、市场环境和企业所导致的发展速度过缓问题，无法依靠市场力量解决煤电一体化；杨彤等（2013）也认为煤电一体化企业对信息披露进行成本监管的要求更高、规制防范的诉求更强。

另一部分学者弱化了能源企业的市场定位，将研究重点集中于企业之间的经济行为。比较经典的方式是利用博弈论方法，分析煤电企业的合作问题，如赵晓丽和乞建勋（2007，2008）首先建立了煤电企业合作利益分配模型，形成供应链合作利益分配机制，然后通过自我实施规制和政府规制解决合作冲突问题；李莉等（2010）设计了煤电的差价合约模型，通过 Shapley 原理给出了发电商之间合作利益分配模型。但值得注意的是，博弈行为应作为煤电企业交易行为的基础活动，却不可替代交易过程。因此，有一些学者开始运用微观经济学理论、统计学方法、演化博弈技术等，分析煤电"交易"的本质问题，如于立等（2010）对煤电纵向交易关系进行了分类，构建了煤电纵向交易关系形式选择的理论分析框架；刘冰（2009）为了分析煤电纵向交易合约结构变量选择问题，构建了新古典微观经济模型，确定总交易费用、购置成本和不确定性风险损失对合约结构变量的影响效果；于左（2010）比较分析了中、美两国的煤炭、电力价格水平、结构及决定因素，指出长期合同交易机制的缺失和定价机制的不合理是导致中国煤电关系紧张的重要因素；谭忠富和刘平阔（2015）利用制度变迁演化博弈分析和交易成本离散结构分析，对中国煤电交易的经济行为及边界选择的问题进行研究。

现有的研究都忽视了一个重要的研究单元——"交易"，造成研究结论的可行性不强、政策建议实施性不足。本章将对煤电交易机理、稳定匹配过程和规模联动结果进行研究。

5.2　理论及方法

5.2.1　系统描述

1. 煤电交易的属性及治理结构

1）煤电交易的属性

交易的基本属性包括交易频率、资产专用性和不确定性（Williamson，1983）。

煤电交易的频率是指单位时间内发电企业与煤炭企业选择交易所发生的次数。频率的大小可影响煤炭单位次数交易量、总交易费用以及单位交易成本。在治理结构既定的情况下，交易频率的增加会使总煤电交易成本相对平缓地增长（Joskow，1985）。

煤电交易的专用性资产形式有三种（Joskow，1987）：①地点专用性，即地点确定，则相应的资产也高度固定。②物质资产专用性，即煤、电企业双方为了适应煤电交易而进行的专用性的机器设备投资。③专项资产，即煤炭企业为增加生产能力，向某一特定火电厂出售大量煤炭而进行的分立投资。

不确定性决定了煤电交易属性的差异（Williamson，1989），存在两种形式：一种是"环境的不可预见性"（Williamson，1979）；另一种是"个体生产率计量的困难"（Williamson，1981）。主要包括市场不确定性、规制不确定性和行为不确定性等（Montero，1997；H. Chen and T. J. Chen，2003）。

2）煤电交易的治理结构

治理结构包括市场制、层级制及混合制（Joskow，1985；Williamson，1985；谭荣和曲福田，2010）。

市场制主要是指现货批发市场和期货（金融）市场；建立合理竞争能源市场是能源部门改革的核心（Joskow，2003）。煤炭市场既是一种资源配置方式，又是一种交易协调工具。当市场可实现资源的有效配置时，煤价可作为有效的信号和统计工具，煤炭交易双方便可自发地进行调节。市场制的激励相对高效（Williamson，1988），但其相对强烈的激励会带来较差的协作（Holmstrom，1989）。

层级制是一种企业内部形式，表现为"一体化"结构。层级制的优点包括：首先，层级制可避免有效投资与连续性决策之间的矛盾（Alchian，1950；Jensen and Meckling，1976；Fama，1981；Williamson，1991）。其次，层级制可避免资源配置比例扭曲，通过有效的要素组合降低总成本（Jensen and Meckling，1976）。最后，层级制既可规避中间产品营业税，又可放松配额限制和价格控制，还可针对产权的不完全界定实现产权的优化配置。

混合制包括长期契约、互惠贸易、管制、特许经营等模式，混合制在适应性、激励性和官僚主义成本等方面的特征均介于层级制和市场制之间。受限于复杂的煤炭供给关系，混合制可减少企业的机会主义行为（Joskow，1985）。煤电交易有效性的保证，第一方面体现于避免出现由于复杂性而带来的"事后套牢"；第二方面体现于合理的谈判机制和私人冲突解决机制；第三方面体现于混合制与其他模式的混合协调。

2. 收益、信任与煤电联动

收益产生的原因既包括煤炭企业为提高规模效率而减少的成本，又包括发电企业为提高经验效率而增加的收入。尽管电能产品的同质性特征决定了发电企业的市场定位将不提供差异化产品，但规模经济、经验经济和转换成本仍可共同构成收益的特征。若收益的产生原因源于供应链的上下游环节企业的协作，则贡献可在所涉及的企业间按某一规则进行均分（Klos and Nooteboom，2001）。

在评估交易伙伴的合作可能性时，"信任"应作为一个独立的价值标准。类比于"预期收益"，企业根据实现收益而赋予"信任"的权重同样是自适应的，且与收益可实现的主观概率有关。Gambetta（1988）认为此类主观概率涉及实现意图的风险，所以信任的类别存在差别。Nooteboom（1999）将信任分为"胜任力信任"（competence trust）和"意愿信任"（intentional trust）。胜任力信任指的是实现期望的行为能力；意愿信任指的是遵守协议的行为意图。由于中国煤、电企业均可进行规模化生产，且生产过程相对稳定，故本书将只分析意愿信任；并将此时的"风险"定义为由于合作伙伴的背叛而导致的转换成本。分析"信任"影响的原因有两个：①交易成本经济学理论并未分析"信任"问题，而该问题涉及发展的优先权问题；②基于主体可计算经济学（agent-based computational economics，ACE）理论中存在由经验而产生的"适应"，其核心特征与"信任"的特征较为相关。

因此，稳定匹配和规模联动的煤电交易机制包括三个层次："收益"和"信任"是煤电联动过程中的重要因素；联动的基础性问题又是交易边界的选择；煤电交易的边界确定即利用匹配算法进行"生产或购买"决策。若发电企业对不同的煤炭供应商（包括自己生产）有不同的偏好，在交易成本和配对时间的约束下，基于其偏好的排序，发电企业与相应的煤炭供应商进行匹配，形成联动机制。当发电企业被分配到自己时，代表其选择"生产"；当发电企业被分配相应的煤炭企业时，代表其选择"购买"。同理，煤炭企业也拥有不同的偏好排序。若双方偏好稳定，就不会出现违约行为，即实现"稳定"和"联动"。

3. 自适应系统

在现实的企业关系中，若治理结构的最优形式产生且适应于煤电交易属性，则影响未来的交易的因素有两个，即理性和选择（Klos and Nooteboom，2001）。对煤电交易问题，交易成本经济学的局限包括：①现有的理论并未讨论"学习"和"适应"等问题的影响效果。②非未验证"有效交易的结果将产生"的假设。③"接受机会主义行为的发生概率，并构建保障机制"的观点同样也是被假设，而非分析得到。④即使有可能搜集合作伙伴的信誉信息，但搜集成本较大。由此产生了以下两个悖论。

悖论 1，Williamson（1975，1985）提出了有限理性和不确定性，并假设了一个较高水平的"理性"：主体可以理性地处理有限理性，即在了解自己的有限理性和交易中的不确定性后，主体可理性地选择治理结构。但若"理性"是有限的，则解决有限理性的"理性"也是有限的（Hodgson，1998；Pagano，1999）。为了实现有限理性的计算节约，主体应搜索更多信息且计算更多的边际成本（或机会成本）和收益；但为此则需要考虑成本和收益等问题以决定是否进行节约计算，由此产生了一个"无穷回归"。

悖论2，"完全理性"的假设是反现实的，所以将解决方法诉诸"经济选择"。若主体可做出理性且最优的选择，则基于竞争力而做出的选择将保证有且仅有最优方案的存在（Alchian and Harold，1972；Friedman，1953）。Williamson（1993）认为在一定时期内，组织的无效结构将被市场力剔除。但是在演化过程中，由于规模效应，低效的大公司可能会比高效的小公司更有可能胜出（Winter，1964），且市场的选择效率可能会由于进入壁垒而降低。若结果有效性的假设是基于演化过程的，则其有效性应通过演化过程的建模进行测试（Koopmans，1957）。在公司关系中存在复杂性和路径依赖性，这将影响多主体间关系的形成和解除。

若让不同组织形式的经济活动分布从企业间的互动过程中产生，企业便可通过过去的经验调整未来的决策（Epstein and Axtell，1996）。在ACE相关理论中，人工自适应主体（artificial adaptive agents）模型可处理"通过过去经验调整未来决策的过程"的"复杂的相互关联的结构"（Arthur，1991，1993；Kirman and Vriend，2000；van der Pol et al.，2014）。本书充分接受有限理性的假设，基于自适应性和相互评价，考虑信任和收益，使用人工自适应主体模型来模拟企业之间的互动选择过程（形成和解除关系），构建系统的煤电交易发展模型，利用并优化匹配算法，解释交易过程、说明交易机理，解决煤电交易的稳定匹配和规模联动问题，由此形成相应的煤电交易机制。

5.2.2　匹配算法

1. 前提假设

为结合中国煤炭交易现状，保证算法的实用价值，实现稳定匹配和规模联动的煤电交易机制，本章做如下假设。

假设5.1　煤、电企业对合作伙伴的选择并非是随机的，且主体对潜在合作伙伴有不同的偏好。基于偏好，发电企业匹配给相应的煤炭供应商（煤炭企业或发电企业本身）。当发电企业匹配给其本身时，即选择"生产"，而非"购买"，并将"生产或购买"的决定内生化。

假设5.2　对煤炭企业而言，所有的发电企业均有可能成为合作伙伴；煤炭企业没有其他选择方案，所以煤炭企业只能向发电企业提供煤炭，且不能留作"生产"电能产品。

假设5.3　为了保证企业投资不可通过某种形式（如购并或租赁）转移到其他企业，同时保证煤电交易的资产专用性属性，规定煤炭和电力的生产技术是刚性的，煤炭质量与发电设备是相关的。

假设 5.4　用层级制的内部生产替代市场制或混合制的供应商供给时，发电企业对自身的打分是基于最大程度信任时的潜在收益，此时"信任"为 1（100%）。

假设 5.5　为了便于说明机理，将模型中的变量单位设为 1。

2. 算法设计

稳定匹配和规模联动煤电交易机制的基础为治理结构选择，其本质是"生产或购买"的决策问题，即边界的选择问题，此过程由"匹配算法"产生（Roth and Sotomayor，1990）。

本书的匹配算法拟采用并优化 Tesfatsion（1997）的延迟选择和拒绝机制（deferred choice and refusal algorithm，DCR）算法（Roth and Sotomayor，1990；Tesfatsion，1997；Gale and Shapley，1962）。DCR 算法扩展了 Gale 和 Shapley（1962）的延迟接受机制（deferred-acceptance algorithm，GS）算法。DCR 算法要求市场供求双方是一致、重叠或不相交的，而且还要求任意指定数量的"要约和承诺"（offer and acceptance）配额。DCR 算法可形成稳定匹配。这些匹配保证不存在受阻主体组（blocking agents），即与其实际配对情况相比，匹配主体组可以单方面地或双方面地改善其实际状况。DCR 算法的优点在于，它提供了分配主体的一种方式，而不是因为它产生稳定的配对；在目前的应用中，"稳定性"（stability）是仅有的副作用。DCR 算法的应用条件包括：①允许发电企业与其自身匹配，此时的发电企业也是其自身的煤炭供应商；②尽管发电企业可成为其自身的煤炭供应商，但不可成为其他发电企业的煤炭供应商；③为了防止出现市场买方垄断和卖方垄断的现象，规定了煤、电企业的一个"最大匹配数量"或"数量配额"（quota），且可在任何一个时间步长进行调整。为提高 DCR 算法的适用性，本书对其进行优化，规定：①当发电企业将自身作为偏好排序中的一个决策方案时，排名比该发电企业低的供应商是其不可接受的合作伙伴；②发电企业可有一个或更多的煤炭供应商，煤炭企业也可有一个或更多的煤炭购买者；③发电企业的要约配额和煤炭企业的承诺配额均为不小于 1 的正整数；④匹配进行前，所有的企业均建立了严格的偏好排序。

优化后的匹配算法计算步骤如下。

步骤 1，发电企业向其所有的最偏好且最可接受的煤炭供应商发出最大额度的要约请求。

步骤 2，煤炭供应商首先剔除来自不可接受的发电企业的要约请求，然后"暂时接受"来自最偏好且最可接受发电企业的最大额度的承诺请求，并且拒绝其他请求（如果有）。

步骤 3，被剔除或被拒绝的发电企业重新调整其要约请求的额度，并向次级偏好的且未接受其他发电企业请求的煤炭供应商发出相应额度的要约请求。此时，次级偏好的煤炭供应商的数量等于与暂时接受请求的煤炭供应商数量之差。

步骤 4，每个煤炭供应商再次剔除来自不可接受的购买者的要约请求，并且从新收到的和之前暂时接受的请求中，再在最大额度承诺请求的范围内，暂时接受来自更偏好且更可接受的发电企业的要约请求，然后拒绝其他请求（如果有）。

步骤 5，只要存在被拒绝的发电企业，算法回到"步骤 3"。直到不存在发电企业的请求被拒绝，则算法终止。此时，所有暂时接受的请求成为"绝对接受"。

5.2.3 模型构建

1. 得分数

为了便于进行排序，引入"得分数"（score）的概念。主体将对其所有可能被匹配的主体（包括其他主体和本身）进行分数计算。得分数模型的变量包括潜在收益和意愿信任。当"潜在收益"和"意愿信任"相乘时，表示若"潜在收益"或"意愿信任"为 0，则"得分数"为 0。为了便于主体对"潜在收益"和"意愿信任"赋予不同的权重，构建 Cobb-Douglas 形式的方程：

$$\text{score}_{i,j,t} = \text{pr}_{i,j,t}^{\alpha_{i,t}} \cdot \text{tr}_{i,j,t}^{1-\alpha_{i,t}} \qquad (5\text{-}1)$$

其中，t 为时间步长，由于每一个步长里都有一次打分和匹配，因此 t 也表示打分次数或匹配次数；$\text{score}_{i,j,t}$ 表示在第 t 次打分或匹配时，发电企业 i 分配给煤炭企业 j 的分数；$\text{pr}_{i,j,t}$ 表示发电企业 i 通过与煤炭企业 j 合作而可能获得的收益；$\text{tr}_{i,j,t}$ 表示发电企业 i 对煤炭企业 j 的意愿信任；$\alpha_{i,t}$ 表示发电企业 i 赋予"潜在收益"的重要程度，即发电企业 i 分配给煤炭企业 j 得分数的"收益弹性"，且 $\alpha_i \in [0,1]$，主体 i 可在下一个时间步长 t 结束时动态调整 α_i 的取值。

除了偏好排序，煤、电企业均存在一个"最低耐受水平"，由此决定合作伙伴可否被接受。根据匹配算法的优化规定可知，发电企业对煤炭企业的"最低接受水平"是其自身所打的得分数。由于完全信任自己是合理的，所以当发电企业为自身打分时，设定"信任"的最大值为 1，且信任的影响可被忽略（此时 $\alpha = 1$）。

2. 潜在收益

发电企业的收益取决于其在终端产品市场的定位；煤炭企业收益取决于供应商的生产效率。无论是煤炭企业供给还是发电企业自己生产，煤炭生产均需要对资产进行投资。一单位的资产通常会生产一单位的产品，但是效率的提高会减少产量对资产总量的依赖（刘冰，2010）。因此，潜在收益的影响因素为煤炭企业的规模效率和发电企业的经验效率（Klos and Nooteboom，2001）。资产的利用情况取决于发电企业的经验经济，煤炭产品的产量取决于煤炭企业的规模经济。

$$\text{pr}_{i,j} = \text{le}_i \cdot \text{se}_j \tag{5-2}$$

其中，le_i 表示发电企业 i 的经验效率；se_j 表示煤炭企业 j 的规模效率。根据 Klos 和 Nooteboom（2001）的研究结果，经验效率和规模效率均可由式（5-3）给出：

$$e = \max\left[0, 1 - \frac{1}{f \cdot x + 1 - f}\right] \tag{5-3}$$

其中，当 e 为经验效率 le 时，f 表示经验因子 f(learning)；x 表示发电企业 i 与配额范围内所有的煤炭企业合作时的连续生产次数 t。当 e 为规模效率 se 时，f 表示规模因子 f(scale)；x 表示煤炭企业 j 为配额范围内所有的发电企业提供煤炭时的煤炭产量 y。

3. 意愿信任

意愿信任将随着关系持续期的延长而增加（Gulati，1995）。虽然信任会受到合作伙伴规模报酬递减的影响（Klos and Nooteboom，2001），但由于关系持续越久，主体就越会默认合作伙伴的行为（Zand，1972），并对其未来的行为有相同的预期。此外，"事前信任"是一种最基本的社会制度特征（Nooteboom，1999），可视为非机会主义群体的占比预期或特定的基准风化标准。引入"信任基准水平"的概念用以反映意愿信任存在的基础。在信任基准水平之上，基于经验，主体可以发展"伙伴专用性信任"（partner-specific trust）（Klos and Nooteboom，2001）。由此产生以下规范：

$$\text{tr}_{i,j,t} = \text{tr}_{\text{base}} + \left(1 - \text{tr}_{\text{base}}\right)\left(1 - \frac{1}{f(\text{trust}) \cdot t + 1 - f(\text{trust})}\right) \tag{5-4}$$

式（5-4）说明意愿信任增长与持续期延长的关系。其中，tr_{base} 表示信任基准水平；参数 f(trust) 表示信任因子；打分次数 t 可视为交易关系持续时间。

4. 弹性

若在环境中的行为可被量化为价值（如收益、绩效、效用等），则主体在复杂适应系统（complex adaptive systems，CAS）中便可实现自适应（Lane，1993；Holland and Miller，1991）。为了逐期改善该价值，主体将以某种方式参与经济活动（Holland and Miller，1991）。发电企业的自适应性特征应体现为一种改变潜在收益的可能性，即企业将适应过程应用于逐期改变的 α 中。为了利于主体分配给合作伙伴的分数变化，将 α 定义为偏好得分数的收益弹性，$(1-\alpha)$ 定义为得分数的信任弹性。对各 α 值，主体可分配一个"强度"，由此解释主体成功利用某 α 值的"信心"。在每个时间步长 t 之初，各主体选择一个 α 值。对 α 不同可能值的选择是概率性的，即一个简单的"轮盘赌选择"。基于主体在时间步长 t 中的收益情况，在某特定的时间步长 t 之初，选定 α 值的强度；且根据实现的收益情况，在

时间步长 t 之末，更新 α 值的强度。

$$\begin{cases} \sum\limits_{\alpha_{i,t}=0,\cdots,1} \text{strengh}\left(\alpha_{i,t}\right) = V_t \\ p\left(\alpha_{i,t}\right) = \text{strengh}\left(\alpha_{i,t}\right) \Big/ V_t \end{cases} \tag{5-5}$$

$$\text{strengh}_{i,t} = \text{strengh}_{i,t-1} + \Delta s_{i,t} \tag{5-6}$$

$$\Delta s_{i,t} = \lambda \cdot \left(\text{pr}_{i,j,t-1} - \text{strengh}_{i,t-1}\right) \tag{5-7}$$

$$\overline{\alpha_{i,t}} = \sum\limits_{\alpha_i=0,\cdots,1} \alpha_{i,t} \cdot \text{strengh}\left(\alpha_{i,t}\right) \Big/ V_t \tag{5-8}$$

其中，$\text{strengh}(\alpha)$ 表示主体选择收益弹性 α 的信心，即强度；$p\left(\alpha_{i,t}\right)$ 表示主体选择收益弹性 α 的概率；$\Delta s_{i,t}$ 表示第 $t-1$ 期匹配实现后强度的增量；λ 为经济参数，解释说明发电企业的自适应能力。$\overline{\alpha_{i,t}}$ 可表明主体的侧重点：因为具有最高强度的 α 值将其加权平均值拉向相应的方向；若 $\alpha_{i,t}$ 的加权平均值较低，则侧重点将位于较低的 α 值；反之亦然。

5.3　数据与流程

5.3.1　数值处理

情境设定：为了说明模型运行原理，简化运算过程，现设定某区域存在不同规模的四家煤炭企业和不同规模的四家发电企业（图 5-1）；根据模型需要，为了控制多变量因素，进行比较静态分析，对各个企业的经济参数选取不同的值，设定如表 5-1~表 5-3 所示；假设煤炭产量与连续供给时间存在线性关系，方程的参数由中国电力企业联合会和国家统计局的数据计算得到。且规定煤、发企业的数量配额均为"2"；煤炭企业对发电企业的偏好也存在不可接受合作伙伴的"黑名单"（表 5-4）。

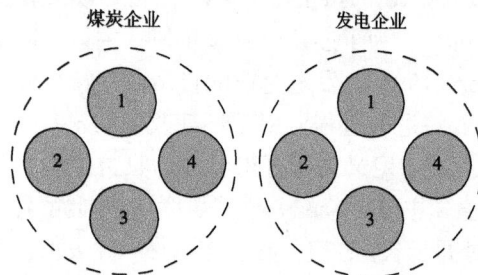

图 5-1　区域煤电交易市场中煤炭企业和发电企业设定

表 5-1 煤炭企业规模因子及"产量-时间"函数

企业编号	1	2	3	4
规模因子	0.2	0.4	0.6	0.8
煤炭产量		$y=99.79+0.21\times t$		

表 5-2 发电企业经验因子及适应能力

企业编号	1	2	3	4
经验因子	0.9	0.7	0.5	0.3
λ	0.5	0.2	0.8	0.1

表 5-3 发电企业对煤炭企业的信任因子

发电企业	煤炭企业			
	1	2	3	4
1	0.8	0.6	0.4	0.4
2	0.2	0.3	0.5	0.7
3	0.9	0.8	0.6	0.2
4	0.5	0.6	0.7	0.1

表 5-4 煤炭企业可接受的发电企业名单

煤炭企业	发电企业			
	1	2	3	4
1	+	+	−	+
2	+	+	+	+
3	+	−	+	+
4	−	+	+	−

注:"+"表示接受;"−"表示不接受

给定 α 的取值范围为 $[0.0, 0.1, \cdots, 0.9, 1.0]$。初始条件下,$\alpha$ 取得各值的概率均为 1/11;利用"轮盘赌选择"方法,初试状态下的 s 为"1"。另设匹配过程在 1 个营业周期(52 周)内完成。

5.3.2 仿真流程

仿真在连续的时间步长中进行。为降低随机分布对结果的影响,每次仿真实验可多次复制。仿真开始之前,为模型设定初始值,并且需要提供发电企业和煤炭企业的个数、运行的次数、每次运行的时间步长个数等。程序的随机数发生器是既定的,且最后主体将被给定一个识别数字。在每次运行开始时,将对每个主体进行初始化操作(图 5-2)。

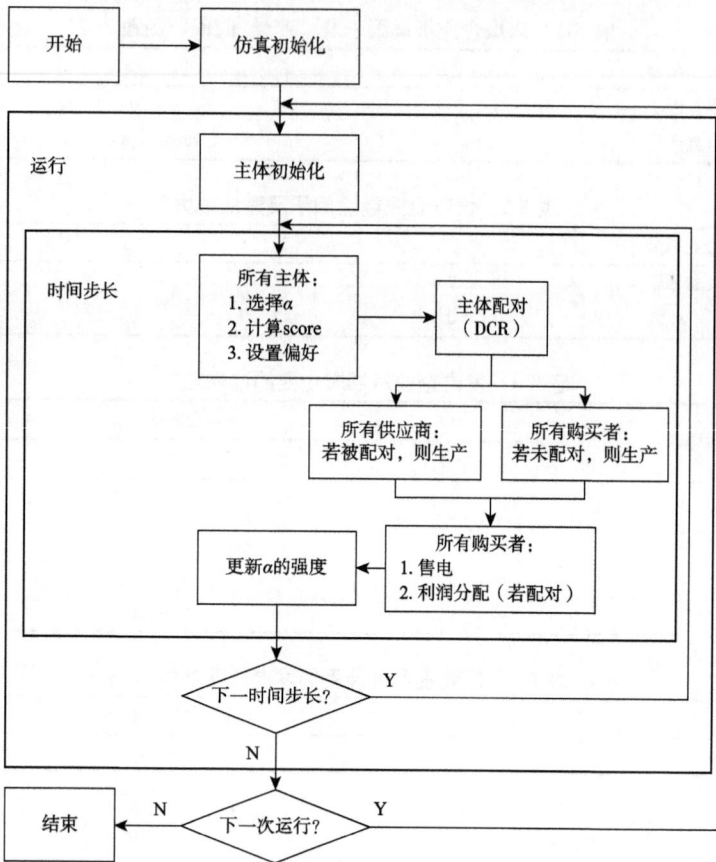

图 5-2 仿真实验的流程图

5.4 分析与讨论

5.4.1 因子影响

1. 规模因子与经验因子

当规模因子和经验因子的取值分别为 0.1、0.3、0.5、0.7 和 0.9 时，因子对效率的影响效果如图 5-3 和图 5-4 所示。因子越大，效率增长的能力越强，曲线逼近 "1" 的速率越快。随着煤炭产量和连续生产次数的增加，规模效应和经验效应会使企业的收益增加，且又保证了一个递减的收益率。

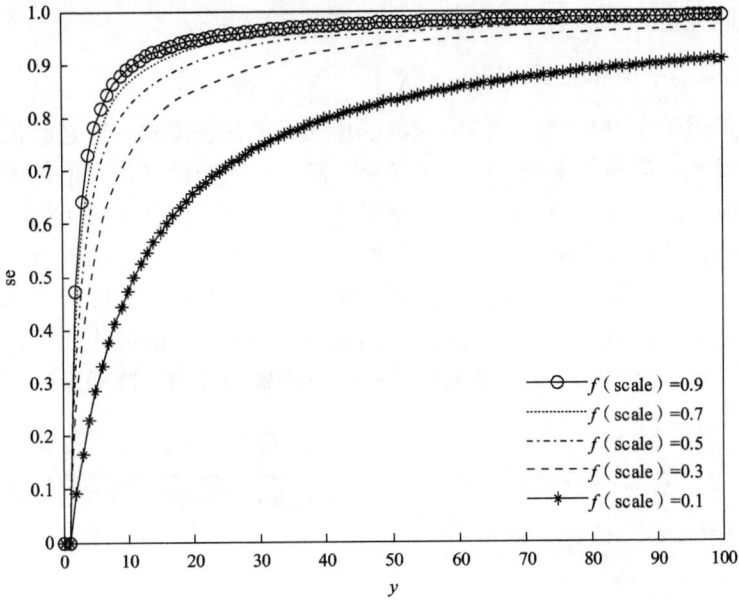

图 5-3 规模因子对规模效率的影响

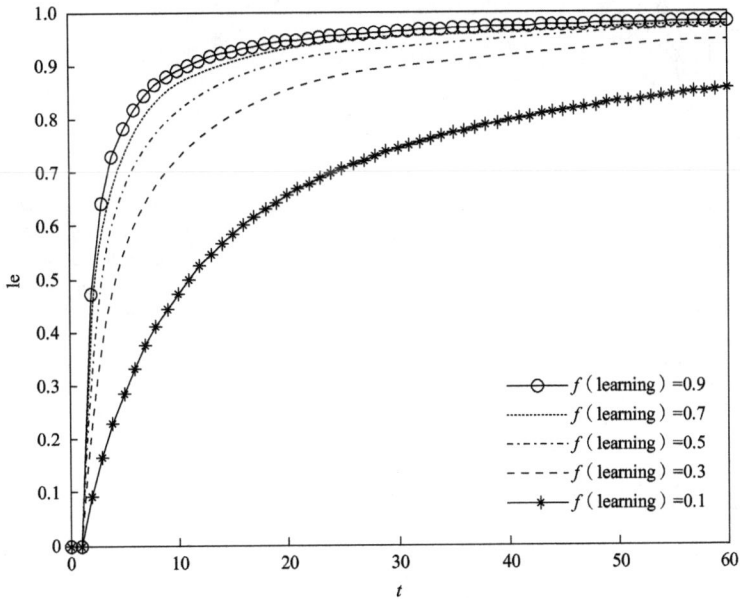

图 5-4 经验因子对经验效率的影响

由图 5-3 中的规模因子可知，当且仅当煤炭企业的生产规模大于发电企业为自身提供煤炭所需的最大规模时，煤炭企业提供煤炭将会比发电企业自己生产煤炭的规模效率更高。同理，由图 5-4 中的经验因子可知，当且仅当发电企业的连续生产时间充足时，发电企业进行电力生产的效率更高。

2. 基准水平与信任因子

当信任因子为 0.5 时，随匹配次数的增加，信任基准水平对意愿信任的影响如图 5-5 所示；当信任基准水平为 0.5 时，随匹配次数的增加，信任因子对意愿信任的影响如图 5-6 所示。信任基准水平决定了意愿信任曲线截距的初始位置和曲线的斜率；信任因子决定了意愿信任曲线的扁平程度和曲线的斜率。对各个发电企业，意愿信任始于某特定的信任基准水平，变化趋势受信任因子影响，二者均为外生变量，且适应于分析合作伙伴的忠诚。在下一个时间步长中，若发电企业和煤炭企业再次匹配，且不会发生合作关系中断的现象，降低后的意愿信任水平将会增长。

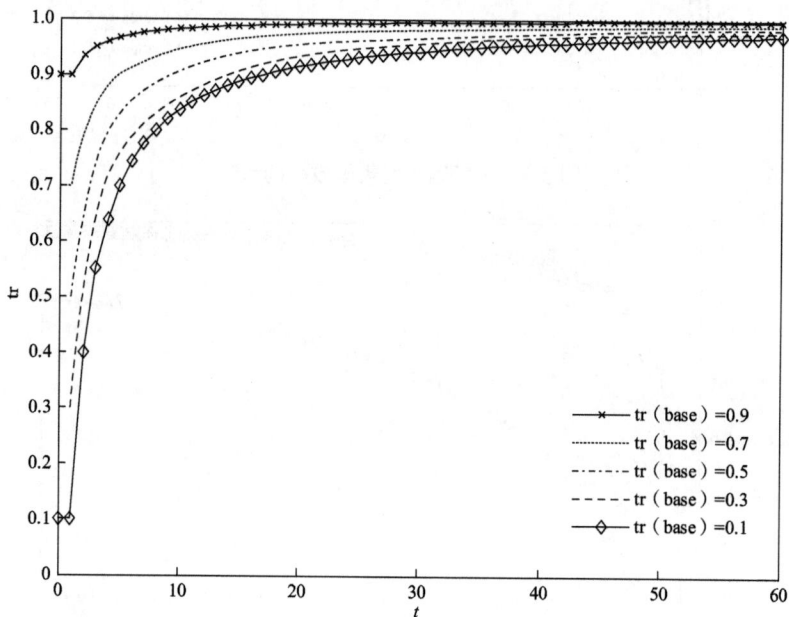

图 5-5　信任基准水平对意愿信任的影响

5.4.2　边界选择

当在匹配过程中存在企业自适应和自调节时，匹配中的得分数函数曲线将呈现波动，波动幅度不仅与企业的潜在收益、意愿信任有关，而且与企业的自适应能力有关，如图 5-7 所示。

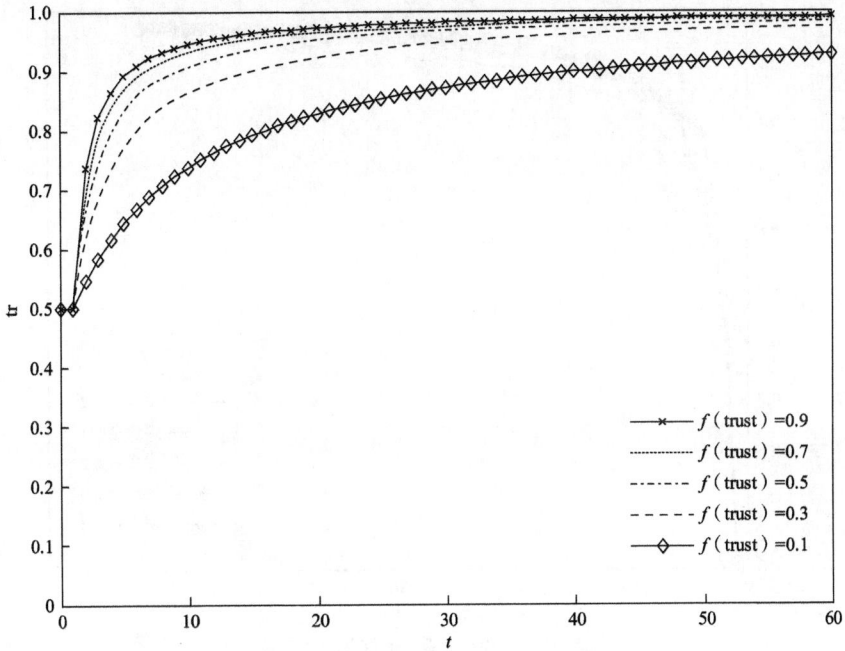

图 5-6 信任因子对意愿信任的影响

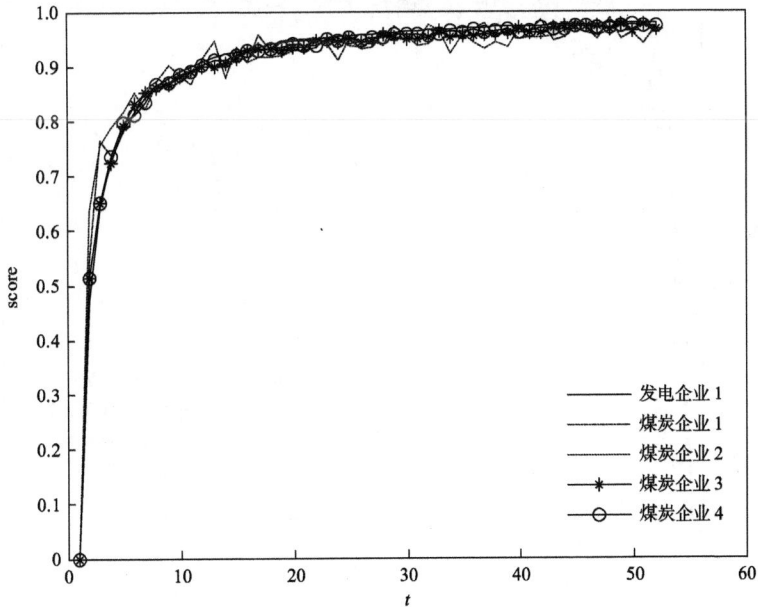

（a）发电企业 1 的打分结果

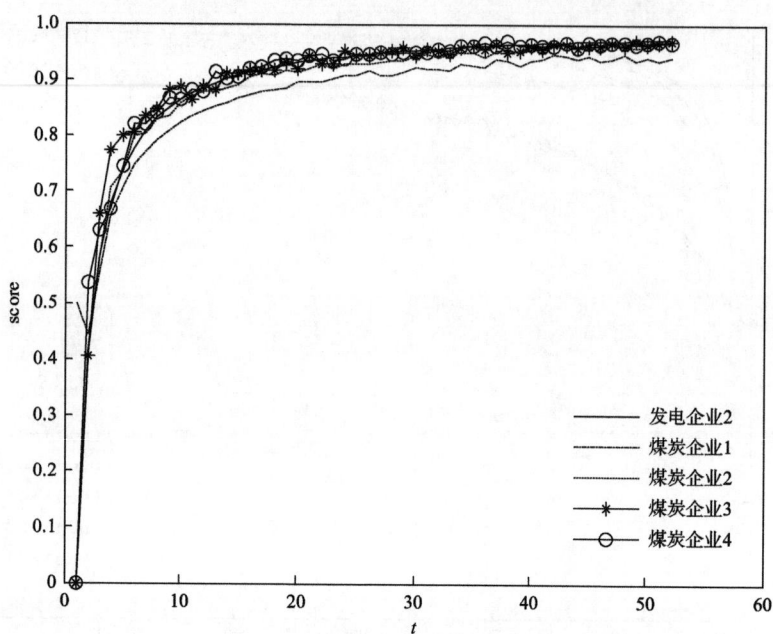

（b）发电企业 2 的打分结果

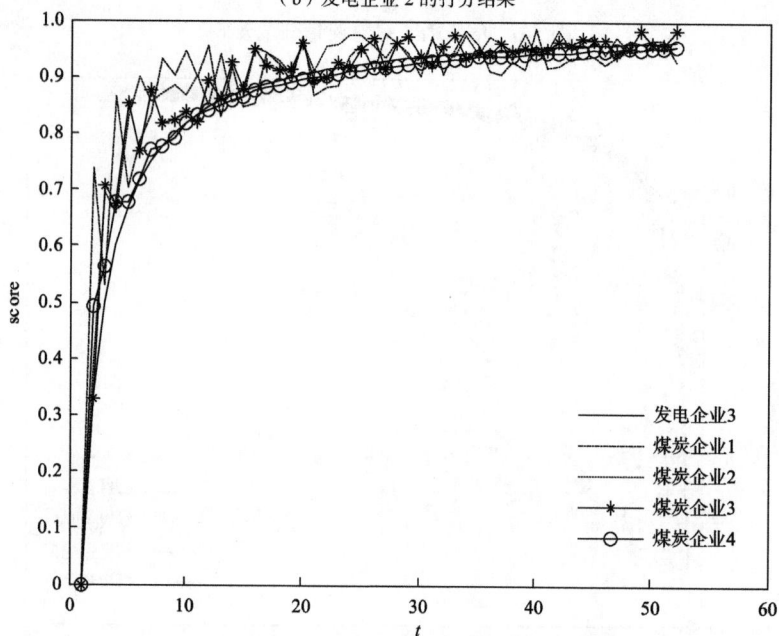

（c）发电企业 3 的打分结果

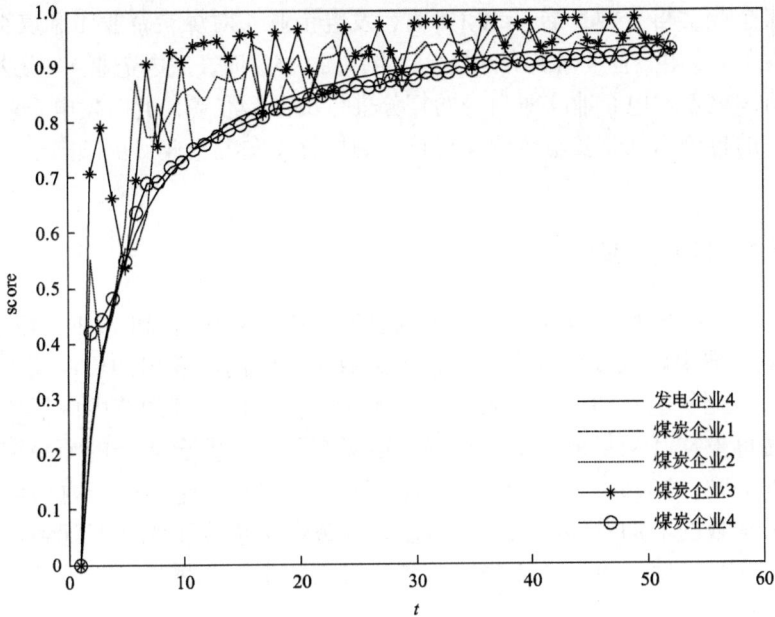

（d）发电企业 4 的打分结果

图 5-7　发电企业对自身及煤炭企业的打分

图 5-7（a）中，当 $t \in (0,10]$ 时，发电企业 1 对煤炭企业 1 和煤炭企业 2 的打分略高于发电企业 1 对自身的打分，此时发电企业 1 可选择"购买"煤炭；当 $t \in (10,52]$ 时，发电企业 1 对所有煤炭企业的打分均低于发电企业 1 对自身的打分，此时发电企业 1 可选择自己"生产"煤炭。

图 5-7（b）中，当 $t \in (0,10]$ 时，发电企业 2 对煤炭企业 3 和煤炭企业 4 的打分高于对自身的打分，煤炭企业 2 得分数与发电企业 2 自身的得分数基本重合；当 $t \in (10,52]$ 时，发电企业 2 对煤炭企业 3、煤炭企业 4 和煤炭企业 2 的打分均与对自身的得分数基本重合，煤炭企业 1 仍低于发电企业 2 自身的得分数。发电企业 2 更倾向于"购买"煤炭。

图 5-7（c）中，当 $t \in (0,10]$ 时，发电企业 3 对煤炭企业 4 的打分高于或等于发电企业 3 对自身的打分；当 $t \in (10,52]$ 时，发电企业 3 对煤炭企业 4 的打分均低于发电企业 3 对自身的打分；在整个交易期 $t \in (0,52]$ 中，发电企业 3 对煤炭企业 1、煤炭企业 2 和煤炭企业 3 的打分均高于发电企业 3 对自身的打分，且发电企业 3 的打分结果：煤炭企业 1 得分数高于煤炭企业 3 得分数，煤炭企业 3 得分数高于煤炭企业 2 得分数。发电企业 3 的决策为"购买"煤炭。

图 5-7（d）中，在整个交易期 $t \in (0,52]$ 中，发电企业 4 对煤炭企业 2 和煤炭企业 3 的打分均高于发电企业 4 对自身的打分，且打分结果：煤炭企业 3 得分数

高于煤炭企业 2 得分数；当 $t \in (0,10]$ 时，发电企业 4 对煤炭企业 1 和煤炭企业 4 的打分略高于发电企业 4 对自身的打分；当 $t \in (10,52]$ 时，发电企业 4 对煤炭企业 1 的打分将围绕着发电企业 4 对自身的打分进行小振幅波动，此时发电企业 4 对煤炭企业 4 的打分均低于发电企业 4 对自身的打分。发电企业 4 更倾向于"购买"煤炭。

5.4.3　匹配与联动

根据图 5-7 的打分结果和表 4-4 的设定，得到 t 为 10 和 52 时的匹配结果（图 5-8）。图中虚线表示发电企业在既定数量配额内所发出的要约请求；实线表示通过匹配所建立的合作关系。当 t =10 时，在数量配额的范围内形成 6 组配对，此时可根据其交易成本适当选择"市场制"或"混合制"的治理结构（谭忠富和刘平阔，2015）；当 t =52 时，形成 4 组配对和 1 组"生产内部化组织"。随着交易次数的增加及匹配次数的增多，导致煤炭企业 1 无法匹配到合适的发电企业；同时，使发电企业 1 最终选择了自己"生产"煤炭，其治理结构的选择结果为层级制。

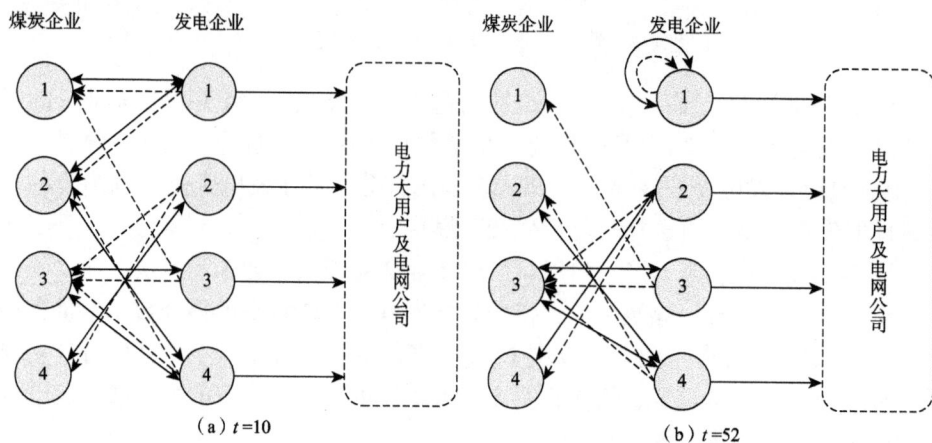

（a）t =10　　　　　　　　（b）t =52

图 5-8　匹配过程及稳定匹配最终结果

对煤炭企业 1 和发电企业 1，可能会出现三种可能性结果：①煤炭企业 1 成为"产能过剩"的部分，最终彻底被煤炭市场中的其他煤炭企业的竞争淘汰；②煤炭企业 1 被其他煤炭企业兼并，即"横向一体化"；③煤炭企业 1 被发电企业 1 兼并，即"纵向一体化"。由于匹配是长期稳定的，以上三种可能性结果均可实现煤电交易的边界选择和煤炭产业规模的整合。但第一种可能性结果将导致煤炭产业规模的减小；第二种可能性结果将导致煤炭产业集中度的增加；第三种可能性结果将导致所有权的重新洗牌。

5.5　本章小结

稳定匹配和规模联动的研究不是以企业、市场、政策为研究单元,而是以"交易"为分析单位的。本章的现实意义包括以下四点:首先,由于企业主体有限理性的约束,本章提供了一种路径依赖的选择方法解决煤电交易的稳定匹配和规模联动等问题;其次,形成稳定匹配和规模联动的煤电交易机制,揭示了经济组织中稳定匹配的适用规律和特征;再次,分析企业主体的激励相容和社会组织的意愿匹配,为能源市场中的资源配置和发展协调指明了方向;最后,研究方法的优化升级,体现博弈均衡,引导公平、合理的分配机制设计,调动和协调社会各方面的积极性。

总结本章,结论如下:

（1）"生产或购买"问题的内生化过程涉及较高规模效率煤炭企业与较高经验效率发电企业之间的交易问题。经验较多的发电企业会随着经验效率的增加适时地选择自己"生产"煤炭,规模较小的煤炭企业会由于规模效率的劣势遭到淘汰或被兼并。规模效率可保证煤炭企业的有效供给,经验效率可保证发电企业的有效产出。当且仅当煤炭企业的生产规模大于发电企业为自身提供煤炭所需的最大规模时,煤炭企业提供煤炭将会比发电企业自己生产煤炭的规模效率更高;当且仅当发电企业的连续生产时间充足时,发电企业进行电力生产的效率更高。

（2）机制强调了"信任"的重要程度和实际作用,"信任"的适应性应基于企业可预见的忠诚;在煤电交易过程中,其地位应仅次于"收益"。虽然"规模"可以体现企业收益方面的胜任力,但收益的获得应为一个动态连续的过程。随着交易持续期的增加,煤、电企业还应充分考虑"经验"的影响,并形成合理认知和科学评估。基于经验对潜在收益和意愿信任进行认知和评估时,可能会产生无序且不可预测的结果,所以企业间形成或解除合作关系不仅是一种效率的体现,而且是一种经济社会正外部性的改善,结果不一定是最优的却是最合理的。

（3）基于独立主体的偏好排序,匹配算法可生成一个匹配集合,由此成为煤电交易稳定匹配的基础。不同的偏好排序可解释煤、电企业的经济行为,说明了假设条件在现实中的合理性和实用性。优化后的匹配算法在结构上有利于煤电交易实现稳定匹配,进而进行规模联动。发电企业具有不同的偏好排序,并将按偏好发送请求;不同的煤炭供应商将收到不同数量的要约请求,由此实现自由交易。因此,基于偏好排序的能源企业市场行为是合理的。

（4）随着交易和匹配次数的增加,可形成较为稳定的匹配结构,煤电交易稳定匹配的结果是实现规模联动。模型展示了不同条件下，收益、信任的本质及其影响的进化过程。稳定匹配和规模联动的煤电交易机制强调市场设计和制度安排，保证煤电双方最大的选择权；在博弈相对公平的前提下，实现效用的合理转移和规模的动态联动。

第6章 煤电能源供应链协调

6.1 问题的背景介绍

煤电供应链是指由煤炭企业、运力部门、煤炭储配中心和发电企业共同构成的煤炭物流系统；煤电能源供应链是煤电供应链的扩展和延伸，不仅包括煤炭物流系统，而且将电网公司和电力消费终端用户界定为系统内部经济部门，在研究各个节点企业关系的基础上，分析供应链中的资金流和信息流，综合讨论煤炭能源和电力能源的传输、流通和交易的过程。煤电能源供应链协调是分析节点企业共同发展和供应链整体绩效的基础。供应链管理是一种基于协作的策略，它把跨企业的业务运作联合在一起，以期实现市场机会的一个共同远景。煤电能源供应链管理和风险管控的目的就是通过对整个供应链中的各个经济活动和业务环节进行协调，以实现能源供应链整体的最优业务绩效，从而巩固并增强核心节点企业的绩效表现。高效的煤电能源供应链设计可体现为各个节点企业之间高效的信息资源分享、可预见性煤炭库存管控和能源生产部门良好协同，供应链协调可以使煤电库存水平稳定、煤电运输作业能力增强，并且可有效地改善能源订单实现效率。供应链上各个节点企业的合作协调过程存在四个特点：①合作协调是一种经营理念；②合作协调包含越来越多的知识含义；③合作协调强调共同利益；④合作协调的基础是相互信任。当煤电能源供应链上的各个业务部门或者经济活动只能单独完善自身，而无法将其运营目标和相应的经济活动与供应链中的其他业务部门或者经济活动进行衔接和整合时，整个煤电能源供应链就会有不良绩效表现。由此可见，煤电能源供应链中各个部门之间和各个环节之间必须进行有效的合作协调，唯其如此，才可实现整个供应链的效益最大优化。

那么，在煤电能源供应链运营和煤炭交易的过程中，什么是"供应链协调"？如何进行协调？有什么协调工具？协调工具对煤电能源供应链的作用机理是什么？煤电能源供应链的协调性是如何进行评价的？本章通过对煤电能源供应链协调关系的研究，主要提出并回答以上几个问题。

6.2　供应链协调的研究情况

供应链是一个组织之间互相连接、互相依赖的网络，且从最初的供应企业到终端的消费用户，共同合作以控制、管理并改善产品流和信息流（Aitken，1998）。供应链优化问题的重点在于内部节点企业合作所引起的生产、订单以及信息等问题的协调等，如用户服务、生产计划、物流以及生产容量利用等问题，特点是"供应链协调"，已经成为目前研究的焦点问题（许秋韵，2006）。供应链协调是实现系统整体效益最大化的必要条件（张京敏，2005），是一个建立在对联合逐渐信任的过程，这个过程涉及较为精准的设计、理财、疏通和监管等工作，既是一种合作机制，也是一种信息分享工具（庄品和王宁生，2004；Brusset and Agrell，2014）。基于这些界定，部分学者研究了供应链协调机制的选择问题（邱灿华等，2005；王能民等，2007）。例如，何慧等（2006）给出了"供应链协调机制"的定义，即为了提高供应链整体绩效，达到供应链的能源流、资金流和信息流无缝且顺畅传递的效果，减少各个环节的不确定性并且消除供应链节点企业之间的利益冲突。有一些学者针对供应链协调的实现方法做了较为深入的研究，如徐广业等（2010）、徐广业和但斌（2012）通过研究，指出了可实现供应链协调的两种方法：一是通过改进收益共享契约，二是通过构建价格折扣模型。然而，即使供应链协调可实现，Kampstra等（2006）也注意到节点企业与上游节点企业和下游节点企业的深入合作和协调的进展相对缓慢，合作和协调的结果相对不理想。Viswanthan 和Wang（2003）认为当离散系统中的总成本等于集中系统中的总成本时，协调是完美的；另外，还有一些研究结果表明，在简单的单位定价制度安排中，供应链中节点企业的利己主义行为将会阻止供应链的完全协调（Klein et al.，1978；Williamson，1979；Bajari and Tadelis，2001；Cachon，2003）。但是，供应链完美或完全协调只是一种理想状态，需要唯一的决策者或者所有节点企业唯一的产权所有者，然而这使完美协调很难用于实践（Zissis et al.，2014）。

因此，作为讨论"供应链协调"的基础，大量文献都针对库存、订单以及运输等问题，讨论了供应链节点企业为了减少企业成本以及整体供应链成本，互相作用的方式问题（刘跃伟，2009；Krajewski et al.，2010；周丽莎，2013）。在供应链管理中，为了分析供应商出价、购买商决策以及奖励惩罚等问题，很多研究也开发了相关的模型（Sucky，2004，2006；Esmaeili et al.，2009；杨丰梅等，2011）。但是也应该注意到，随着时代的发展和科技的进步，供应链网络销售渠道的拓宽（李华娟，2013），供应链一些特质性的优势被弱化，很多优势也将被终结（Arya et al. 2014），但是仍有一些特质性优势被保留了下来，如"中间人"（P. Anderson and E. Anderson，2002；Belavina and Girotra，2012）。因此，针对供应链协调问题的研究也随着理论和技术领域拓宽而有所发展，尤其在企业关系研究领域中，供应链各个节点企业的关系性专用性资产（relationship-specific assets，RSA）的相关研究也得到了重视，并且针对营销渠道和供应链管理问题，供应链的关系性专用性资产问题已经成为研究热点（Anderson and Weitz，1992；Kang et al.，2009），如 Knemeyer 等（2003）调查了供应链中的物流服务的外包问题，研究结果涉及对专用性资产的投资和对外包公司的资源不可回收承诺。此类问题的讨论将一些学者针对供应链协调问题的分析聚焦于研究其中的"套牢"问题（Mariñoso，2001；Cachon and Netessine，2004；O'Doherty，2009）。例如，González（2004）发现当使成本减少性专用性投资不可观察时，经济主体将面临套牢问题。

有关供应链协调契约的研究也得到了一些应用（陈祥锋和朱边立，2002；Albrecht，2010；Höhn，2010），如为了说明渠道无效性，有些研究为下游合作节点企业设计并提供了较为弹性的激励性契约（Cvsa and Gilbert，2002；Barnes-Schuster et al.，2002）；俞海宏和刘南（2012）在数量柔性契约的交易环境下，构建供应链激励模型和协调模型，并分析了激励和协调的内在原理和机制。Schmitz（2002）认为最优讨价还价博弈的均衡实现也无法保证在一个完整的契约生命周期中供应链的各个节点企业可以一直如此进行一个特殊的博弈过程；另外，Plambeck 和 Taylor（2007）、Taylor 和 Plambeck（2007a，2007b）也证实了若通过非正式共识等方式，有效的供应链协调可在一个长期供应链关系中得以实现。还有部分的学者研究了供应链"第三方"协调问题，如 Holmstrom（1982）分析了第三方可恢复效率，解决道德风险问题；Mcafee 和 Reny（1992）研究了第三方解决相关类型的逆向选择问题；Baliga 和 Sjostrom（2009）讨论了第三方参与下的信息博弈与重新谈判的不完整契约模型；近年来，甚至还有少数学者将研究集中于第三方与离散型供应链协调的问题（Hanany et al.，2010；Belavina and Girotra，2012；Bakshi et al.，2013）。例如，针对供应链下游节点企业具有运营成本和投资可能性的情况，Cho 和 Gerchak（2005）及 Plambeck 和 Taylor（2007）还分别为离散型供应链设计了一系列协调机制。Segal 和 Whinton（2002）也分析了在存在套牢风险和不对称信息情况下的不同设定的重新谈判机制设计问题。Battaglini（2007）的模型也描述了动态委托–代理模型中的防重新谈判性契约。

分析目前已有的相关研究，对供应链协调以及煤电能源供应链协调的研究还存在一些不足：目前的研究并未对供应链协调给出一个相对完整且统一的定义，同时对能源供应链协调问题的研究相对较少，煤电能源供应链协调问题的研究更是几乎为空白。所以，综合以上文献所述，未来的研究工作应集中于以下五点：

（1）能源产品的市场需求存在不规律性波动和季节性变化，且能源产品出现了明显的替代性特征，加之国内能源市场受世界能源价格影响日益增加，致使产品生命周期缩短、节点企业运营压力增加，造成煤、电能源消费需求的概率分布不断发生动态变化，因此，在国内能源供给、需求相对波动的情况下，煤电能源供应链协调问题将成为供应链管理以及供应链风险管控的基础性课题。

（2）在建模过程中，多数供应链管理和供应链协调的研究只将单目标（如总利润或总成本）作为分析要素，致使供应链协调效果的衡量标准过于简单，因此，在针对煤电能源供应链风险管控和能源供应链协调发展的模型构建过程中，还应充分考虑各种不确定性因素，将随机因素的多目标和多阶段的建模方法应用于煤电能源供应链协调等相关问题的分析。

（3）目前对供应链协调的研究成果大多基于结构相对简单的链状模式，然而针对相对现实、复杂的供应链网络结构系统的协调问题的研究相对较少；另外，除了在技术层面实现突破，还有在原有的理论上进行丰富，结合其他领域的先进理论和研究结论对煤电能源供应链协调问题进行讨论和分析；最后，目前针对供应链综合协调绩效的研究相对较少，对协调绩效进行综合评价的研究也缺少必要的理论支撑，造成相关的研究基本处于起步阶段。因此，对供应链复杂大系统协调问题以及供应链系统综合协调绩效评价的理论研究和方法研究将会成为未来研究的一个重要领域。

（4）针对契约协调问题，数量折扣、回购、数量柔性、质量担保、最低购买数量、备货契约以及提前期等契约策略的研究均是基于一定的前提假设的，针对煤电能源供应链契约协调问题，部分假设前提与社会生产实践中的现实情况无法吻合，造成研究结论的指导性相对较差，提供的政策建议无法落地。未来对于煤电能源供应链协调问题的研究方向应为充分考虑节点企业行为、能源市场需求、煤电联动机制、能源价格变化等问题的供应链协调问题。

（5）目前对信息不完全以及信息不对称下的供应链协调最优契约设计的研究尚存在不足，虽然网络发展使节点企业之间的资金流通和信息共享等能力和水平有了较为显著的提高，但是节点企业的所有者和管理者常常是有限理性的，在监督成本过高时，会采取歪曲披露或隐藏机密等行为，造成部分信息无法实现有效共享。在非对称信息下，针对煤电能源供应链协调的多煤炭企业、多发电企业以及多周期、多阶段问题，最优契约的设计将成为一个必要的研究方向。

6.3　理论基础及系统描述

6.3.1　供应链关系

煤电能源供应链系统在运营的过程中，各个节点企业均发挥着其位置性和地位性的作用，节点企业之间的网络结构关系既决定了经济活动和业务流程的顺畅程度，也决定了作用于网络结构中的制度、政策变量的执行和实施效果。本书将煤电能源供应链关系分为物理性关系和制度性关系两类。

1. 物理性关系

物理性关系主要是指煤电能源供应链中各个节点企业之间因经济活动和业务流程的衔接而存在的一种结构性上游、下游关系。煤电能源供应链中的主要结构单元和节点经济主体包括三个核心性节点企业（煤炭企业、发电企业和电网公司）和四个职能性经济部门（运力部门、煤炭储配中心、电力消费终端用户以及政府部门）。煤炭企业既指煤炭开采、挖掘和生产的企业部门，也指煤炭的加工部门（主要实现洗煤、选煤等职能），包括规模较大的国有煤炭企业、中等规模的其他所有权煤炭企业以及进口煤炭的国外煤炭企业等；运力部门主要是指公路运输、铁路运输、船舶运输（海运和河运）等服务商；储煤中心则起到了煤炭库存和中转的职能作用，包括大型社会煤炭储配中心和电厂煤场等；发电企业主要是指燃煤火力发电企业，其承担电力生产等任务，但是有些发电企业实现了"向前一体化"后，不仅可以进行电力生产活动，还可为自身的电力生产提供煤炭燃料而参与并进行煤炭生产活动；自"厂网分开"后，电网公司主要承担电力输配、电力规划、电力调度和电力监管等职责和职能；电力消费终端用户主要包括居民生活、农业生产、工商业及其他三个用电部门；政府部门主要对煤电市场、电力市场以及相关产业的发展实施规制。图 6-1 表示煤电能源供应链的物理性结构关系。煤电能源供应链的物理性关系是供应链运营的结构基础，物理性关系设计的合理性可直接影响煤电交易效率效果、煤电物流网络节点选择以及供应链的制度性关系等其他因素。

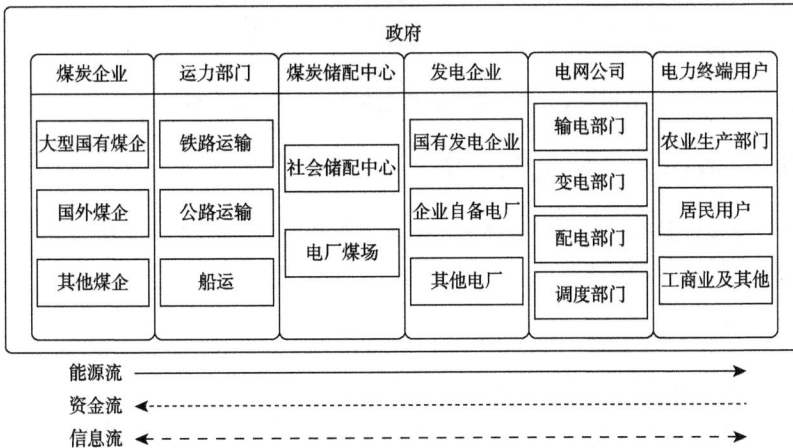

图 6-1 煤电能源供应链的物理性结构关系

2. 制度性关系

制度性关系主要是指中国煤电能源供应链中的"煤电联动"关系以及其他由于制度引导而存在或产生的功能性关系。"煤电倒挂"是煤电矛盾的主要体现，"市场煤"与"计划电"之间的矛盾实际上是两种能源价格之间的博弈，以及相应的中国现行的能源价格体制之间的失调和冲突。2013年年初，政府正式启动新一轮的煤电联动。政府以稳定煤炭价格、降低发电企业负担为目的，对重点合同煤实行政府指导价格政策，实行电煤价格并轨，煤炭企业和发电企业自主衔接签订合同，自主协商确定价格。煤电联动主要是为了实现煤、电产业的协调发展，联动过程涉及四个层面的含义，包括煤电价格联动、煤电成本联动、煤炭规模联动及煤电投资联动（图 6-2）。在煤电能源供应链制度性关系中，虽然煤电联动可作为一种可调节的妥协性措施，但是煤炭价格的大幅度涨落会对发电企业的影响程度大幅降低，有效缓解发电企业的经营压力，使能源产品价格的市场化程度得以增强，降低生产成本、管理成本、交易成本以及减排成本的变动风险。煤电联动机制优化电力行业火电结构，加强自身布局比例，对煤炭总量进行控制，实现煤、电产业的和谐可持续发展。

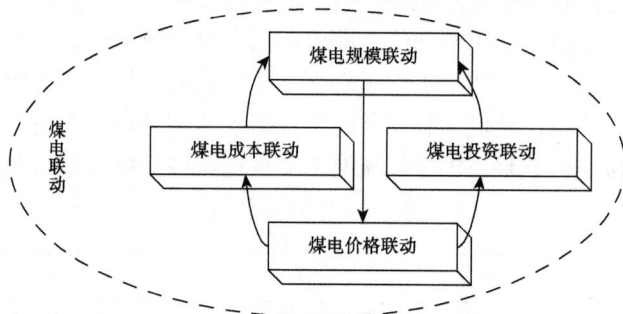

图 6-2 煤电能源供应链的制度性结构关系

6.3.2 协调、协调性及协同

为了分析煤电能源供应链协调关系，应该界定三个概念，即供应链协调、供应链协调性以及供应链协同。

1. 供应链协调

供应链协调属于机制设计理论、信息工业理论及契约理论的概念范畴，通过流程管理技术，在供应链的节点企业的决策过程和计划系统中，使能源流、资金流和信息流顺畅传递，形成一个相对协调的"采购—生产—销售—市场—物流"的有效交易机制和管控机制，以减少各个环节中的不确定性，并消除因目标差异而造成的利益冲突；同时，应用滚动性和整合性计划，对生产目标、销售目标、财务目标以及服务目标等计划进行及时合理的宏观调整，通过提高各个节点企业的运营效率，促进整个供应链系统效益的提升。

2. 供应链协调性

供应链协调性属于技术经济理论和综合评价方法的概念范畴，是指供应链中的各个节点企业在生产过程和管理活动中，针对各个阶段、各个步骤和各个环节中所涉及的产品服务质量、数量、进度以及投入-产出等方面进行合作配合的程度、水平和能力。供应链协调性主要包括发展能力、协同运营能力以及抗风险能力等。

3. 供应链协同

供应链协同属于复杂系统理论和信息共享理论的概念范畴，是指为了实现供应链整体的一类发展目标，开展相应的生产管理活动，各个节点企业共同合作、采取措施、运作规则、制订计划并约定和承诺相应的责任和义务，促进供应链上的各个节点企业生产管理活动协调、稳健、顺畅、同步运行，在环节上实现各个经济活动和业务流程的无缝对接。供应链协同主要包括三个层面的含义：①节点企业内部、外部环境的整合优化；②上游、下游节点企业之间的整合优化；③资源分配和业务运作的整合优化。

6.3.3 供应链协调工具

在煤电能源供应链系统中，节点企业均存在相对独立的所有权，所以供应链管理和风险管控问题均涉及多个相对独立的节点企业；同时，为了提高煤电能源供应链的整体效率、实现煤电能源供应链的整体绩效，在自愿、有效的前提下，需要通过一种双方的"共识"（协调工具），就各个节点企业的战略问题、产品质量问题、技术工艺问题、管理流程问题以及企业创新发展问题等进行充分的协商，在充分发挥各个节点企业发展优势的同时实现多方利益的均衡以及煤电能源供应链整体绩效的最大化。本书分析的协调工具主要包括三种，即市场、规制和契约，如表 6-1 所示。

表 6-1 三种协调工具作用于煤电能源供应链的比较

协调工具	主要作用	作用方向	作用单元	形式行为	实现目标
市场	发挥市场信息的作用	横向为主，纵向为辅	能源市场	价格协调、非价格协调	效率、秩序、公平
规制	弥补市场失灵	纵向、横向权衡协调	节点企业	程序化制度、非程序化制度	社会福利
契约	提高供应链自适应能力	纵向为主，横向为辅	煤电交易	不完全契约	效率、公正

1. 市场

节点企业之间的竞争和合作是两种最基本的市场关系。市场协调是指煤电能源供应链系统中的各个节点企业，为了企业发展目标和整体绩效，通过市场信息和价格机制原理，同一个能源市场上的参与企业采取相互沟通合作的市场行为。市场协调可分为两大类经济行为，即价格协调行为和非价格协调行为。首先，价格协调主要针对企业横向关系，是指节点企业间关于能源价格的确定和调整进行协商和实施，最终以一致的市场行为参与供应链节点企业间的协调；价格协调最基本的形式模型包括卡特尔模型[①]和价格领导模型[②]。煤电能源供应链中，发电企业的产业集中度相对较高，且各个发电企业对未来预期的差异相对较小，电能产品又具有同质性，产品差异化程度相对较小，比较容易进行价格协调。其次，非价格协调行为主要是指节点企业关于产品的数量和质量、节点企业的市场空间等问题进行共谋协调；非价格协调最基本的形式模型为古诺模型。

2. 规制

规制以矫正、改善和补充市场机制内在不足和矛盾为目的，政府部门对经济部门的相应经济行为进行干预、管理和制约。规制协调是指在经济社会系统中，根据煤电能源供应链的实际运营情况，以供应链系统以及供应链系统中的各个节点企业为监管对象，综合利用程序化或非程序化的协调工具，提高政府对企业、产业和供应链系统进行规制的效率，进行有效制度安排和政策组合设计，解决、减弱或分担相关经济主要业务部门在纵向、横向协调关系上的矛盾，使各个节点企业在政府干预的作用下相互合作、相互协调、相互配合，最终实现相互发展和相互促进，进而提高煤电能源供应链的运营效率和社会福利的总体水平。

3. 契约

契约是一种煤电能源供应链协调工具，也是一种较为具体的协调机制表现形式。对煤电能源供应链系统，合理有效的契约存在两个方面的作用：一方面，煤电供应链契约可以通过提高交易效率，降低供应链的生产成本和交易成本，同时在契约作用过程中，又可提高信息共享水平、降低能源需求预测与煤炭库存之间的差距水平，从而提高并改善各个节点企业的沟通效率，形成较为专用性的竞争

---

① 卡特尔模型是指在寡头垄断市场上，为了达到并保证相对稳固的垄断市场、巩固并提供相应的市场力，节点企业通过结盟，避免市场竞争，形成相互依赖的关系。煤电能源供应链中的某一节点企业的绩效，不仅取决于自身企业的生产决策和管理行为，而且受限于其他节点企业生产决策和管理行为。

② 价格领导模型是指在能源市场中，某一节点企业率先改变能源价格，其他节点企业对其进行参考，跟随价格领导性节点企业，采取相应的价格改变行为。由于中国各个区域的能源（煤炭）市场的结构条件存在差异，价格领导模型的形式也存在三种模式，即主导企业定价模式、企业串谋定价模式以及晴雨表式定价模式。

优势,最终实现节点企业合作博弈的目标并实现煤电能源供应链的整体最优绩效。另一方面,煤电能源供应链中的不确定性因素涉及两个能源市场、七个相关经济部门和多个业务活动环节,以供应链协调为途径和媒介,针对煤电能源供应链的风险管控问题,根据供应链契约的原则,节点企业之间共同承担供应链系统中由于不确定性因素和风险源而引起和带来的风险,最终实现供应链风险规避、风险减轻以及风险均摊。

6.3.4 供应链协调方法

煤电能源供应链协调具有两个层面的含义:一个层面的协调是指节点企业之间的外部环境层面上的协调,即煤炭企业(煤炭供应商)、发电企业(电力生产商)、电网公司(电力销售商)以及其他辅助服务性部门(运力部门、储煤中心和政府部门)之间的相互作用,协调合作;另一个层面的协调是指节点企业自身的内部活动层面上的协调,即煤炭企业、发电企业、电网公司以及其他辅助服务性部门各自的企业内部生产、经营、服务、管理和监督等业务活动之间的相互配合,沟通协作。从战略角度看,主要的供应链协调方法有以下四种,如图6-3所示。

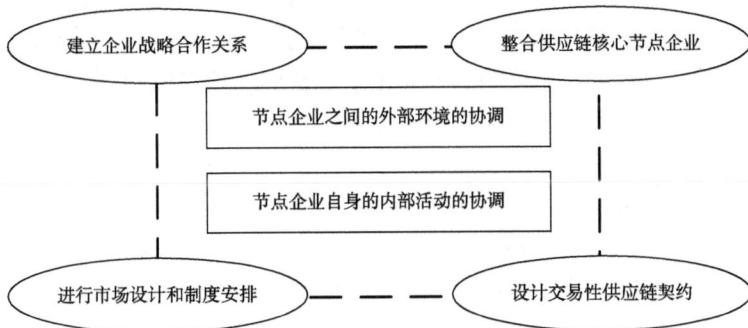

图 6-3 煤电能源供应链协调方法

(1)建立企业战略合作关系。为了保证在一定时期、一定阶段内能源供应链节点企业之间有效实现信息共享、风险均摊、利益分配等目的,各个节点企业形成协议关系,成为战略合作伙伴,通过沟通和合作,维护能源市场秩序,提供供应链整体运营效率和节点企业生产管理效率,完成供应链运营目标,在实现"多赢"效果的基础上,最大限度地满足能源市场需求,提高电力消费终端用户的满意度,推动社会经济可持续发展。在一定时期和一定情况下,企业战略合作关系可有效地优化和改进能源供应链结构,提高能源供应链的整体绩效。但是,协议关系的方法需要一定的合作条件,建立过程中也具有一些限制性和局限性,所以,建立企业战略合作关系并非是解决能源供应链协调的唯一且完美的方法。

（2）整合供应链核心节点企业。能源供应链中的核心节点企业包括煤炭企业、发电企业和电网公司。核心节点企业为了巩固其市场地位，扩大市场力，获得企业其他运营能力，会通过采用横纵向一体化等兼并形式购买所有权或参与入股，从而获得相应的信息、设施、技术、渠道等优势，将外部交易内生化，进而控制了煤、电的"供应→生产→销售"整个链条，在实现信息共享和资金整合的同时，又可实现利益的合理分配，由核心节点企业进行主导，优化整条能源供应链。由于决策相对统一，交易成本相对较低，因此整合供应链核心节点企业的方法在一定程度上可实现供应链协调，供应链协调的最优过程即为核心节点企业的优化决策和方案制定过程。但是，整合供应链核心节点企业的方法需要企业的管理者具有较高的管理能力、素质和水平，还需要效率相对较高的各个职能部门的协作和配合，同时，在信息传播效果和资金流通效率均相对科学合理的前提下，还需要就供应链协调控制问题投入更多的人力、物力、精力和时间。若无法合理协作，核心节点企业不仅不能取得新的竞争优势，而且本有的竞争优势也会受到影响，最终降低能源供应链整体的运营能力，使供应链协调工作事倍功半。

（3）进行市场设计和制度安排。市场设计是一个煤、电交易的构建过程，应该由预先设定的目标指导，而不是被一个明确的规划指导。基于演化的思想，市场设计应该发生在基因组空间中，同时供应链整体绩效层面和行为层面也应存在于市场设计之中。市场设计时，政府必须利用相关理论和实验经济学方法；市场运行的模拟仿真过程是为了减少风险；根据能源供应链节点企业的经济行为和供应链系统的绩效，对市场结构和市场规则进行设计。电力市场设计的结果主要是针对"效率、秩序、公平"等问题展开的。制度安排应该是在匹配理论、博弈理论和社会选择理论等方法的基础上，针对煤电交易过程和煤电能源供应链管理，设计构建能够有效约束各个节点企业经济行为的一组规则，作用于目标煤电交易环节和供应链业务流程，科学合理地调动和调节适合于煤电能源供应链发展的各种机制。制度安排可支配煤电能源供应链中节点企业之间的合作和竞争的方式，可分为正式制度安排和非正式制度安排，也可分为暂时性制度安排和永久性制度安排，主要涉及监督、奖励以及惩罚等行为活动。制度有效性可以用"制度绩效"的概念进行描述，适合于煤电能源供应链的制度绩效，可体现制度运用和实施的效果。市场设计和制度安排必须保证煤电能源供应链系统中节点企业的安全和协调，以一种成本有效性的方式去发展煤电能源供应链，并且保证对所有参与者没有歧视、信息透明，如果政策不稳定，煤、电企业会要求一定的市场设计和制度安排以降低风险，实现协调。

（4）设计交易性供应链契约。在市场失灵和制度失灵的情况下，供应链契约设计可保证且实现煤电能源供应链协调。煤电能源供应链契约设计是指通过较为有效的信息共享机制、激励机制和监督奖惩机制，明确权利与责任关系，优化采购和销售等渠道的绩效，保证参与交易的各个节点企业合作、协调。煤电能源供应链契约是为了保证能源供应链中双方节点企业的较好收益，即使能源供应链无法实现最优协调效果，也可能存在能源供应链节点企业交易的帕累托最优。在治理结构层面，协调性是经济组织适应性的一个重要方面。若出现煤炭供给的产能过剩，契约决策阶段存在大量煤炭供给者，相对于一次性永久契约和一系列周期性短期契约，则"纵向一体化"或"向前一体化"形式的契约具协调双方利益和实施决策程序的优势。但煤矿企业兼并重组后，形成买卖双方均为垄断性的煤炭市场，则应比较交易分布的治理成本。所以，若产权无法得到最优配置，煤、电企业双方则需通过讨价还价进行调整配置。通过供应链契约，协调双方的利益冲突，从而消除因产权不完全界定而造成的讨价还价成本。

6.4　系统规范分析

6.4.1　供应链失调分析

目前，中国煤电能源供应链存在着严重失调的现象。虽然煤电能源供应链系统异于常规的供应链系统，但是煤电能源供应链也具有典型的动态性特征，在实际运营过程中也需要协调。在供应链运营的不同阶段，若存在任何因素致使能源供应链中的节点企业为了追求自身利益最大化而采取不当行为，造成供应链中能源输配发生障碍、资金出现不良状况、信息传递产生披露扭曲或常规活动存在变动等不确定性增加，都可能导致煤电能源供应链失调。一般情况下，煤电能源供应链失调的原因有两个方面。

一方面，当能源供应链中某些节点企业的阶段性目标做出调整、发生变化时，个人利益最大化无法服从集体利益最大化，企业之间可能会产生矛盾、发生冲突，最终产生"双重边际化效应"。供应链失调事故中的双重边际化效应是指企业在生产和决策的过程中，煤电能源供应链中的各个节点企业出现了机会主义行为，在考虑自身边际效益的同时刻意忽略或损害能源供应链中的其他经济主体和业务部门的边际效益；在能源供应链集体利益的分配过程中，若存在节点企业经济主体单方面决策影响到能源市场的现象，并且单方面决策行为导致了整条能源供应链以及各方经济主体的利益受到损失，则把该现象称为"双重边际化效应"。双重边际化效应是能源供应链各个节点企业缺少协调合作的结果。

另一方面，信息的不完整性和不对称性也是造成能源供应链失调的重要原因。"牛鞭效应"等现象的存在说明了供应链信息在传递过程中，会在不同时期、不同阶段产生扭曲。在电力消费终端市场中，发电企业对电力需求和电力负荷的预测往往会存在误差。在以能源市场需求为导向的能源供应链管理和风险管控的过程中，各个节点企业在生产和决策时，均会利用来自其下游节点企业所提供的市场信息进行需求预测，并在需求预测的基础上向其上游节点企业发出有关能源供给需求量的订单。信息在披露和传播的过程中，会存在信息传播风险，直接表现为能源供应链中的下游节点企业需求信息在向上游节点企业的订单信息位置出现放大，即产生"牛鞭效应"。"牛鞭效应"是一种节点企业可预知的失衡现象，其存在是能源供应链失调的重要原因。本质上，由于供应链节点企业之间无法实现有效的信息共享，这种供应链失调现象造成节点企业之间具有一定程度的排斥性和对抗性。

6.4.2　影响因素分析

影响煤电能源供应链协调的因素主要有三个（图 6-4）。

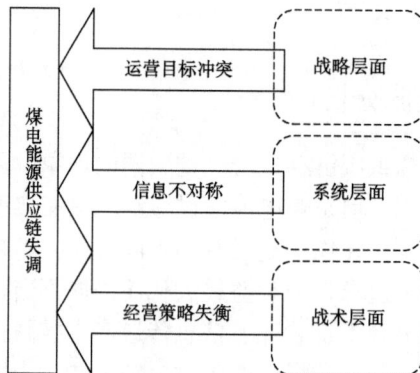

图 6-4　煤电能源供应链失调的影响因素

1. 运营目标冲突

一般情况下，煤电能源供应链的不同时期和不同阶段会存在不同的业务执行部门，若流程中各个节点企业在不同时期和不同阶段的运营目标存在差异，则整个供应链中可能会产生冲突。如果节点企业在追求自身利益最大化时，采取不当行为导致供应链失调，则整个煤电能源供应链的绩效将会降低。此时，由于不同时期和不同阶段的节点企业的最优化目的可能相互冲突，煤炭采购、煤炭库存、煤电生产、煤电运输和煤电销售之间需要进行协调。例如，发电企业希望通过对煤炭的大数量采购或者提前采购从煤炭企业那里获得相应的折扣；一旦采购顺利，即使存在发电企业煤炭库存的约束，也可能会引起煤场库存的增加；然而，在电力运输与电力销售环节中，电网企业会期望通过规模经济效用降低电力输配成本，但过度投资会引起其他成本的增加。因此，若不同时期和不同阶段的节点企业在优化自身企业计划时，并未与其他时期、其他阶段或其他节点企业进行有效协商，则必将导致煤电能源供应链的失调。

2. 信息不对称

由于系统客观条件的限制和管理者主观想法的约束，在各个时期或各个阶段，完整真实的信息无法在煤电能源供应链节点企业之间得到共享，因此，信息流在各个时期或各个阶段进行流通和传递时，就会容易发生扭曲的现象。而这种信息披露、传递和处理的扭曲性又会由于煤电能源供应链链长、结构、能源转化等因素的存在而出现变异而夸大。例如，电力消费终端市场需求会随着时间的推移而相对稳定，电网公司分配给发电企业的整体发电量任务相对变化不大，但各个发电企业的具体发电量任务会影响到煤电能源供应链上游节点的煤炭企业，若信息传递出现扭曲，发电企业的煤场库存决策将直接引起煤炭需求的大幅波动。尽管电力消费终端市场需求是稳定的，但煤炭采购订单的大幅度变动会使成本有所增加，"牛鞭效应"的存在会造成供需失衡。信息不对称是一种信息的障碍性披露、传递和处理的表现，也是导致煤电能源供应链失调的因素之一。

3. 经营策略失衡

煤电能源供应链节点企业经营策略是节点企业运营执行的具体方式，若不同时期和不同阶段的不同业务执行部门在执行层面出现失衡，会导致能源供应链的失衡。例如，针对煤炭采购和库存问题，发电企业常常会采取两种采购策略，即固定数量采购策略或者固定间隔时间采购策略。策略执行的结果都会使发电企业在某一计划时点以一定数量为目标进行煤炭采购，而在其他时间或阶段内可能就会没有发出煤炭订单，策略的执行加剧了煤炭需求的波动，而引起煤炭能源供应链失调。针对煤炭生产和运输问题，煤炭企业为了降低生产成本实现规模效益而进行扩大再生产，运力部门也会为了减少能源运输成本，扩大运输规模，从而导致煤炭订单供大于求，造成失衡。煤电能源供应链中节点企业的单一执行策略会引起整个供应链的波动，而不同时期、不同阶段、不同节点企业的不同的多个执行策略将会给整个供应链的运营带来更大的不确定性，风险的存在是经营策略失衡的结果，也是导致供应链失调的重要原因。

6.5　本章小结

煤电能源供应链关系分为物理性关系和制度性关系两类：物理性关系主要是指煤电能源供应链中各个节点企业之间因经济活动和业务流程的衔接而存在的一种结构性上游、下游关系；制度性关系主要是指中国煤电能源供应链中的"煤电联动"关系以及其他由于制度引导而存在或产生的功能性关系。所以，为了科学合理地进行煤电能源供应链协调、实现供应链协调的有效性，应综合利用市场、规制和契约三种协调工具。从战略角度看，煤电能源供应链主要的协调方法有建立企业战略合作关系、整合供应链核心节点企业、进行市场设计和制度安排及设计交易性供应链契约。在协调的过程中，应该针对区域经济发展的差别，在煤电能源供应链发展的不同时期，综合利用协调方法，实现煤电能源供应链的可持续发展。

第7章 煤电交易中的激励相容机制设计

7.1 问题的背景介绍

2013 年，燃煤发电企业均在加大对进口煤的采购力度，一些沿海电厂甚至和外资煤炭企业直接进行到岸交易。中国政府鼓励煤炭进口，原因有六个：第一，从国际环境看，世界经济复苏缓慢、欧债危机蔓延，煤炭海运费大幅度下降，国际煤炭市场供大于求，即便存在 17%的增值税，进口煤炭终端成本[①]仍低于国产煤炭成本（才汝骏等，2011；Zaklan et al.，2012）；第二，从历史层面看，1997 年亚洲金融危机时，煤炭企业因国际煤价低而无意出口，但政治任务强行给地方和煤炭企业分配出口指标，导致"出口越多，亏损越多"，2008 年国际金融危机时，政府坚持"鼓励煤炭进口、限制煤炭出口"，使中国成为 2009 年煤炭净进口国，若终止煤炭保护政策，煤炭进口的增加是合理的（Radetzki，1995；Colley，1998）；第三，从政策层面看，增加煤炭进口是国家科学发展的重要战略规划之一，是"依靠国际国内两个资源、两个市场"满足需求的必然结果（罗陨飞等，2011）；第四，从资源禀赋看，中国煤炭资源开采强度大、消耗速度快，自 1989 年以来中国（煤炭产量为 10.54 亿吨）一直是世界最大煤炭生产国，近十年来，中国煤炭产量以约 2 亿吨/年的速度增加，2012 年煤炭产量（36.6 亿吨）超过世界煤炭产量的一半，解决"可持续发展"和"能源安全"问题刻不容缓（Milici，2000；潘克西等，2002；景普秋和王清宪，2008；邵帅，2010；李威和杨子健，2012）；第五，从节能降耗看，煤层气资源存在的浪费、煤炭资源回收率低、矿山环境保护不足、铁路运力建设滞后等因素是目前中国煤炭企业无法逾越的问题（张复明和景普秋，2006；Riker，2012；Shahbaza et al.，2013）；第六，从市场层面看，中

[①] 煤炭进口成本包括初始煤价、海运费用及税费等。税费包括增值税、进口关税和港口相关费用。其中，收费项目主要包括港口作业包干费、货物港务费、港口设施保安费和港口建设费等。尽管具体作业的分公司存在差异，但合计费用也约为 40 元/吨；此外，如需在港口进行堆放，还将每日收取约 0.7 元/吨的堆存保管费。

国经济增速下降，为了控制国产煤炭企业盲目增产，避免产能过剩，实现煤炭企业兼并重组，"降低煤炭进口门槛"是引进市场机制的有效途径（Gylfason and Zoega，2006；林伯强等，2007；王玥葳和李清亮，2012）。但是，2013 年前三季度，国产煤炭价格大幅下降，进口煤炭价格优势已不明显。2013 年 6 月，国产煤炭企业加大了降价力度，持续走低的国产煤炭价格使国产煤炭与进口煤炭的价差进一步减小。

一方面，近几年来，中国电力产业逐步进军煤炭行业。2012 年，五大发电集团已拥有 2.36 亿吨的自产煤炭总量，且自产煤约占其发电用煤量的 30%。另一方面，"十二五"期间，政府要求加强对境外煤炭能源资源开发的开发力度，"支持优势煤炭企业参与境外煤炭资产并购，加大境外煤炭资源勘查开发力度，提高境外权益煤炭产能，鼓励大型煤炭企业投资境外煤炭加工转化项目，延伸产业链，引导符合条件的企业，结合境外煤炭资源开发利用需要，开展有关基础设施建设和投资"。《煤炭工业发展十二五规划》中规定，对国家鼓励的境外煤炭重点投资项目给予支持，设立境外投资专项资金；中国将采取鼓励金融机构通过出口信贷、项目融资等多种方式，改进和完善对企业境外煤炭投资项目金融服务。这说明，中国企业对外投资增长的动因，除了市场导向的内生动力，政府驱动和投资环境改善也发挥了重要作用（Tan，2013；Sun et al.，2013）。

煤炭进口和企业"走出去"已成为稳定煤炭供应、实现煤炭企业兼并重组、推动市场化改革的重要途径。如何合理利用境外投资专项资金，激励企业提高进口煤炭投入水平，以解决煤炭与发电产业的发展问题？国外学者研究了不对称信息的规制理论，分析被管制厂商对产品价格的控制。其中，一部分研究基于成本信息为企业的私有资源，在无法了解实际成本的情况下，研究政府如何对企业的价格进行管制（Berg and Tschirhart，1988；Brown and Sibley，1986）；一部分基于财务数据，提出了生产要素的成本补偿机制和服务成本定价机制等（Reichelstein，1992）。此外，还有一些学者基于委托-代理理论，针对道德风险和逆向选择，进行了机制设计（Laffont and Tirole，1994；Kemp and Stephen，1999；Hawdon，2003；Kashani，2005a，2005b）。国内学者对产业政策的激励相容问题进行的研究相对较少，研究主要集中于分析多方博弈关系（肖虹；2003；张静，2008；卜亚，2012）。其中，肖兴志和王钠（2007）从激励相容的角度，分析了中央政府-地方政府、地方政府-煤矿企业、煤矿企业-矿工之间的委托-代理关系。黎灿兵（2006）首先研究了激励相容机制设计的一般性基础和基本准则，在评估电力垂直垄断运营模式及边际电价机制的基础上，揭示了制度对市场策略与效率的影响过程，从而设计了符合政策激励相容性的发电侧竞价模式。

7.2 机制构建

7.2.1 假设条件及模型符号

为研究激励相容机制的作用原理,本书对政府–燃煤发电企业的关系做如下界定:①政府既是监管机构又是机制的设计者,代表着公共利益,燃煤发电企业是市场参与者,以追求利润最大化为目标;②政府规划燃煤发电产业发展目标,燃煤发电企业负责电能的生产,在境外投资发生后,政府和企业是一种"委托–代理"关系;③由于进口煤炭价格优势逐渐减小,燃煤发电企业基于交易成本的考虑,会增加对国产煤炭的投入;④政府的规制行为会导致燃煤发电企业短期内的生产效率低于"无政府干预"状态时的生产效率;⑤"境外投资专项资金"作为一种激励政策,将影响燃煤发电企业未来的收益。

1)假设条件

政策的激励相容性存在于自由选择、信息不完全以及决策分散化的环境中。当政府和燃煤发电企业之间存在信息不对称性问题时,在满足激励相容约束(incentive compatibility constraint,IC)和个人理性约束(individual rationality constraint,IR)条件下[①],由政府设计激励政策及激励相容机制,促进燃煤发电企业披露其真实信息从而实现政府规划目标。发电企业在权衡短期利润和未来效用后,会选择某一种煤炭投入组合,形成其最优策略。

为构建激励机制模型,本章做如下基本假设。

假设 7.1 通过境外投资专项资金,政府将对提高进口煤炭投入水平的发电企业进行补偿或奖励。政府设计一套激励,影响企业未来的收益。同时,投资专项资金是对发电企业的一种固定的货币性转移(如投资补贴、税收优惠、出口信贷、项目融资等形式)。

假设 7.2 政府面临发电企业的逆向选择问题。一方面,发电企业的生产效率等信息成为其私人信息,企业存在歪曲披露私人信息的动机;另一方面,由于存在自有煤矿,企业选择国产煤炭投入生产,而放弃或减少投入进口煤炭。

假设 7.3 燃煤发电企业存在成本约束,且政府可有效掌握企业的总成本信息。

假设 7.4 政府和发电企业均为风险中性。

假设 7.5 发电企业追求利润最大化[②];政府追求在实现能源安全和可持续发

---

① 其中,激励相容约束条件是,当代理人选择委托人所期望实现的目标时,应满足其期望效用的最大;个人理性约束条件是,要求代理人在委托人设计的机制下,得到的期望净效益必须不小于代理人的机会成本。

② 若利润为负,发电企业将不接受政府任何契约形式的承诺。

展前提下的社会福利最大化。

假设 7.6   在信息歪曲披露的情况下，进口煤炭和国产煤炭的发电效率是相反的，即若发电企业披露的一种投入的效率高于其实际水平，则披露的另一种投入的效率将低于其实际水平。

假设 7.7   在歪曲披露的情况下，发电企业是理性的，逆向选择行为会遵循某种准则，然而这种准则也是政府不可得的信息。

假设 7.8   在其他因素相同时，任何一种投入效率的降低会导致对其投入的减少，且会增加另一种投入。

假设 7.9   不考虑机制设计中的其他可行性约束，如供需平衡和生产能力等限制。

2）模型符号

在此给出建模过程中需要用到的符号及其经济学含义，如表 7-1 所示。

表 7-1   模型基本符号及其含义

符号	全称或范围	含义
PG	productive generation	可观察的高效率燃煤发电企业
UG	unproductive generation	可观察的低效率燃煤发电企业
f	foreign coal	进口煤炭
d	domestic coal	国产煤炭
o	operator	燃煤发电企业
r	regulator	政府
θ		煤炭效率
I	input	煤炭投入水平
α	$\alpha > 0$	政府对进口煤炭投入水平赋予的权重
S		境外投资专项资金总量
P^o		补偿给企业的境外投资专项资金
δ^o	$0 < \delta^o < 1$	境外投资后获得利润中发电企业所占份额
P	$0 \leq \rho \leq 1$	企业生产过程中出现进口煤炭高效率的概率
$1-\rho$	$0 \leq 1-\rho \leq 1$	企业生产过程中出现进口煤炭低效率的概率
‾	上划线	高效率
_	下划线	低效率

7.2.2   基本模型设定

设定燃煤发电企业的生产函数为

$$Y = \theta_d \cdot \ln(I_d) + \theta_f \cdot \ln(I_f) \tag{7-1}$$

若存在成本约束，燃煤发电企业的成本与煤炭投入的关系为

$$I_d = C - I_f \tag{7-2}$$

此时，发电企业的利润函数为

$$\pi = \theta_f \ln\left(I_f\right) + \theta_d \ln\left(C - I_f\right) - C \tag{7-3}$$

社会福利函数为

$$W = \theta_f \cdot \ln\left(I_f\right) + \theta_d \cdot \ln\left(C - I_f\right) + \alpha \cdot \ln\left(I_f\right) - C \tag{7-4}$$

其中，Y 代表发电收入；C 代表生产成本；π 代表利润；W 代表社会福利水平；$\alpha \cdot \ln\left(I_f\right)$ 表示社会福利水平中的增量。

命题 7.1 当实现政府期望的最优策略以及披露煤炭发电效率的真实信息时，政府偏好的影响包括：①政府期望发电企业的进口煤炭投入水平高于企业在"无政府干预"时的投入水平；②政府期望发电企业的国产煤炭投入水平低于企业在"无政府干预"时的投入水平；③政府干预时发电企业的产出和利润水平均低于在"无政府干预"时企业的产出和利润水平。

证明：比较"无政府干预的企业选择"和"政府期望的最优策略"的利润水平。

（1）无政府干预的企业选择。

发电企业的目标函数为

$$\text{Maximize } \pi^o = \theta_f \ln\left(I_f^o\right) + \theta_d \ln\left[\left(C - I_f^o\right)\right] - C \tag{7-5}$$

此时，燃煤发电企业利润最大化的一阶条件为

$$I_f^o = \frac{C \cdot \theta_f}{\theta_f + \theta_d} \tag{7-6}$$

据此，得到企业的利润为

$$\pi^o = \theta_f \ln\left(\theta_f\right) + \theta_d \ln\left(\theta_d\right) + \left(\theta_f + \theta_d\right)\ln\left(\frac{C}{\theta_f + \theta_d}\right) - C \tag{7-7}$$

（2）政府期望的最优策略。

此时的社会最大化福利水平为

$$\text{Maximize } W^r = \theta_f \cdot \ln\left(I_f^r\right) + \theta_d \cdot \ln(C - I_f^r) + \alpha \cdot \ln\left(I_f^r\right) - C \tag{7-8}$$

由此，可得福利最大化时，政府期望的投入水平的一阶条件为

$$I_f^r = \frac{C \cdot \left(\theta_f + \alpha\right)}{\theta_f + \theta_d + \alpha} \tag{7-9}$$

此时的燃煤发电企业利润以及社会福利可分别表示为

$$\pi^r = \theta_f \ln\left(\theta_f + \alpha\right) + \theta_d \ln\left(\theta_d\right) + \left(\theta_f + \theta_d\right)\ln\left(\frac{C}{\theta_f + \theta_d + \alpha}\right) - C \tag{7-10}$$

$$W^r = \left(\alpha + \theta_f\right)\ln\left(\alpha + \theta_f\right) + \theta_d \ln\left(\theta_d\right) + \left(\theta_f + \theta_d + \alpha\right)\ln\left(\frac{C}{\theta_f + \theta_d + \alpha}\right) - C \tag{7-11}$$

政府偏好对社会福利水平及发电企业生产的影响有两个方面：一方面，比较式（7-6）和式（7-9）可知，政府的干预提高了发电企业对进口煤炭的投入水平；另一方面，比较式（7-7）和式（7-10）可知，政府的干预降低了企业的利润水平。同时，由对比分析可知以下内容。

命题 7.2 当 θ_f 较高时，政府期望的投入水平和发电企业对进口煤炭的投入水平都会随之提高，同时会相应减少对国产煤炭的投入。对任何给定的 θ_f，政府会要求一个比发电企业所选择的对进口煤炭投入水平更高的水平，这种差距由 α 体现。政府赋予 I_f 的 α 越高，就需要力度越强的激励政策促使发电企业购买进口煤炭。

命题 7.3 企业"歪曲披露"动机的存在条件：①当 α 既定，歪曲披露可使企业获得更多的生产者剩余；②若 α 变化，企业私人信息不受影响或同向变化。

证明：比较"真实披露"和"歪曲披露"时的企业利润水平。

（1）真实披露。

若煤炭发电效率的评价标准仅为"高"和"低"时，根据假设可知，当进口煤炭的效率 θ_f 被披露为"高"时，国产煤炭的效率 θ_d 将被披露为"低"；反之亦然。

当进口煤炭为发电高效率时，燃煤发电企业的利润水平为

$$\pi\left(\overline{\theta},\overline{\theta}\right)=\overline{\theta}_f\cdot\ln\left(\overline{\theta}_f+\alpha\right)+\underline{\theta}_d\cdot\ln\left(\underline{\theta}_d\right)+\left(\overline{\theta}_f+\underline{\theta}_d\right)\ln\left(\frac{C}{\overline{\theta}_f+\underline{\theta}_d+\alpha}\right)-C$$

（7-12）

（2）歪曲披露。

若存在逆向选择，进口煤炭的高效率被歪曲披露为"低"时，企业的利润为

$$\pi\left(\overline{\theta},\underline{\theta}\right)=\overline{\theta}_f\cdot\ln\left(\underline{\theta}_f+\alpha\right)+\underline{\theta}_d\cdot\ln\left(\overline{\theta}_d\right)+\left(\overline{\theta}_f+\underline{\theta}_d\right)\ln\left(\frac{C}{\underline{\theta}_f+\overline{\theta}_d+\alpha}\right)-C$$

（7-13）

比较式（7-12）和式（7-13）可知，当且仅当式（7-14）成立时，企业可以通过逆向选择获得更大利润：

$$\underline{\theta}_d\cdot\ln\left(\frac{\overline{\theta}_d}{\underline{\theta}_d}\right)+\left(\overline{\theta}_f+\underline{\theta}_d\right)\ln\left(\overline{\theta}_f+\underline{\theta}_d+\alpha\right)>\overline{\theta}_f\cdot\ln\left(\frac{\overline{\theta}_f+\alpha}{\underline{\theta}_f+\alpha}\right)+\left(\overline{\theta}_f+\underline{\theta}_d\right)\ln\left(\underline{\theta}_f+\overline{\theta}_d+\alpha\right)$$

（7-14）

设 G 为燃煤发电企业由于逆向选择而产生的利润差额，且为企业的私人信息：

$$G=\underline{\theta}_d\cdot\ln\left(\frac{\overline{\theta}_d}{\underline{\theta}_d}\right)-\overline{\theta}_f\cdot\ln\left(\frac{\overline{\theta}_f+\alpha}{\underline{\theta}_f+\alpha}\right)+\left(\overline{\theta}_f+\underline{\theta}_d\right)\ln\left(\frac{\overline{\theta}_f+\underline{\theta}_d+\alpha}{\underline{\theta}_f+\overline{\theta}_d+\alpha}\right)\quad（7-15）$$

由模型可知，虽然政府对进口煤炭权重有明确的规划目标，但只要式（7-16）成立，无论企业披露怎样的效率信息，发电企业都将获得 G 进行逆向选择。

$$\frac{\partial G}{\partial \alpha} = \overline{\theta}_f \cdot \frac{\overline{\theta}_f - \underline{\theta}_f}{\left(\overline{\theta}_f + \alpha\right)\left(\underline{\theta}_f + \alpha\right)}$$

$$- \left(\overline{\theta}_f + \underline{\theta}_d\right) \cdot \frac{\overline{\theta}_f - \underline{\theta}_f - \left(\overline{\theta}_d - \underline{\theta}_d\right)}{\left(\overline{\theta}_f + \underline{\theta}_d + \alpha\right)\left(\underline{\theta}_f + \overline{\theta}_d + \alpha\right)} \geqslant 0$$

（7-16）

7.2.3 激励相容性分析

由于政府期望的最优策略以及披露煤炭发电效率的真实信息会使发电企业亏损，所以政府必须以境外投资专项基金的形式对企业进行补偿，其激励效果应体现为企业境外投资活动所带来收益的效用。燃煤发电企业的总效用由企业接受的境外投资专项基金 P^o 和投资发生后企业获得的利润 $\delta^o \pi$ 构成，即

$$U^o = P^o + \delta^o \pi$$

（7-17）

此时，政府通过境外投资专项基金参与了燃煤发电企业的投资，并成为委托人。政府的效用包括货币性转移后的剩余资金 $(S - P^o)$、社会福利的增量 $\alpha \cdot \ln\left(I_f\right)$ 和投资发生后政府获得的红利 $(1 - \delta^o)\pi$，即

$$U^r = (S - P^o) + \alpha \cdot \ln\left(I_f\right) + (1 - \delta^o)\pi$$

（7-18）

1. 离散型极端模式

假设燃煤发电企业对进口煤炭和国产煤炭的投入有两种衡量水平，即高水平（ $\overline{\theta}_f$ ，$\overline{\theta}_d$ ）和低水平（ $\underline{\theta}_f$ ，$\underline{\theta}_d$ ）。据此，设定两种情境：可观察进口煤炭高效率（productive generation，PG）情境的特征为（ $\overline{\theta}_f$ ，$\underline{\theta}_d$ ）；可观察进口煤炭低效率（unproductive generation，UG）情境的特征为（ $\underline{\theta}_f$ ，$\overline{\theta}_d$ ）。由于存在 G ，企业会歪曲披露进口煤炭和国产煤炭的效率；且提高进口煤炭的投入，使企业获得政府的专项资金。但政府只需获得企业对进口煤炭的投入水平和效率的真实信息。而依据假设条件可知，发电企业的总成本是政府的可得信息，所以政府只需要获得进口煤炭效率的真实信息，国产煤炭的真实信息便可推算。

为避免燃煤发电企业对进口煤炭的投入水平和效率信息的歪曲披露，政府应考虑激励相容性问题。机制的作用效果至少可使企业获得的利润水平等于其逆向选择时的利润水平。激励相容约束条件为

$$\underline{\text{IC}}: \underline{P}^o + \delta^o\left[\underline{\theta}_f \ln\left(\underline{I}_f\right) + \overline{\theta}_d \ln\left(C - \underline{I}_f\right) - C\right] \geqslant \overline{P}^o + \delta^o\left[\underline{\theta}_f \ln\left(\overline{I}_f\right) + \overline{\theta}_d \ln\left(C - \overline{I}_f\right) - C\right]$$

（7-19）

$$\overline{\text{IC}}: \overline{P} + \delta^o\left[\overline{\theta}_f \ln\left(\overline{I}_f\right) + \underline{\theta}_d \ln\left(C - \overline{I}_f\right) - C\right] \geqslant \underline{P}^o + \delta^o\left[\overline{\theta}_f \ln\left(\underline{I}_f\right) + \underline{\theta}_d \ln\left(C - \underline{I}_f\right) - C\right]$$

（7-20）

将式（7-18）和式（7-19）相加变形，可得

$$\left(\overline{\theta}_f - \underline{\theta}_f\right)\left[\ln\left(\overline{I}_f\right) - \ln\left(\underline{I}_f\right)\right] \geq -\left(\overline{\theta}_d - \underline{\theta}_d\right)\left[\ln\left(C - \underline{I}_f\right) - \ln\left(C - \overline{I}_f\right)\right] \quad （7-21）$$

当且仅当 $\overline{I}_f \geq \underline{I}_f$ 且 $\overline{I}_d \geq \underline{L}_d$ 时，式（7-21）中，左边的数值是非负的，右边是非正的。

此外，政府同样需要考虑发电企业对政策的接受程度。如果燃煤发电企业存在"次优选择" A（其中，$A \in R^+$），且 PG 情境或 UG 情境的总收益低于 A 的总收益^①，则发电企业将拒绝接受。所以，个人理性约束条件为

$$\underline{\text{IR}}: \underline{P}^o + \delta^o\left[\underline{\theta}_f \ln\left(\underline{I}_f\right) + \overline{\theta}_d \ln\left(C - \underline{I}_f\right) - C\right] \geq A \quad （7-22）$$

$$\overline{\text{IR}}: \overline{P}^o + \delta^o\left[\overline{\theta}_f \ln\left(\overline{I}_f\right) + \underline{\theta}_d \ln\left(C - \overline{I}_f\right) - C\right] \geq A \quad （7-23）$$

命题 7.4　当只存在"高"和"低"两种效率标准时，在激励相容机制的约束下，企业只能披露进口煤炭效率的真实信息，即不存在"高"报"低"的情况。

证明：若社会福利的期望为

$$\text{Maximaze } E(U^r) = \rho\left\{(1-\delta^o)\left[\overline{\theta}_f \ln\left(\overline{I}_f\right) + \underline{\theta}_d \ln\left(C - \overline{I}_f\right) - C\right] + \alpha \ln\left(\overline{I}_f\right) + S - \overline{P}^o\right\}$$

$$+ (1-\rho)\left\{(1-\delta^o)\left[\underline{\theta}_f \ln\left(\underline{I}_f\right) + \overline{\theta}_d \ln\left(C - \underline{I}_f\right) - C\right] + \alpha \ln\left(\underline{I}_f\right) + S - \underline{P}^o\right\}$$

$$（7-24）$$

若 PG 情境中企业通过披露较低的进口煤炭效率来模仿 UG 情境，或 UG 情境中企业选择次优方案，政府将减少燃煤发电企业的境外投资专项资金，致使企业的总效用降低。为避免上述情况的发生，PG 情境的激励相容约束和 UG 情境的个人理性约束必须同时具有约束力。在 $\overline{\text{IC}}$ 和 $\underline{\text{IR}}$ 的约束下，由式（7-20）和式（7-22）可得

$$\underline{P}^o \geq \left\{A - \delta^o\left[\underline{\theta}_f \ln\left(\underline{I}_f\right) + \overline{\theta}_d \ln\left(C - \underline{I}_f\right) - C\right]\right\}$$

$$\overline{P}^o \geq \left\{A - \delta^o\left[\overline{\theta}_f \ln\left(\overline{I}_f\right) + \underline{\theta}_d \ln\left(C - \overline{I}_f\right) - C\right]\right. \quad （7-25）$$

$$\left. - \delta^o\left[\left(\overline{\theta}_d - \underline{\theta}_d\right)\ln\left(C - \underline{I}_f\right) - \left(\overline{\theta}_f - \underline{\theta}_f\right)\ln\left(\underline{I}_f\right)\right]\right\}$$

解得社会福利的期望最大化时的进口煤炭投入水平：

$$\overline{I}_f = C \cdot \frac{\overline{\theta}_f + \alpha}{\overline{\theta}_f + \underline{\theta}_d + \alpha}$$

$$\underline{I}_f = C \cdot \frac{(1-\rho)(\underline{\theta}_f + \alpha) - \rho\delta^o\left(\overline{\theta}_f - \underline{\theta}_f\right)}{(1-\rho)\left(\underline{\theta}_f + \overline{\theta}_d + \alpha\right) - \rho\delta^o\left(\overline{\theta}_f - \underline{\theta}_f - \overline{\theta}_d + \underline{\theta}_d\right)} \quad （7-26）$$

---

① A 也体现了发电厂商表面接受契约而实际不付出行动所得到的保留效用。由于 A 值的获得涉及次优理论，本书不做讨论。

在进口煤炭高效率的情况下，若企业真实披露信息，即 $\rho = 0$，此时的式（7-26）可变形为

$$\overline{I}_f = C \cdot \frac{\overline{\theta}_f + \alpha}{\overline{\theta}_f + \underline{\theta}_d + \alpha}$$

$$\underline{I}_f = C \cdot \frac{\underline{\theta}_f + \alpha}{\underline{\theta}_f + \overline{\theta}_d + \alpha}$$

（7-27）

在进口煤炭高效率的情况下，若企业歪曲披露信息，即 $\rho = 1$，此时的式（7-26）可变形为

$$\overline{I}_f = C \cdot \frac{\overline{\theta}_f + \alpha}{\overline{\theta}_f + \underline{\theta}_d + \alpha}$$

$$\underline{I}_f = C \cdot \frac{\overline{\theta}_f - \underline{\theta}_f}{\overline{\theta}_f - \underline{\theta}_f - \overline{\theta}_d + \underline{\theta}_d} > C > \overline{I}_f$$

（7-28）

所以，在激励相容机制的约束下，企业只能披露真实信息，即不存在"高"报"低"的情况。

此时，处于 UG 情境的企业真实披露的特征为

$$\underline{\pi}^o = \underline{\theta}_f \ln\left(\underline{\theta}_f + \alpha\right) + \overline{\theta}_d \ln\left(\overline{\theta}_d\right) + \left(\underline{\theta}_f + \overline{\theta}_d\right)\ln\left(\frac{C}{\underline{\theta}_f + \overline{\theta}_d + \alpha}\right) - C \quad（7-29）$$

$$\underline{W}^r = \left(\underline{\theta}_f + \alpha\right)\ln\left(\underline{\theta}_f + \alpha\right) + \overline{\theta}_d \ln\left(\overline{\theta}_d\right) + \left(\underline{\theta}_f + \overline{\theta}_d + \alpha\right)\ln\left(\frac{C}{\underline{\theta}_f + \overline{\theta}_d + \alpha}\right) - C$$

（7-30）

处于 PG 情境的企业真实披露的特征为

$$\overline{\pi}^o = \overline{\theta}_f \ln\left(\overline{\theta}_f + \alpha\right) + \underline{\theta}_d \ln\left(\underline{\theta}_d\right) + \left(\overline{\theta}_f + \underline{\theta}_d\right)\ln\left(\frac{C}{\overline{\theta}_f + \underline{\theta}_d + \alpha}\right) - C \quad（7-31）$$

$$\overline{W}^r = \left(\overline{\theta}_f + \alpha\right)\ln\left(\overline{\theta}_f + \alpha\right) + \underline{\theta}_d \ln\left(\underline{\theta}_d\right) + \left(\overline{\theta}_f + \underline{\theta}_d + \alpha\right)\ln\left(\frac{C}{\overline{\theta}_f + \underline{\theta}_d + \alpha}\right) - C$$

（7-32）

由此，界定不同情况下的政府对企业进行补偿的境外投资专项基金量：

$$\underline{P}^o = A + C - \left[\left(\underline{\theta}_f + \overline{\theta}_d\right)\ln\left(\frac{C}{\underline{\theta}_f + \overline{\theta}_d + \alpha}\right) + \underline{\theta}_f \ln\left(\underline{\theta}_f + \alpha\right) + \overline{\theta}_d \ln\left(\overline{\theta}_d\right)\right]$$

$$\overline{P}^o = A + C - \left[\left(\overline{\theta}_f + \underline{\theta}_d\right)\ln\left(\frac{C}{\overline{\theta}_f + \underline{\theta}_d + \alpha}\right) + \overline{\theta}_f \ln\left(\overline{\theta}_f + \alpha\right) + \underline{\theta}_d \ln\left(\underline{\theta}_d\right)\right]$$

（7-33）

设 $R = \underline{P}^o - \overline{P}^o$。当 R 为正时，UG 情境下燃煤发电企业得到更多的专项资金，PG 情境下的燃煤发电企业将通过歪曲披露信息而得到相对较多的资金。因此，为了避免 PG 情境模仿 UG 情境，政府会对两种情境都进行补偿——向企业支付信息租金（information rent）。

命题 7.5 UG 情境中企业的效用 $\underline{U}^o$ 将等于其次优选择 A 的收益；且由于 R 的存在，PG 情境的效用 $\overline{U}^o$ 为 $(A + R)$。

2. 连续型模式

若燃煤发电企业披露的是连续性效率 $\widehat{\theta}_f \in \left[\underline{\theta}_f, \overline{\theta}_f \right]$ 和 $\widehat{\theta}_d \in \left[\underline{\theta}_d, \overline{\theta}_d \right]$，且存在函数 $\widehat{\theta}_d = G\left(\widehat{\theta}_f\right)$ 为企业私人信息。当存在成本预算约束时，发电企业的总效用函数为

$$U^o\left(\theta_f, \widehat{\theta}_f, \theta_d\right) = P^o\left(\widehat{\theta}_f\right) + \delta^o\left[\theta_f \ln\left(I_f\left(\widehat{\theta}_f\right)\right) + \theta_d \ln\left(C - I_f\left(\widehat{\theta}_f\right)\right) - C\right] \quad (7\text{-}34)$$

根据假设可知，进口煤炭发电效率和国产煤炭发电效率是相反的，即

$$\overline{I}_f \geqslant \underline{I}_f，即 I_f'\left(\widehat{\theta}_f\right) \geqslant 0 \quad\quad (7\text{-}35)$$

$$\overline{I}_d \geqslant \underline{I}_d，即 I_d'\left(\widehat{\theta}_d\right) \geqslant 0 或 I_d'\left(\widehat{\theta}_f\right) \leqslant 0 \quad\quad (7\text{-}36)$$

现将 $R(\theta_f)$ 表示为 θ_f 的信息租金。根据包络定理可知：

$$R'\left(\theta_f\right) = \left. \frac{\partial U^o\left(\theta_f, \widehat{\theta}_f\right)}{\partial \theta_f} \right|_{\theta_f = \widehat{\theta}_f} = \delta^o \ln\left(I_f\left(\widehat{\theta}_f\right)\right) \quad\quad (7\text{-}37)$$

如果式（7-37）满足，且式（7-35）和式（7-36）成立，则实现激励相容。对式（7-34）变形可得

$$P^o\left(\widehat{\theta}_f\right) = U\left(\theta_f, \widehat{\theta}_f, \theta_d\right) - \delta^o\left[\theta_f \ln\left(I_f\left(\widehat{\theta}_f\right)\right) + \theta_d \ln\left(C - I_f\left(\widehat{\theta}_f\right)\right) - C\right] \quad (7\text{-}38)$$

此时，政府的效用函数为

$$U^r = (1 - \delta^o)\left[\theta_f \ln\left(I_f\left(\widehat{\theta}_f\right)\right) + \theta_d \ln\left(C - I_f\left(\widehat{\theta}_f\right)\right) - C\right] + \alpha \ln\left(I_f\left(\widehat{\theta}_f\right)\right) + S - P^o\left(\widehat{\theta}_f\right)$$
$$(7\text{-}39)$$

将 $A + R\left(\widehat{\theta}_f\right) \equiv U^o\left(\theta_f, \widehat{\theta}_f\right)$ 代入式（7-38），再代入式（7-39）可得

$$U^r = \left[\theta_f \ln\left(I_f\left(\hat{\theta}_f\right)\right) + \theta_d \ln\left(C - I_f\left(\hat{\theta}_f\right)\right) - C\right] + \alpha \ln\left(I_f\left(\hat{\theta}_f\right)\right) + S - A - R\left(\hat{\theta}_f\right)$$

（7-40）

命题 7.6　当企业披露煤炭效率信息时，即使效率的披露是连续且非随机的，在激励相容机制的约束下，企业不会出现歪曲披露的现象，即不出现将进口煤炭的效率"高"报"低"的现象；否则，煤炭资源无法得到有效配置。

证明：若令 $F(\cdot)$ 是绝对连续型分布函数；其导数 $f(\cdot)$ 表示在区间 $\left[\underline{\theta}_f, \overline{\theta}_f\right]$ 中，对所有的 $f(\theta_f) \geqslant 0$ 的政府优先选择的密度函数。则社会福利期望的最大值为

$$\text{Maximize } E(U^r) = \int_{\underline{\theta}_f}^{\overline{\theta}_f} \left\{\left[\theta_f \ln\left(I_f\left(\hat{\theta}_f\right)\right) + \theta_d \ln\left(C - I_f\left(\hat{\theta}_f\right)\right) - C\right]\right.$$

（7-41）

$$\left. + \alpha \ln\left(I_f\left(\hat{\theta}_f\right)\right) + S - A - R(\theta_f)\right\} dF(\theta_f)$$

$$\text{s.t. } R'(\theta_f) = \delta^o \ln\left(I_f\left(\hat{\theta}_f\right)\right)$$

$$I_f'(\theta_f) \geqslant 0$$

（7-42）

$$I_d'(\theta_d) \geqslant 0$$

解得燃煤发电企业的进口煤炭投入水平为

$$I_f = \left[(\theta_f + \alpha) - \delta^o \cdot \frac{1 - F(\theta_f)}{f(\theta_f)}\right] \cdot \frac{C}{(\theta_f + \theta_d + \alpha) - \delta^o \cdot \frac{1 - F(\theta_f)}{f(\theta_f)}}$$

（7-43）

与式（5-27）对比可知：当完全信息真实披露进口煤炭效率水平时，即 $F(\theta_f) = 1$，激励相容机制实现了 PG 情境下企业选择政府期望的投入水平的最优策略；当歪曲披露进口煤炭效率水平时，即 $0 \leqslant F(\theta_f) < 1$，尤其是 $F(\theta_f) = 0$ 时，甚至导致披露的 I_f 比 UG 情境下政府期望发电企业对进口煤炭的投入水平 $\underline{I}_f$ 还要低。

7.3　机制设计分析

7.3.1　均衡分析

激励相容机制设计的均衡即指在政府的规划下，企业可形成最优策略。

推论 7.1　当进口煤炭效率水平较高时，政府会鼓励和支持发电厂商投入高效率的进口煤炭；同时，发电厂商将得到补偿，并在境外投资发生后获得利润，使其总效用大于 0。当所投入和使用的进口煤炭效率较高，但燃煤发电企业却不能

选择该策略时，系统中就会始终存在"无效率"的现象。

推论 7.2　当进口煤炭效率水平较低时，对某一水平的 α，企业会选择比 UG 情境更低的进口煤炭投入水平。此时，由于逆向选择导致低效率的煤炭投入水平下降，所以激励相容约束不一定会产生"低效率"。

推论 7.3　政府可通过调整燃煤发电企业在境外投资发生后所得利润的占比 δ^o，激励 UG 情境下燃煤发电企业选择进口煤炭投入水平的最优策略。

推论 7.4　影响燃煤发电企业的进口煤炭投入水平的因素有三个，即进口煤炭的效率 θ_f、政府赋予的权重 α 和企业在境外投资发生后所得利润的占比 δ^o。效率是外生变量，用以区别和评价进口煤炭的效率水平，政府对其进行测评可用于机制的科学设计；政府赋予的权重是相对的，当进口煤炭产生的负外部性大于其所带来的收益时，政府就有必要减小权重；利润的占比对进口煤炭的投入水平产生负面影响，即 δ^o 越大，I_f 越小。

推论 7.5　由于世界经济环境和国内市场环境等因素的影响，进口煤炭效率会随时间而变化，因此，政府监管与企业经济决策会交互作用。此时，政府应有效地执行其与企业的机制以避免"塔西佗效应"的产生。否则，如果政府失去了信誉，激励相容机制将失效，且政府无法获得其期望的社会福利水平和政府效用。

7.3.2　算例分析

本节设计了一个简单的燃煤发电企业的算例，以分析激励相容机制的作用效果，并说明机制中的相关概念。

假设存在一个燃煤发电企业，其发电过程中涉及进口煤炭和国产煤炭的投入组合。为了开展境外煤矿基础设施建设和投资，企业需要通过提高进口煤炭的投入水平，获得政府的"境外投资专项资金"。由于煤质存在差异，煤炭效率是一个变化区间。在激励相容和个人理性约束下，燃煤发电企业只能披露真实信息。根据模型结构，设定相关变量，如表 7-2 所示。

表 7-2　企业及政府相关数据

变量	θ_f	θ_d	α	C	A	δ^o
取值	$[1, 10]$	$[1, 10]$	5	100	100	0.5

为便于计算，定义均匀分布函数：

$$f\left(\theta_f\right)=\begin{cases}\dfrac{1}{10-1}, & 1\leqslant\theta_f\leqslant10 \\ 0, & \text{其他}\end{cases} \tag{7-44}$$

通过模拟仿真，由图 7-1 可知：①当燃煤发电企业真实披露时，在不同的煤炭效率组合中，进口煤炭投入水平是进口煤炭效率的增函数，是国产煤炭效率的减函数。当 θ_f 为 $\overline{\theta}_f$ 且 θ_d 为 $\underline{\theta}_d$ 时，即点（10，1），I_f 取得全局最大值；当 θ_f 为 $\underline{\theta}_f$ 且 θ_d 为 $\overline{\theta}_d$ 时，即点（1，10），I_f 取得全局最小值。②当燃煤发电企业真实披露时，在不同的煤炭效率组合中，国产煤炭投入水平是进口煤炭效率的减函数，是国产煤炭效率的增函数。当 θ_f 为 $\overline{\theta}_f$ 且 θ_d 为 $\underline{\theta}_d$ 时，即点（10，1），I_d 取得全局最小值；当 θ_f 为 $\underline{\theta}_f$ 且 θ_d 为 $\overline{\theta}_d$ 时，即点（1，10），I_d 取得全局最大值。

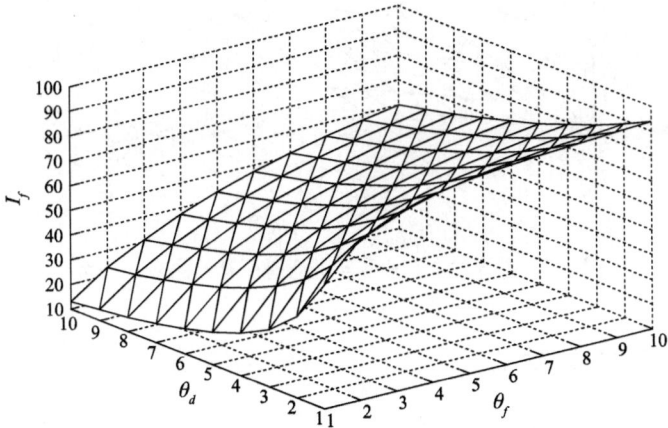

（a）进口煤炭投入

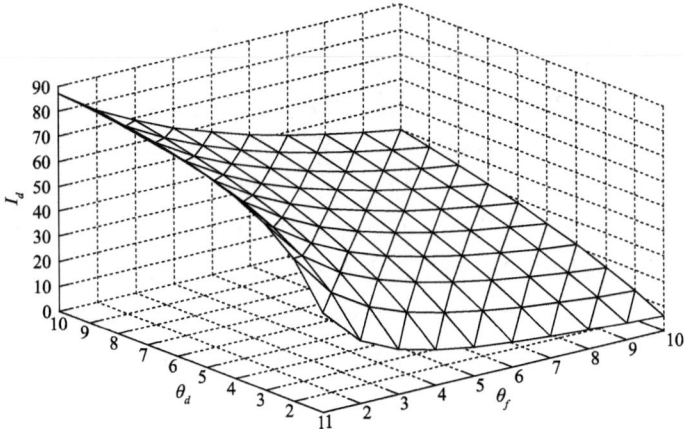

（b）国产煤炭投入

图 7-1　燃煤发电企业真实披露时的投入组合

由图 7-2 可知：政府的补偿（境外投资专项资金）是进口煤炭效率的减函数，也是国产煤炭效率的减函数。在企业真实披露的情况下，当 θ_f 为 $\underline{\theta}_f$ 且 θ_d 为 $\underline{\theta}_d$ 时，即点（1，1），P^o 取得全局最大值；当 θ_f 为 $\overline{\theta}_f$ 且 θ_d 为 $\overline{\theta}_d$ 时，即点（10，10），P^o

取得全局最小值。这说明，为了实现社会分配的公平，政府需要将专项资金补偿给燃料效率低的燃煤发电企业，以促进煤炭资源的合理配置。

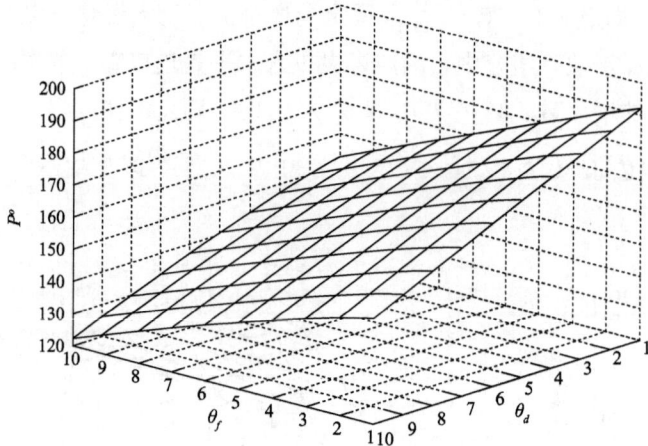

图 7-2　燃煤发电企业真实披露时所补偿的专项资金

7.4　本章小结

由于中国区域经济发展的不平衡，煤电交易过程中存在多种所有权形式。所有权是交易成本约束下契约的产物，包括特定所有权和剩余控制权。错误的配置剩余权利会产生不良结果：若未经过充分的综合评价，燃煤发电企业收购了其燃料供应企业，取消了煤炭企业的剩余控制权，会导致煤炭企业的激励扭曲，最后使共同所有权受损。此时，应促使煤、电双方缔结一份契约，以保证双方可有效地分配剩余控制权。煤、电企业间的关系应持续两个时期，即签约前期和签约后期。尽管燃煤发电企业和煤炭企业的管理者拥有关于变量投资、生产决策和收益（成本）的相关对称性信息，但三者均为事前不可缔约的，可视为一种剩余控制权。因此在签约前期，仅可将所有权或剩余控制权分配给煤、电企业，且双方同时且非合作地选择各自投资方案。在签约后期，若不存在进一步谈判，煤、电企业会同时且非合作地做出决策，且保证各自收益均可实现。若煤炭企业所提供的电煤掺有杂质，会导致燃煤发电企业的锅炉设备不良运转。签约前，可能存在许多潜在的杂质，且无法在契约中详细列示；然而签约后，相关杂质的信息（如挥发分大、灰分高、煤硫分超标等）是可获得的。基于激励相容机制设计研究，本章得到如下结论：

（1）若激励相容机制设计是合理的，则可证明"次优选择"存在可能性。激励相容机制可使政府有效规避厂商的逆向选择，并避免燃煤发电企业歪曲披露，提高进口煤炭的投入水平。

（2）当进口煤炭效率相对较高时，通过激励相容机制，政府可使发电厂商披露其真实信息，包括进口煤炭投入水平、效率和总成本等。掌握上述真实信息，将有助于政府测算燃煤发电企业真实的生产成本及生产效率。

（3）通过科学设计激励相容机制，发电厂商将不再有任何动机降低对进口煤炭的投入。此时，可使燃煤发电企业在 PG 情境下进行生产决策，且企业进口煤炭的投入水平与实现社会福利最大化时的最优策略完全一致。

（4）若出现 UG 情境，进口煤炭的实际效率低于某一水平，政府也可通过科学设计激励相容机制，阻止企业对其进行选择。尽管企业选择投入进口煤炭会提高其效用，但低效率的煤炭资源反而会对社会福利水平产生较大的负面影响。

第8章 煤电能源供应链风险递展机理分析①

8.1 问题的背景介绍

8.1.1 研究背景及意义

煤电能源供应链形式特点呈现"耗电→耗油耗电→耗煤→电能损失→耗电"的循环过程。煤电能源供应链外生风险因素的出现、内部主体投入产出的变化都会形成相应的不确定性,不确定性会引起风险,若其递展超出了供应链弹性临界范围,则不确定性因素将降低能源系统和供应链运营的效率。

中国煤电能源供应链风险特征与一般供应链风险特征具有较大的差别,本书的研究是将一般性供应链风险理论进行特殊化、具体化处理。研究重点是中国煤电能源供应链风险的递展机理,并将风险递展过程分为效果型递展、结构型递展和过程型递展,并从理论技术层面讨论了后两种风险递展过程。

8.1.2 相关领域的研究情况

1. 供应链风险

目前对煤电能源供应链的研究相对较少,现有的研究多集中于供应链条的分析和研究。其中,谭忠富(2013)对煤电能源供应链给出了相对全面的定义;煤电能源供应链是一个复杂的系统(韩玉忠,2013),供应链内、外环境中各项不确定性因素的共同影响(Cranfield Management School,2002),带来供应链风险。外源风险因素分散于宏观环境或经济部门之中,而内生风险因素嵌入供应链中的参与者或参与者间的关系里面(Cavinato,2004;Peck,2005;Tang,2006;Rao

---

① 本章相关内容发表于:谭忠富,刘平阔. 煤电能源供应链风险递展机理分析:结构型和过程型. 技术经济,2015,34(4):51-63,80。

and Goldsby，2009）。为了保证供应链运营的稳定性与高效性，一些学者进行了风险识别等工作（Hallikas et al.，2004）：一方面，有的学者构建了供应链分析框架，分析供应链单元、供应链风险类型及供应链风险控制等（Lindroth，2001），并结合风险控制特征，设计了风险管理杠杆的选择模式（夏德和王林，2012）；另一方面，部分学者针对不同规模的供应链节点企业特点，分析了汇率风险的影响效果（马林和沈祖志，2004）或者信息风险（郑湛等，2013）等，并由此讨论了管理方式和供应链风险逆向传递等，甚至多次提及"牛鞭效应"的相关问题。

2. 风险的传递和传导

Buchmeister 等（2014）认为生产计划和活动应根据市场需求预测，这是"牛鞭效应"产生的重要原因之一。Lee 等（1997）也将供应链中的"牛鞭效应"类比为"滚雪球效应"。不确定性因素或意外状况会对链内节点企业造成负面影响，甚至干扰整条供应链的正常运作，导致其偏离预期目标（Deloitte，2004）。如今的供应链比以往更容易断裂，并且存在风险被传播并放大（propagated and amplified）的现象，即"滚雪球效应"。现象产生的一个主要驱动力是"供应链合作伙伴之间的集成关系"，这将导致企业在供应链中过多的互相依赖（Świerczek，2013）。Świerczek（2013）认为引起过度依赖的原因包括供应链整合的强度和供应链整合的范围。实践中，因某些风险因素而产生的不利影响可能会转移到供应链的各个环节。虽然大部分的企业表现为风险内部转移，但是企业的供应链合作伙伴也会间接地受到风险的影响（Kersten et al.，2012）。

目前，学者对"牛鞭效应"或"滚雪球效应"的研究多集中于讨论风险在供应链中的传递或传导的过程，包括传递传导机理研究、传导性指标研究和模型构建研究等。针对风险传递传导机理问题，一些学者重点讨论了传导过程和传导方式，并分析了供应链风险传导的基本构件和传导结果（李刚，2011；王元明，2009），有的将风险传导的路径分为链式、辐射式、集中式与交互式，有的将路径分为单向传递和反馈式传递；并且还有一些学者将传导过程进行模式化分类，如程国平和邱映贵（2009）以供应链风险的传递方向为依据，推出链式正向传导、链式逆向传导、网络辐射式传导、网络集中式传导和网络交互式传导五种模式。另外一部分学者侧重于在传导机理分析的基础上完善风险评价体系，如石少波（2014）基于"黑天鹅理论"提出了以拓扑结构分析加风险评估的方式；张忠寅（2012）研究了供应链各企业间的"传染效应"，并结合节点相关度、风险阈值等变量对选择性机制进行了评价和量化分析。还有一些学者将传导机理应用于供应链风险应对策略或控制措施，其中，邓明然和夏喆（2006a，2007）论证了风险传导的"最小阻力规律"、"阈值突变规律"、"跳跃规律"和"混沌规律"，利用风险传导的流程图，提出风险传导的管理策略；王元明等（2008）根据关键链的缓冲思想，将项目缓冲重新分解并插入供应链的环节中，形成了供应链的风险传递抑制性策略。针对风险传导性指标问题，多数学者讨论了财务和产品质量等两大类风险。就财务风险而言，首先，有的学者研究了内部流动性风险（internal liquidity risk，ILR）及财务牛鞭效应（王元明等，2008）；其次，有的学者研究财务风险传播途径和传导效应（Chen et al.，2013；彭丽，2014；叶建木等，2005；叶建木，2009）；最后，从财务状况和财务风险传导的角度，讨论了财务脆弱性（Jarrow and Yu，2001）。就产品质量风险而言，一方面，利用抽象模型解释供应链质量风险传递机理，描述质量功能展开（quality function deployment，QFD）以构建供应链的质量风险传递模型（吴伟，2011）；另一方面，侧重于质量风险逐级传递并向下扩大的"趋势效应"，分析并预测顾客满意度偏差在供应链中的传递及影响后果（颜忠娥，2013）。针对风险传递模型构建问题，有的学者利用了博弈理论、生命周期理论或系统理论等对定价问题、计划问题和反馈问题进行针对性建模（刘家国和李俊，2011；叶厚元和洪菲，2010；崔彩云和王建平，2013），有的学者则筛选建模的技术方法，讨论由风险引起的损失问题、分析供应链风险因素的层次结构（李存斌等，2013；张广胜，2013）。其中，石友蓉（2006）为了研究风险传导的识别和评价问题，构建了风险传导模型；邱映贵（2010）从经济损失、产品功能损失和声誉损失三个维度构建了供应链风险传递能量的矢量模型；刘家国（2011）针对突发事件风险问题，建立了需求拉动型供应链风险传递模型，并计算了供应链双方利润的需求风险弹性系数。

3. 风险传递的应用

此外，在分析供应链传递或传导机理的基础上，有些学者还将其应用于供应链管理，针对性地研究了供应链的评价问题和预警问题等。例如，Markmann 等（2013）利用德尔菲专家调查法研究国际供应链风险中的"人为"因素，并且将研究结果用于解决多国际利益、安全需求及措施等问题；李军（2013）则利用专家决策法对供应链风险预警应用进行了研究，提出了一种应用于模式识别的径向基函数（radial basis function，RBF）供应链风险预警方法，并分析了学习矢量量化（learning vector quantization，LVQ）网络对供应链风险预警的效果。

4. 对研究现状的总结

综上所述，供应链风险的传递和传导既证明了"牛鞭效应"或"滚雪球效应"的存在，也对影响效果的产生机理进行解释。但除了Świerczek（2013）将供应链风险递展定义为"传播并放大"的过程以外，国内、外学者对供应链风险递展机理的研究相对较少。本书在"风险传导"的基础上提出"风险递展"的概念。以中国煤电能源供应链为例，对供应链风险递展问题的分类和机理进行深入研究，以期完善Świerczek 的相关理论，形成较为科学合理的供应链风险递展理论体系，并为中国能源企业提供管理技术支持。

8.2　理论界定与问题描述

8.2.1　风险递展

供应链中各节点企业组成多主体、多阶段、多区域、多环节的复杂系统，链条中各环节之间相互依赖，任何环节出现风险都可能波及上下游其他环节，甚至使链条风险被传递、延展，最后导致整个链条失灵。风险在供应链各个环节之间以及在风险源之间被传递、延展的过程即为供应链风险递展。

本书将煤电能源供应链风险递展过程分为效果型递展、结构型递展和过程型递展（表 8-1）。

表 8-1　三种递展过程的比较

递展类型	靶向目标	方向	作用期	应用
效果型递展	环节之间	纵向递展	决策后期	风险管控
结构型递展	风险之间	横向递展	决策前期	决策系统构建
过程型递展	环节之间、风险之间	多向递展	决策过程中	预警系统构建

1. 效果型递展过程

煤电能源供应链会受到源于内、外部的不确定因素的影响，致使某个环节节点初始时刻的微小风险被传递到下一个节点，而且随着时间、过程和环节的传递性发展，风险被逐级放大直至可能演化为危机，如供应链断链或社会福利损失的出现。

煤电能源供应链风险效果型递展过程主要体现于风险作用于供应链节点后所造成的混沌现象，即供应链风险的"蝴蝶效应"。例如，火电投资过剩带来煤矿投资过剩；煤矿投资不足带来电力短缺；电力短缺带来社会缺电经济损失；煤运能力短缺带来发电能力受限制；电网输电阻塞带来发电窝电；煤炭生产、煤炭运输、发电、供电价格链不协调风险带来电力短缺、社会损失等。

效果型递展过程分析是构成"供应链风险递展理论"的重要组成部分，递展机理研究需要契约经济学、复杂系统理论和系统动力学方法等技术支撑，在机理描述时需要构建存量流量模型，由于篇幅限制，故不作为本书的研究重点。

2. 结构型递展过程

当供应链各个环节的安全性受到不确定性因素影响的时候，由于风险之间存在递展关系，一种风险的发生会造成物质流、资金流和信息流在传递的过程中出现"引致"风险或"派生"风险。

煤电能源供应链风险结构型递展过程主要体现于风险之间的结构关系。供应链风险结构型递展可在理论上确定各个风险因素的传递路径、层级关系及递阶关系，为供应链风险管理的决策系统构建提供理论基础（张广胜，2013）。

结构型递展过程分析解决的是风险指标横向递展的问题，其目的是在决策前期为供应链利益相关主体（决策者）提供一般性决策支持。本书拟采用解释结构模型（interpretative structural modeling，ISM）技术对"风险结构型递展过程"的机理进行分析。

3. 过程型递展过程

根据煤电能源供应链的安全现状，决策者应充分分析风险问题发生的原因，厘定风险指标优先权重，并从风险源角度对供应链安全现状进行科学分类，以便进行日后的供应链风险管控等工作。

煤电能源供应链风险过程型递展过程主要体现于利益相关主体在决策过程中对风险的考量优先排序。在煤电能源供应链风险管控的过程中，决策者根据供应链的特点选择各个风险指标的参考顺序，将各个风险逐级展开进行考量，以明确决策侧重点。过程型递展过程分析可用于构建煤电能源供应链的预警系统（Koyuncugil and Ozgulbas，2012）。

过程型递展过程分析解决的是风险横向和纵向递展的问题，其目的是当安全状况出现问题时，在决策过程中为决策者提供预测性决策支持。本书拟采用数据挖掘（data mining，DM）技术对风险过程型递展过程的机理进行分析。

8.2.2　风险指标

本书将经济增加值（economic value added，EVA）作为煤电能源供应链风险管理的信号（洪剑锋，2011；罗乾宜，2011），利用价值驱动树（value driver tree，VDT）进行分解（Hahn and Kuhn，2012）。由于 EVA 受到相互依存的多因素的影响，所以，VDT 可作为一般性框架来说明运营杠杆和价值性绩效指标（如 EVA）之间的因果关系（Rappaport，1998；Walters，1999）。一方面，利用 VDT，将顶级绩效分解到运营杠杆层面，如图 8-1（a）所示；另一方面，通过风险调整资本成本和风险调整绩效指标（risk-adjusted performance metrics，RAPM），将风险因子纳入绩效指标，如图 8-1（b）所示。

分解结果得到 9 个风险源（需求不确定性、供给不确定性、政策不确定性[①]、资源衰竭问题、能源质量问题、设备安全问题、资金获取能力、偿付能力和财务监管能力）的集合和 1 个其他风险源作为补充。再根据中国煤电能源供应链的实

[①] 政策不确定性主要是指固定上网电价相对于煤炭价格水平较低，不足以弥补企业发电成本。

际情况与指标选取的原则，结合煤、电产业的各位专家的意见，通过定性分析对指标进行筛选。图 8-1（c）为中国煤电能源供应链风险传递关系及指标结构。从两个维度对煤电能源供应链的风险进行分类：第一，中断风险和运营风险（operational risks）。中断风险包括 R_1、R_7、R_8、R_9、R_{10}、R_{11} 和 R_{12}；运营风险包括 R_2、R_3、R_4、R_5 和 R_6。第二，内生风险和外源风险。内生风险包括 R_1、R_2、R_3、R_4、R_5、R_6 和 R_7；外源风险包括 R_8、R_9、R_{10}、R_{11} 和 R_{12}。

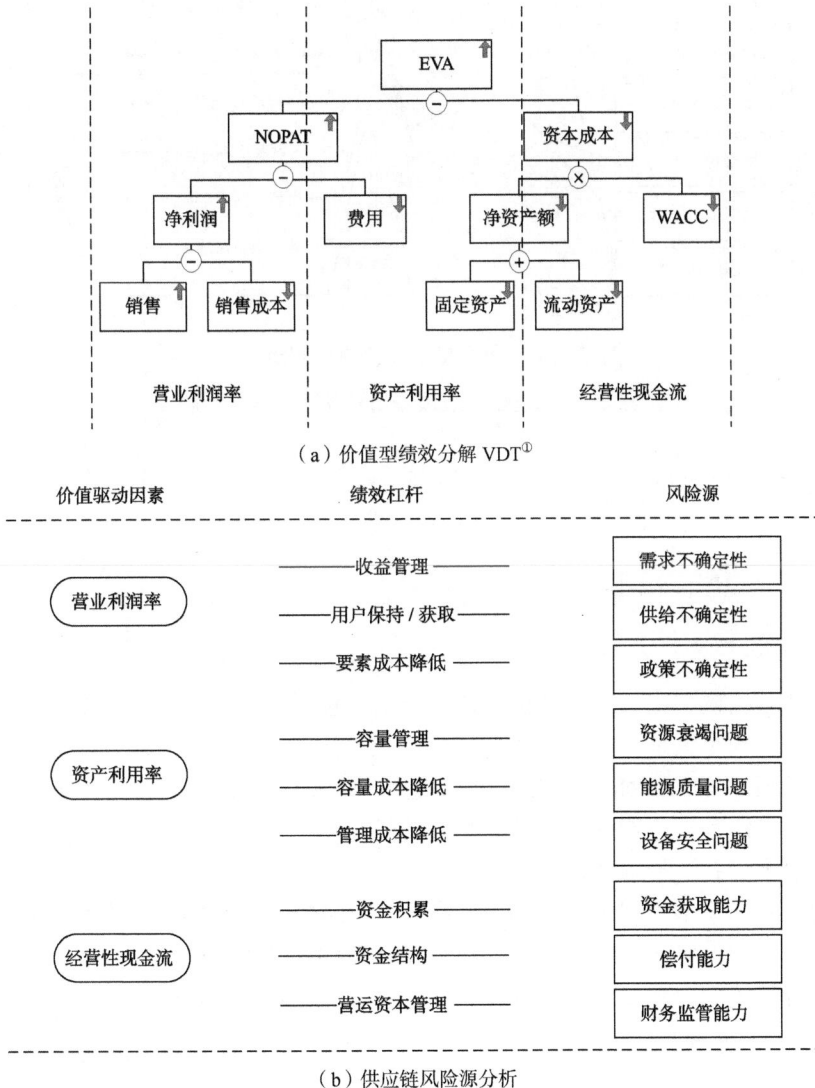

（a）价值型绩效分解 VDT[①]

（b）供应链风险源分析

① 图 8-1（a）中 NOPAT 为 net operating profit after tax，税后净营业利润；WACC 为 weighted average cost of capital，加权平均资本成本。

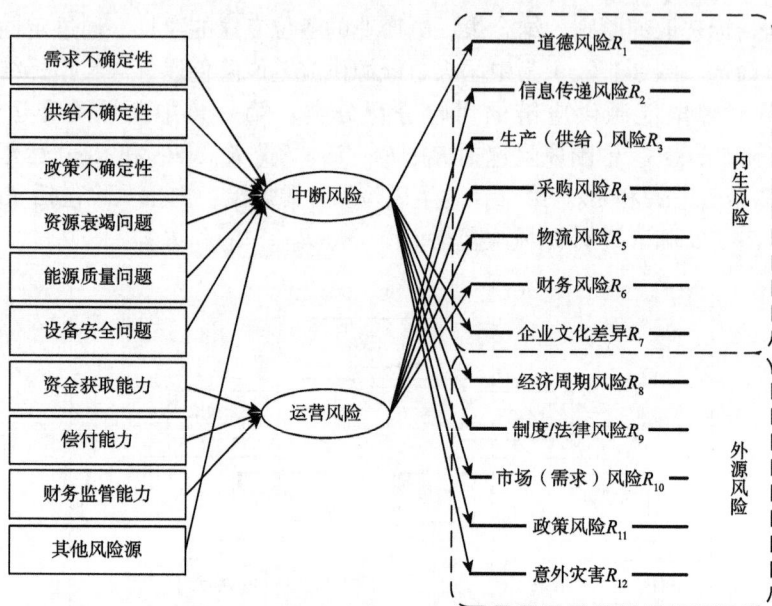

（c）煤电能源供应链风险指标分解

图 8-1 供应链绩效预警信号及风险驱动因素

8.3 研究方法

8.3.1 ISM 技术

1. 算法简介

解释结构模型主要用于分析复杂系统中大量元素间的关系，包括单向或双向因果关系、大小关系、排斥关系、相关关系及从属关系等，并通过多级递阶结构形式进行表示（Warfield，1973a，1973b，1973c，1974a，1976，1982a，1984）。该模型的作用是把包含许多离散、无序的静态系统，利用要素之间已知但凌乱的关系，揭示出系统的内部结构。

解释结构模型可用于确立能源供应链风险指标体系之间的结构型递展关系，分析煤电能源供应链集群式风险结构，确立各种风险因素的层次关系；构建煤电能源供应链风险指标多级递阶解释结构模型，界定各种风险的结构关联性。

2. 基本步骤

步骤 1，系统构成要素的整合和梳理。

设定二元关系，形成意识模型；构建系统的要素集合，记 $L = \{e_i \mid i = 1, 2, \cdots, l\}$，其中，$l$ 表示元素个数，e_i 表示系统中的第 i 个元素。

步骤 2，元素间直接二元关系的判断。

要素集合中所有元素间的直接二元关系可用邻接矩阵 $\boldsymbol{A} = \left(a_{ij}\right)_{l \times l}$ 表示。若要素 e_i 对要素 e_j 存在直接二元关系，则记 $a_{ij} = 1$；否则记 $a_{ij} = 0$。

步骤 3，可达矩阵的建立。

可达矩阵 $\boldsymbol{M}$ 是以描述有向连接中的各节点之间经过一定长度的通路后可以达到的程度。

在计算过程中，利用邻接矩阵 $\boldsymbol{A}$，先令

$$\boldsymbol{B} = (\boldsymbol{A} + \boldsymbol{I})^k = \boldsymbol{I} + \boldsymbol{A} + \boldsymbol{A}^2 + \cdots + \boldsymbol{A}^k \tag{8-1}$$

然后，把矩阵 $\boldsymbol{B}$ 中的非零元素改为 1，且为 0 元素保持不变，经过变换后的矩阵即为可达矩阵 $\boldsymbol{M}$。

步骤 4，递阶结构模型的构建。

以可达矩阵 $\boldsymbol{M}$ 为基础，利用多级递阶有向图对递展模型的结构进行表示。

步骤 5，递阶结构模型的判断。

将递阶结构模型与意识模型进行对比，若无法用经济学原理或管理经验进行解释，则返回步骤 1，对有关要素和二元关系进行修正。

8.3.2　CHAID 算法

1. 算法简介

决策树算法是一种数据分类和分割的数据挖掘[①]方法，其特点是易于理解且应用可视化。决策树算法包括 Logistic 回归分析、判别分析、聚类分析、自组织映射（self-organizing mapping，SOM）、分类回归树（classification and regression trees，CART）和卡方自动交叉检验（chi-square automatic interaction detection，CHAID）。决策可产生用于数据集分类的规则。用于数据集分类的具体决策树技术包括 CART 和 CHAID。CHAID 与 C5.0、CART 的区别在于其分组变量确定的依据是输入变量与输出变量之间的相关程度，而非使输出变量差异性下降最快的变量（CART 通常需要较少的数据准备）（Lee and Siau，2001）。CHAID 从其他决策树算法中分离出来的原因是 CHAID 产生的分支数量不同。其他的决策树算法采用二进制分支，但是 CHAID 可体现数据在其多分支特性的所有不同结构，CHAID 分析可以生成两个以上的分支，即非二进制树。CHAID 提供了一种在多

---

① 数据挖掘技术的一般步骤包括：第一，从大数据库中获取数据；第二，选择相关的子集；第三，选择适当的采样系统，清理数据和处理缺失记录；第四，适当地应用变换、降维和预测；第五，将模型与预处理数据进行拟合。数据挖掘的通用性技术包括：决策树、人工神经网络、遗传算法、最近邻法以及规则归纳法等。

个自变量中自动搜索能产生最大差异的变量方案。因此，本书将利用 CHAID 方法进行研究。

CHAID 属于多变量分析，在形式上：①CHAID 以因变量为根结点，对每个自变量进行分类①，计算分类的 χ^2 值。如果若干变量的分类均显著，则比较此分类的显著程度，即 P 值，然后选择最显著的分类法作为子节点。②CHIAD 可以自动归并自变量中类别，使显著性达到最大。③最后在最终形成的树状模型中形成细分群体，且每个细分群体表现为一个叶结点。

CHAID 自动地把数据分成互斥的、无遗漏的组群，但只适用于类别型资料。当预测变量较多且都是分类变量时，CHAID 分类最适宜。

2. 基本步骤

CHAID 的一般步骤主要包括属性变量的预处理和确定当前分支变量和分隔值。

1）属性变量②的预处理

（1）对定类属性的变量，在其多个分类水平中找到对目标变量取值影响不显著的分类，并将其合并。

（2）对定距属性的变量，先按分位点进行分组，然后再合并具有同质性的组。

（3）若目标变量为定类变量，则采用卡方检验；若目标变量为定距变量，则采用 F 检验。

2）确定当前分支变量和分隔值

（1）计算经预处理后的各属性变量与目标变量的卡方检验统计量和 P 值。P 值最小的变量表示与目标变量联系最紧密，将其作为当前的最佳分支变量，该变量的所有分组形成该分支下的子节点。

（2）对每个子节点重复上述处理，直到满足收敛条件为止。

3. 主要公式

在分布拟合优度检验中，实际观察次数 f_o 与理论（期待）次数 f_e 之差的平方除以理论次数，近似服从卡方分布，即

$$\chi^2 = \sum \frac{(f_o - f_e)^2}{f_e} \sim \chi^2_{(df)} \tag{8-2}$$

若实际观察次数与理论次数的差异越大，卡方检验的结果就越可能拒绝原假设而接受备择假设；理论次数 f_e 越大（ $f_e \geqslant 5$ ），拟合效果越好。

---

① 规定变量是离散性的，即为分类的或有序的，若为连续性变量，则要定义成分类或有序变量。

② 统计学依据数据的计量尺度将数据划分为三大类，即定距型数据（scale）、定序型数据（ordinal）和定类型数据（nominal）。

自由度 df 为类别数目 K 与利用观察数据时所使用的样本统计量数目（或约束条件数）M：

$$\mathrm{df} = K - M \tag{8-3}$$

CHAID 模型可利用 Pearson 卡方值或似然比检验（likelihood ratio test，LRT）来进行分类。但当样本容量较小时，不应该使用 Pearson 卡方值，似然比方法更为通用和稳健[①]。

$$\mathrm{LR} = 2 \times \left(\ln L_1 - \ln L_2 \right) \tag{8-4}$$

其中，L_1 为复杂模型最大似然值；L_2 为简单标准模型最大似然值；LR 近似地符合卡方分布。为了检验两个模型似然值的差异是否显著，需考虑自由度。LRT 中，自由度等于在复杂模型中增加的模型参数的数目。

设总体 X 服从分布 $P(x;\theta)$（当 X 是连续型随机变量时为概率密度，当 X 为离散型随机变量时为概率分布），θ 为待估参数，x_1，x_2，$\cdots$，x_n 均为来自于总体的样本 X 的一个观察值，则样本的联合分布为似然函数：

$$L(\theta) = L(x_1, x_2, \cdots, x_n; \theta) = \prod P(x_i; \theta) \tag{8-5}$$

提升度本质是收益（%）和响应（%）综合的反应。提升度为

$$\mathrm{lift} = \frac{P(\mathrm{class}_t / \mathrm{sample})}{P(\mathrm{class}_t / \mathrm{population})} \tag{8-6}$$

其中，$P(\mathrm{class}_t / \mathrm{sample})$ 表示在模型所限定的特定样本空间内，输出变量值为 t 类的概率；$P(\mathrm{class}_t / \mathrm{population})$ 表示在所有样本空间内输出变量值为 t 类的概率。

8.4　数据、结果及分析

8.4.1　数据来源

1. 问卷设计

第一，对研究变量进行定义，将各个指标的含义进行简洁的定义与解释。

第二，通过与能源经济、产业经济、物流管理、财务管理等方面专家的沟通讨论，对问卷中的表述进行修改和完善。

第三，选择部分专业人员进行问卷的预调查，对调查问卷中不合适的内容、

---

① 似然比检验是基于最大似然估计（maximum likelihood estimation，MLE）。其基本思想是：如果参数约束是有效的，则加上这样的约束不应该引起似然函数最大值的大幅度降低。其实质是在比较有约束条件下的似然函数最大值与无约束条件下的似然函数最大值。似然比定义为有约束条件下的似然函数最大值与无约束条件下似然函数最大值之比。以似然比为基础，可构造一个服从卡方分布的统计量。

用词或排版等问题进行进一步的修改和完善。

第四，通过邮件、电话和实地调研等形式，正式发放调查问卷。

第五，定期回收问卷，为确保问卷的质量，根据搜集到的样本信息进行描述性统计及模型的拟合。

问卷将电网企业、发电企业、煤炭企业、政府部门及科研单位等设为答卷人的选择范围。问卷的结构安排包括说明信、答卷说明、答卷人背景信息、对煤电能源供应链风险指标的解释、结束语五个部分（附录）。问卷分为两部分：第一部分涉及被调查人的工作单位、工作年限、职位等信息；第二部分针对各个指标进行调查，指标打分采用五分 Likert 量表。

2. 样本容量选择

Gerbing 和 Anderson（1988）通过研究证明样本容量最低应达到 100，大于 200 的效果更佳。为了保障分析结果的准确性，本书的样本容量拟定为 300。在保证需求的范围内，最大限度地提高统计结果的精确性，将政府部门、煤炭企业、发电企业、电网公司、科研机构及其他部门（运力部门、储配中心和金融系统）的样本容量的分别拟定为 30、50、90、50、60 和 20。

3. 统计性描述

本次问卷调查历时近五个月（2013 年 12 月到 2014 年 4 月），实际共发放问卷 400 份，收回 374 份，回收率为 93.50%，其中有效问卷为 329 份，有效率为 82.25%。对问卷回收所搜集到的样本资料进行描述性分析，内容主要为调查样本的个人信息（表 8-2）。

表 8-2　调查对象个人信息表 N=329

分类项	属性	样本数/人	占比/%
工作性质	政府部门（A）	32	A 9.73%, B 19.45%, C 45.29%, D 17.93%, E 7.60%
	教育及科研机构研究人员（B）	64	
	电力企业人员（C）	149	
	煤炭企业人员（D）	59	
	其他（运力部门、储配中心和金融系统）（E）	25	
教育水平	博士（及在读）（A）	81	A 24.62%, B 42.86%, C 30.09%, D 2.43%
	硕士（及在读）（B）	141	
	本科（C）	99	
	本科以下（D）	8	

续表

分类项	属性	样本数/人	占比/%
工作时间	小于 3 年（A）	111	A 33.74%，B 35.56%，C 18.24%，D 12.46%
	4~10 年（B）	117	
	11~15 年（C）	60	
	大于 16 年（D）	41	
职位、职称	高层管理（教授或高工）（A）	25	A 7.60%，B 20.67%，C 31.61%，D 40.12%
	中层管理者（副教授或工程师）（B）	68	
	专业技术人员（班组长、讲师或助工）（C）	104	
	普通成员（D）	132	

注：电力企业员工（149 人）包括火力发电企业员工（96 人）和电网公司员工（53 人）

8.4.2　结构型递展分析

1. 统计性检验

1）相关性检验

利用 SPSS 17.0 软件，得到各个风险指标的相关系数矩阵，分析结果如表 8-3 所示。

表 8-3　相关性矩阵

项目		道德风险	信息传递风险	生产（供给）风险	采购风险	物流风险	财务风险	企业文化差异	经济周期风险	制度/法律风险	市场（需求）风险	政策风险	意外灾害
道德风险	Pearson 相关性	1	0.467**	0.280**	0.199**	0.183**	0.159**	0.305**	0.065	0.192**	0.095	0.159**	0.230**
	Sig.（2-tailed）		0.000	0.000	0.000	0.001	0.004	0.000	0.240	0.000	0.085	0.004	0.000
	N	329	329	329	329	329	329	329	329	329	329	329	329
信息传递风险	Pearson 相关性	0.467**	1	0.210**	0.053	0.157**	0.237**	0.262**	0.156**	0.174**	0.296**	0.256**	0.390**
	Sig.（2-tailed）	0.000		0.000	0.334	0.004	0.000	0.000	0.005	0.002	0.000	0.000	0.000
	N	329	329	329	329	329	329	329	329	329	329	329	329
生产供给风险	Pearson 相关性	0.280**	0.210**	1	0.369**	0.372**	0.167**	0.182**	0.261**	0.059	0.222**	0.115*	0.143**
	Sig.（2-tailed）	0.000	0.000		0.000	0.000	0.002	0.001	0.000	0.286	0.000	0.037	0.009
	N	329	329	329	329	329	329	329	329	329	329	329	329
采购风险	Pearson 相关性	0.199**	0.053	0.369**	1	0.475**	0.182**	0.142*	0.077	0.136*	0.165**	0.122*	0.108
	Sig.（2-tailed）	0.000	0.334	0.000		0.000	0.001	0.010	0.162	0.013	0.003	0.027	0.051
	N	329	329	329	329	329	329	329	329	329	329	329	329

续表

项目		道德风险	信息传递风险	生产（供给）风险	采购风险	物流风险	财务风险	企业文化差异	经济周期风险	制度/法律风险	市场（需求）风险	政策风险	意外灾害
物流风险	Pearson相关性	0.183**	0.157**	*0.372***	*0.475***	1	0.238**	0.156**	0.141*	0.092	0.153**	0.132*	0.104
	Sig.（2-tailed）	0.001	0.004	*0.000*	*0.000*		0.000	0.005	0.010	0.095	0.005	0.017	0.061
	N	329	329	*329*	*329*	329	329	329	329	329	329	329	329
财务风险	Pearson相关性	0.159**	0.237**	0.167**	0.182**	0.238**	1	0.254**	0.198**	0.091	*0.339***	0.278**	*0.317***
	Sig.（2-tailed）	0.004	0.000	0.002	0.001	0.000		0.000	0.000	0.098	*0.000*	0.000	*0.000*
	N	329	329	329	329	329	329	329	329	329	*329*	329	*329*
企业文化差异	Pearson相关性	*0.305***	0.262**	0.182**	0.142*	0.156**	0.254**	1	0.162**	0.229**	0.207**	0.221**	0.271**
	Sig.（2-tailed）	*0.000*	0.000	0.001	0.010	0.005	0.000		0.003	0.000	0.000	0.000	0.000
	N	*329*	329	329	329	329	329	329	329	329	329	329	329
经济周期风险	Pearson相关性	0.065	0.156**	0.261**	0.077	0.141*	0.198**	0.162**	1	0.108	*0.331***	0.282**	0.227**
	Sig.（2-tailed）	0.240	0.005	0.000	0.162	0.010	0.000	0.003		0.051	*0.000*	0.000	0.000
	N	329	329	329	329	329	329	329	329	329	*329*	329	329
制度法律风险	Pearson相关性	0.192**	0.174**	0.059	0.136*	0.092	0.091	0.229**	0.108	1	0.074	*0.403***	0.205**
	Sig.（2-tailed）	0.000	0.002	0.286	0.013	0.095	0.098	0.000	0.051		0.178	*0.000*	0.000
	N	329	329	329	329	329	329	329	329	329	329	*329*	329
市场需求风险	Pearson相关性	0.095	0.296**	0.222**	0.165**	0.153**	*0.339***	0.207**	*0.331***	0.074	1	0.362**	*0.300***
	Sig.（2-tailed）	0.085	0.000	0.000	0.003	0.005	*0.000*	0.000	*0.000*	0.178		0.000	*0.000*
	N	329	329	329	329	329	*329*	329	*329*	329	329	*329*	*329*
政策风险	Pearson相关性	0.159**	0.256**	0.115*	0.122*	0.132*	0.278**	0.221**	0.282**	*0.403***	0.362**	1	*0.365***
	Sig.（2-tailed）	0.004	0.000	0.037	0.027	0.017	0.000	0.000	0.000	*0.000*	0.000		*0.000*
	N	329	329	329	329	329	329	329	329	*329*	*329*	329	*329*
意外灾害	Pearson相关性	0.230**	*0.390***	0.143**	0.108	0.104	*0.317***	0.271**	0.227**	0.205**	*0.300***	0.365**	1
	Sig.（2-tailed）	0.000	*0.000*	0.009	0.051	0.061	*0.000*	0.000	0.000	0.000	*0.000*	0.000	
	N	329	*329*	329	329	329	*329*	329	329	329	*329*	*329*	329

**表示在 0.01 水平（双侧）上显著，即在 99%的概率下，相关性是显著的；*表示在 0.05 水平（双侧）上显著，即在 95%的概率下，相关性是显著的

注：*加粗斜体*表示具有较强的相关性；灰色表示未通过检验；Sig.（2-tailed）表示显著性（双侧）

参数选择 Pearson 指数[①]。结果显示，若绝对值<0.3，则表示弱相关。相关系数的正负符号说明相关性的方向，若为正值，则这两个变量之间是正相关（一个变量的增高引起另一个变量的增高）；若为负号，则为负相关（一个变量的增高引起另一个变量的降低）。Sig.（2-tailed）=0.01 说明在 99%的概率上，Pearson 相关性成立。一般而言，sig.≤0.05 的情况下，Pearson 相关性具有统计学意义。N 表示进行相关性分析的变量数据的个数。

2）因果关系检验

利用 Eviews 6.0 软件，对相关性大于 0.3 的因子做格兰杰因果关系检验，进行相互关系分析（表 8-4）。当 P 值大于 0.05 时，接受零假设；当 P 值小于 0.05 时，拒绝零假设。

表 8-4　格兰杰因果关系检验

零假设	N	F-Statistic	Prob.
"信息传递风险"不是"道德风险"的格兰杰原因	327	2.425 74	0.090 0
"道德风险"不是"信息传递风险"的格兰杰原因		0.912 98	0.402 4
"企业文化差异"不是"道德风险"的格兰杰原因	327	1.568 49	0.209 9
"道德风险"不是"企业文化差异"的格兰杰原因		1.217 16	0.297 4
"意外灾害"不是"信息传递风险"的格兰杰原因	327	4.858 61	0.008 3
"信息传递风险"不是"意外灾害"的格兰杰原因		4.165 6	0.016 4
"采购风险"不是"生产（供给）风险"的格兰杰原因	327	1.139 63	0.321 2
"生产（供给）风险"不是"采购风险"的格兰杰原因		0.417 98	0.658 7
"物流风险"不是"生产（供给）风险"的格兰杰原因	327	1.052 84	0.350 1
"生产（供给）风险"不是"物流风险"的格兰杰原因		0.159 87	0.852 3
"物流风险"不是"采购风险"的格兰杰原因	327	2.005	0.136 3
"采购风险"不是"物流风险"的格兰杰原因		0.086 32	0.917 3
"市场（需求）风险"不是"财务风险"的格兰杰原因	327	0.720 03	0.487 5
"财务风险"不是"市场（需求）风险"的格兰杰原因		0.437 47	0.646 1
"意外灾害"不是"财务风险"的格兰杰原因	327	4.415 5	0.012 8
"财务风险"不是"意外灾害"的格兰杰原因		0.418 01	0.658 7
"市场（需求）风险"不是"经济周期风险"的格兰杰原因	327	1.145 8	0.319 3
"经济周期风险"不是"市场（需求）风险"的格兰杰原因		1.207 46	0.300 3
"政策风险"不是"制度/法律风险"的格兰杰原因	327	0.373 47	0.688 6
"制度/法律风险"不是"政策风险"的格兰杰原因		0.152 55	0.858 6
"政策风险"不是"市场（需求）风险"的格兰杰原因	327	1.560 69	0.211 6
"市场（需求）风险"不是"政策风险"的格兰杰原因		0.298 63	0.742 0

①　Pearson 相关系数指出了两个变量之间相关的亲密程度和方向，它的绝对值为 0~1。

续表

零假设	N	F-Statistic	Prob.
"意外灾害"不是"市场（需求）风险"的格兰杰原因	327	2.301 77	0.101 7
"市场（需求）风险"不是"意外灾害"的格兰杰原因		0.208 84	0.811 6
"意外灾害"不是"政策风险"的格兰杰原因	327	4.238 87	0.015 2
"政策风险"不是"意外灾害"的格兰杰原因		1.655 67	0.192 6

注：阶数（滞后期）为2

3）经验判断

根据表 8-3 和表 8-4 的检验结果显示："意外灾害"是"信息传递风险"和"财务风险"的格兰杰原因，但是对"政策风险"并无直接影响。当意外灾害发生时（如严重的自然灾害），会导致巨大的经济社会损失，直接带来供应链各环节的财务风险，且相关信息在收集、整理、核算和传递的过程将受到制约。虽然部分检验结果具有统计学意义，但其余结果不符合经济学或管理学常识[①]。

在直接二元关系的判断过程中，因素之间除了因果关系外，还存在其他关系（如大小关系、排斥关系、互补关系及从属关系等）。虽然客观数据和统计分析结果不可直接用于以下的分析，但可为专家判断提供技术支持和分析依据。

2. ISM 构建

1）邻接矩阵

参考表 8-3 和表 8-4 的检验结果，对煤电能源供应链风险指标的关系进行锚定，在不考虑风险自影响的前提下，建立邻接矩阵 A，如表 8-5 所示。

表 8-5 煤电能源供应链风险的邻接矩阵 A

指标	R_1	R_2	R_3	R_4	R_5	R_6	R_7	R_8	R_9	R_{10}	R_{11}	R_{12}
R_1	0	1	0	0	0	0	0	0	0	0	0	0
R_2	0	0	0	0	0	0	0	0	0	0	0	0
R_3	0	0	0	0	0	0	0	0	0	0	0	0
R_4	0	0	1	0	0	0	0	0	0	0	0	0
R_5	0	0	1	1	0	0	0	0	0	0	0	0
R_6	0	0	1	1	1	0	0	0	0	0	0	0
R_7	1	0	0	0	0	0	0	0	0	0	0	0
R_8	0	0	0	0	0	0	0	0	1	1	0	0
R_9	0	0	0	0	0	0	1	0	0	0	1	0
R_{10}	0	0	0	0	0	1	0	0	0	0	0	0

---

① 这是由数据本身的信度和效度决定的。

指标	R_1	R_2	R_3	R_4	R_5	R_6	R_7	R_8	R_9	R_{10}	R_{11}	R_{12}
R_{11}	0	0	0	0	0	1	0	0	0	1	0	0
R_{12}	0	1	0	0	0	1	0	0	0	1	0	0

注：0 表示不可直接影响；1 表示可直接影响

2）可达矩阵

在处理过程中，可对邻接矩阵 A 进行运算，构造 $A+I$ 矩阵（表 8-6），其中，I 代表单位阵。利用 Matlab 软件进行矩阵运算，按"布尔代数运算法则"进行自乘，得到等式关系［式（8-7）］和可达矩阵（表 8-7）如下：

$$(A+I)^2 \neq (A+I)^3 \neq (A+I)^4 = (A+I)^5 \tag{8-7}$$

表 8-6　煤电能源供应链风险的 $A+I$ 矩阵

指标	R_1	R_2	R_3	R_4	R_5	R_6	R_7	R_8	R_9	R_{10}	R_{11}	R_{12}
R_1	1	1	0	0	0	0	0	0	0	0	0	0
R_2	0	1	0	0	0	0	0	0	0	0	0	0
R_3	0	0	1	0	0	0	0	0	0	0	0	0
R_4	0	0	1	1	0	0	0	0	0	0	0	0
R_5	0	0	1	1	1	0	0	0	0	0	0	0
R_6	0	0	1	1	1	1	0	0	0	0	0	0
R_7	1	0	0	0	0	0	1	0	0	0	0	0
R_8	0	0	0	0	0	0	1	1	1	0	0	0
R_9	0	0	0	0	0	0	1	0	1	0	1	0
R_{10}	0	0	0	0	0	1	0	0	0	1	0	0
R_{11}	0	0	0	0	0	1	0	0	0	1	1	0
R_{12}	0	1	0	0	0	1	0	0	0	1	0	1

表 8-7　煤电能源供应链风险的可达矩阵

指标	R_1	R_2	R_3	R_4	R_5	R_6	R_7	R_8	R_9	R_{10}	R_{11}	R_{12}
R_1	1	1	0	0	0	0	0	0	0	0	0	0
R_2	0	1	0	0	0	0	0	0	0	0	0	0
R_3	0	0	1	0	0	0	0	0	0	0	0	0
R_4	0	0	1	1	0	0	0	0	0	0	0	0
R_5	0	0	1	1	1	0	0	0	0	0	0	0
R_6	0	0	1	1	1	1	0	0	0	0	0	0
R_7	1	1	0	0	0	0	1	0	0	0	0	0
R_8	1	1	1	1	1	1	1	1	1	1	1	0
R_9	1	1	1	1	1	1	1	0	1	1	1	0

续表

指标	R_1	R_2	R_3	R_4	R_5	R_6	R_7	R_8	R_9	R_{10}	R_{11}	R_{12}
R_{10}	0	0	1	1	1	1	0	0	0	1	0	0
R_{11}	0	0	1	1	1	1	0	0	0	1	1	0
R_{12}	0	1	1	1	1	1	0	0	0	1	0	1

3）实用法可达矩阵

对可达矩阵的每一行按元素的大小进行升序排列，并依次分出阶数最大的单位主子阵（表 8-8）。

表 8-8　煤电能源供应链风险的实用可达矩阵

指标	R_3	R_2	R_1	R_4	R_5	R_7	R_6	R_{10}	R_{11}	R_{12}	R_9	R_8	层级
R_3	1	0	0	0	0	0	0	0	0	0	0	0	一
R_2	0	1	0	0	0	0	0	0	0	0	0	0	一
R_1	0	0	1	0	0	0	0	0	0	0	0	0	二
R_4	1	0	0	1	0	0	0	0	0	0	0	0	二
R_5	1	0	0	1	1	0	0	0	0	0	0	0	三
R_7	0	1	1	0	0	1	0	0	0	0	0	0	三
R_6	1	0	0	1	1	0	1	0	0	0	0	0	四
R_{10}	1	0	0	1	1	0	1	1	0	0	0	0	五
R_{11}	1	1	0	1	1	0	1	1	1	0	0	0	六
R_{12}	1	1	0	1	1	0	1	1	0	1	0	0	六
R_9	1	1	1	1	1	1	1	1	1	0	1	0	七
R_8	1	1	1	1	1	1	1	1	1	0	1	1	八

4）递阶结构有向图

根据表 8-8 可达矩阵的结果，运用解释结构方程的实用法画出递阶结构有向图（图 8-2）。

由图 8-2 可知以下几点。

（1）煤电能源供应链风险指标分布于八个层次，每个层次中存在一个或两个独立的区域，且各自形成局部的风险指标分析子系统。

（2）所有风险指标均通过不同的路径和方式对 R_2（信息传递风险）和 R_3［生产（供给）风险］产生影响。

（3）R_1（道德风险）、R_7（企业文化差异）、R_{10}［市场（需求）风险］和 R_{11}（政策风险）和 R_{12}（意外灾害）的影响关系分布于各个层次中，且均为单向的递展关系；R_4（采购风险）、R_5（物流风险）和 R_6（财务风险）分布于三个不同的层次中，但呈现双向的递展关系。

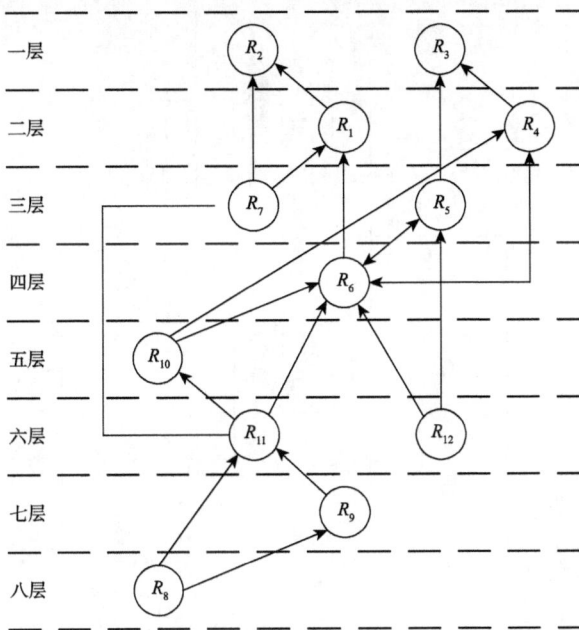

图 8-2　煤电能源供应链风险指标系统结构递阶有向图

（4）位于有向图底部的 R_9（制度/法律风险）和 R_8（经济周期风险）成为影响煤电能源供应链安全性的根源。这不仅体现了外生风险对供应链系统影响的决定性，也可说明内生风险对外生风险反应的递展性。

8.4.3　过程型递展分析

1. 模型建立与执行结果

本书拟利用 Clementine 软件完成分类建模过程。

（1）在"建模"中选择 CHAID 节点，将其加入数据流中。

（2）在 CHAID "字段"选项中，保持系统默认的目标、输入、分区字段、使用频数字段以及使用加权字段的初始设置。

（3）在 CHAID "模型"选项中，选择"使用分区数据"，方法选择"穷尽CHAID"，模式选择"启动交互会话"，Clementine 在训练 CHAID 树时，会开启交互式会话窗口，在交互会话中可以控制树生长和对树剪枝，避免过拟合，"使用树指令"的最大树状图深度层数选择"8"。

（4）在 CHAID "专家"选项中，模式项选择"专家"，卡方用于类别目标选择"似然比"，其他选项保持系统默认状态。

（5）CHAID "成本"选项和"注释"选项均保持设置不变。

模型执行结果如图 8-3 所示。

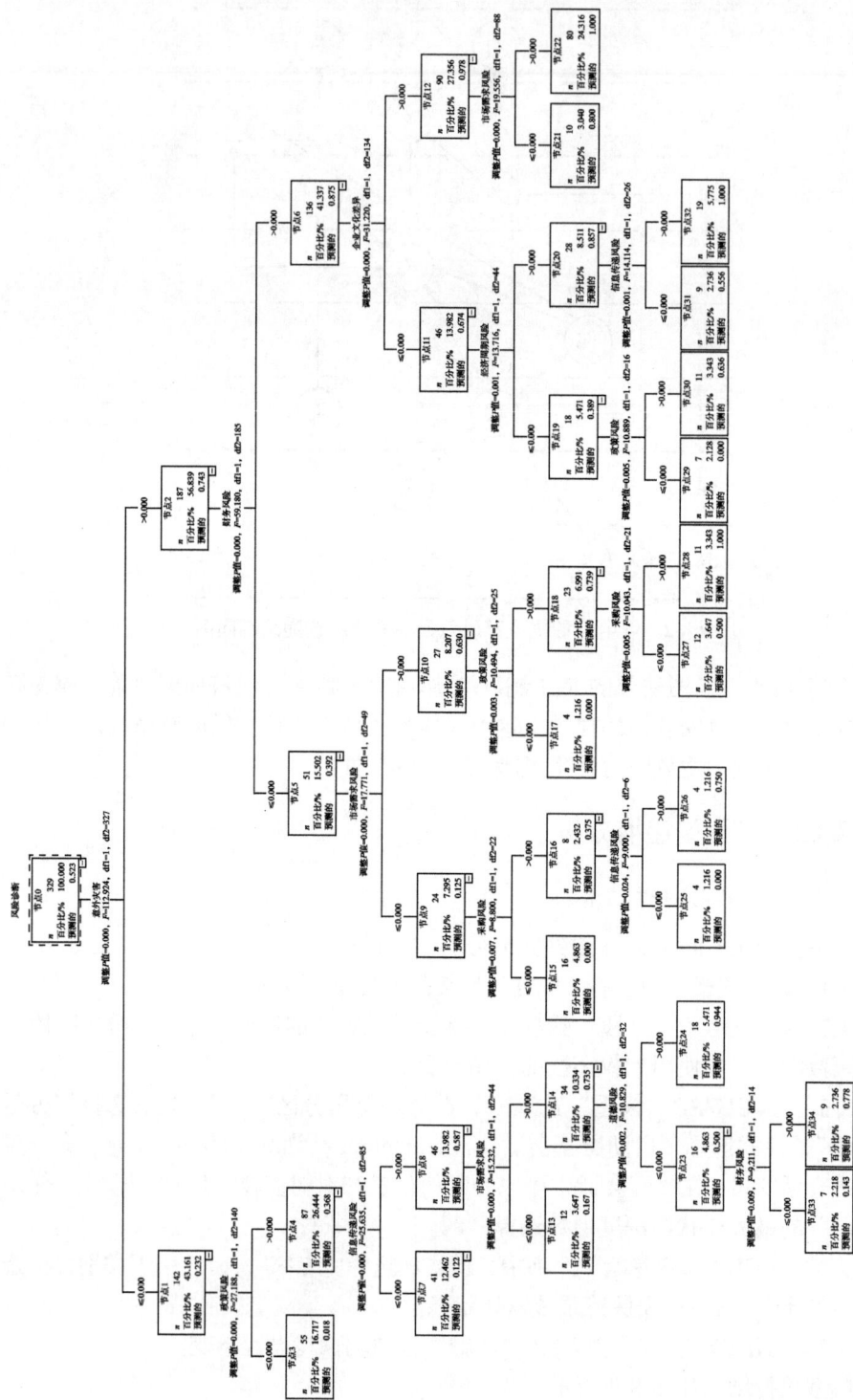

图8-3　CHAID决策树与供应链风险度

CHAID 呈现多分支结构，图 8-3 表示了 CHAID 决策树以及由 CHAID 算法得到的风险状况。煤电能源供应链风险递展过程是以风险诊断为基础的，且具有较强的相关性（$P<0.001$）。当供应链不存在"意外灾害"（即意外灾害取值为 0）时，决策者应优先考虑供应链系统中的"政策风险"，样本中的 $n=142$，占样本总量的 43.161%（调整后的 $P=0.000\,0$）；当供应链存在"意外灾害"（即意外灾害取值为 1）时，决策者应优先考虑供应链系统中的"财务风险"，样本中的 $n=187$，占样本总量的 56.839%（调整后的 $P=0.000\,0$）。其他风险的递展决策过程依此类推。

由图 8-3 可知，根据影响煤电能源供应链的风险指标和安全性，可将风险状况分为 18 个类别。虽然 CHAID 仅可将煤电能源供应链风险度分为"存在风险"（1）和"不存在风险"（0），但算法可将大量数据分类为 18 项不同的风险状况（表 8-9）。由表 8-9 可知，CHAID 模型筛选出可影响供应链安全性的九个风险指标。由此，煤电能源供应链中的决策者便可选择风险指标的管理重点，且同时改善风险状况以提高供应链系统安全性。

表 8-9　煤电能源供应链的风险状况

风险状况	节点	风险指标								
		意外灾害	政策风险	信息传递风险	市场（需要）风险	道德风险	财务风险	采购风险	企业文化差异	经济周期风险
1	0, 1, 3	≤0.0	≤0.0							
2	0, 1, 4, 7	≤0.0	>0.0	≤0.0						
3	0, 1, 4, 8, 13	≤0.0	>0.0	>0.0	≤0.0					
4	0, 1, 4, 8, 14, 23, 33	≤0.0	>0.0	>0.0	>0.0	≤0.0	≤0.0			
5	0, 1, 4, 8, 14, 23, 34	≤0.0	>0.0	>0.0	>0.0	≤0.0	>0.0			
6	0, 1, 4, 8, 14, 24	≤0.0	>0.0	>0.0	>0.0	>0.0				
7	0, 2, 5, 9, 15	>0.0			≤0.0		≤0.0	≤0.0		
8	0, 2, 5, 9, 16, 25	>0.0		≤0.0	≤0.0		≤0.0	>0.0		
9	0, 2, 5, 9, 16, 26	>0.0		>0.0	≤0.0		≤0.0	>0.0		
10	0, 2, 5, 10, 17	>0.0	≤0.0		≤0.0		≤0.0			
11	0, 2, 5, 10, 18, 27	>0.0	>0.0		≤0.0		≤0.0	≤0.0		
12	0, 2, 5, 10, 18, 28	>0.0	>0.0		≤0.0		≤0.0	>0.0		
13	0, 2, 6, 11, 19, 29	>0.0	≤0.0				>0.0		≤0.0	≤0.0
14	0, 2, 6, 11, 19, 30	>0.0	>0.0				>0.0		≤0.0	≤0.0
15	0, 2, 6, 11, 20, 31	>0.0		≤0.0			>0.0		≤0.0	>0.0
16	0, 2, 6, 11, 20, 32	>0.0		>0.0			>0.0		≤0.0	>0.0
17	0, 2, 6, 12, 21	>0.0			≤0.0		>0.0		>0.0	
18	0, 2, 6, 12, 22	>0.0			>0.0		>0.0		>0.0	

2. 模型收益评价

表 8-10 和表 8-11 中，给出模型的收益评价数据。"节点：n"表示节点包含的样本个数[①]；"节点/%"表示节点样本个数占总样本的百分比。"指数/%"为提升度，表示节点包含指定类别（0 类或 1 类）样本的比例是所有同类别样本占总样本比例的百分比。提升度的取值越大说明模型对指定类别样本所应具备的特征和捕捉能力越强，模型的收益越好。

表 8-10　训练样本各节点的收益数据

节点	节点：n	节点/%	均值	指数/%
22	80.00	24.32	1.00	191.28
32	19.00	5.78	1.00	191.28
28	11.00	3.34	1.00	191.28
24	18.00	5.47	0.94	180.65
21	10.00	3.04	0.80	153.02
34	9.00	2.74	0.78	148.77
26	4.00	1.22	0.75	143.46
30	11.00	3.34	0.64	121.72
31	9.00	2.74	0.56	106.27
27	12.00	3.65	0.50	95.64
13	12.00	3.65	0.17	31.88
33	7.00	2.13	0.14	27.33
7	41.00	12.46	0.12	23.33
3	55.00	16.72	0.02	3.48
15	16.00	4.86	0.00	0.00
29	7.00	2.13	0.00	0.00
25	4.00	1.22	0.00	0.00
17	4.00	1.22	0.00	0.00

表 8-11　训练样本累积的收益数据

节点	节点：n	节点/%	均值	指数/%
22	80.00	24.32	1.00	191.28
32	99.00	30.09	1.00	191.28
28	110.00	33.43	1.00	191.28
24	128.00	38.91	0.99	189.78
21	138.00	41.95	0.98	187.12

---

① "节点"编号与图 8-3 的 CHAID 决策树所展示的节点编号相对应，此编号是 Clementine 软件自动分配的，不具有经济学意义。

续表

节点	节点：n	节点/%	均值	指数/%
34	147.00	44.68	0.97	184.77
26	151.00	45.90	0.96	183.68
30	162.00	49.24	0.94	179.47
31	171.00	51.98	0.92	175.62
27	183.00	55.62	0.89	170.37
13	195.00	59.27	0.85	161.85
33	202.00	61.40	0.82	157.19
7	243.00	73.86	0.70	134.60
3	298.00	90.58	0.58	110.40
15	314.00	95.44	0.55	104.78
29	321.00	97.57	0.54	102.49
25	325.00	98.78	0.53	101.23
17	329.00	100.00	0.52	100.00

另外，由 CHAID 模型可知，模型决策树的错误判断率为 0.062，标准误差为 0.009，说明风险过程型递展分析过程是科学合理的。

8.5　本章小结

总结本章，可得如下结论。

（1）煤电能源供应链风险递展过程的类型分为效果型递展、结构型递展和过程型递展。其中，煤电能源供应链风险结构型递展过程主要体现于风险之间的结构关系，在理论上可用以确定各个风险因素的传递路径、层级关系及递阶关系；煤电能源供应链风险过程型递展过程主要体现于利益相关主体在决策过程中对风险的考量优先排序，决策者根据供应链的特点选择各个风险指标的参考顺序，将各个风险逐级展开进行考量，以明确决策侧重点。

（2）利用解释结构模型对煤电能源供应链的风险结构型递展过程进行研究，不仅可用以分析风险的系统结构，而且可与计量建模相结合形成有效的管理技术手段，更可作为构建供应链系统风险管控体系和形成相应风险策略的基础。对煤电能源供应链的风险结构型递展过程，利用解释结构模型将煤电能源供应链风险指标分布于八个层次；所有风险指标均通过不同的路径和方式对信息传递风险和生产（供给）风险产生影响；风险指标的影响关系分布于各个层次中，既有单向的递展关系，又有双向的递展关系；制度/法律风险和经济周期风险成为影响煤电能源供应链安全性的源头。

（3）对煤电能源供应链的风险过程型递展过程，利用数据挖掘模型将煤电能源供应链风险指标为 18 个类别；对目前的中国煤电能源供应链风险管理实践而言，CHAID 模型筛选出可影响供应链安全性的九个风险指标；在决策过程中，利益相关主体应首先在意外灾害情境发生与否中做出判断，然后在存在意外灾害的情境中考虑财务风险，否则考虑政策风险，同理接着分析第三层的市场（需求）风险、企业文化差异和信息传递风险，直至风险管理决策涉及第五层和第六次的风险指标。风险过程型递展过程分析有利于决策者对供应链风险开展预警和防控等工作。

第9章 基于协调关系的煤电能源供应链风险界定

9.1 问题的背景介绍

煤炭资源是中国社会经济发展的主要动力能源，火力发电技术又是煤炭消费的主要途径。煤、电企业的长期共存和可持续发展，不仅关系到中国的能源安全问题，而且关系到中国的环境气候问题，成为影响中国社会经济发展的重要因素。煤电能源供应链是协调煤、电企业以及其他经济部门的有效物理系统，其安全、稳定、健康、高效的运营是制约煤炭产业、发电产业、运力部门、电网企业以及电力终端用户发展水平的重要条件。中国的资源禀赋、能源结构和能源分布决定了煤电能源供应链中的煤炭和电力在生产、运输和销售等环节和过程中，必须实现统一、协调和有效的衔接。除了必要的市场设计和制度安排以外，中国政府的相关产业支持政策是干预、影响并决定煤、电产业以及煤电能源供应链能否长期发展的重要因素。因此，煤电能源供应链管理的重点问题将集中于研究源于供应链系统内、外部环境的不确定性因素影响的煤电能源供应链风险管控问题上。

9.2 供应链风险界定的研究情况

如本书第2章中所述，分析目前已有的相关研究可知，针对煤、电能源产业发展和企业管理的研究均具有较强的针对性，所解决的问题也是基于一些理想假设或所研究的对象也是剥离出整个系统进行了拆分，所得到的研究结论在论证目的问题的同时又回避了其他重要问题，致使所提供的政策建议的实际操作性相对较差。另外，基于复杂系统理论和协同理论的煤电能源供应链研究相对较少，将供应链风险管理进行系统化分析的研究更少。本书针对上述问题，描述一个相对复杂的煤电能源供应链系统，并在物理系统的基础上，分析供应链风险，形成风险源递展结构，最终构建煤电能源供应链风险管控模型，并在此基础上分析煤电能源供应链风险递展的作用效果。

9.3　防控优化中供应链风险问题描述

9.3.1　煤电能源供应链风险特点

在描述煤电能源供应链风险系统时,同时考虑七个内生风险和五个外源风险,包括道德风险、信息传递风险、生产(供给)风险、采购风险、物流风险、财务风险、企业文化差异、经济周期风险、制度/法律风险、市场(需求)风险、政策风险及意外灾害。且外源风险可通过系统间接影响内生风险。因此,煤电能源供应链的风险特征主要体现包括以下几个方面。

(1)电能产品不可储存,生产过程必须"及时、按需"。当发电量超过电力需要时,会造成较为严重的资源浪费;当发电量无法满足用电需求时,会导致其他经济部门的生产和生活受到负面影响;当整个社会系统的电力供需不均衡、不对称时,则会影响电能产品的服务质量,甚至会进一步危害整个系统的安全运行。因此,发电产业也已成为最早实现产品零库存的行业。但是,经济社会对系统中电力需要是具有不确定性的,电力负荷会随着区域、季节、时间、气候、生活习惯等方面的因素变化而发生波动。对发电产业而言,为了实现及时地调整和管控等职能目的,及时、准确的供需信息也成为产业发展、稳定运行的必要保障。

(2)煤炭采购、运输过程的链线较长、链节较多、链接较复杂。发电企业与煤炭企业进行煤炭交易时,主要涉及煤炭采购和运输过程,包括煤矿生产链、煤炭出矿堆存链、铁路运输链、公路运输链、运输港口吞吐链、船舶运输链等环节。为了实现煤炭的资源配置,煤炭采购和运输过程所包含的链长节点相对较多、实现的时间相对较长,且各经济活动环节的权属归于不同的产业主体,企业所有权的划分使在煤炭的采购和运输过程中,在客观上增强了各经济活动之间链接协作难度和调配管控复杂性。

(3)能源转换和能源交易的过程中,两种价格形成机制长期共存。一方面,在煤炭价格并轨前,煤炭价格存在两种形式:一个价格是为了稳定煤炭市场、抑制市场波动,并充分发挥政府部门的调控作用,国家根据铁路对煤炭的运力分配来制定的煤炭订货计划内指导价格,国家相关部门一年对其进行一次调整;另一个价格是为了使煤、电企业寻求在政府价格机制外的利益平衡点,客观地补充和调节计划内指导价格,根据煤炭市场供求关系和运力市场调节机制形成的煤炭采购计划外市场价格。自取消煤炭重点合同和电煤价格双轨制以来,煤炭交易全面开放,煤、电企业根据煤炭市场供需情况,形成煤炭交易价格。另一方面,煤炭市场价格由煤炭市场供需关系决定,上网电价由政府部门的指导政策进行刚性控制，两个价格缺乏自动调节功用和自适应特征，导致在煤价波动时，电价调整滞后，形成"煤电倒挂"的现象。

（4）发电企业运行过程存在安全隐患，异常运行和煤炭短缺时的成本较高。在火电机组生产运营时，安全性指标是一个重要度量维度。在电力生产的过程中，由于煤炭供应而引发的非计划停机或火电机组低质低效运行也会为发电企业造成相对较大的经济损失。其中，煤炭运输过程和电力生产过程成为煤炭库存供应的不确定性的主要诱因。在煤炭运输环节，当煤炭供不应求或运力水平严重滞后时，在备用煤电无法及时补充的情况下，发电企业会因煤炭供应短缺而引发机组停机事件；在电力生产环节，忽略煤炭供应因素的不确定性，发电装机设备的停机时间成为影响安全生产的关键因素，发电装机设备的可用性概率越高，火电机组平均停机时间就相对越少，电力生产过程的风险就相对越小。

（5）电力生产环节和电力销售环节的链线长度较短，运行较为同步，造成在宏观管控时，管理方法与运营方式相对单一。电力部门在进行电力生产和电力销售等经济活动的同时，也成为具有行政机构性质的经济部门。电网公司在"三集五大"的管理模式下，对发电企业的电力生产和电能上网进行宏观调度，在实现电力生产与电力输配后，进行电力销售。虽然经过第二轮电力体制改革后实现了"厂网分开"，但是与煤电生产、采购和运输等环节相比较，电力生产环节和电力销售环节的管理方法与运营方式相对较单一，造成电力部门的管理水平相对较低、应急能力相对较差、政策依赖性相对较高，使核心节点企业在煤电能源供应链中成为发展的短板。

（6）规制因素和政策因素也是影响煤电能源供应链运营的主要原因。"市场化"的过程就是"自由化"的过程，或称"放松规制规定"过程。政府对煤炭市场和电力市场的规制局限包括两个方面：一方面，规制的作用容易随着受规制煤炭企业和燃煤发电企业活动的类型以及规制形式的变动而改变；另一方面，在规制被取代前，必须针对煤电双方的经济活动，对其替代措施的特性进行评估。所以，"煤电之争"的实质并非价格摩擦，而是体制问题。此外，除了电力体制改革速率相对较慢、价格政策的限制较多以外，其他制度和政策也会影响煤电能源供应链的运营问题，如"节能减排"政策。煤电能源供应链的节点企业均属于高物流、高能耗、高污染的传统产业，除了在技术上实现煤炭利用效率的提高以外，政府还要求淘汰落后产能，因此许多减排政策都具有产业针对性，造成煤炭能源供应链在运营过程中承担了新的责任和风险。

煤电能源供应链中，主要的经济部门包括煤炭企业（煤炭供应商）、运力部门、煤炭储配中心、火力发电企业（燃煤发电厂）、电网公司、电力终端消费用户以及政府部门。其中，煤炭企业主要设计国有大型煤炭供应商、国内其他煤炭供应商以及进口煤炭供应商等；火力发电企业主要是指以煤炭为燃料的火电厂、热电厂，成为煤电能源供应链节点企业中的核心企业。除了电能产品面向终端用户的销售环节以外，涉及风险管控的整条煤电能源供应链的经济活动主要包括煤炭生产、煤炭采购、煤炭运输、电力生产、电力输配、订单管理、煤炭管理、财务管理、投资建设九个环节；在对煤电能源供应链风险进行识别①时，得到如图 9-1 所示的概念模型，图中剪头表示"影响的方向"。

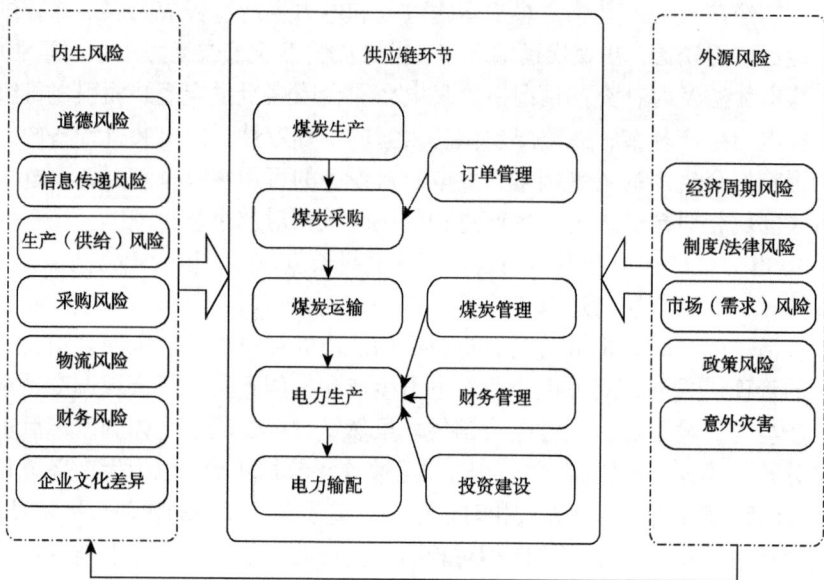

图 9-1   煤电能源供应链与风险源的关系

9.3.2   煤电能源供应链风险系统

1. 内生风险

煤电能源供应链的内生风险包括道德风险、信息传递风险、生产（供给）风险、采购风险、物流风险、财务风险以及企业文化差异。

（1）道德风险是指在煤电交易过程中，存在信息不对称和监督成本过高，煤炭交易的某一节点企业通过采取机会主义行为，使其他节点企业的利益遭到损失，甚至承受更大的风险，最终导致整条煤电能源供应链产生危机。在煤电能源供应

---

① 煤电能源供应链风险研究工作主要分为以下三个阶段：第一，供应链风险识别，对节点企业或煤电能源供应链所面临的各种潜在不确定及内外部风险进行筛选、甄别、归类及分析，从而对供应链风险加以辨识。第二，供应链风险衡量，在定性分析的基础上，运用定量分析方法，逐一对供应链风险进行风险源分析、发生可能性分析、外部性分析、影响范围分析和影响程度分析，以达到对供应链风险体系进行评价与测量的目的。第三，供应链风险控制，根据煤电能源供应链风险管控的目标，科学合理地选择恰当风险管理方法和优化组合工具，以实现风险规避、风险分担、风险转移以及风险降低等目的。

链的管控环境中，通常情况下，发电企业比煤炭企业处于更为不利的结构位置，煤炭企业会通过强化信息不对称性，从发电企业得到更大的利益，从而破坏原有的"结构洞优势"，使发电企业利益受损。例如，由于企业生产能力的限制或企业利益最大化的诉求，煤炭企业在煤炭生产过程中偷工减料，在煤炭销售过程中以次充好，致使所提供的煤炭质量无法到达煤炭采购合同的要求，进而给煤炭采购和电力生产带来引致风险（图9-2）。

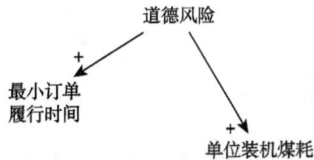

图9-2 道德风险的作用递展

（2）信息传递风险是指在煤电能源供应链的共享信息过程中，由于各个节点企业均为产权相对明确、经营管理相对独立的经济实体企业，煤电能源供应链形成了一个结构上较为松散的节点企业合作联盟；随着煤电能源供应链的合作日益深入、规模逐渐扩大，供应链结构就会变得日趋复杂，但是组织沟通能力无法及时得到巩固和加强，造成供应链信息流传递受阻，信息发生错误的机会和概率也随之增多、增大，最终导致煤炭企业和发电企业管理者的决策失误。信息传递风险主要体现为信息披露的失准、信息传递的扭曲以及信息获得的滞后。例如，信息传递的延迟会导致煤电能源供应链上游、下游节点企业间的不充分沟通，在决策时，对煤炭生产、煤炭需求、电力生产和电力需求出现理解性分歧，致使出现供需不平衡、库存不合理等产能过剩或产能不足的现象（图9-3）。

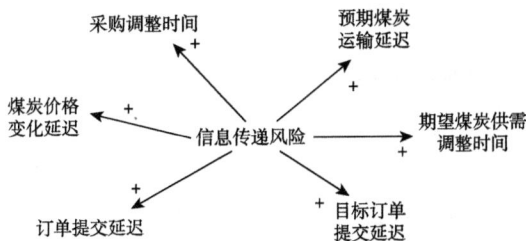

图9-3 信息传递风险的作用递展

（3）生产（供给）风险是指煤电能源供应链节点企业生产组织过于集成、重视效率，导致能源生产过程出现"刚性有余、柔性不足"的现象；在生产供给过程中，若某个环节上出现问题，易于导致煤电能源供应链整体运营过程的停滞。随着煤电能源供应链节点企业生产、合作、利润共享等经济活动的开展，煤炭企业和发电企业在生产工艺、生产设备、原料燃料、员工能力以及组织架构等方面均存在相应的障碍，造成在煤炭提供和电力提供过程中出现无效供给，使供应链能源流的单向传递受阻。生产供给风险的产生会引致生产周期的延迟，如煤炭企业的煤炭生产过程中生产工艺不合理造成采煤周期相对变长、储煤中心和运力部门的煤炭运输过程中运输能力滞后造成最小订单履行时间相对变长、电厂的煤炭管理过程中生产设备约束造成煤场库存调整时间相对变长（图9-4）。

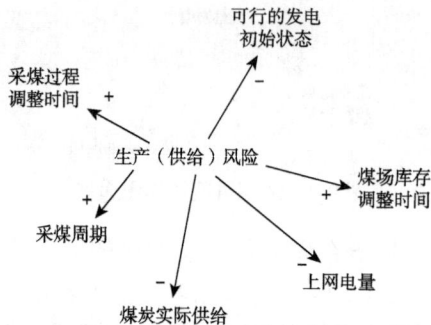

图 9-4　生产供给风险的作用递展

（4）采购风险是指在供应链管理协作和交易边界选择的过程中，不合理的煤炭供应企业选择会产生相应的采购风险；在煤炭采购过程中，也会出现一系列的不确定性情况，包括人为性的、经济性的和自然性的。例如，在能源供应链中，若对煤炭企业的选择不当，将会导致发电企业市场竞争不足，致使煤电能源供应链的协调水平下降，最终影响供应链中发电企业的采购环节；煤炭采购量预测不准确，将产生燃料无法满足预期要求或产生预算成本过多等现象，最终导致采购调整时间相对过长、预期煤炭运输延迟失去平衡（图9-5）。

图 9-5　采购风险的作用递展

（5）物流风险是指在能源供应链的实际运营过程中，纽带性物流活动出现不确定波动，使供应链资金流转速度减缓，无法有效地实现生产即时化和管理柔性化，能源链条物流系统的运作低效，导致在煤炭供给、煤炭运输、煤场缓存、电力生产、电力配和电力销售等环节中出现衔接失误，最终造成煤电能源供应链物流不畅通进而产生相应的危机和风险。例如，运力部门的运输障碍将导致煤炭无法及时供应，造成上游煤炭企业在所承诺的前置时期内无法履行煤炭传递和交付，致使下游发电企业的电力生产和上网受到影响（图9-6）。

煤炭运输量
_

物流风险

上网电量
_

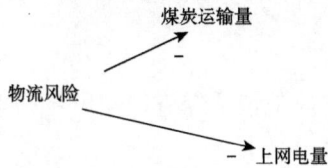

图 9-6　物流风险的作用递展

（6）财务风险是指煤电能源供应链中的节点企业因其融资方式不适当、财务结构不合理、资金管理不科学等原因，而造成节点企业的资金不足、预期收益下降、企业盈利的不确定性增强，进而为财务管理环节甚至整个煤电能源供应链系统带来不可完全消除的风险和损失。例如，供应链中若存在财务风险，将会导致应收账款收款期延长，甚至因逾期未收而形成呆账或坏账；还会由于赊销比例和赊购比例的不合理，造成发电企业的现金流入和现金流出存在失衡（图 9-7）。

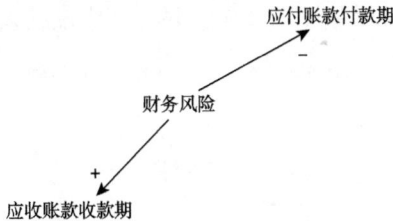

应付账款付款期
_

财务风险

+
应收账款收款期

图 9-7　财务风险的作用递展

（7）企业文化差异风险是指由于煤电能源供应链节点企业内外部发展环境存在差异，致使不同的企业在市场地位、产品质量、经营理念、管理方式、文化制度、员工素养和核心价值观等方面存在一定的不同，最终形成了适合于自身企业发展但互相之间有待协调的相对独立的企业文化，节点企业之间不相容的文化差异会导致煤电能源供应链的运营出现阻碍。例如，煤炭企业和发电企业对同一企业社会责任问题的不同看法，而会相应地采取不一致的工作处理方法，最后导致企业行为的输出结果存在差异，进而造成煤电能源供应链的管控混乱（图 9-8）。

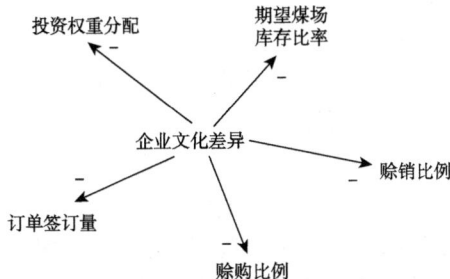

投资权重分配　　　　　期望煤场
_　　　　　　　　库存比率
_

企业文化差异

_　　　　　　　　　　_　赊销比例
订单签订量

_
赊购比例

图 9-8　企业文化差异风险的作用递展

2. 外源风险

煤电能源供应链的外源风险包括经济周期风险、制度/法律风险、市场（需求）风险、政策风险及意外灾害。

（1）经济周期风险是指在非集权市场经济正常运行时，其运行轨迹出现繁荣和衰退交替的周期性波动，宏观经济周期性变化规律会导致煤电能源供应链的运营难度加大、系统风险增强。在宏观经济相对景气的时期，煤电能源供应链在电力终端市场的电力需求量不断增加，煤炭企业和发电企业对固定资产投资会增加以进行企业扩大再生产，同时企业现金流出量相应增加；在宏观经济相对不景气的时期，煤电能源供应链整体的销售收入将会下降，市场筹资环境不理想、筹资成本增加，企业现金的流入量相对减少、流入速率相对变缓，但是建设投资的持续性使现金流出并未出现明显减少。经济的衰退，造成资金流动性较差，最终导致能源供应链的运营风险增强（图9-9）。图9-9中虚线表示间接影响。

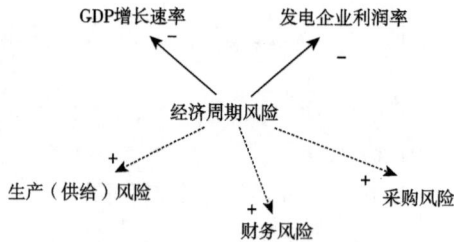

图9-9　经济周期风险的作用递展

（2）制度/法律风险是指煤电能源供应链所生存的制度环境和所面临的法律体系将会随着经济社会的发展而产生制度变迁和法律变更，进而会诱导煤电能源供应链的运营产生不确定性。制度是一个逐渐变迁的过程，法律是一个逐渐完善的过程，任何制度的引导和安排、法律的调整和修订都会导致不确定性，不可预知的风险将可能对煤电能源供应链的运营产生负面的影响；但由于经济社会系统对制度和法律的作用效果进行反馈需要相对较长的时间，所以制度/法律风险可视为一种外源风险（图9-10）。

（3）市场（需求）风险是指以终端能源市场需求为导向的煤电能源供应链在运营过程中，能源生产、能源输配、能源供给和能源销售等经济活动均是建立在对煤炭市场需求和电力终端市场需求的准确预测基础之上。随着可再生能源发电技术的发展、节能环保意识的增强以及大用户直购电形式的出现，发电企业的市场竞争日趋激化，从而增强了电力终端消费大用户对电力需求偏好的不确定性，加大了对火力机组发电量和煤炭需求量进行准确预测的难度，最终导致煤电能源供应链的运营出现相应的风险。若无法获得必要、及时、准确的市场信息，电网

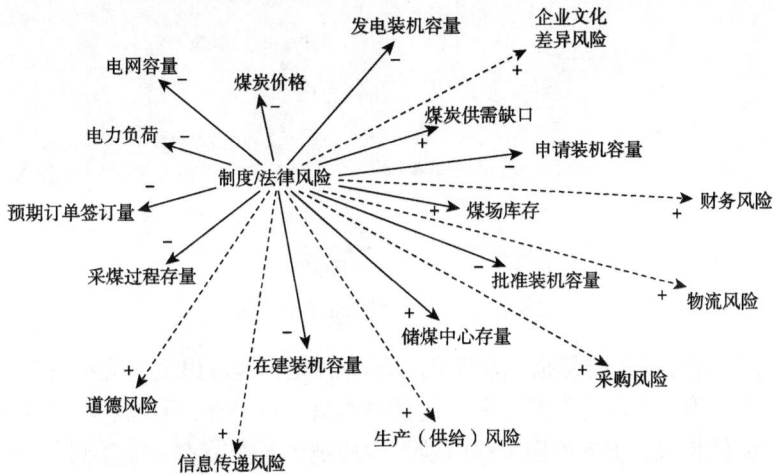

图 9-10　制度/法律风险的作用递展

公司的年度发电量规划将无法反映市场趋势和电力用户偏好的变化趋势；煤电能源供应链也将因为无法根据动态调整的需求改变而进行能源流和资金流的动态协调，最终使发电企业丧失市场机会，失去结构洞优势，产生供应链风险（图 9-11）。

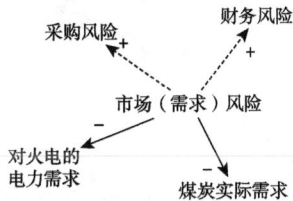

图 9-11　市场需求风险的作用递展

（4）政策风险是指为了保证新制度的顺利实施，国家相应的产业发展政策会随之发生变化，政策框架的设计、政策组合的调整以及新政策的制定会对煤电能源供应链中节点企业的融资、投资以及其他运营管理活动产生相应的影响，其中的负面效应将会增加煤电能源供应链的运营风险。当制度性问题发生时（如产业结构升级、产业结构调整、企业组织革新、企业生产研发、市场设计等），以社会经济发展为导向，政府将出台一系列相应的支持性政策和措施，保障制度实施、促进产业发展、鼓励企业进步、维护市场繁荣，为煤电能源供应链中的节点企业的投资、生产和管控等活动提供必要参考并指明方向；但是限制性和约束性的政策和措施也会使煤电能源供应链原有的投资、生产和管控等活动面临风险。政策风险的存在也是产生其他供应链风险的原因（图 9-12）。

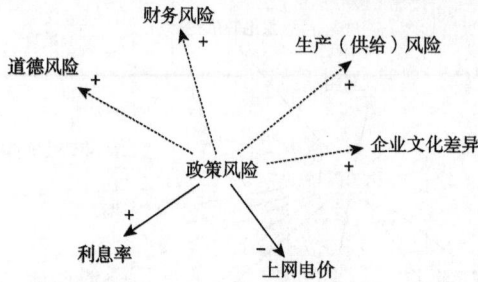

图 9-12　政策风险的作用递展

（5）意外灾害风险是指气候变化、环境恶化、地震出现、火灾发生、政治动荡、意外战争等不可抗力而产生并引起的非常规性的破坏，不确定性的外部性效果会带来相应的损失，主要表现为煤电能源供应链的某个节点企业受到负面影响，从而引起整个能源供应链的波动，供应链运营稳定性的降低将导致供应链中节点企业的物资流动过程、资金流动过程和信息流动过程面临受阻或中断的威胁，无法实现既定的运营目标、合作效果及社会责任，进而影响供应链中节点企业的生产经营活动，使其遭受损失（图 9-13）。

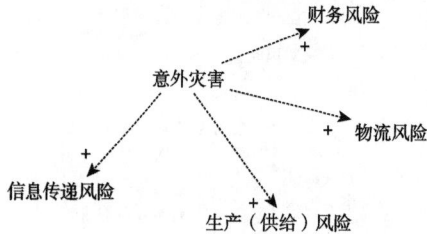

图 9-13　意外灾害的作用递展

9.4　系统分析及模型构建

9.4.1　煤电能源供应链风险系统特点

煤电能源供应链系统的复杂性使风险管控过程存在三个特点，分别是风险递展、合作博弈及牛鞭效应。

1. 风险递展

煤电能源供应链中，煤炭开采、电力生产、能源输配等环节的物流传递需要多个节点企业协调完成、共同参与，因此供应链的风险源可通过业务流程和经济活动在各节点企业之间进行积累和递展，在效果上风险因素共同作用，显著地影响煤电能源供应链的整体风险水平。所以，科学合理地分析、控制及利用能源供应链风险递展效果是煤电能源供应链风险管控的重点和关键。在煤电能源供应链作业时间顺序和业务运作流程的基础上，遵循一般经济学原理和管理学常识，可将各节点企业的生产管控环节形成一个相对复杂的串、并联的混合性网络结构。煤电能源供应链的协调机制将激励某一节点企业或多个节点企业共同完成一类生产性或管理性的业务工作，因此，煤电能源供应链整体的成本水平、效率水平、技术水平、质量水平和能力水平既取决于各节点企业的相关指标，也取决于节点企业间的协调性质和匹配程度。但是，不仅各节点企业在运营过程中均存在相应的结构性风险，而且在物流、资金流和信息流在传递的过程中也存在相应的业务性风险，所以煤电能源供应链整体风险也会由此递展而最终生成。通过科学合理的理论支撑和技术手段（风险效果递展模型、风险递展算法等），对煤电能源供应链风险源节点企业和业务瓶颈单元进行风险识别，再基于风险衡量、风险评估、策略调整和系统优化等工作，对煤电能源供应链风险进行控制。

2. 合作博弈

一个完整的博弈过程包括博弈参与者、战略、游戏规则、信息、支付（收益）及博弈均衡等要素。合作博弈主要是规定了博弈参与者之间的有效约束力，限制了各个参与者的战略选择行为，在博弈的过程中进行合作，强调"集体理性"，最终实现集体利益最大化；而非合作博弈在无约束力的情况下，基于"个人理性"追求自身利益最大化。

煤电能源供应链可视为一个煤电企业、运力部门、煤炭储配中心、发电企业和电网公司的联盟，共同组织构成能源供应链特质性资源，并通过经济部门之间的合作博弈，共同创造和分享利润（或经济租金），从而实现并达到一定的组织协调和平衡。煤电能源供应链的内生风险既受到来自生存环境的外源风险影响，又受到供应链节点企业组织结构和业务环节运营方式的制约；内生风险的形成和抗风险能力的建立是各节点企业通过相应业务环节之间的经济活动作用，进行潜在互动博弈合作而最终形成的。煤电能源供应链中，作为独立的经济部门和市场参与主体，各节点企业都会"本能"且"理性"地追求各自利益的最大化，因此在协调合作的过程中，会出现互相之间的信息不完全和信息不对称等现象。在电力体制改革和市场化改革的进程中，势必会缺少及时、必要、有力、有效的自我协调机制、自适应机制和监督监管机制。为了取得稀缺的物质资源、形成必要的竞争优势、巩固现有的市场力、追求最大的自身利益，节点企业会在战略和战术层面存在一定程度的合作，又展开一定程度的博弈。通过合作博弈，在煤电能源供应链中，可生产一个合理的组织均衡（或合作博弈解）。与企业内部的合作博弈类似①，节点企业之间的合作博弈问题主要是基于经济部门之间的"讨价还价"能力，实现合理均衡的市场力分配。

煤电博弈的集中体现在于火力机组发电企业与煤炭企业的谈判行为。由于煤炭市场开放，煤炭能源市场化进程加快，每年年末的煤、电交易合同谈判已经逐渐成为煤电企业进行合作博弈的自发性、自主性经济行为。根据上一年的煤炭交易情况，煤、电企业双方在追求自身利润最大化的前提下，就长协合同煤炭价格问题进行博弈；且在中国经济社会发展、能源结构升级以及环境气候问题突出的背景下，博弈战不断升级。2014年，在煤电交易过程中，由中国煤炭运销协会组织的年度交易大会的作用效果较为不显著，继而国内各大煤炭企业就自身发展问题陆续召开年度订货会议，但会议进程略显停滞。究其原因，主要是煤、电企业双方对煤炭价格未来发展趋势的预测和判断存在较大的分歧，致使在订购交易价格方面很难形成统一。在集权经济体制向非集权经济体制转轨过程中，作为中国特色的特殊矛盾，煤、电企业的合作博弈所涉及的是较为深层次的机制性矛盾和体制性冲突，博弈过程中触及多方利益（如煤炭产业与发电产业、中央政府和地方政府等）。为了科学分析"煤电倒挂"的现象、合理解决煤电矛盾，业界专家和政府部门也已经先后提出一系列试行解决思路，如煤电价格联动、电煤捆绑销售、煤电上下游"纵向一体化"等思路。其目标就是实现煤、电企业的有效博弈，促进煤、电产业共同发展。

3. 牛鞭效应

在煤电能源供应链中，如果各节点企业之间存在信息不完全或信息不对称，就会产生对真实信息的歪曲披露，进而会造成节点企业对市场信息的误会和曲解；在传递过程中，信息会沿着下游节点企业向上游节点企业如"滚雪球"一般逐级放大，这种现象就称为"牛鞭效应"。在煤电能源供应链实际的运营过程中，能源生产源头和能源消费终点之间总会存在时间性延迟，这种在能源流、资金流和信息流上的延迟将会导致系统的作用失调和反馈扭曲。由于煤电能源供应链上的节点企业通常会依据企业的自身状况和业务相关企业的供需情况进行生产决策和整体管控，而很少重视比邻企业以外的其他经济部门的市场信息，这种行为就会造成对供应链经济活动信息的扭曲认知。信息从源头微小的差异开始传递，最终达到终端业务流程环节时，风险以不同的递展路径（如串联式、交互式或雷达式等）进行传递，风险影响效果会出现不同程度的放大和加强。由于煤电能源供应链的链条长度相对较长，中间所涉及的经济部门相对较多，非价值生产环节相对较复杂，信息传递的"牛鞭效应"就相对较严重，最终导致整个煤电能源供应链的效

---

① 企业内部的合作博弈问题主要是基于缔约双方的"讨价还价"能力，实现合理均衡的内部权力分配。

率相对较低。"牛鞭效应"可用以分析比较能源供应链中电力用户、电网企业、发电企业和煤炭企业所面临的需求的变动情况。终端电力用户对电能产品的需求存在较小的波动，但该波动信息会通过电网电力的发电规划和发电企业的煤炭订单进行反馈，逐层放大，当最终反映为相关生产部门的能源生产、储备和运输计划时，已经与最初的市场需求信息存在一定程度的差距。被传播和放大的波动形成不确定性风险。为了保证生产效率和服务质量，这就要求节点企业必须提高风险管理能力和水平，科学合理地权衡生产、库存和成本之间的决策关系。因为供应链的"牛鞭效应"会影响能源供应链的整体绩效，所以在煤电能源供应链的风险管理中，必须对其进行科学分析。

Houlihan（1987）认为"牛鞭效应"是供应链系统内、外的双重扭曲，并把这种现象描述为一种飞轮结构（图 9-14）。就市场需求层面和企业战略层面而言，节点企业在煤电能源供应链上的位置可以决定经济主体的优势和劣势：靠近电力终端消费用户的发电企业所面临的需求波动变化较小，远离电力终端消费用户的煤炭企业所面临的需求波动变化较大。因此，煤电能源供应链的上游节点企业（煤炭企业）所承受的信息扭曲的程度相对较大、时间调整（延迟）的范围相对较广。同时，外部市场中的能源需求出现波动，该波动会在各个节点企业内部产生递展（传递并放大），使同一企业的不同职能部门（如能源生产、管理协调、能源销售等部门）之间出现结构性差异目标，致使市场信息传递扭曲、变缓或中断，形成"牛鞭效应"。

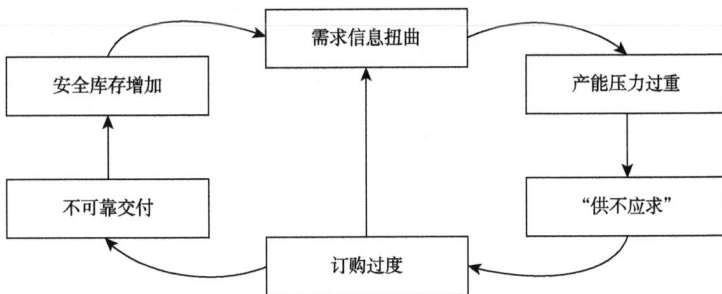

图 9-14　牛鞭效应飞轮结构的一般性描述

9.4.2　风险递展路径描述

煤电能源供应链系统的风险传递路径是以节点企业为单元，包括串联式、交互式和雷达式三种路径。

1. 串联式

在煤电能源供应链中，节点企业首尾相接，形成一条从煤炭生产供给到电力消费需求的"能源-价值-信息"链条；能源供应链的风险源产生作用效果，通过供应链的网络结构，供应链风险以串联式的主要路径从上游节点企业传递给下游节点企业。若规定按照经济活动中的业务流程顺序，从能源生产供给到能源消费需求的方向为煤电能源供应链风险传递的正方向，则以此方向为标准，煤电能源供应链风险的串联式路径的表现形式可分为正向串联式、逆向串联式及混向串联式三类。

（1）正向串联式传递路径是指风险由供应链中某一节点企业出发，沿着经济活动中的业务流程顺序方向，向下游节点企业逐次传递，即风险从煤电能源供应链的煤炭企业向电力终端用户的方向进行递展。

（2）逆向串联式传递路径与正向串联式传递路径的风险递展方向相反，风险沿着经济活动中的业务流程顺序的逆方向，从下游节点企业向上游节点企业进行传递，即风险从煤电能源供应链的电力终端用户向煤炭企业的方向进行递展。

（3）混向串联式传递路径是指多种风险同时发生，综合产生作用效果，在供应链递展的过程中，既表现出正向传递的特点，又体现出逆向传递的特点（但在一般情况下，同一类风险在递展过程中的方向相对比较单一，或是正向传递，或是逆向传递）。

三类风险传递串联式路径的主要特征及概念模型形式如表 9-1 所示。

表 9-1　风险传递的串联式路径特征及形式

路径方式	主要特征	概念模型
正向串联式	传递方向单一 风险排查较易 风险潜伏期较长 风险强度递增性 风险隐蔽性 抗风险能力较差	$C \rightarrow Tr \rightarrow P \rightarrow G \rightarrow U$
逆向串联式	传递方向单一 风险排查较难 风险传递阶段性 风险强度递减性	$C \leftarrow Tr \leftarrow P \leftarrow G \leftarrow U$
混向串联式	风险诱发性 风险源多样性 风险排查较难 风险源积聚性 风险效果复杂性	$C \rightarrow Tr \rightarrow P \rightarrow G \rightarrow U$（含反向回路）

注：C 表示煤炭企业；Tr 表示运力部门与煤炭储配中心；P 表示发电企业；G 表示电网公司；U 表示电力终端用户；箭头方向表示风险传递方向

2. 交互式

在煤电能源供应链中,两个节点企业之间通过经济活动产生影响、互相作用,每个节点企业既是风险源又是风险宿。风险传递的交互式传递过程包括两个步骤:第一个过程中,甲节点企业成为授险主体,将某一风险传递给乙节点企业,使乙节点企业成为受险主体;第二个过程中,使乙节点企业又成为授险主体,反过来又将风险传递给甲节点企业,甲节点企业又成为受险主体。此时的风险既可以是相同的,也可以是不同的。若以风险的种类进行区分,则风险传递的交互式路径可分为同质交互式和异质交互式两类。首先,同质交互式是指授险主体将原风险传递给受险主体后产生影响,原风险再直接反馈给授险主体,此时的风险种类和性质不发生改变;其次,异质交互式是指在受险主体在收到来自于授险主体的原风险作用后,由此诱发了异于原风险的其他新风险,且该新风险再反馈给授险主体,此时的风险种类和性质发生改变。两类风险传递交互式路径的主要特征及概念模型形式如表 9-2 所示。

表 9-2　风险传递的交互式路径特征及形式

路径方式	主要特征	概念模型
同质交互式	循环叠加性	C　Tr　P　G　U
	影响复杂性	C　Tr　P　G　U
	风险传染性	C　Tr　P　G　U
	结构系统性	C　Tr　P　G　U
异质交互式	传递双向性	C　Tr　P　G　U
	风险异质性	C　Tr　P　G　U
	影响复杂性	C　Tr　P　G　U
	传染交叉性	C　Tr　P　G　U
	结构系统性	C　Tr　P　G　U

注: C 表示煤炭企业; Tr 表示运力部门与煤炭储配中心; P 表示发电企业; G 表示电网公司; U 表示电力终端用户;箭头方向表示风险传递方向;实线表示原风险;虚线表示新风险

3. 雷达式

在煤电能源供应链中,每一个节点企业均处于一个相对复杂的供应链网络结构中;在能源流、资金流和信息流等方面,节点企业之间存在实质性和虚拟性的联系，经济活动和业务衔接使各个节点企业既成为供应链风险的"发射"主体，也成了供应链风险的"接收"主体。若将煤电能源供应链中的每一个节点企业视为一个风险源和接收站，则节点企业会成为一个具有信息收发功能和风险探测功能的"雷达"。以雷达的功能区分风险递展方向，根据煤电能源供应链中的节点企业对风险及信息的处理形式作为参考标准，煤电能源供应链风险传递的雷达式路径可分为集中式和辐射式两类。首先，集中式是指风险以某一个节点企业为接收中心进行聚集式递展，在煤电能源供应链网络结构中同时接收来自于上游节点企业和下游节点企业所传递的风险，风险"接收"企业以同时全部接收或分时批量接收的接收方式受到某一种风险的影响；其次，辐射式与集中式传递路径相反，风险以某一个节点企业为发射中心，在煤电能源供应链网络结构中同时向上游节点企业和下游节点企业进行递展，风险"发射"企业以同时全部发射或分时批量发射的发射方式传递某一种风险。两类风险传递雷达式路径的主要特征及概念模型形式如表 9-3 所示。

表 9-3　风险传递的雷达式路径特征及形式

路径方式	主要特征	概念模型
集中式	环境外部性	$C \rightarrow Tr \leftarrow P \quad G \quad U$
	风险难查性	$C \quad Tr \rightarrow \boxed{P} \quad G \quad U$
	结构复杂性	
	传递时变性	$C \quad Tr \quad P \rightarrow G \leftarrow U$
辐射式	风险复杂性	$C \leftarrow Tr \rightarrow P \quad G \quad U$
	风险诱发性	
	节点核心性	$C \quad Tr \leftarrow P \quad G \quad U$
	递展动态性	$C \quad Tr \quad P \leftarrow G \rightarrow U$
	滚雪球效用	

注：C 表示煤炭企业；Tr 表示运力部门与煤炭储配中心；P 表示发电企业；G 表示电网公司；U 表示电力终端用户；箭头方向表示风险传递方向

9.4.3　分析模型构建

1. 牛鞭效应

1）控制理论模型

为了研究煤电能源供应链的动态性，分析"牛鞭效应"的成因，基于控制学理论，可利用微分方程和差分方程表示供应链网络结构中的输入-输出关系，即传递函数模型。微分方程可用以表示煤电能源供应链系统的运动规律，且与传递函数模型相互对应。供应链系统整体的传递函数由煤电能源供应链网络中的各个节点企业的传递函数及节点企业间的输入-输出关系推导而得，用以分析整体稳定性和系统动态性，并在既定的限制约束下设计系统控制器。在量化分析时，一般包括以下四步：首先，构建策略分析模型；其次，推导传递函数模型；再次，分析幅频曲线；最后，讨论平滑系数。

考虑一个煤炭采购环节的过程：煤炭企业 C 将煤炭产品输入至储煤中心 Tr，发电企业 P 对煤炭进行采购，然后投入电力生产，进而满足电网公司 G 的售电要求和电力终端用户 U 的市场需求 $Demand_{e,t}$；发电企业 P 分析电厂中煤场的库存水平，并向煤炭企业 C 发出相应的煤炭订单 $Order_{c,t}$，未满足的煤炭订单将延迟到下一期进行交付。

$$Order_{c,t} = InvCap_{c,t} - Inv_{c,t} \tag{9-1}$$

$$InvCap_{c,t} = \widehat{Demand_{c,t}^{l}} + \lambda \cdot \widehat{\theta_{c,t}^{l}} \tag{9-2}$$

$$Inv_{c,t} = InvCur_{c,t} + Del_{c,t} \tag{9-3}$$

其中，式（9-1）为一种补货策略；$Order_{c,t}$ 表示在单位时间 t 内，发电企业 P 分析电厂中煤场的库存水平，向煤炭企业 C 发出相应的煤炭 c 订单，即煤炭订单决策；$InvCap_{c,t}$ 表示在单位时间 t 内煤炭 c 的最大煤场库存水平；$Inv_{c,t}$ 表示在单位时间 t 内煤炭 c 的净库存总量；$\widehat{Demand_{c,t}^{l}}$ 表示在单位时间 t 内的前置时间 l 中对煤炭 c 的需求量预测值；$\widehat{\theta_{c,t}^{l}}$ 表示前置时间 l 中对煤炭 c 的需求预测标准差估计值；λ 为经济常量，表示满足期望水平的经济系数，一般为 0；$InvCur_{c,t}$ 表示在单位时间 t 内煤炭 c 的现有库存量；$Del_{c,t}$ 表示在单位时间 t 内处于运输状态的煤炭 c 总量。$\widehat{Demand_{c,t}^{l}}$ 和 $\widehat{\theta_{c,t}^{l}}$ 的不确定性是导致"牛鞭效应"的原因。

一般情况下，煤电能源供应链中的发电企业 P 在制定安全煤炭库存策略时，会通过调整前置时间 l 实现风险管控的目的。在发电企业与煤炭企业进行交易时，从煤炭订单的发出到煤炭产品的交付存在一个相对固定的前置时间 l，前置时间 l 由周期性订单延迟 delay^{order} 和周期性物流延迟 delay^{delivery} 组成，当 $l=1$ 时，系统中不存在周期性物流延迟。通常情况下，为了保证煤炭订单的正确事件顺序，令 $l=l+1$；但为保证逻辑上延迟的存在合理性，会设定一个数据平均寿命周期 period，此时，存在以下函数关系：

$$\alpha = \frac{1}{1 + period} \tag{9-4}$$

$$l = delay^{delivery} + 2 \tag{9-5}$$

$$\widehat{Demand_{c,t}} = \alpha \cdot Demand_{c,t} + (1-\alpha) \cdot \widehat{Demand_{c,t-1}} \tag{9-6}$$

其中，式（9-4）定义的经济参数 α，表示平滑系数；式（9-5）定义合理的前置时间；式（9-6）定义一次平滑指数预测函数；$Demand_{c,t}$ 表示在单位时间 t 内煤炭 c 的需求量。令 μ 表示延迟因子，由此推导煤电能源供应链的传递函数：

$$\frac{Order}{Demand} = \frac{\frac{1}{\mu}\left(period + delay^{delivery} + 3\right) - \left(period + delay^{delivery} - 2\right)}{\frac{1}{\mu} - \left(1 - \frac{1}{\mu}\right)period} \qquad (9\text{-}7)$$

利用指数平滑法，对式（9-7）进行处理，得到煤电能源供应链整体的传递函数：

$$function\left(\mu\right) = \frac{\widehat{Demand}}{Demand} = \frac{\alpha}{1 - \left(1 - \alpha\right)\mu} \qquad (9\text{-}8)$$

由于在煤、电企业实际的生产和管理过程中，$t-1$ 期的煤炭实际需求和 t 期的煤炭实际库存水平会共同影响单位时间 t 期内所制定的煤炭订单决策，此时，还应考虑以下约束条件：

$$Order_{c,t} = Demand_{c,t-1} + \Delta InvCap_{c,t} \qquad (9\text{-}9)$$

$$\Delta InvCap_{c,t} = InvCap_{c,t} - InvCap_{c,t-1} \qquad (9\text{-}10)$$

式（9-1）~式（9-10）是基于控制理论的动态行为分析模型，用以分析"牛鞭效应"的形成原因。但控制理论量化模型的限制，未能实现对相对复杂的大供应链系统的科学描述，致使对煤电能源供应链风险传递"牛鞭效应"的成因问题无法进行更为合理的解释。

2）预测计算模型

根据 Chen 等（2000）的研究可知，定义"牛鞭效应"函数：

$$Bullwhip = \frac{Var\left(Order_t\right)}{Var\left(Demand_t\right)} \qquad (9\text{-}11)$$

其中，$Order_t$ 表示 t 期内的订单量或订货量；$Demand_t$ 表示 t 期内的实际需求量；$Var\left(Order_t\right)$ 和 $Var\left(Demand_t\right)$ 分别表示订货量的方差和需求量的方差。

规定一个离散的时间范围 $t = 0, \pm 1, \pm 2, \cdots, \pm T$，若煤电能源供应链中的节点企业所面临的市场需求曲线模型是一条平稳的 AR（1）自相关时间序列曲线，则可给定能源市场需求的计量模型规范形式：

$$Demand_t = \beta \cdot Demand_{t-1} + Cons + \varepsilon_t \qquad (9\text{-}12)$$

其中，β 表示通过计量分析得到的需求自相关系数；$Cons$ 表示一个经济常数；ε_t 表示一个随机变量，且 $\varepsilon_t \sim iid\left(0, \delta^2\right)$。由此可知，需求的期望和方差分别表示为

$$E\left(Demand_t\right) = \frac{1}{1 - \beta} \qquad (9\text{-}13)$$

$$\mathrm{Var}\left(\mathrm{Demand}_t\right) = \frac{\delta^2}{1-\beta^2} \qquad (9\text{-}14)$$

若对订货量的描述方式依然采用式（9-1）的表达形式，则在单位时间 t 内的最大库存水平 InvCap_t 仍可用式（9-2）表示，且规定：

$$\widehat{\mathrm{Demand}_t^l} = l \cdot \widehat{\mathrm{Demand}_t} \qquad (9\text{-}15)$$

方法一，移动平均预测法。

当且仅当式（9-2）中的 λ 为 0 时，设定 $\widehat{\omega_t}$ 为未来的 t 期内经济活动过程中的需求量的均值估计值，则存在：

$$\mathrm{InvCap}_t = \widehat{\mathrm{Demand}_t^l} = l \cdot \widehat{\omega_t} \qquad (9\text{-}16)$$

若发电企业可依据前 m 个周期内的需求信息和市场数据，对第 t 期的需求进行预测，则根据模型设定可得需求量均值估计值的规范表达式和相应的需求预测曲线：

$$\widehat{\omega_t} = \frac{\sum_{i=0}^{m-1} \widehat{\mathrm{Demand}_{t-i}}}{m} \qquad (9\text{-}17)$$

$$\widehat{\mathrm{Demand}_t^l} = l \cdot \widehat{\omega_t} = l \cdot \frac{\sum_{i=0}^{m-1} \widehat{\mathrm{Demand}_{t-i}}}{m} \qquad (9\text{-}18)$$

根据式（9-9）和式（9-10）的规定，以及式（9-16）~式（9-18）的推导结果，给出订货量 Order_t 的推导公式：

$$\begin{aligned}
\mathrm{Order}_t &= \mathrm{InvCap}_t - \mathrm{InvCap}_{t-1} + \mathrm{Demand}_{t-1} \\
&= \widehat{\mathrm{Demand}_t^l} - \widehat{\mathrm{Demand}_{t-1}^l} + \mathrm{Demand}_{t-1} \\
&= l \cdot \frac{\sum_{i=0}^{m-1} \widehat{\mathrm{Demand}_{t-i}}}{m} - l \cdot \frac{\sum_{i=0}^{m-1} \widehat{\mathrm{Demand}_{t-1-i}}}{m} + \mathrm{Demand}_{t-1} \\
&= \left(1 + \frac{l}{m}\right)\mathrm{Demand}_t - \left(\frac{l}{m}\right)\mathrm{Demand}_{t-m}
\end{aligned} \qquad (9\text{-}19)$$

由此得到需求的协方差和订货量的方差表达式：

$$\mathrm{Cov}\left(\mathrm{Demand}_t, \mathrm{Demand}_{t-m}\right) = \frac{\delta^2 \cdot \beta^m}{1-\beta^2} \qquad (9\text{-}20)$$

$$\mathrm{Var}\left(\mathrm{Order}_t\right) = \left[\left(\frac{2l}{m} + \frac{2l^2}{m^2}\right)\left(1-\beta^m\right) + 1\right] \cdot \mathrm{Var}\left(\mathrm{Demand}_t\right) \qquad (9\text{-}21)$$

将式（9-14）和式（9-21）代入式（9-11）中，得到：

$$\text{Bullwhip} = \frac{\text{Var}\left(\text{Order}_t\right)}{\text{Var}\left(\text{Demand}_t\right)}$$

$$= 2\left(\frac{l}{m} + \frac{l^2}{m^2}\right)\left(1 - \beta^m\right) + 1 \tag{9-22}$$

通过以上函数关系可知，当 λ 不为 0 时，则式（9-22）将变形为

$$\text{Bullwhip} = \frac{\text{Var}\left(\text{Order}_t\right)}{\text{Var}\left(\text{Demand}_t\right)}$$

$$\geqslant 2\left(\frac{l}{m} + \frac{l^2}{m^2}\right)\left(1 - \beta^m\right) + 1 \tag{9-23}$$

由于 β 是一个由计量方法得到的相关性系数，其取值范围为 $\beta \in [0,1]$，因此保证了 $\text{Var}\left(\text{Order}_t\right)$ 和 $\text{Var}\left(\text{Demand}_t\right)$ 比值始终不小于 1，即"牛鞭效应"始终存在。

方法二，指数平滑预测法。

根据式（9-6）的设定，α 仍表示平滑系数，且 $0 < \alpha < 1$。结合式（9-6）和式（9-15），利用一次指数平滑技术方法，对从第 t 期开始的前置时间 l 内的需求进行预测，得到规范表达式：

$$\widehat{\text{Demand}_t^l} = l \cdot \left[\alpha \cdot \text{Demand}_t + (1 - \alpha) \cdot \widehat{\text{Demand}_{t-1}}\right] \tag{9-24}$$

再将式（9-24）代入式（9-9）和式（9-10），得到订单量的表达式：

$$\text{Order}_t = \left(1 + \alpha l\right) \cdot \text{Demand}_{t-1} - \alpha l \cdot \widehat{\text{Demand}_{t-1}} \tag{9-25}$$

由此，可推导出

$$\text{Cov}\left(\text{Demand}_{t-1}, \widehat{\text{Demand}_{t-1}}\right) = \frac{\alpha\beta}{1 - (1 - \alpha)\beta} \cdot \text{Var}\left(\text{Demand}_t\right) \tag{9-26}$$

$$\text{Var}\left(\widehat{\text{Demand}_t}\right) = \frac{\alpha + (1 - \alpha)\alpha\beta}{(2 - \alpha)\left[1 - (1 - \alpha)\beta\right]} \cdot \text{Var}\left(\text{Demand}_t\right) \tag{9-27}$$

$$\text{Var}\left(\text{Order}_t\right) = \left\{2 \cdot \frac{\alpha l(1 - \beta)\left[2 - \alpha(1 - l)\right]}{(2 - \alpha)\left[1 - (1 - \alpha)\beta\right]} + 1\right\} \cdot \text{Var}\left(\text{Demand}_t\right) \tag{9-28}$$

根据"牛鞭效应"的定义表达式，可知：

$$\text{Bullwhip} = \frac{\text{Var}\left(\text{Order}_t\right)}{\text{Var}\left(\text{Demand}_t\right)}$$

$$= 2 \cdot \frac{\alpha l(1 - \beta)\left[2 - \alpha(1 - l)\right]}{(2 - \alpha)\left[1 - (1 - \alpha)\beta\right]} + 1 \tag{9-29}$$

同理，当 λ 不为 0 时，则式（9-29）将变形为

$$\text{Bullwhip} = \frac{\text{Var}(\text{Order}_t)}{\text{Var}(\text{Demand}_t)}$$

$$\geqslant 2 \cdot \frac{\alpha l(1-\beta)[2-\alpha(1-l)]}{(2-\alpha)[1-(1-\alpha)\beta]} + 1 \tag{9-30}$$

此时依然保证了 $\text{Var}(\text{Order}_t)$ 和 $\text{Var}(\text{Demand}_t)$ 比值始终不小于 1，即"牛鞭效应"始终存在。

2. 合作博弈模型

煤电能源供应链的运营过程主要体现在核心节点企业之间的博弈问题上。在煤电能源供应链的纵向结构中，煤炭企业和发电企业的市场地位和市场力水平可决定并影响不同的链条关系和合作博弈结果。现阶段中国的经济体制、社会制度和产业政策共同决定了目前中国煤电能源供应链及煤电能源产业链的市场结构：在煤炭市场中，上游节点的煤炭企业所处的市场为卖方竞争市场，下游节点的发电企业所在市场为买方垄断竞争市场；在电力市场中，上游的发电企业和中游的电网公司所处于的市场为卖方垄断市场，下游的电力终端用户所处的市场为买方竞争市场（Bikram et al.，2009）。由此构建煤、电节点企业的合作博弈模型。为了便于说明煤、电企业合作博弈的作用机理，模型的前提假设如下：

假设 9.1　在煤电能源供应链结构中，煤炭节点企业和发电节点企业各只有一家，博弈过程只涉及一对一的合作。

假设 9.2　就目前中国能源产业的生产规模而言，煤炭企业和发电企业的边际成本递增，即每新增一单位的煤炭产量和每新增一单位的电能产出，所带来的总生产成本的增加。

根据一般性微观经济学理论，设定煤炭企业和发电企业的生产成本函数：

$$\text{Cost}_{\text{coal}} = a \cdot Q_{\text{coal}}^2 + \text{fc}_{\text{coal}} \tag{9-31}$$

$$\text{Cost}_{\text{elecetricity}} = b \cdot Q_{\text{elecetricity}}^2 + \text{fc}_{\text{elecetricity}} \tag{9-32}$$

其中，a 表示煤炭企业可变成本的变化系数，且 $a>0$；Q_{coal} 表示煤炭企业的煤炭产量；fc_{coal} 表示煤炭企业的固定成本；b 表示发电企业可变成本的变化系数，且 $b>0$；$\text{fc}_{\text{elecetricity}}$ 表示发电企业的固定成本；$Q_{\text{elecetricity}}$ 表示火力机组发电企业的发电量。式（9-31）和式（9-32）的二次方形式保证了总成本函数是一个开口向上的函数曲线。同时，设定发电企业电力生产的单位煤耗为 ρ，其取值大小与煤炭质量和发电技术有关，则存在：

$$Q_{\text{elecetricity}} = \frac{Q_{\text{coal}}}{\rho} \tag{9-33}$$

$$\text{Cost}_{\text{elecetricity}} = \frac{b \cdot Q_{\text{coal}}^2}{\rho^2} + \text{fc}_{\text{elecetricity}} \quad （9\text{-}34）$$

同时设定煤炭交易价格为 $\text{price}_{\text{coal}}$，上网电价为 $\text{price}_{\text{electricity}}$，则煤炭企业和发电企业的利润函数可表示为

$$\pi_{\text{coal}} = \text{price}_{\text{coal}} \cdot Q_{\text{coal}} - a \cdot Q_{\text{coal}}^2 - \text{fc}_{\text{coal}} \quad （9\text{-}35）$$

$$\pi_{\text{electricity}} = \text{price}_{\text{electricity}} \cdot Q_{\text{electricity}} - b \cdot Q_{\text{electricity}}^2 - \text{fc}_{\text{elecetricity}}$$

$$= \text{price}_{\text{electricity}} \cdot \frac{Q_{\text{coal}}}{\rho} - \frac{b \cdot Q_{\text{coal}}^2}{\rho^2} - \text{fc}_{\text{elecetricity}} \quad （9\text{-}36）$$

在煤、电企业合作博弈过程中，双方追求集体利益最大化，则总利润函数的规范形式可表示为

$$\Pi = \pi_{\text{coal}} + \pi_{\text{electricity}}$$

$$= \left(\text{price}_{\text{coal}} + \frac{\text{price}_{\text{electricity}}}{\rho} \right) \cdot Q_{\text{coal}} - \left(a + \frac{b}{\rho^2} \right) \cdot Q_{\text{coal}}^2 - \text{fc}_{\text{coal}} - \text{fc}_{\text{elecetricity}}$$

$$（9\text{-}37）$$

用 Π 对 Q_{coal} 进行求导，令导数等于 0，可得

$$Q_{\text{coal}} = \frac{\rho^2 \cdot \text{price}_{\text{coal}} + \rho \cdot \text{price}_{\text{electricity}}}{2 \cdot \left(a\rho^2 + b \right)} \quad （9\text{-}38）$$

$$Q_{\text{electricity}} = \frac{\rho \cdot \text{price}_{\text{coal}} + \text{price}_{\text{electricity}}}{2 \cdot \left(a\rho^2 + b \right)} \quad （9\text{-}39）$$

由式（9-38）和式（9-39）可知：当 a、b 和 ρ 为常量时，Q_{coal} 和 $Q_{\text{electricity}}$ 均为煤炭价格 $\text{price}_{\text{coal}}$ 和上网电价 $\text{price}_{\text{electricity}}$ 的函数；但当 $\text{price}_{\text{electricity}}$ 为政府规定价格时，只有煤炭价格 $\text{price}_{\text{coal}}$ 可以决定煤炭产量 Q_{coal} 和火力机组发电量 $Q_{\text{electricity}}$；若 ρ 为一个相对发展的变量，则 ρ 也可以影响到价格和产量之间的关系。再将 Q_{coal} 和 $Q_{\text{electricity}}$ 分别代入煤炭企业和发电企业的利润函数中便可得到企业合作博弈中的相应利润。

3. 协调性评价

煤电能源供应链的协调性问题涉及煤、电产业安全、稳定发展的能力和水平。在煤电能源供应链中节点企业之间的合作博弈问题不断升级、煤电能源供应链风险管理障碍日益凸显时，煤炭产业和电力产业之间的协调性问题亟待解决。针对煤电能源供应链协调性评价问题，为了保证协调性评价体系设计的完善和完整，应遵循科学性、可比性、综合性和实用性等原则和目的，还要遵循评价工作的定性与定量相结合以及静态与动态相结合的原则。

1）指标体系的构建

煤电能源供应链的协调性属于技术经济理论和综合评价方法的概念范畴，是指煤电能源供应链中的各个节点企业在生产过程和管理活动中，针对各个阶段、各个步骤和各个环节中所涉及的产品服务质量、数量、进度以及投入-产出等方面进行合作配合的程度、水平和能力。供应链协调性主要包括发展能力、协同运营能力以及抗风险能力等。煤、电产业之间的协调性主要体现于煤、电企业产生联动的各个环节和过程，包括煤电价格联动、煤电成本联动、煤电规模联动和煤电投资联动等方面。

根据供应链协调性评价的目的，通过实地调研，参考供应链协调性定义及相关研究成果（付东，2012；王莉；2013），结合专家意见，在评价原则的指导下，构建中国煤电能源供应链协调性评价的指标体系，如表9-4所示。

表 9-4 中国煤电能源供应链协调性指标体系

目标层	准则层	指标层	含义及特征	指标属性
煤电能源供应链协调性	发展能力	节点企业营业收入增长率（U_1）	U_1=本年营业收入增长额/上年营业收入总额×100%	定量
		节点企业营业利润增长率（U_2）	U_2=本年营业利润增长额/上年营业利润总额×100%	定量
		节点企业资本保值增值率（U_3）	U_3=年末所有者权益总额/年初所有者权益总额×100%	定量
		节点企业资本积累率（U_4）	U_4=本年所有者权益增长额/年初所有者权益总额×100%	定量
		节点企业资产增长率（U_5）	U_5=本年资产增长额/年初资产总额×100%	定量
		节点企业技术投入比率（U_6）	U_6=本年科技支出合计/本年营业收入总额×100%	定量
		政策支持力度（U_7）	U_7=电力体制改革进程+市场化改革进程+产业政策力度	定性
	协同运营能力	供应链组织协同（U_8）	U_8=核心企业+其他经济部门	定性
		供应链行为协同（U_9）	U_9=生产活动+管理活动	定性
		供应链功能协同（U_{10}）	U_{10}=契约+产品+资金+信息	定性
		供应链标准协同（U_{11}）	U_{11}=市场定位+业务流程+机制规则	定性
		供应链绩效协同（U_{12}）	U_{12}=效率+效益	定量
		能源生产消费协调（U_{13}）	U_{13}=资源禀赋+运输能力+能源互补性+能源替代性	定性
	抗风险能力	风险厌恶水平（U_{14}）	U_{14}=各节点企业的风险偏好排序	定量
		供应链生产技术水平（U_{15}）	U_{15}=先进性+周期性+保护性+合作性+配套性	定性
		市场优势及拓展能力（U_{16}）	U_{16}=预测能力+营销能力+竞争能力+增长潜能	定性
		节点企业管理能力（U_{17}）	U_{17}=筹资能力+决策能力+制度创新能力+其他组织能力	定性
		节点企业文化及道德（U_{18}）	U_{18}=企业物质财富+企业精神财富	定性
		煤电产业联动性（U_{19}）	U_{19}=价格联动+成本联动+规模联动+投资联动	定性

2）指标权重的确定

指标权重的确定是运用综合评价方法对煤电能源供应链协调性指标体系中所

有指标的权重系数进行测量。主要的综合评价方法包括 AHP、模糊综合评价法（Fuzzy）、AHP+Fuzzy、拓扑法、神经网络技术、数据包络法、灰色关联分析（grey relational analysis，GRA）等。各个综合评价方法针对不同评价问题的评价结果存在一些差别，主要受到评价规模、分层范畴和指标数目等因素的影响。本书主要采用 AHP 对煤电能源供应链协调性的相应指标权重进行赋值。

AHP 是在 20 世纪 70 年代由 T. L. Saaty 提出的评价方法。AHP 按照一定的步骤，针对评价问题将定性分析和定量研究相互结合，其方法的优点就在于模型原理较为容易理解，而且 AHP 的应用范围相对广泛，应用过程也相对灵活。AHP 的基本计算步骤如下。

步骤 1，在明确评价目的后，依据评价原则，建立层次性的指标集合，进而形成较为科学的评价指标集 $U = \{u_1, u_2, \cdots, u_n\}$，且该指标集中的各个评价指标便成为评价体系中评价因素。

步骤 2，在构建完整指标集的基础上，构建各个评价指标的权重集，最终形成矩阵 $W = \{w_1, w_2, \cdots, w_n\}$。

步骤 3，采用"1~9"标度法，组织相关部门的学者、专家和企业负责人对各个指标进行两两比较，就指标的重要性问题构造相应的指标权重矩阵 $A = (a_{ij})$，并确定 a_{ij}。

$$A = \begin{bmatrix} a_{11} & a_{12} & \cdots & a_{1n} \\ a_{21} & a_{22} & \cdots & a_{2n} \\ \vdots & \vdots & & \vdots \\ a_{n1} & a_{n2} & \cdots & a_{nn} \end{bmatrix} \tag{9-40}$$

其中，a_{ij} 表示 u_i 相对于 u_j 的得分或重要程度。

步骤 4，将指标权重矩阵 A 中的各个指标权重进行归一化处理，将有量纲的数据变化为纯量，即

$$\bar{a}_{ij} = \frac{a_{ij}}{\sum\limits_{i=1}^{n} a_{ij}}, \quad i, j = 1, \cdots, n \tag{9-41}$$

步骤 5，再计算各个指标在整体评价中的重要程度，即计算各个指标的权重 w_i：

$$w_i = \frac{\sum\limits_{j=1}^{n} \bar{a}_{ij}}{\sum\limits_{i=1}^{n} \bar{a}_{ij}} \tag{9-42}$$

步骤 6，为了保证指标权重计算过程输出结果的科学性和准确性，需要对 $w_1, w_2, \cdots, w_n$ 进行一致性检验。通过判断矩阵的随机一致性比例系数 CR 是否大于

0.1，来分析和判断矩阵一致性检验成立并通过；否则将对重新构造的矩阵进行两两判断。CR 的计算公式为

$$CR = CI/RI \quad (9\text{-}43)$$

其中，RI 表示随机一致性指标；CI 表示偏离一致性指标，其表达式为

$$CI = (\lambda_{\max} - n) / (n-1) \quad (9\text{-}44)$$

步骤 7，得到各个评价对象的最终得分的计算结果。若 **R** 表示指标的得分评价矩阵，可根据各评价结果的指标值对得分评价矩阵进行构建：

$$\boldsymbol{S} = \boldsymbol{W} \cdot \boldsymbol{R} = \left[w_1, w_2, \cdots, w_n\right]^{\mathrm{T}} \cdot \begin{bmatrix} r_{11} & r_{12} & \cdots & r_{1m} \\ r_{21} & r_{22} & \cdots & r_{2m} \\ \vdots & \vdots & & \vdots \\ r_{n1} & r_{n2} & \cdots & r_{nm} \end{bmatrix} = \left[S_1, S_2, \cdots, S_n\right]^{\mathrm{T}} \quad (9\text{-}45)$$

步骤 8，根据上一步得到的最终得分结果，对评价体系中的各个评价对象的顺序进行科学合理的排列。

4. 风险流测定

1）串联式风险流测定模型

设定符号：Node 表示煤电能源供应链中的五个节点企业，即煤炭企业 C、运力部门与储煤中心 Tr、发电企业 P、电网公司 G 及电力终端用户 U；$\text{Flow}^{\text{Node}}$ 表示煤电能源供应链中各个节点企业的风险流；$\text{Risk}^{\text{Node}(i)}_{\text{Node}(j)}$ 表示风险由 $\text{Node}(i)$ 向 $\text{Node}(j)$ 传递的递展量，其中，i 和 j 的取值均为 1、2、3、4 和 5，且当 $j = i+1$ 时，表示 j 为 i 的下游节点企业，当 $j = i-1$ 时，表示 j 为 i 的上游节点企业；time 表示风险在递展过程中所经历的时间；$\gamma^{\text{Node}(i)}_{\text{Node}(j)}$ 表示风险由 $\text{Node}(i)$ 向 $\text{Node}(j)$ 传递的递展系数。另外规定：当 time $=0$ 时，各个节点企业的风险流 $\text{flowNode}(i)$ 分别为 flowC、flowTr、flowP、flowG 和 flowU。

首先，风险同向传递。

风险同向传递是指风险始终保持正向传递或始终保持逆向传递。由此对风险流进行模型化描述：

$$\text{Flow}^{\text{Node}(i)}_{\text{time}=t} = \text{Flow}^{\text{Node}(i)}_{\text{time}=t-1} - \text{Risk}^{\text{Node}(i)}_{\text{Node}(j)} \quad (9\text{-}46)$$

$$\text{Flow}^{\text{Node}(j)}_{\text{time}=t} = \text{flowNode}(j) + \text{Risk}^{\text{Node}(i)}_{\text{Node}(j)} \quad (9\text{-}47)$$

$$\text{Risk}^{\text{Node}(i)}_{\text{Node}(j)} = \gamma^{\text{Node}(i)}_{\text{Node}(j)} \cdot \text{Flow}^{\text{Node}(i)}_{\text{time}=t-1} \quad (9\text{-}48)$$

其中，式（9-46）表示授险节点企业 $\text{Node}(i)$ 在 t 时的风险流；式（9-47）表示基于原风险流水平，受险节点企业 $\text{Node}(j)$ 在 t 时的风险流；式（9-48）表示风险在 t 时传递的递展量；t 为大于等于 1 的正整数。

在上述的五个节点企业中，并非所有的节点企业都受到了风险同向传递的影响。设定 I 为受到风险同向传递影响的节点企业个数，且 I 是一个大于 0 小于等于 5 的正整数。因此，单一风险在一次完整的传递过程中同向传递，煤电能源供应链在串联式传递路径中的整体风险流表达式为

$$\text{SCRFlow} = \sum_{i=1}^{I} \text{Flow}_{\text{time}=t}^{\text{Node}(i)} \qquad (9\text{-}49)$$

在上述的 12 种煤电能源供应链风险中，并非所有的风险均是以串联式传递路径进行递展的。设定 h 表示以串联式传递路径进行递展的风险种类数，H 表示同向传递过程中风险种类总数，且 h 和 H 均是一个大于 0 小于等于 12 的正整数。同时考虑各个供应链风险在同向传递过程中存在互相影响，引入风险之间的反应系数 φ_k^h，表示风险 h 对风险 k 的影响程度，则风险流模型可表示为式（9-50）。

$$\text{Flow}_{\text{time}=t}^{\text{Node}(j)} = \sum_{h,k=1}^{H} \left(\text{flowNode}(j) + \text{Risk}_{\text{Node}(j)}^{\text{Node}(i)} \right) \cdot \varphi_k^h \qquad (9\text{-}50)$$

当 φ_k^h =1 时，表示风险 h 对风险 k 是相互独立的，不产生影响；当 φ_k^h <1 时，表示风险 h 对风险 k 的影响是减弱的；当 φ_k^h >1 时，表示风险 h 对风险 k 的影响是增强的。设定一个综合反应系数 ϕ_i，则多个风险在一次完整的传递过程中同向传递，煤电能源供应链在串联式传递路径中的整体风险流表达式为

$$\text{SCRFlow} = \sum_{h=1}^{H} \sum_{i=1}^{I} \text{Flow}_{\text{time}=t}^{\text{Node}(i)} \cdot \phi_i \qquad (9\text{-}51)$$

其次，风险混向传递。

若考虑风险传递过程中的互相影响，即风险之间的相关性系数不为 0 时，各个供应链风险在系统网络结构中进行混向递展。此时，煤电能源供应链中节点企业的风险流是企业各自原风险流与递展风险流的代数和。规定：当风险传递方向为正向时，记为"＋"号；当风险传递方向为逆向时，记为"－"号。由此，给出煤电能源供应链中各个节点企业风险流的规范表达式：

$$\text{Flow}_{\text{time}=t}^{\text{Node}(i)} = \sum_{h,k=1}^{H} \left(\text{flowNode}(i) \pm \text{Risk}_{\text{Node}(j)}^{\text{Node}(i)} \right) \cdot \varphi_k^h \qquad (9\text{-}52)$$

其中，当节点企业 Node(i) 为授险企业时，$\text{Risk}_{\text{Node}(j)}^{\text{Node}(i)}$ 前面的符号取负；当节点企业 Node(i) 为受险企业时，$\text{Risk}_{\text{Node}(j)}^{\text{Node}(i)}$ 前面的符号取正。

2）交互式风险流测定模型

供应链风险传递在一次交互过程中，两个节点企业既是授险主体（风险源企业）也是受险主体（风险宿企业）。且若设定一个风险之间诱发的可能性系数 po，风险源企业 Node(i) 和风险宿企业 Node(j) 的风险流可以分别表示为

$$\text{Flow}^{\text{Node}(i)} = \text{flowNode}(i) - \text{Risk}(h)_{\text{Node}(j)}^{\text{Node}(i)} + \text{Risk}(k)_{\text{Node}(i)}^{\text{Node}(j)} \qquad (9\text{-}53)$$

$$\text{Flow}^{\text{Node}(j)} = \text{flowNode}(j) + \text{Risk}(h)_{\text{Node}(j)}^{\text{Node}(i)} - \text{Risk}(k)_{\text{Node}(i)}^{\text{Node}(j)} \quad （9\text{-}54）$$

$$\text{Risk}(h) = \text{po} \cdot \text{Risk}(k) \quad （9\text{-}55）$$

其中，当 $h=k$ 时，表示一次交互过程传递的是同一种风险；当 $h \neq k$ 时，表示一次交互过程传递的是不同种风险。

3）雷达式风险流测定模型

若将煤电能源供应链中的风险分为原生不确定性风险 OriginalRisk 和衍生不确定性风险 InducedRisk，则不确定性以雷达式路径进行传递时，雷达结构的限制，使原生不确定性风险和衍生不确定性风险富集于系统中的某一个节点企业。其中，原生不确定性风险将决定煤电能源供应链中的风险流，且节点企业风险流将取决于企业发射或接收的原生不确定性风险的种类和相应风险的递展量，原生不确定性风险进而通过形成风险流对煤电能源供应链产生影响；衍生不确定性风险是由原生不确定性风险作用于节点企业后诱发生成的新风险。存在关系：

$$\text{InducedRisk} = \text{po} \cdot \text{OriginalRisk} \quad （9\text{-}56）$$

其中，po 表示原生不确定性风险诱发衍生不确定性风险的可能性系数，测算方法可通过时间序列数据进行估算，且可能性系数越大，则原生不确定性风险的递展性越强，诱发衍生不确定性风险的可能性越大。若规定：用四个等级的可能性评价标准对衍生不确定性风险的诱发测定结果进行预警，则令四个区间 $(0, \text{risk}_{\text{floor}})$、$[\text{risk}_{\text{floor}}, \text{risk}_{\text{medium}})$、$[\text{risk}_{\text{medium}}, \text{risk}_{\text{cap}})$ 和 $[\text{risk}_{\text{cap}}, +\infty)$ 分别表示诱发无可能性区间、诱发低可能性区间、诱发中可能性区间和诱发高可能性区间。其中，$\text{risk}_{\text{floor}}$ 表示一个风险下限指标；$\text{risk}_{\text{medium}}$ 表示一个风险中间值指标；risk_{cap} 表示一个风险上限指标。

9.5　本章小结

煤电能源供应链的风险特征主要体现在：①电能产品不可储存，生产过程必须"及时、按需"；②煤炭采购、运输过程的链线较长、链节较多、链接较复杂；③能源转换和能源交易的过程中，两种价格形成机制长期共存；④发电企业运行过程存在安全隐患，异常运行和煤炭短缺时的成本较高；⑤电力生产环节和电力销售环节的链线长度较短，运行较为同步，造成在宏观管控时，管理方法与运营方式相对单一；⑥规制因素和政策因素也是影响煤电能源供应链运营的主要原因。基于此类特征，本书界定了中国煤电能源供应链的主要供应链风险，包括内生风险和外源风险两类。其中，煤电能源供应链的内生风险包括道德风险、信息传递风险、生产（供给）风险、采购风险、物流风险、财务风险及企业文化差异；煤电能源供应链的外源风险包括经济周期风险、制度/法律风险、市场（需求）风险、政策风险及意外灾害。内生风险和外源风险之间存在必然的联系和相关性，这使风险源在煤电能源供应链传递的过程中产生了递展的现象。因此，针对整个风险管控过程，可将煤电能源供应链系统的复杂性分为三个特点，即风险递展、合作博弈及牛鞭效应。同时，也可定性分析出，煤电能源供应链系统的风险传递路径是以节点企业为单元的，包括串联式、交互式和雷达式三种。

第 10 章　煤电能源供应链风险关系及风险评价测度①

10.1　引言

中国能源战略为"科学、绿色、低碳",加快调控转型,强化节能优先,实行总量控制,保障合理需求,优化多元结构,实现绿色低碳,科技创新节能、提效,合理控制能源需求。煤电能源供应链形式特点呈现"耗电→耗油耗电→耗煤→电能损失→耗电"的循环过程(谭忠富等,2014)。煤电能源供应链中各节点企业组成多主体、多区域、多环节、多阶段的相对复杂的巨大系统(韩玉忠,2013),各个节点企业间存在相互依赖的关系,任何主体、环节、阶段出现意外都将波及其上游、下游企业,甚至导致风险的传递和延展,最终使链条系统失灵(Forgionne and Guo,2009;谭忠富,2013;蒋文军,2013)。若煤电能源供应链存在外源风险因素和内生主体经济活动变化都会形成风险(Mulhall and Bryson,2014),风险沿供应链递展,当超出其弹性临界范围,则将降低系统运行的效率。特征方面,煤电能源供应链风险与其他供应链风险具有较大差别(Osborne et al.,2013),本书针对中国国情,研究过程是对一般供应链风险理论的细化。

就供应链风险管理而言,供应链风险源于不确定性(Brindley,2004)。Milliken(1987)将不确定性分为状态不确定性、效果不确定性和响应不确定性;Krickx(2000)分类的结论是主观不确定性(认识不确定性)和客观不确定性(随机不确定性);Blackhurst 等(2004)将供应链的不确定性进行描述方法划分为区间分析、模糊方法与规划及概率分析。一些学者认为供应链的不确定性源于供应商、生产商和顾客(马华士和林勇,2003;张涛和孙林岩,2005)。供应商原因包括提前期的不确定(生产延迟、供给延迟和运输延迟)及订货量的不确定;生产商原因包括系统可靠性问题(产品库存和需求处理方式)、设备故障及执行计划偏差;

————————————

① 本章相关内容发表于:谭忠富,刘平阔. 中国煤电能源供应链风险关系及风险评价测度研究. 工业技术经济,2015,(1):132-144。

顾客原因包括需求预测偏差、购买力波动、从众心理及人性特征。但是，"不确定性"是价值中性的，既包括收益的机会，又包括损失的可能；供应链风险可视为可能的后果和相关不确定性的组合，分为随机性风险、危险因子和深层不确定性（Rao and Goldsby，2009）。Tang（2006）从运营风险角度，将供应链不确定性分为供应管理（供应网络设计、供应商选择、订单分派和供应契约）、需求管理（时间、需求和产品转移）、产品管理（生产方式）和信息管理四个角度。综上所述，可将煤电能源供应链的不确定性存在形式分为两种：一种是环境的不可预见性（Williamson，1979）；另一种是内部风险性，即个体生产率计量的困难（Williamson，1983）。风险主要包括市场不确定性、规制不确定性、行为不确定性和技术不确定性等（Montero，1997；H. Chen and T. J. Chen，2003）。

10.2　问题描述

10.2.1　供应链部门关系

中国煤电能源供应链的部门关系有以下几个方面。

（1）煤炭行业准入管制相对复杂，产业组织中一方面是大量"小、散、乱"的小型煤矿，另一方面是相对规范的大型煤炭企业。中国煤炭生产过程存在规模经济，煤炭市场中仅有少量的具有有效规模的煤炭企业可提供有效供给。2013年6月29日，全国人大常委会通过了对于修改《中华人民共和国煤炭法》的决定，对煤炭行业取消煤炭生产许可证和煤炭经营资格证。经营许可证的初衷是维护产业经营秩序。但随着煤炭市场化的深入和物流产业化的发展，作为行政手段的许可证和资格证反而会导致煤、电企业双方的成本增加。

（2）解决"市场失灵"的矛盾，首先需要解决煤炭运输问题（林伯强，2011）。运力交易市场的不健全和不完善是交易成本增加的主要原因。重点合同煤与铁路运输计划挂钩，而非重点合同煤运输则要自筹运力，由此导致的点车费、加车费等运力"寻租行为"推高了煤价。没有"重点煤"合同销售量指导的情况下，基于煤、电企业市场份额的运力配额分配方法谈判相对冗长，大型煤炭生产商的运力配额受到新政策影响的程度较小，而小型煤炭生产商可能更难参与竞争以维持其运力配额。

（3）中国现有的煤炭储配中心包括：社会储配中心（如曲靖市、大同市、青岛市、三门峡市、九江市等）和电厂煤场。煤炭储配中心的主要目的是应对不确定性因素，从而确保煤炭供应的稳定性和安全性。近年来，中转港口、接卸港口和电厂煤场存储过多，加之中国煤炭市场持续低迷，煤价一路走低，电力企业也出现"回避储配中心、转购市场煤"的行为。

（4）燃煤发电产业是中国50%以上煤炭的需求者，属于高物流、高能耗、高污染的传统产业。因此，发电企业的发展，不仅需要实现其利润最大化，而且应该履行燃煤发电企业社会责任、减少对环境系统的负外部性影响、提高社会福利水平的发展要求。价格管制，使煤炭企业和发电企业无法在价格上达成统一，所以，多数发电企业依靠专用性政策获得利润，致使其管理水平无法提高、风险应对能力相对较弱。

（5）电网公司的职能包括输电、变电、配电及调度。中国电网结构相对薄弱，电力负荷高峰时段电力系统的零备用运行致使电网安全受到极大威胁。其存在问题主要包括电网建设长期滞后、交流弱联系统稳定性较差、二次系统安全性较差、电网输电能力不足（如电磁环网问题）、电网无功补偿容量不足、负荷中心电源支撑不足、外力破坏及部分装备质量较低。

（6）电力终端用户是煤电能源供应链的最终环节。为深化资源性商品价格改革，根据国家发改委通知（2013 年），将逐步调整销售电价分类结构。根据用电负荷特性，政府将现行居民生活、非居民照明、商业、非工业、普通工业、大工业、农业生产用电价格等八类销售电价逐步归并为居民生活、农业生产、工商业及其他等三个用电部门，并按用其电负荷特性进行分档。

（7）"市场化"并不意味着政府完全不干预电煤交易，相反地，有效的规制（如价格限制、激励计划或促进竞争等）还可赋予政府比较大的相机行事的权力。政府的机构改革和职能转变，才是实现政府内部权力优化配置，以及厘清和理顺政府与市场、与社会之间的关系的有效措施。

10.2.2　风险源传递关系

（1）煤电能源供应链的管理应以煤炭市场和电力市场的需求为导向。理想状态下，生产、运输、配置和销售都应建立在能源需求完全信息的基础上。但是，政策工具及市场环境作用于宏观经济后，同时也增强了消费者偏好的不确定性，使需求预测的难度加大，从而导致能源供应链的经营风险增加。有效的煤电能源供应链管理，不仅应反映能源资源类产品价格的联动关系，而且应反馈市场变化趋势和消费者偏好。

（2）2004 年，国务院国资委将 EVA 纳入中央企业的考核体系，每年对其进行测算；并从 2010 年起，以 EVA 取代净资产收益率（rate of return on common stockholders' equity，ROE），作为年度绩效考核指标。在价值度量上，与传统绩效度量指标（净利润和股东权益回报率等）相比，EVA 可体现风险与价值的联系，所以，以经济资本计量为基础的 EVA 是风险与价值驱动型管理合理的考核维度（洪剑锋，2011；罗乾宜，2011）。

（3）在供应链风险管理中，将 EVA 作为基于价值的管理（value-based

management，VBM）普遍的中期性价值化绩效度量标准（Hahn and Kuhn，2012）。由于 EVA 受到相互依存的多因素的影响，所以，VDT 可作为一般性框架来说明运营杠杆和价值性绩效指标（如 EVA）之间的因果关系（Rappaport，1998）。VDT 的作用已在第 8 章进行了讨论，这里不再赘述。

指标体系的构建已在第 8 章中有详细论述，这里不再重复论述。

10.3　数据及模型

10.3.1　数据收集

1. 问卷设计

调查问卷是一种书面沟通形式，用以获得并了解受调研群里的想法、反应和社会认知。本章的问卷设计程序与第 8 章的相同，其基本步骤也包括五步。

问卷调查所需收集的数据计及中国煤电能源供应链风险指标，因此应选择对相应行业相关人员进行问卷调查。本次问卷将选择范围设定为政府部门职员、煤炭企业员工、发电企业员工、电网企业员工及科研单位人员等。在设计问卷的结构时，框架安排包括问卷调查的说明信、必要的答卷说明、对答卷人背景信息的调查环节、对煤电能源供应链风险指标的解释、结束语五个部分（附录）。问卷分为两部分：第一部分涉及被调查人的工作单位、工作年限、职位等信息；第二部分针对各个指标进行调查，指标打分采用五分 Likert 量表。其中，1 为"非常不重要"，2 为"不太重要"，3 为"一般重要"，4 为"比较重要"，5 为"特别重要"。

2. 样本容量选择

邱政皓和林碧芳（2002）研究认为，SEM 分析所需的样本容量至少比待估参数的个数多 50；何晓群（2004）也从 χ^2 检验的有效性角度进行分析，认为 100~200 为适合的样本容量。为了保障 SEM 分析结果的准确性，本书的样本容量拟定为 300。

3. 统计性描述

在调研过程中，实际印发调查问卷 500 份，实际发放问卷 400 份，发放率为 80.00%，实际收回问卷 374 份；其中，通过项目组筛选评定，在保证抽样需求和调查有效性的前提下，统计有效调查问卷共 329 份。经过样本分析，将所收集的调查问卷录入统计软件中，对问卷回收所搜集的样本资料进行描述性分析，内容主要与第 8 章表 8-2 的相同，在此不再重复论述。

10.3.2　数据分析

1. 探索性因子分析

探索性因子分析（exploratory factor analysis，EFA）用以寻找多元观测变量结构、降维处理的手段方法；探索性因子分析的目的是对中国煤电能源供应链风险指标进行分类。数据的探索性因子分析是利用 SPSS 19.0 软件进行主成分分析。录入数据后选择"Analyze"，在"Data Reduction"的"Factor"中进行如下操作：在"Descriptives"中选择"KMO and Bartlett's test of sphericity"；在"Extraction"中选择主成分"Principal Component"，并将最大迭代次数设置为 200；在"Rotation"中选择最大方差旋转法"Varimax"。结果如表 10-1 所示。

表 10-1　转轴后的成分矩阵

风险指标	Component 主成分			
	1	2	3	4
道德风险	−0.097	0.810	0.233	0.064
信息传递风险	0.257	0.783	−0.006	0.016
生产（供给）风险	0.231	0.240	0.654	−0.126
采购风险	0.037	0.015	0.812	0.159
物流风险	0.123	0.074	0.783	0.055
财务风险	0.562	0.220	0.180	0.048
企业文化差异	0.173	0.498	0.135	0.261
经济周期风险	0.676	−0.034	0.122	0.069
制度/法律风险	−0.038	0.155	0.080	0.884
市场（需求）风险	0.760	0.124	0.100	0.020
政策风险	0.489	0.119	0.017	0.652
意外灾害	0.481	0.451	−0.055	0.237

根据风险指标的经济意义和实际作用，对各个主成分进行定义和分类：①定义"主成分 1"为"经济风险及意外"（C_1），包括财务风险（R_6）、经济周期风险（R_8）、市场（需求）风险（R_{10}）和意外灾害（R_{12}）。②定义"主成分 2"为"主观性风险"（C_2），包括道德风险（R_1）、信息传递风险（R_2）和企业文化差异（R_7）。③定义"主成分 3"为"流程风险"或"客观性风险"（C_3），包括生产（供给）风险（R_3）、采购风险（R_4）和物流风险（R_5）。④定义"主成分 4"为"体制风险"（C_4），包括制度/法律风险（R_9）和政策风险（R_{11}）。

2. 信度分析

信度（reliability）分析即可靠性分析，可体现测验结果的可信度与稳定性，即测量的一致性程度。信度分析的方法主要包括重测信度法（时间一致性稳定系数）、折半信度法（项目内在一致性系数）、复本信度法（形式一致性的等值系数）和 α 信度系数法等。其中，α 信度系数法即克朗巴哈系数方法（Cronbach's alpha 或 Cronbach's α），是量表所有可能性项目划分法的折半信度系数的平均值，其特点是具备其他信度分析方法的优点，由于 α 信度系数法可应用于社会经济范畴内的态度、满意度或意见建议等问卷的信度分析，因此该方法具有更好的适用性。

若问卷整体信度可达到 0.8 以上，则为理想，信度最低要求应至少达到 0.5 以上（Nunnally，1978）。一般情况下，Cronbach's α 小于 0.35 为低信度；介于 0.35 到 0.7 之间为中信度；大于等于 0.7 为高信度，即属于很可信范围（Cuieford，1965）。运用统计学 SPSS 19.0 软件对煤电能源供应链风险管理的问卷调查数据进行 Cronbach's α 测试，软件运行结果如表 10-2 所示。由检验结果可知，本次调查问卷的整体水平属于高信度，分类构成属于中信度，均符合信度要求。

表 10-2　研究变量的 Cronbach's α 系数表

分量表类别	分量表的构成	数量	Cronbach's α	信度等级
煤电能源供应链风险		12	0.764	高信度
	经济及意外风险	4	0.610	中信度
	主观性风险	3	0.612	中信度
	流程风险	3	0.672	中信度
	体制风险	2	0.570	中信度

3. 效度分析

效度（validity）分析即有效性分析，是指测量工具所能测量出样本特质的程度，即衡量工具能否真正衡量到研究者所要衡量的问题，包括内容效度、准则效度和结构效度。内容效度主要是检验样本数据的代表性；准则效度是预测个体在某种情境下行为表现的有效性程度[①]；结构效度是指测量结果体现出来的结构与测量值之间的对应程度。验证性因子分析得到的模型拟合系数与标准化因子载荷是比较适合分析结构效度的指标（侯杰泰等，2004）。一般性情况下，当模型的拟合性较好时，设定较低标准要求为标准化因子载荷不大于 0.45，则表明其效度较低；设定较高标准要求为标准化因子载荷不小于 0.71，则表明其效度较高。本书将进行 KMO（Kaiser-Meyer-Olkin）检验和 Bartlett 球形检验，以此对变量可否进行因子分析进行判断，结果如表 10-3 所示。

---

① 内容效度和准则效度与问卷内在逻辑设计以及样本选择有关。问卷的设计是在阅读大量国内外文献和相关理论基础上，通过 VDT 的方法逐层分解风险源，并与相关专家以及研究人员进行多次探讨修改而得，因此，可认为其内容效度和准则效度达标。

表 10-3　KMO 检验和 Bartlett 球形度检验

检验		整体
KMO 度量		0.772
Bartlett 球形度检验	Approx. Chi-Square	746.064
	df	66
	Sig.	0.000

10.3.3　模型拟合

1）测量分析

测量分析的目的是检测概念模型的合理性和可行性。将经过处理的样本数据（包括 329 个样本和 12 个观测变量的数据）代入验证性因子分析模型，考察模型的可行性，以便进一步的修正。本书运用 LISREL 8.80 软件，代入调查数据，对模型进行数据拟合，得到潜变量与观测变量因子载荷模型如图 10-1 所示。

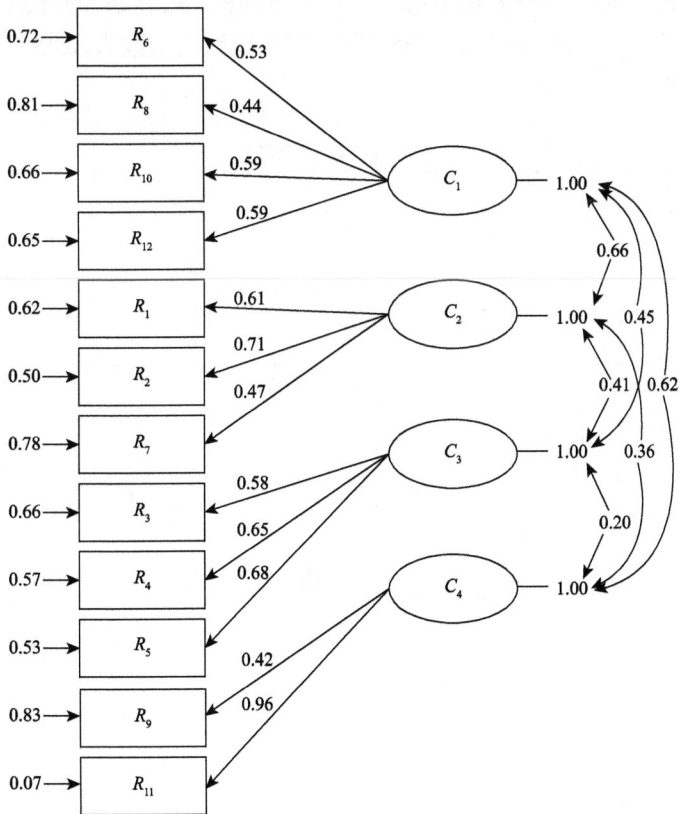

图 10-1　潜变量与观测变量的因子载荷

在验证性因子分析基础上，进行二阶因子分析。检验结果表明：除政策风险（T-value 为 0.37）外，其余因子的 T-value 在 7.01 到 11.73 之间；但根据其经济意义和实际作用，不予以剔除。二阶因子分析模型与数据拟合程度是可以接受的，结果如表 10-4 所示。

表 10-4　拟合指标的建议值与实际测试结果

拟合指标	χ^2/df	GFI	AGFI	NFI	IFI	CFI	RMSEA	P-value
建议值	<5	>0.9	>0.9	>0.9	>0.9	>0.9	<0.08	>0.05
检验结果	2.23	0.95	0.92	0.91	0.95	0.95	0.061	0.11

2）结构分析

结构分析的目的是度量一阶因子间的相互作用关系。分别建立 C_1、C_2、C_3 和 C_4 的结构模型，并对 T-value 小于 1.96（显著性 0.05）的路径进行修正（表 10-5）。由图 10-2 可知，主观性风险、流程风险和体制风险可共同影响经济风险及意外（标准化路径系数为 0.42、0.19 和 0.43）；且经济风险及意外又可反作用于主观性风险（标准化路径系数为 0.67）、流程风险（标准化路径系数为 0.45）和体制风险（标准化路径系数为 0.62）。

表 10-5　结构关系检验

潜变量	χ^2	df	P-value	RMSES
C_1	106.85	48	0.000 0	0.061
C_2	109.92	50	0.000 0	0.060
C_3	110.94	50	0.000 0	0.061
C_4	108.23	50	0.000 0	0.060

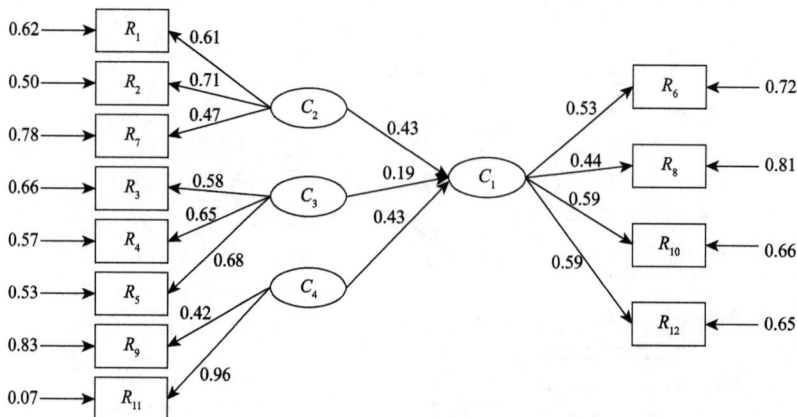

（a）经济风险及意外的结构关系

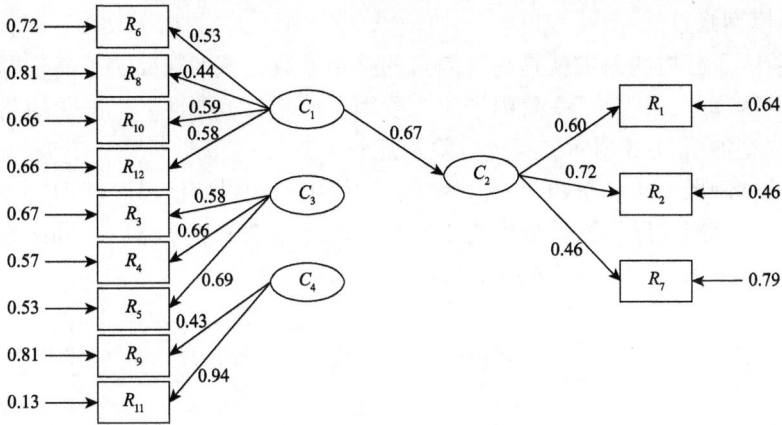

（b）主观性风险的结构关系

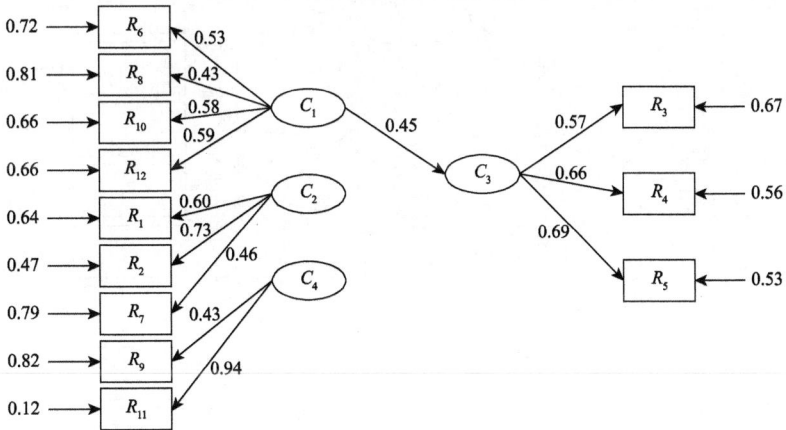

（c）流程风险的结构关系

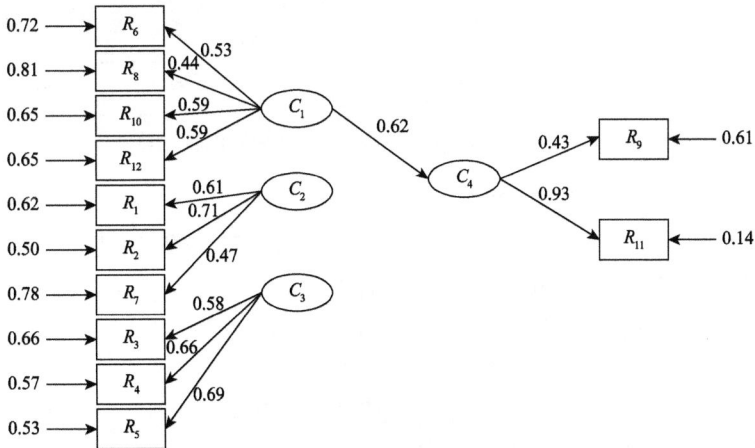

（d）体制风险的结构关系

图 10-2 潜变量的结构关系

3）模型修正

高阶因子分析的系数就是高阶因素的路径系数，该参数反映了高阶因素对初阶因素的解释力，代表了一阶因子对二阶因子的相对重要性。标准化的路径系数估计值模型如图 10-3 所示，经济风险及意外（C_1）、主观性风险（C_2）、流程风险（C_3）及体制风险（C_4）四个一阶因子在"煤电能源供应链风险管理"（SCRM）二阶因子的标准化路径系数分别为 1.04（T-value 为 7.91）、0.65（T-value 为 6.68）、0.44（T-value 为 5.09）和 0.60（T-value 为 4.03）。

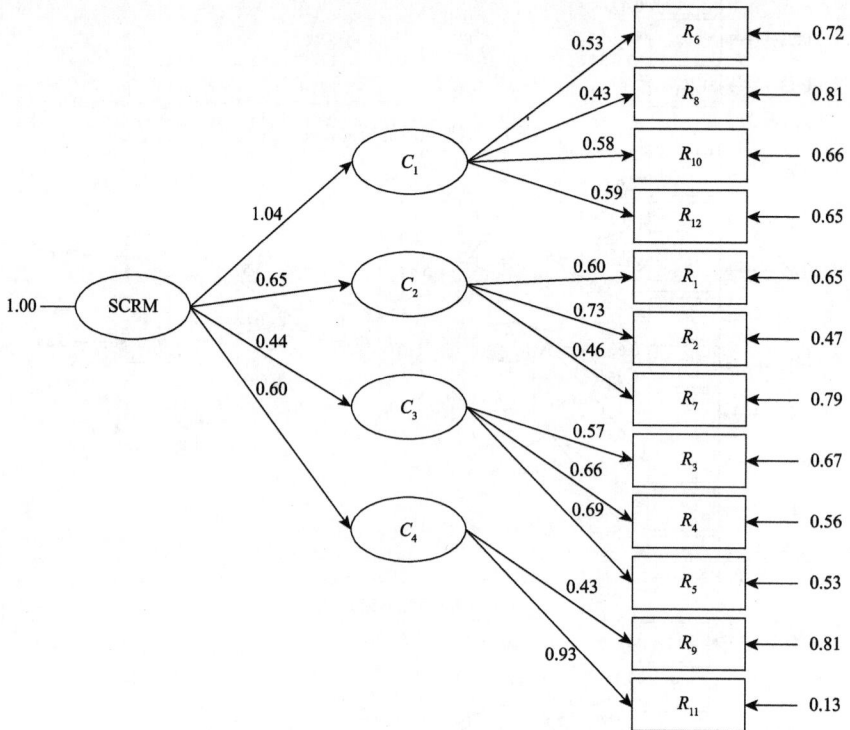

图 10-3　煤电能源供应链风险评价模型标准化路径图

χ^2=111.37, df=50, P-value=0.000 00, RMSEA=0.061

（1）经济风险及意外（C_1）是煤电能源供应链风险管理的最主要影响因素。测量变量财务风险（R_6）、市场（需求）风险（R_{10}）和意外灾害（R_{12}）的因子载荷分别为 0.53、0.58 和 0.59，均大于最低可接受值 0.45；经济周期风险（R_8）的因子载荷为 0.43，但根据其经济解释，决定予以保留。

（2）主观性风险（C_2）是煤电能源供应链风险管理的次级最主要影响因素。测量变量道德风险（R_1）、信息传递风险（R_2）和企业文化差异（R_7）的因子载荷分别为 0.60、0.73 和 0.46，均大于最低可接受值 0.45。

（3）体制风险（C_4）是煤电能源供应链风险管理的直接性影响因素。测量变量制度/法律风险（R_9）和政策风险（R_{11}）的因子载荷分别为 0.43 和 0.93。

（4）流程风险（C_3）是煤电能源供应链风险管理的基本性影响因素。测量变量生产（供给）风险（R_3）、采购风险（R_4）和物流风险（R_5）的因子载荷分别为 0.57、0.66 和 0.69。

4）测度模型

结构方程模型拟合结果中的标准化因子载荷实质上可反映各个观测变量与相应的潜变量之间的相关系数。鉴于此，根据基于指标相关性的指标权重确定方法（criteria importance through intercriteria correlation，CRITIC），将标准化因子载荷归一化处理，即可得到各指标对应的权重。

$$\rho_{ij} = \lambda_{ij} \Big/ \sum_{j=1}^{n} \lambda_{ij} \tag{10-1}$$

其中，ρ_{ij} 为一阶因子 C_i 的第 j 个测量指标的相应权重；λ_{ij} 表示因子载荷。

$$\xi = \sum_{i=1}^{4} \beta_i \sum_{j=1}^{M} \rho_{ij} \cdot R_{ij} \tag{10-2}$$

其中，ξ 代表煤电能源供应链风险系数；β_i 代表一阶因子 C_i 的权重；R_{ij} 代表一阶因子的第 j 个测量指标的指标值；M 表示一阶因子对应的相应指标数目，M=2，3，4。

由此得到中国"煤电能源供应链风险评价测度模型"。计算得到的"煤电能源供应链风险"指标体系权重分布情况如表 10-6 所示。在煤电能源供应链风险管理的过程中，煤炭企业、火电发电企业以及电网企业可根据该指标体系权重系数表进行煤电能源供应链风险系数评价。

表 10-6　煤电能源供应链风险系数评价模型变量权重系数

一级指标 ξ	权重 β_i /%	二级指标 C_i	权重 ρ_{ij} /%	三级指标 R_{ij}
煤电能源供应链风险系数	38.10	经济风险及意外（C_1）	24.88	财务风险（R_6）
			20.19	经济周期风险（R_8）
			27.23	市场（需求）风险（R_{10}）
			27.70	意外灾害（R_{12}）
	23.81	主观性风险（C_2）	33.52	道德风险（R_1）
			40.78	信息传递风险（R_2）
			25.70	企业文化差异（R_7）
	21.97	体制风险（C_4）	31.62	制度/法律风险（R_9）
			68.38	政策风险（R_{11}）
	16.12	流程风险（C_3）	29.69	生产（供给）风险（R_3）
			34.38	采购风险（R_4）
			35.94	物流风险（R_5）

风险测度模型如式（10-3）所示。

$$\begin{aligned}
\text{Index(SCRM)} = {} & 0.094\,792\,8 \cdot R_6 + 0.076\,923\,9 \cdot R_8 + 0.103\,746\,3 \cdot R_{10} \\
& + 0.105\,537 \cdot R_{12} + 0.079\,811\,12 \cdot R_1 + 0.097\,097\,18 \cdot R_2 \\
& + 0.061\,191\,7 \cdot R_7 + 0.047\,860\,28 \cdot R_3 + 0.055\,420\,56 \cdot R_4 \\
& + 0.057\,935\,28 \cdot R_5 + 0.069\,500\,76 \cdot R_9 + 0.150\,299\,24 \cdot R_{11}
\end{aligned}$$

$$（10\text{-}3）$$

由测度模型（10-3）可知：现阶段，中国煤电能源供应链的主要风险源为政策风险（R_{11}）、意外灾害（R_{12}）和市场（需求）风险（R_{10}）。在其他风险源的影响效果相对较弱的情况下，政府部门、能源企业及科研机构可根据企业实际情况，重点针对政策、市场和意外灾害三个方面，进行相应的机制安排、框架设计及策略选择。

10.4　案例分析

10.4.1　案例描述

本节设计了一个简单的煤电能源供应链风险评价的算例，以分析评价模型的效果。

假设存在两条煤电能源供应链（SC1 和 SC2），其中涉及煤炭企业、运力部门、煤炭储配中心、燃煤发电企业和电网公司的各个环节（图 10-4）。由于在每条供应链的管理过程中存在不同等级的风险。现做如下假设。

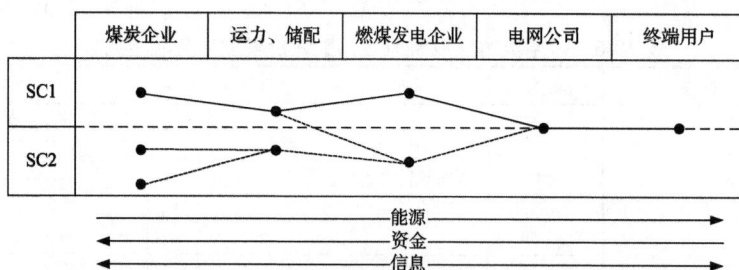

图 10-4　煤电能源供应链的企业传递

假设 10.1　供应链中各个节点企业均是风险规避型的。

假设 10.2　能源的输配属于物理过程，不考虑能量的损失，且在终端市场消纳；企业均掌握自身企业的相关信息，且供应链的信息传递需要交易成本；资金同样受到外生变量（如市场和政策）的影响。

10.4.2　结果与讨论

根据供应链节点企业的掌握信息，对供应链 SC1 和 SC2 进行打分（图 10-5）。利用式（10-3），对 SC1 和 SC2 的风险系数进行计算，结果如表 10-7 所示。

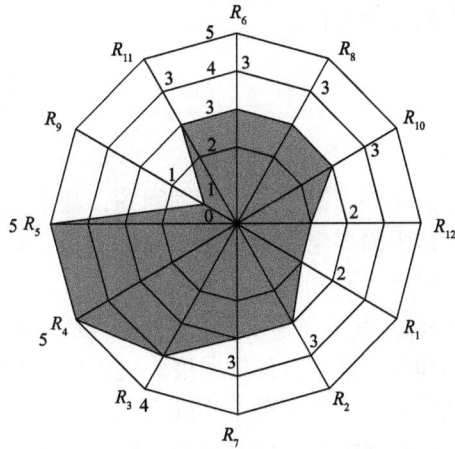

（a）SC1 的风险描述

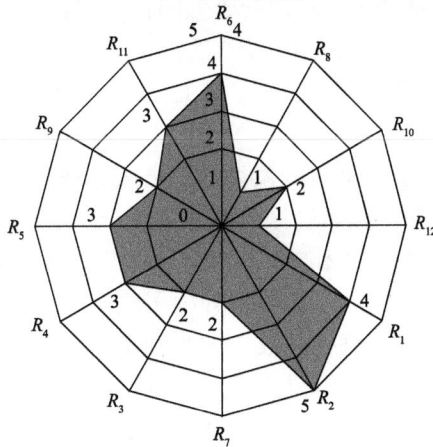

（b）SC2 的风险描述

图 10-5　煤电能源供应链风险参数

表 10-7　供应链风险系数

供应链	因子的加权得分												风险系数
	R_6	R_8	R_{10}	R_{12}	R_1	R_2	R_7	R_3	R_4	R_5	R_9	R_{11}	
SC1	0.284	0.231	0.311	0.211	0.160	0.291	0.184	0.191	0.277	0.290	0.070	0.451	2.951
SC2	0.379	0.077	0.207	0.106	0.319	0.485	0.122	0.096	0.166	0.174	0.139	0.451	2.722

由表 10-7 可知：①虽然 SC2 的结构与 SC1 的结构相比相对复杂，但是其风险系数相对较低；②对 SC2 而言，虽然其财务风险、道德风险的信息传递风险均对供应链管理的影响较大，且高于 SC1，但是经过加权计算后，经济周期风险和市场需求风险对 SC1 的影响会增加系统的不确定性，且其影响效果更明显，所以 SC1 的风险系数高于 SC2 的风险系数。由此可知，SC2 的系统安全性高于 SC1；SC2 可作为投资再生产的最优选择。

10.5　本章小结

本章针对中国煤电能源供应链的风险管理问题，基于供应链部门关系和风险源传递关系的梳理，构建中国煤电能源供应链指标体系，研究煤电能源供应链风险管理的风险评价测度模型。研究结论如下：

（1）从技术经济层面，基于 VBM 理论，利用 VDT 对 EVA 进行分解，从营业利润率、资产利用率和经营性现金流的角度，将中国煤电能源供应链的风险源分为需求不确定性、供给不确定性、政策不确定性、资源衰竭问题、能源质量问题、设备安全问题、资金获取能力、偿付能力、财务监管能力和其他风险源；并由此构建适合中国煤电能源供应链风险管理的指标体系，包括道德风险、信息传递风险、生产（供给）风险、采购风险、物流风险、财务风险、企业文化差异、经济周期风险、制度/法律风险、市场（需求）风险、政策风险和意外灾害共 12 个风险因子。

（2）从数量经济层面，通过问卷调查的方式，通过 SPSS 和 LISREL 软件，对数据进行处理分析。利用探索性因子分析将 12 个风险因子分为经济风险及意外、主观性风险、流程风险和体制风险四类风险集；测量分析的结果表明 12 个风险因子对相应的风险集的影响取决于其因子载荷；结构分析的结果表明四类风险集之间的影响取决于其路径系数，主观性风险、流程风险和体制风险可共同影响经济风险及意外，且经济风险及意外又可反作用于主观性风险、流程风险和体制风险；经济风险及意外、主观性风险、体制风险和流程风险，按其对煤电能源供应链风险管理的影响程度进行排序，且路径系数分别为 1.04、0.65、0.44 和 0.60。

（3）从理论及应用层面，利用 CRITIC 方法，构建了中国煤电能源供应链风险评价测度模型，且得到道德风险、信息传递风险、生产（供给）风险、采购风险、物流风险、财务风险、企业文化差异、经济周期风险、制度/法律风险、市场（需求）风险、政策风险和意外灾害共 12 个风险因子的系数分别约为 0.08、0.10、0.05、0.06、0.06、0.09、0.06、0.08、0.07、0.10、0.15 和

0.11。其中，信息传递风险、市场（需求）风险、政策风险和意外灾害的影响程度较大；道德风险、经济周期风险和制度/法律风险的影响程度次之；生产（供给）风险、采购风险、物流风险、财务风险和企业文化差异的影响程度再次之。

第 11 章 煤电能源供应链中长期风险减轻策略研究①

11.1 问题的背景介绍

煤电能源供应链发展是能源体制四方面的"革命"过程中不可忽视的问题。煤电能源供应链的形式特点主要体现于"耗电→耗油耗电→耗煤→电能损失→耗电"的循环过程。煤电能源供应链中各节点企业组成多主体、多区域、多环节、多阶段的相对复杂的巨大系统,各个节点企业间存在相互依存的关系,任何主体、环节、阶段出现意外都将波及其上游、下游企业,甚至导致风险的传递和延展,最终使系统失灵。若煤电能源供应链存在外源风险因素和内生主体经济活动变化都会形成风险,风险沿供应链递展超出承受范围,则将降低系统运行的效率。特征方面,煤电能源供应链风险与其他供应链风险具有较大差别。

早期对供应链风险的研究主要集中于对供应链不确定性进行分类。其中,Milliken(1987)将不确定性分为状态不确定性、效果不确定性和响应不确定性;Krickx(2000)将不确定性分为主观不确定性(认识不确定性)和客观不确定性(随机不确定性);Blackhurst 等(2004)将供应链的不确定性进行描述方法划分为区间分析、模糊方法与规划、概率分析等;马华士和林勇(2003)与张涛和孙林岩(2005)认为供应链的不确定性源于供应商、生产商和顾客。近期学者将供应链不确定性的问题进行细化,并针对不同产业构建相关模型,着重分析了供应链的脆弱性及"牛鞭效应"等问题(于鲲鹏,2014;王道平等,2013)。研究结果可较为科学地解释时下一些实质性问题,如信息不对称与政府奖惩机制的关系(王文宾等,2014)、短缺博弈及供应链整体结构(姜建忠,2014)以及供应商质量和生产协同效率(于鲲鹏,2014)等。但是,"不确定性"是价值

① 本章相关内容发表于:谭忠富,刘平阔. 基于鲁棒优化的煤电能源供应链中长期风险减轻策略. 技术经济,2015,34(8):58-70。

中性的，既包括收益的机会，又包括损失的可能；供应链风险应视为可能性后果和相关不确定性的组合，将供应链风险分为随机性风险、危险因子和深层不确定性（Rao and Goldsby，2009）。为了研究供应链风险问题、分析风险源问题，一些学者利用平衡计分卡方法和 VBM 理论等做了较为基础性的研究，如公司关键驱动因素和企业价值动因（吴侃侃，2007；罗菲，2007；张振川，2004）等。在此基础上，国内的学者对供应链风险管理的研究一方面集中于对风险分类管理（郑小京等，2013），包括供应链整合、"传染效应"和管理效率等问题（方云龙，2012；张忠寅，2012）；另一方面集中于风险管理策略（黄永等，2013），比较有代表性的成果包括协同创新和契约（张巍，2009；邱若臻和黄小原，2011；李春发等，2012）等问题。

供应链鲁棒性是供应链不确定性的一个基本属性（邓爱民等，2009）。供应链鲁棒优化对供应链运作、供应链风险控制等具有重要作用（Goh et al.，2007；Azaron et al.，2008；Oliveira et al.，2013）。其研究意义在于：在约束条件的限制下，对可能出现的所有情况，可求得一个解，并且使供应链风险发生最坏情况下的目标函数值最优。关于供应链鲁棒性的研究，相应的成果体现在四个方面：从模型优化的角度，目前的研究均结合了其他领域的相关理论和方法。例如，基于复杂网络理论的供应链结构演化模型（李刚，2012a），基于仿真试验的供应链因素随机扰动模型（周建中和陈秀宏，2013），基于权重智能优化的供应链鲁棒性建模与仿真方法（王兴海，2013）等。从优化算法的方面，新近的研究意在解决计算过程的有效性和实用性问题（Adida and Perakis，2006）。例如，鲁棒 H∞ 控制策略和线性矩阵不等式（linear matrix inequality，LMI）算法（邱若臻和黄小原，2007），多种群并行遗传算法（张萍，2011），随机模拟法和粒子群算法相结合的混合智能算法（齐金平，2014）。从鲁棒性评价标准的角度，目前的研究都较具针对性，均是根据相应的标准进行供应链的设计（Sheffi，2001；李朝军，2013）。为了减少供应链故障及风险和增强供应链整体绩效，有的学者建立了供应链鲁棒性评估指标体系（张昕瑞和王恒山，2009），有的学者从计划环节的准确性、采购环节的鲁棒水平、生产环节的鲁棒水平和销售环节的鲁棒水平等方面对供应链网络的鲁棒性进行度量（唐莉莉，2011），有的学者建立了综合考虑供应链持续供应能力、收益和服务水平的集成化鲁棒性衡量指标体系（李彬等，2010），还有的学者特别考虑了供应链中供应、产品、需求和信息管理的鲁棒性（黄小原和晏妮娜，2007）。从理论方法的实际应用的方面来看，目前的研究主要针对协调工具、战略规划和管理指标选取等问题。例如，邱若臻和黄小原（2011）研究了供应链鲁棒回购契约协调问题；马卫民等（2013）探讨了"零售商-供应商"两级系统最优订购策略问题；乔金锁等（2013）建立了煤炭运输网络结构评价指标体系进行鲁棒性管理。

为了进一步研究供应链在时间和数量上的不确定性系统问题（Arns，2002），本书针对中国煤电能源供应链的绩效和风险管理问题构建整合模型，用以研究煤电能源供应链的运营风险；并基于不确定因素，分析供应链的物流域（能源流）和资金域等问题；同时从方案、目标和信息三个方面，对供应链鲁棒性进行解释，以期对政府所主导的能源产业改革和国有企业管理提供帮助。

11.2 问题描述

11.2.1 概念模型

中国煤电能源供应链的部门关系在本书的第 10 章有详细论述，这里不进行重复分析。

目前亟待解决的问题既包括国内重要战略性行业的供应链系统鲁棒运作，又包括供应链运作管理鲁棒优化的指标和建模（邓爱民等，2009）。煤电能源供应链管理应以煤炭市场和电力市场的需求为导向。在理想状态下，生产、运输、配置和销售都应建立在能源需求完全信息的基础上。但是，当政策工具和市场环境作用于宏观经济时，消费者偏好的不确定性便增强了，这使需求预测的难度加大，导致能源供应链的经营风险增大。有效的煤电能源供应链管理，不仅应反映能源资源类产品价格的联动关系，而且应反馈市场变化趋势和消费者偏好。此时，出现了三个问题：如何判断能源供应链管理的有效性；如何在保证指标有效的同时降低供应链的风险；有效性指标与能源供应链风险之间存在何种关系。具体概念模型参见第 8 章的相应部分。

11.2.2 管理技术

在传统的决策理论中，风险管理问题是基于方差分析的，在过程中量化分析目标期望值（expected value，EV）向上和向下的可能性变化。然而，现实中的风险管理常是非对称性的，决策者只将下行风险（downside risk，DR）作为管理重点。在供应链风险指标筛选过程中，学者们通常从两个维度将供应链风险分为中断风险和运营风险、内生风险与外源风险（Brindley，2004；Tang，2006；Donald and Waters，2007），见图 8-1（c）。

就运营层面而言，一般的 VBM 方法存在两方面的不足：一方面，VDT 仅为解释性框架，不能提供决策性支持；另一方面，风险因子仅为间接的隐性指标，忽略了鲁棒规划中的情境信息。因此，进行风险管理应考虑基于情境的综合性信息，而非期望的分布。在考虑风险因子时，为防止资本成本信息扭曲，可假设一个外生的最低回报率。

鲁棒优化是基于决策者明确风险厌恶偏好的一类不确定性优化（图 11-1），目的是使决策结果在信息不完全的影响下不敏感。Leung 等（2007）讨论了解决方案和模型（目标）的鲁棒性。但是，鲁棒信息管理也是实现供应链协调的重要环节（黄小原和晏妮娜，2007）。决策者可根据风险偏好参数权衡方案鲁棒性和目标鲁棒性、计算完全信息的预测值，以量化不确定性的影响。同时，鲁棒优化可用于分析企业决策者的风险规避态度，使绩效免受不完全信息的影响，即使优化解免受数据不确定、信息不完全的影响，将原始问题以一定近似度转化为一个具体多项式计算复杂度的凸规划问题。

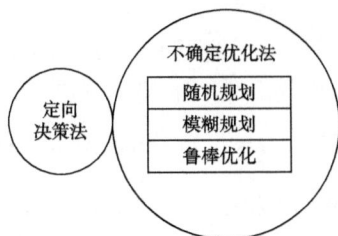

图 11-1　供应链风险管理分析方法

供应链鲁棒优化的分类有三种，即方案的鲁棒性、目标的鲁棒性和信息的鲁棒性。其中，方案的鲁棒性包括模型导向的鲁棒性和求解导向的鲁棒性。虽然概率约束和控制变量可用于量化模型的鲁棒性，但是无法保证每种情境的局部不可行解，而目标的鲁棒性是为保证某一期望水平在各种情境中的可行性解（而非最优解）。信息的鲁棒性体现为在决策模型中信息利用水平的充分性和独立性。为了将应急预案的数量限制在一个可管理的范围内，可将信息鲁棒性分析分为不确定性的事前影响分析和绩效的事后影响分析。

本书应用两阶段随机规划形成供应链"风险减轻"的应对策略（图 11-2）。

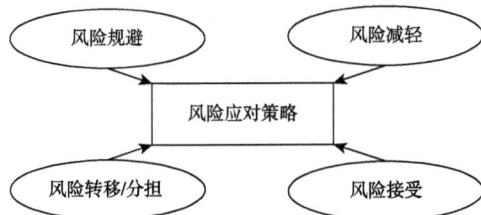

图 11-2　风险应对策略分类

11.3　模型构建

11.3.1　基本模型

（1）EVA。当收益超过资本成本时，企业可创造股东价值。作为中长期价值型绩效指标，EVA 的计算公式如下：

$$\text{EVA}_t = \text{NOPAT}_t - \text{NOA}_{t-1} \cdot \text{wacc} \tag{11-1}$$

其中，NOPAT_t 为税后净经营利润；NOA_{t-1} 为经营性投资资本要素的总成本，即调整后的资本总额（资本占用）；t 为时期或期末；wacc 为加权平均资本成本率[①]。

（2）哈洛模型。哈洛模型［下偏距（lower partial moments）风险模型］将收益分布在均值以下的部分作为风险。下偏距可定义为 DR。

$$\text{LPM}(\Omega, q) = \sum_{s \in S} \text{pr}_s \cdot \max \left\{ 0; \Omega - Z_s \right\}^q \tag{11-2}$$

其中，Ω 为目标收益率或最小可接受收益率，即目标函数 Z 在情境 s 下的理想收益水平[②]；q 为非负整数的风险规避系数，也是 LPM 的阶数，表示"下偏矩"的类型，反映了风险厌恶水平。$q=1$，表示投资收益率小于目标收益率的单边离差，此时 LPM 表示单侧偏离 Ω 的均值[③]，反映了预期 DR；$q>1$，表示决策者属于风险规避型，q 越大意味着风险厌恶水平越高，此时赋予 $(\Omega - Z_s)$ 更大权重；$q=0$，说明决策者是风险追求者，此时 LPM 体现收益率低于 Ω 的情况。S 为离散情境 s 的集合；pr_s 为在情境 s 下投资收益率为 Z_s 的概率[④]。

（3）离散化模型。离散化模型一般性的方法有两种（Klugman et al., 2004），分别是取整法（rounding）和均值不变法（mean preserving）[⑤]。运用均值不变法可求解情境因素连续分布的离散概率：

---

① wacc 是以各种资本在企业全部资本中所占比重为权数，对各种长期资金的资本成本进行加权平均计算，由此得出的资本总成本。加权平均资本成本可用于确定具有平均风险水平的投资项目所要求的收益率。

② 当 Ω 被定义为平均收益率时，LPM 为半方差。根据不同的研究目的，Ω 可选取 0、无风险收益率或平均收益率。

③ 当 $q=2$ 时，可将 LPM 视为仅对低于 Ω 水平的偏差进行了方差计算。

④ 若投资收益率 pr 不可得，则可利用如下模型：$\text{LPM}(\Omega, q) = \dfrac{1}{T} \sum_{t=1}^{T} \max \left\{ 0, \Omega - Z_s \right\}^q$。

⑤ 两种方法的特点如下：概率均为正值；概率之和为 1。根据 Klugman 等（2004）的介绍，两种方法只在计算过程上存在差别。本书采用均值不变法，因此不对取整法进行详述。

$$\mathrm{pr}_s[x] = \begin{cases} \dfrac{E\big[\min(X,a)\big] - E\big[\min(X,a+h)\big]}{h} + 1 - \mathrm{cdf}(a), & x = a \\[3mm] \dfrac{2 \cdot E\big[\min(X,x)\big] - E\big[\min(X,x+h)\big] - E\big[\min(X,x-h)\big]}{h}, & a < x < b \\[3mm] \dfrac{E\big[\min(X,b)\big] - E\big[\min(X,b-h)\big]}{h} - 1 + \mathrm{cdf}(b), & x = b \end{cases}$$

（11-3）

其中，

$$h = \frac{b-a}{|S|-1} \tag{11-4}$$

$$E\big[\min(X,u)\big] = \int_{-\infty}^{u} x \cdot \mathrm{pdf}(x) \cdot \mathrm{d}x + u \cdot \big(1 - \mathrm{cdf}(u)\big) \tag{11-5}$$

式（11-3）~式（11-5）：x 表示 $|S|$ 的等距节点，$x=a$，$a+h$，…，$b-h$，b，其中 a 和 b 分别表示下限和上限；h 表示节点距离或跨度；$|S|$ 表示集合的大小或元素的个数；$E\big[\min(X,u)\big]$ 表示 u 的有限期望值；pdf 为连续分布的概率密度函数；cdf 为连续分布的累积分布函数，两者的公式分别为

$$\mathrm{pdf}(x) = \begin{cases} \dfrac{2(x-a)}{(b-a)(c-a)}, & a \leqslant x \leqslant c \\[3mm] \dfrac{2(b-x)}{(b-a)(b-c)}, & c < x \leqslant b \end{cases} \tag{11-6}$$

$$\mathrm{cdf}(x) = \begin{cases} \dfrac{(x-a)^2}{(b-a)(c-a)}, & a \leqslant x \leqslant c \\[3mm] 1 - \dfrac{(b-x)^2}{(b-a)(b-c)}, & c < x \leqslant b \end{cases} \tag{11-7}$$

11.3.2 鲁棒对等模型

假设 EVA 包含一个为 0 的内部基准值，则决策者只需平衡 EVA>0 与 EVA<0 的关系。定义：DR 为一阶 $\mathrm{LPM}(\Omega,1)$；上升潜能（upside potential，UP）为作为补充的上偏距（upper partial moment）；风险偏好参数 $\delta \in (0,1]$。此时，目标函数 Φ 可涵盖整个风险偏好范围：

$$\Phi(\delta) = \delta \cdot \mathrm{UP} - (1-\delta) \cdot \mathrm{DR} \tag{11-8}$$

$\delta \to 0$，表示企业为风险规避型；$\delta = 1$，表示企业为风险偏好型；$\delta = 0.5$，由于 UP 与 DR 互相补充，且模型可得到整个分布的期望值，因此，目标函数等于风险中立的预期价值。

　　根据假设可知，中国煤电能源供应链中的决策者均为风险规避型。当满足目标函数涵盖风险规避偏好的范围时，根据 UR 和 DR 的经济意义，可得

$$
\begin{aligned}
\varPhi'(\gamma) &= \gamma \cdot \mathrm{UP} - \mathrm{DR} \\
&= \gamma \cdot (\mathrm{UP} - \mathrm{DR}) - (1-\gamma) \cdot \mathrm{DR} \\
&= \gamma \cdot \mathrm{EV} - (1-\gamma) \cdot \mathrm{DR}
\end{aligned}
\tag{11-9}
$$

其中，$\gamma \in (0,1]$。且存在关系：UP 与 DR 之差为期望值。当 $\gamma = 1$ 时，目标函数等于风险中立的预期价值；当 $\gamma \to 0$ 时，目标函数则代表了高风险规避偏好。

11.3.3　决策模型

1. 集合设定

建模过程中所用的集合符号及其经济学含义如表 11-1 所示。

表 11-1　集合符号及其含义

符号	英文符号	含义
T	operating cycle	营业周期
PC	production-transportation connection	有效的"能源产品–输配"组合
L^A	sales locations	终端用户地点集合
$\mathrm{PL}^{\mathrm{Op}}$	production-location combinations for operations	运营性"能源–地点"组合[①]
L^E	procurement locations	煤炭采购地点集合
L^{Op}	operation locations	发电厂地点集合

2. 目标方程

当存在风险规避偏好限制时，由式（11-9）可得目标方程：

$$
\max \ \gamma \cdot \sum_{s \in S} \mathrm{pr}_s \cdot \mathrm{EVA}_s - (1-\gamma) \cdot \sum_{s \in S} \mathrm{pr}_s \cdot D_s
\tag{11-10}
$$

约束条件如下：

$$
\text{s.t.} \ \ \mathrm{EVA}_s + D_s \geqslant 0
\tag{11-11}
$$

$$
D_s \geqslant 0
\tag{11-12}
$$

其中，D_s 表示在 s 中 EVA 期望值以下的部分。D 由式（11-11）决定，且由式（11-12）限定其取值范围为非负域。定义：

$$
\mathrm{EVA}_s = (1 - r^{\mathrm{tax}}) \cdot \sum_{t=1}^{T} (\mathrm{TCM}_{s,t} - c^f) - i^{\mathrm{hr}} \cdot \sum_{t=1}^{T} (\mathrm{fa} + \mathrm{ca}_{s,t-1})
\tag{11-13}
$$

---

① $\forall (e,l) \in \mathrm{PL}^{\mathrm{Op}}$ 且 $\forall (r,l) \in \mathrm{PL}^{\mathrm{Op}}$。

其中，r^{tax} 表示税率；TCM 表示边际贡献总额；i^{hr} 表示门槛收益率，即最低可接受收益率；c^f 表示固定成本；fa 表示固定资产；ca 表示净流动资产；$\left(1-r^{\text{tax}}\right)\cdot\sum\limits_{t=1}^{T}\left(\text{TCM}_{s,t}-c^f\right)$ 为 NOPAT，其含义为各期在情境 s 下考虑税率时边际贡献（贡献毛益）总额与固定成本之差的总和；$i^{\text{hr}}\cdot\sum\limits_{t=1}^{T}\left(\text{fa}+\text{ca}_{s,t-1}\right)$ 为资本占用，其含义为（投资预算）最低预期资本回收率下各期净经营性固定资产平均余额与净经营性流动资产之和的加总。式（11-13）中：

$$\text{TCM}_{s,t} = \text{NS}_{s,t} - c_{s,t}^{v} \tag{11-14}$$

$$\text{ca}_{s,t} = \text{AR}_{s,t} - \text{AP}_{s,t} + \text{Cash}_{s,t} \tag{11-15}$$

其中，$\text{NS}_{s,t}$ 为净销售额；$c_{s,t}^{v}$ 为经营的可变成本；$\text{AR}_{s,t}$ 为应收账款存量；$\text{AP}_{s,t}$ 为应付账款存量；$\text{Cash}_{s,t}$ 为现金存量。式（11-14）中，

$$\text{NS}_{s,t} = \sum_{(e,(i,n))\in\text{PC};n\in L^A} p^e \cdot Y_{e,i,n,s,t} \tag{11-16}$$

其中，火电企业的净销售额可理解为"销售收入"；e 表示电能产品；p^e 表示电能产品 e 的销售电价[①]；$Y_{e,i,n,s,t}$ 表示 t 期情境 s 下电能产品 e 从电网 i 到终端用户 n 的输配电量[②]。

$$
\begin{aligned}
c_{s,t}^{v} = \ & \text{AR}_{s,t}^{-} \cdot r^{\text{fd}} - \text{AP}_{s,t}^{-} \cdot r^{\text{cd}} \\
& + \text{FC}_{s,t} + \text{OC}_{s,t} + \text{CC}_{s,t} + \text{TrC}_{s,t}
\end{aligned}
\tag{11-17}
$$

其中，$\text{AR}_{s,t}^{-}$ 表示应收账款的金额流量；r^{fd} 表示应收款的现金贴现率；$\text{AP}_{s,t}^{-}$ 表示应付账款的金额流量；r^{cd} 表示预付款的现金贴现率；$\text{FC}_{s,t}$ 表示总燃料成本；$\text{OC}_{s,t}$ 表示总加班成本；$\text{CC}_{s,t}$ 表示设备检修和管理的总产能成本；$\text{TrC}_{s,t}$ 表示总输配成本。

$$\text{FC}_{s,t} = \sum_{(e,(j,l))\in\text{PC};j\in L^E} p^c \cdot Y_{e,j,l,s,t} \tag{11-18}$$

其中，p^c 表示电能产品 e 的单位燃料成本（非煤炭单位价格）。

$$\text{OC}_{s,t} = \sum_{l\in L^{\text{Op}}} O_{l,s,t} \cdot \text{co}_l \tag{11-19}$$

其中，$O_{l,s,t}$ 表示 t 期情境 s 下电厂 l 需要提供辅助服务的电量（主要用于调峰[③]）；co_l 表示地点 l 提供辅助服务的单位成本。

---

① 由于上网电价改革正在进行，科学的电价形成机制尚未完善，且不是本书的研究重点，因此只考虑销售电价。

② 由于电能具有不可储存性，因此本书假设输配电量等于销售电量。

③ 为便于分析、简化模型，本书不考虑调频辅助服务的电力生产过程。

$$CC_{s,t} = \sum_{(e,l) \in PL^{Op}} Q_{e,l,s,t} \cdot cq_l \qquad (11\text{-}20)$$

其中，$Q_{e,l,s,t}$ 表示 t 期情境 s 下电能产品 e 在地点 l 的发电量；cq_l 表示地点 l 的单位产能成本。

$$TrC_{s,t} = \sum_{(e,(i,n)) \in PC} Y_{e,i,n,s,t} \cdot cy_{i,n} \qquad (11\text{-}21)$$

其中，$cy_{i,n}$ 表示从电网 i 到终端用户 n 的单位输配成本。

3. 对物流域的约束

对物流域的约束主要是对能源流进行限制，包括库存约束、运输约束和产量约束等。

$$\sum_{(e,(i,n)) \in PC} Y_{e,i,n,s,t} = \sum_{(e,l) \in PL^{Op}} (Q_{e,l,s,t} + O_{l,s,t}) \cdot (1 - loss) \qquad (11\text{-}22)$$

其中，loss 表示电能网损率。

$$\sum_{(r,(j,l)) \in PC} Y_{r,j,l,s,t} = \sum_{(e,r) \in BOM;(e,l) \in PL^{Op}} \alpha_{e,r} \cdot Q_{e,l,s,t} + I_{r,l,s,t} - I_{r,l,s,t-1} \qquad (11\text{-}23)$$

其中，r 表示生产原料（煤炭）；I 表示库存；BOM 表示静态数据中物料清单（bill of material）[①]；$(e,r) \in$ BOM 表示静态数据中物料清单中的"输出-输入"组合；$\alpha_{e,r}$ 表示电能产品 e 对生产原料（煤炭）r 的直接需求系数。式（11-22）和式（11-23）可保证电能产品 e 与生产原料（煤炭）r 的物流均衡。

$$h^E \cdot \sum_{(e,r) \in BOM;(e,l) \in PL^{Op}} \alpha_{e,r} \cdot Q_{e,l,s,t+1} \leqslant I_{r,l,s,t} \qquad (11\text{-}24)$$

其中，h^E 表示生产原料（煤炭）r 的采购前置时间参数。

$$\sum_{(r,l) \in PL^{Op}} I_{r,l,s,t} \leqslant capI_l \qquad (11\text{-}25)$$

其中，$capI_l$ 表示发电厂商的煤炭储存容量。

$$\sum_{(e,l) \in PL^{Op}} (Q_{e,l,s,t} + O_{l,s,t}) \leqslant capQ_l \qquad (11\text{-}26)$$

其中，$capQ_l$ 表示地点 l 的标准生产容量。

$$O_{l,s,t} \leqslant capQ_l \cdot O^{max} \qquad (11\text{-}27)$$

其中，O^{max} 表示标准生产容量的比重，该符号用以说明参与辅助服务系数的最大值。

$$\sum_{(e,(i,n)) \in PC} Y_{e,i,n,s,t} \leqslant d_{e,s,t} \qquad (11\text{-}28)$$

其中，$d_{e,s,t}$ 表示 t 期情境 s 下对电能产品 e 的市场需要。

---

① 基于 BOM 的供应链风险管理是当今较前沿的研究方法，本书不做展开。

$$O_{l,s,t}, \ I_{r,l,s,t}, \ Y_{e,i,n,s,t}, \ Y_{r,j,l,s,t}, \ Q_{e,l,s,t} \geqslant 0 \qquad (11\text{-}29)$$

在此设定一个简单的电力负荷预测表达式：

$$d_{e,s,t} = \mathrm{sf}_s \cdot d_e^b \cdot \left[1 + \mathrm{amp} \cdot \cos\left(\frac{2\pi}{T} \cdot \left(t + \frac{T-1}{2} \right) \right) \right] \qquad (11\text{-}30)$$

其中，sf_s 表示情境因素；d_e^b 表示对电能产品 e 的基准需求量；amp 表示谐振荡的振幅。

4. 对资金域的约束

在煤电能源供应链中，对资金状况的描述如下：

$$\mathrm{AR}_{s,t}^- = \mathrm{NS}_{s,t} - \mathrm{AR}_{s,t} \qquad (11\text{-}31)$$

$$\mathrm{AP}_{s,t}^- = \mathrm{FC}_{s,t} - \mathrm{AP}_{s,t} \qquad (11\text{-}32)$$

根据销售收入和煤炭采购情况，式（11-31）和式（11-32）决定了应收账款的金额流量（AR_{s}^-）和应付账款的金额流量（AP_{s}^-）。$\mathrm{AR}_{s,t}$ 和 $\mathrm{AP}_{s,t}$ 保证了其他剩余应收账款与应付账款的平衡。

$$\mathrm{Cash}_{s,t} - \mathrm{Cash}_{s,t-1} = \mathrm{OM}_{s,t} + \mathrm{FM}_{s,t} - \mathrm{OCF}_{s,t} - \mathrm{ec}_t \qquad (11\text{-}33)$$

其中，$\mathrm{OM}_{s,t}$ 表示 t 期情境 s 下未结项目管理的现金流量；$\mathrm{FM}_{s,t}$ 表示 t 期情境 s 下财务投资管理的现金流量；$\mathrm{OCF}_{s,t}$ 表示 t 期情境 s 下的营业现金流量；ec_t 表示 t 期的外生现金流，包括现金相关的固定成本、对长期债务和税收的利率及股利支付。

式（11-33）中：

$$\mathrm{OCF}_{s,t} = \sum_{(e,l)\in \mathrm{PL}^{\mathrm{Op}}} Q_{e,l,s,t} \cdot \mathrm{cq}_l + \sum_{l\in L^{\mathrm{Op}}} O_{l,t} \cdot \mathrm{co}_l + \sum_{(e,(i,n))\in \mathrm{PC}} Y_{e,i,n,s,t} \cdot \mathrm{cy}_{i,n} \qquad (11\text{-}34)$$

$$\mathrm{OM}_{s,t} = \mathrm{AR}_{s,t-1} + \mathrm{AR}_{s,t}^- \cdot \left(1 - r^{\mathrm{fd}}\right) - \mathrm{AP}_{s,t-1} - \mathrm{AP}_{s,t}^- \cdot \left(1 - r^{\mathrm{cd}}\right) \qquad (11\text{-}35)$$

$$\mathrm{FM}_{s,t} = \mathrm{FI}_{s,t-1} \cdot \left(1 + i_{t-1}^{\mathrm{FI}}\right) - \mathrm{FI}_{s,t} - \mathrm{DS}_{s,t-1} \cdot \left(1 + i_{t-1}^{\mathrm{DS}}\right) + \mathrm{DS}_{s,t} \qquad (11\text{-}36)$$

其中，$\mathrm{FI}_{s,t-1}$ 表示 $t-1$ 期情境 s 下的财务投资；i_{t-1}^{FI} 表示 $t-1$ 期的财务投资收益率；$\mathrm{DS}_{s,t-1}$ 表示 $t-1$ 期情境 s 下的短期债务；i_{t-1}^{DS} 表示 $t-1$ 期的短期债务的利率。

另外，规定：

$$\mathrm{Cash}_{s,t} \geqslant \mathrm{Cash}^{\min} \qquad (11\text{-}37)$$

其中，$\mathrm{Cash}^{\min}$ 表示最低现金持有量。

$$\mathrm{DS}_{s,t} \leqslant \mathrm{DS}^{\max} \qquad (11\text{-}38)$$

其中，$\mathrm{DS}^{\max}$ 表示银行授信额度。

$$\begin{cases} \mathrm{FI}_{s,0} = \mathrm{FI}^0 \\ \mathrm{AR}_{s,0} = \mathrm{AR}^0 \\ \mathrm{AP}_{s,0} = \mathrm{AP}^0 \\ \mathrm{Cash}_{s,0} = \mathrm{Cash}^0 \\ \mathrm{DS}_{s,0} = \mathrm{DS}^0 \end{cases} \tag{11-39}$$

$$\mathrm{FI}_{s,t},\ \mathrm{DS}_{s,t},\ \mathrm{AR}_{s,t},\ \mathrm{AP}_{s,t},\ \mathrm{Cash}_{s,t},\ \mathrm{DS}_{s,t},\ \mathrm{AR}_{s,t}^-,\ \mathrm{AP}_{s,t}^- \geqslant 0 \tag{11-40}$$

11.4 仿真分析

11.4.1 算例描述

（1）营业周期。规定一个营业周期为 12 个月①，且规定每月包括 4 周。

（2）节点企业。节点企业包括：2 个煤炭企业，分别记为 CC_1 和 CC_2；1 个发电企业，拥有 2 个发电厂，分别记为 PP_1 和 PP_2；1 个电网公司，记为 GC；3 种终端用户群体，分别记为 EU_1、EU_2 和 EU_3。煤炭能源供应链的节点企业和能源流向如图 11-3 所示。

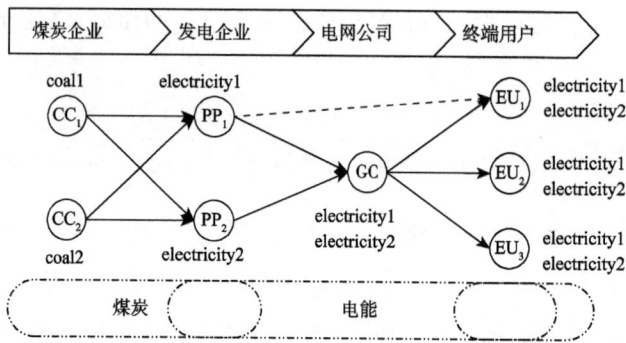

图 11-3　算例中煤电能源供应链的节点企业和能源流向

（3）企业情况。发电厂 PP_1 和 PP_2 的标准生产容量（$\mathrm{cap}Q_l$）均为 28×10^7 千瓦时，其单位产能成本（cq_l）均为 0.23 元/千瓦时，且其煤炭储存容量（$\mathrm{Cap}I_l$）均为 12×10^4 吨。生产容量的 $O^{\max} = 25\%$ 可用于提供辅助服务，其单位成本 co_l 为 0.25 元/千瓦时。网损率（loss）为 0.1。电网公司负责电力的输电、变电、配电、调度等工作，其单位成本（cy）为 0.20 元/千瓦时。采购和生产的前置时间（h^E）

---

① 与电力负荷需求预测周期和财务周期相匹配。

为 1 周（即 0.25 个月）。另外，发电过程的单位煤耗 $\alpha_{e,r}$ 为 3.33×10^{-4} 吨/千瓦时[①]，可用于计算电能产品的燃料成本。其他价格参数见表 11-2，储存水平的初始值见表 11-3。

表 11-2　能源产品价格参数（单位：元/千瓦时）

参数	燃料成本（p^c）	销售电价（p^e）
PP_1	0.21	
PP_2	0.23	
EU_1		0.69
EU_2		0.72
EU_3		0.70

注：电能的销售电价为电能的终端市场价格

表 11-3　能源产品储存水平的初始值（单位：吨）

能源产品	地点	
	PP_1	PP_2
$coal_1$	8×10^4	1×10^4
$coal_2$	2×10^4	9×10^4

（4）市场情况。季节性电能需求情境的数据可根据概率因素和 40%的谐波振幅，由终端需求的基准数据（表 11-4），通过式（11-30）计算得到。根据常识可知，需求的峰值大约会出现在一个营业周期的中间。情境因素 sf_s 的分布由专家根据实际情况估计得到。

表 11-4　电能终端用户需求的基准值（单位：千瓦时）

能源产品	终端用户群体		
	EU_1	EU_2	EU_3
electricity1	7×10^7	8×10^7	8×10^7
electricity2	9×10^7	7×10^7	7×10^7

（5）初始均衡及一个营业周期内相关变量的赋值。具体赋值见表 11-5。

表 11-5　变量的赋值

变量符号	变量名称	赋值	变量符号	变量名称	赋值
FI^0	短期财务投资	0	i^{FI}	短期投资收益率	4%
AR^0	应收账款金额	12×10^7元	i^{DS}	（税前）短期借款的利率	7%

[①] 根据国家电网公司的统计结果，2012 年中国火电企业的平均供电标准煤耗为 333 克/千瓦时，2013 年约为 320 克/千瓦时。本书采用 2012 年的统计数据进行分析。

续表

变量符号	变量名称	赋值	变量符号	变量名称	赋值
$Cash^0$	现金	3×10^7元	i^{hr}	（税后）门槛收益率	5.5%
DS^0	短期债务	9×10^7元	DS^{max}	银行信贷额度	12×10^7元
AP^0	应付账款金额	6×10^7元	$Cash^{min}$	最低现金保有量	3×10^7元
fa	固定资产净值平均余额	60×10^7元	ec_t	每月净现金流	5×10^7元
r^{ad}	应收账款的贴现率	4%	c_t^f	每期固定成本（含折旧）	4.5×10^7元
r^{cd}	应收转款的贴现率	2%	r^{tax}	税率	33%

（6）参数设定。基准情境下，假设一个风险规避型决策者的风险偏好参数（γ）为0.4。情境集合中的独立情境由需求分布得到，并规定基准情境有9个（S_1、S_2、S_3、S_4、S_5、S_6、S_7、S_8和S_9）。相关数据如表11-6所示，表中的（1）表示为初始值。

表 11-6　节点企业在九个基准情境下的概率及 EVA

情境	S_1	S_2	S_3	S_4	S_5
概率（1）/%	2.78	8.33	13.89	19.44	20.00
sf（1）	0.55	0.65	0.75	0.85	0.95

情境	S_6	S_7	S_8	S_9
概率（1）/%	15.56	11.11	6.67	2.22
sf（1）	1.05	1.15	1.25	1.35

11.4.2　模拟及讨论

1. 敏感性分析

利用 GAMS 软件，根据式（11-10）~式（11-40）进行编程，计算过程用时1.659秒，计算得到不同情境下 EVA 的期望值，如图11-4所示。计算结果显示，在一个营业周期内，EVA 的期望值为 8.08×10^9元，UP 为 1.11×10^{10}元，DR 为 3.00×10^9元。

对决策模型的三个变量（$d_{e,s,t}$、DS^{max} 和 i^{hr}）进行敏感性分析，并将参数的灵敏度指标范围设定为±5%、±10%、±15%和±20%。分析结果如图11-5所示。由图11-5可知：第一，市场需求（$d_{e,s,t}$）与 EVA 期望值呈正相关。当 $d_{e,s,t}$ 的波动范围为-20%~-5%时，EVA 期望值变化率的范围为[-125%，-16%]；当 $d_{e,s,t}$ 的波动范围为5%~20%时，EVA 期望值变化率的范围为［43%，128%］。电力需求量的增加直接导致电力输配量和发电量增加、净销售额增加，进而导致 EVA

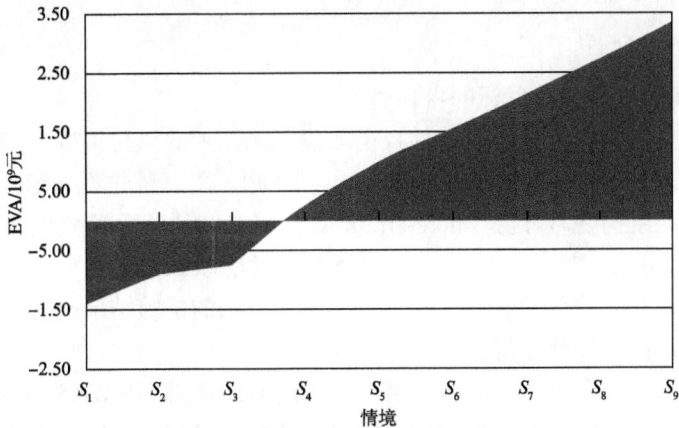

图 11-4　不同情境下的 EVA

期望值增加。第二，合理的银行授信额度（DS^{max}）应与 EVA 呈正相关。算例中 DS^{max} 的设定过高，致使 EVA 期望值的变化不敏感，其变化率范围为 [−2%，1%]。当 DS^{max} 取值过高时，DS^{max} 无法起到衡量和评价等作用，导致银行不能真实地反映信贷风险的实际情况。中国部分国有企业拥有数家银行的高额授信额度，其中多家与银行存在股权关联关系，导致企业发展"不差钱"等扭曲现象出现。这是中国企业发展的一个风险根源。第三，门槛收益率（i^{hr}）与 EVA 期望值负相关。当 i^{hr} 的波动范围为 ±5%~±20% 时，EVA 期望值的变化范围为 ±20%~±80%，可见提高 i^{hr} 可导致资本成本增加，直接导致 EVA 期望值减小。

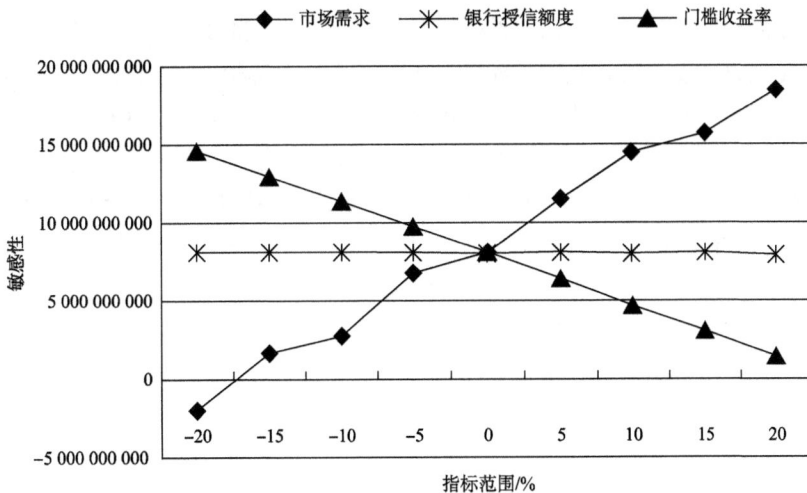

图 11-5　变量的敏感性分析结果

2. 鲁棒性分析

1）方案的鲁棒性和目标的鲁棒性

对方案鲁棒性与目标鲁棒性的权衡取决于决策者的风险偏好。完全信息的期望值（expected value of perfect information，EVPI）用以量化不确定性的影响。利用独立情境的结构变量方法（here-and-now 决策，H&N）和特定情境的控制变量方法（wait-and-see 决策，W&S）进行分析[①]：利用 H&N 方法检验基准情景，并改变风险偏好参数的范围 $\gamma \in (0,1]$；基于 W&S 方法的检验结果通过求解各情境下决策模型确定性对等问题得到。

根据风险偏好，UP 和 DR 的求解均可采用 H&N 方法和 W&S 方法（图 11-6）。在 W&S 方法中，设定确定性对等问题的下界（DR）和上界（UP）分别为 1.60×10^9 元和 2.00×10^{10} 元。对任意风险偏好取值，W&S 和 H&N 之间的差值即 EVPI[②]。该差值表示可控风险在给定的边界约束下，决策者权衡解决方案鲁棒性和目标鲁棒性、平衡 UP 与 DR，根据个人风险偏好选择合适的战略计划方案。以发电量 $Q_{l,t}$ 为例，分析其在风险中性情境和风险规避极端情境下的差异，所到结果如图 11-7 所示。由于发电厂 PP_2 的发电燃料成本高于 PP_1，因此，在风险规避的严格约束下，决策者会增加发电厂 PP_1 的发电量、减少发电厂 PP_2 的发电量。若决策者是风险中性的，则此时发电厂 PP_1 的发电量低于决策者为风险规避型时的发电量，而发电厂 PP_2 的发电量会高于决策者为风险规避型时的发电量。

2）信息的鲁棒性

假设随机确定的情境因素满足"三角形分布"。设定："三角形分布"的下限（lower limit 或 minimum）a=0.5，众数（mode）c=0.9，上限（upper limit 或 maximum）b=1.4。根据情境集合中的情境个数，对事前信息的鲁棒性和事后信息的鲁棒性进行检验。情景因素的连续分布离散在情境集合中，使 $|S|$ 为 3~15。此时，优化模型的一阶矩（期望）可与连续概率分布相匹配（Høyland and Wallace，2001）。离散化方法应用于概率推导，根据式（11-3）~式（11-7），利用 Matlab 软件进行编程，概率计算结果如表 11-7 所示。

---

① 具体参见：Wets R J B. Stochastic programming models：wait-and-see versus here-and-now. The IMA Volumes in Mathematics and Its Applications，2002，128：1-15.

② 具体参见：Hubbard D W. How to Measure Anything：Finding the Value of Intangibles in Business. New York：Wiley Press。

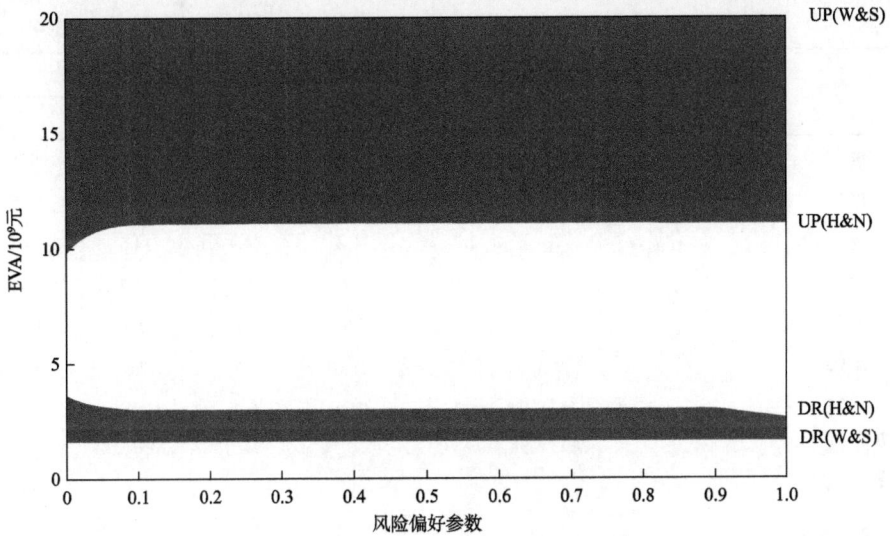

图 11-6　方案鲁棒性与目标鲁棒性的权衡

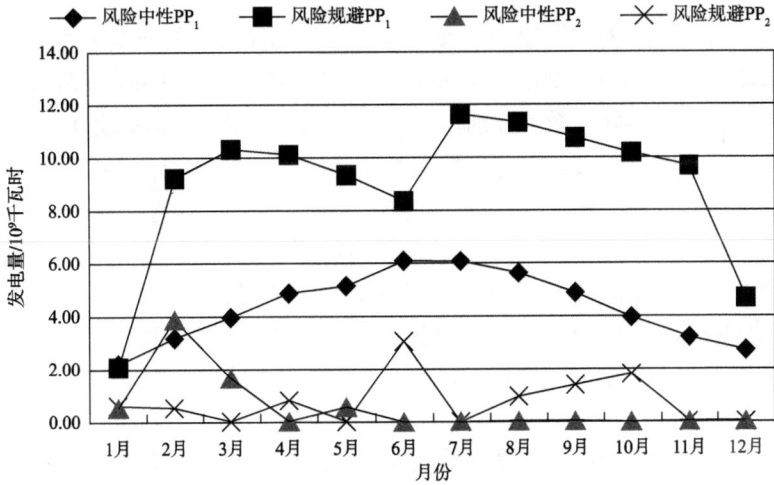

图 11-7　两种风险偏好下的发电量

表 11-7　不同元素个数时的各个情境出现的概率（单位：%）

概率	$|S|$						
	3	5	7	9	11	13	15
pr（S_1）	18.7	4.7	2.1	1.2	0.8	0.5	0.4
pr（S_2）	66.3	28.1	12.5	6.8	4.4	3.1	2.2
pr（S_3）	15.0	41.0	24.9	14.2	9.0	6.3	4.7
pr（S_4）		22.5	28.8	20.9	13.6	9.5	6.8

续表

概率	$\|S\|$						
	3	5	7	9	11	13	15
pr(S_5)		3.7	20.0	22.0	17.8	12.4	9.2
pr(S_6)			10.0	17.0	17.8	15.5	11.5
pr(S_7)			1.7	11.2	14.4	14.8	13.5
pr(S_8)				5.7	10.9	12.7	12.8
pr(S_9)				0.9	7.1	9.9	11.0
pr(S_{10})					3.7	7.6	9.2
pr(S_{11})					0.6	4.9	7.3
pr(S_{12})						2.5	5.4
pr(S_{13})						0.4	3.9
pr(S_{14})							1.7
pr(S_{15})							0.3

分析事前信息的鲁棒性旨在考虑不确定性对解决方案的影响，可用 EVPI 进行测量和评价，求解过程采用 in-sample 方法[①]和不同集合大小 $\|S\|$ 离散分布的独立重复样本。设风险偏好参数 γ 分别为 0、0.5 和 1，使用 GAMS 软件，利用 H&N 方法和 W&S 方法得到事前信息鲁棒性的分析结果（图 11-8）。由图 11-8 可知，随着情境个数的增加，EVPI 期望值呈递减趋势。这说明，随着情境个数的增加，事前信息的鲁棒性随之加强。但是，当决策者为风险规避型且 $\|S\|$=15 时出现异常点。分析其原因：当情境个数为 15 时，由 H&N 方法得到的 EVA 过小（$-1.77×10^{10}$ 元），这使 W&S 方法中的边界与 H&N 方法中的 EVA 期望值的差值增大，导致 EVPI 期望值的计算结果为 $2.14×10^{10}$ 元。这说明，此时决策者面临巨大的损失风险。

分析事后信息鲁棒性是根据事前决策[②]评价偏离的实现情境对 EVA 的影响，可采用 out-of-sample 方法[③]以及 $\|S\|$=15 的离散分布独立重复样本进行。同理，设风险偏好参数 γ 分别为 0、0.5 和 1，使用 GAMS 软件，利用 H&N 方法得到三种风险偏好在不同情境集合下对应的 EVA，如图 11-9 所示。利用 Matlab 软件进

---

① in-sample 方法用以验证模型对过去发生事件的有效性。本书选取了来自于不同集合大小的 30 个离散分布的独立重复样本。具体参见：Kaut M, Wallace S W. Evaluation of scenario—generation methods for stochastic programming. Pacific Journal of Optimization, 2007, 3（2）: 257-271。

② 所以，第一阶段的变量是固定的。

③ 本书选取了集合大小为 15 的 30 个离散分布的独立重复样本。具体参见：Kaut M, Wallace S W. Evaluation of scenario—generation methods for stochastic programming. Pacific Journal of Optimization, 2007, 3（2）: 257-271。

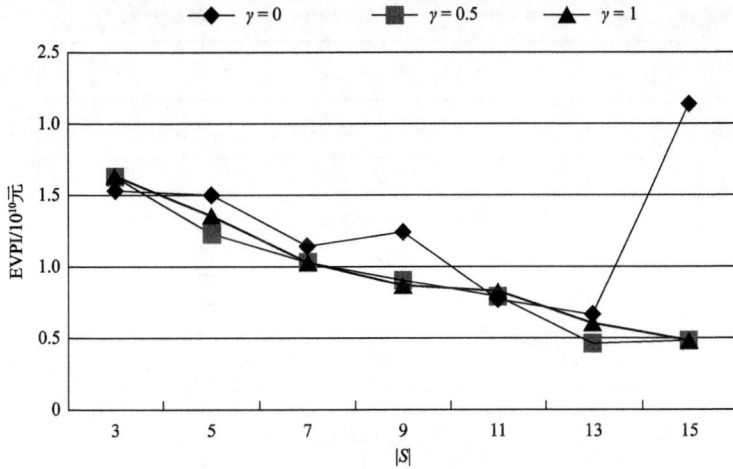

图 11-8　事前信息鲁棒性的分析结果

行编程，得到不同情境集合下的 EVA 期望值和变异系数（表 11-8）。由图 11-9 和表 11-8 可知：剔除异常点后，随情境个数的增加，EVA 期望值呈递增趋势，且变异系数越小，变异（偏离）程度越小，风险也就越小；反之，变异系数越大，变异程度越大，风险也就越大。算例中，不同情境个数条件下的 EVA 期望值的变异系数约为 0.9，相对稳定。所以，当 $|S|$ 为 5 到 15 时，已可说明相应的事后信息鲁棒性。在进行数据收集和情境生产时，决策者可将偶然事故计划的数量控制于一个可控范围内，以保证管理方法的实用性。

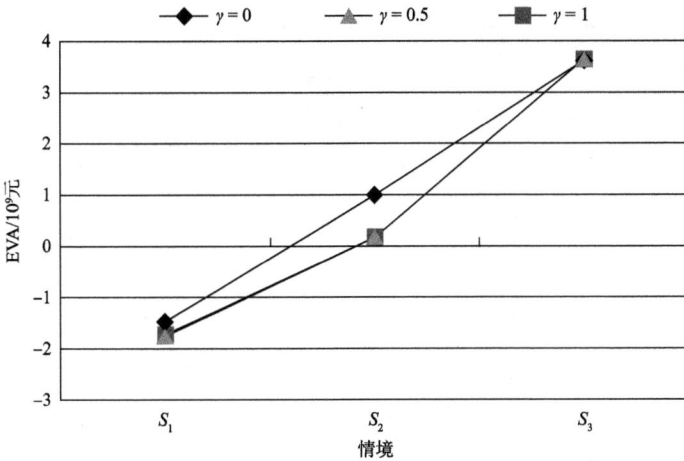

（a）$|S|=3$

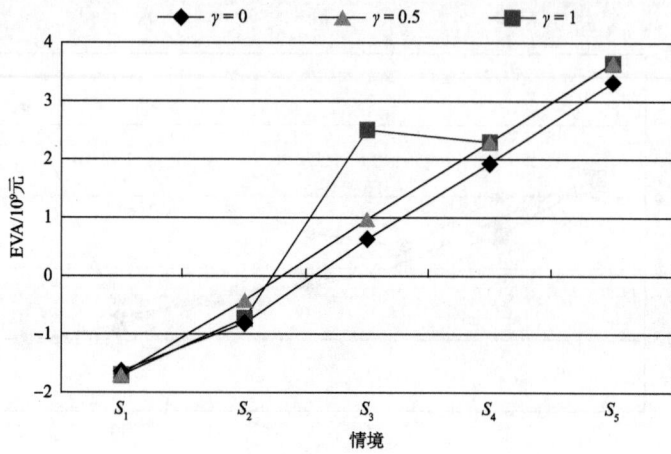

（b）|S|=5

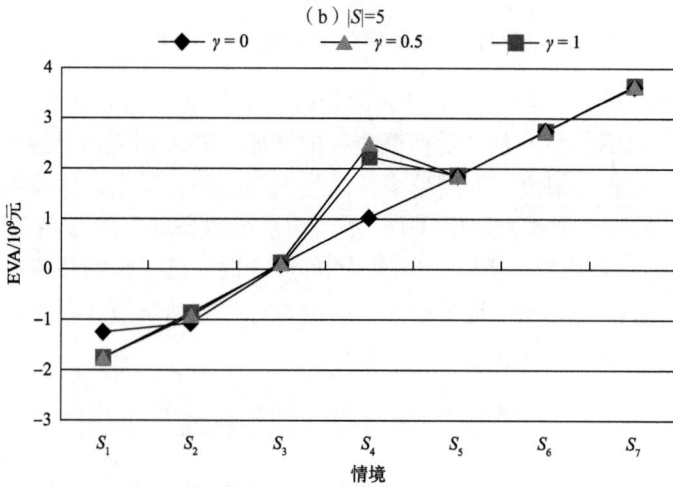

（c）|S|=7

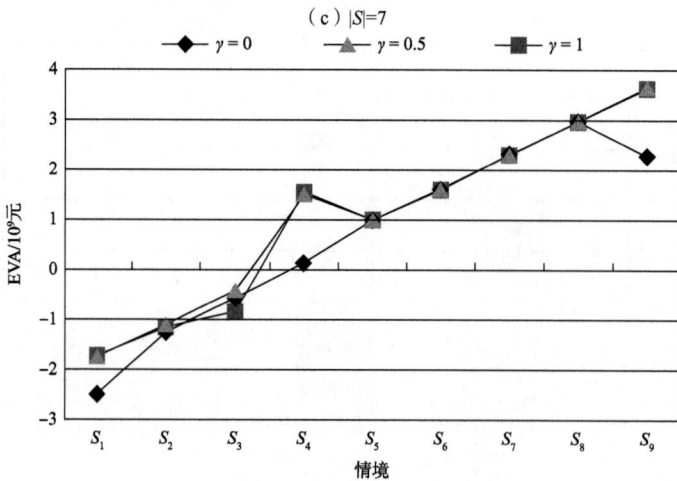

（d）|S|=9

（e）|S|=11

（f）|S|=13

（g）|S|=15

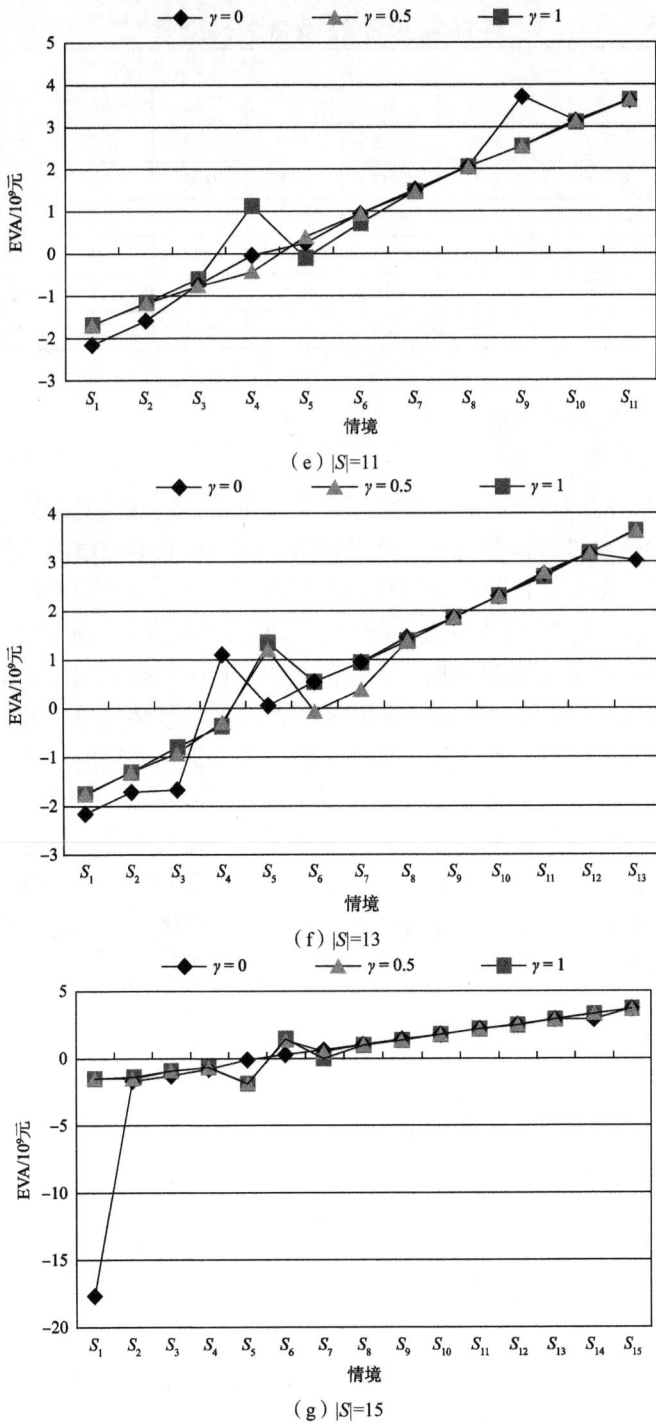

图 11-9 不同情境集合大小三种风险偏好下的 EVA

表 11-8　事后信息鲁棒性分析结果

EVA		情境集合的大小 $|S|$						
		S_3	S_5	S_7	S_9	S_{11}	S_{13}	S_{15}
$\gamma=0$	EV/10^9元	3.12	3.45	6.99	6.00	10.7	11.8	−2.99
	CV	0.8	0.92	0.88	0.91	0.92	0.93	0.94
$\gamma=0.5$	EV/10^9元	2.10	6.05	7.99	9.37	10.5	13.8	13.5
	CV	1.23	0.86	0.88	0.9	0.92	0.93	0.94
$\gamma=1$	EV/10^9元	2.06	4.79	8.15	9.72	10.1	12.3	13.6
	CV	1.26	0.85	0.88	0.9	0.92	0.93	0.94

11.5　本章小结

本章为煤电能源供应链管理提供了一个以价值型绩效为基础的风险管理整体框架，其目的是通过鲁棒性规划来降低风险，强调中长期煤电能源供应链管理的价值驱动因子、绩效杠杆和运营风险的风险源，并从决策导向的层面进行检验。就价值创造而言，EVA 作为一般性绩效指标可用于管控 UP 和 DR。异于常规的风险管理方法，第 8 章的建模思路和目的是为 VBM 提供实用的决策支持。煤电能源供应链风险管理的直接方法是利用基于情境的信息替代单一的期望水平或风险调整资本成本。此外，本书通过算例分析了鲁棒优化方法的不同含义，将方案鲁棒性、目标鲁棒性和信息鲁棒性应用于鲁棒优化整合模型，达到风险降低的目的。方案鲁棒性和目标鲁棒性是相互排斥或矛盾的评价标准，且均依赖于决策者的风险偏好。应在 DR 和 UP 平衡的基础上，计算得到不同的风险偏好参数。信息鲁棒性的分析结果表明，可通过关注相对较小的情境集合的情况达到风险管理的目的，但要求决策者在数据收集和情境生产过程中加强对相关情境的关注。

第 12 章 基于防控优化的煤电能源供应链设计

12.1 问题的背景介绍

煤电能源供应链是一个包含煤电供给厂商、发电厂商、电网公司和电力用户的结构型网络,以实现煤炭供给、电能转化、电能输配及电能消费等功能。科学合理地处理中国煤、电企业之间的关系既是提高中国现阶段能源利用效率的合理诉求和必然要求,也是保障中国能源安全、改善气候环境条件的重要任务和主要环节。供应链管理的概念出现于 20 世纪 90 年代。由于供应链整合管理可通过网络结构减少意外事件,且对节点企业的收益起到决定性作用,所以,近年来供应链风险管理又成为热点问题。

供应链的有效设计和运行是发电厂商规划的关键环节。战略层面供应链规划主要包括网络结构的决策,如发电厂商数量、选址、容量及发电技术。战术层面的供应链规划主要包括总发电量、原料采购、发电和输配电活动。供应链战略结构是影响其战术运行的关键,且对发电厂商的长期影响存在重要意义。

发电企业在实践规划活动时,应考虑煤电能源供应链的有效设计和安全运营。战略层面的供应链规划主要针对供应网络的结构设计,如数量、选址、装机容量和技术设备等;策略层面的供应链规划主要针对运营问题,与煤炭企业和电网公司共同决定发电量、煤炭采购运输及电力输配等问题。煤电能源供应链的战略性结构是影响策略性运营效率的关键因素,且对各节点企业具有长远的影响。此外,供应链结构涉及长期的电源建设和电网建设等实物资本投资问题,所以合理设计煤电能源供应链至关重要。

12.2 供应链设计的研究情况

常良峰(2003)指出了供应链的绩效评价问题的实质为对链条运行状况、节点企业及企业间合作关系的分析与度量。很多学者对供应链设计的研究多集中于利用"确定性方法"进行建模或优化（Bok et al., 2000; Timpe and Kallrath, 2000; Gjerdrum et al., 2000）。多数情况下，供应链设计是由大量技术经济性不确定性因素共同决定的，所以"成本系数、供给、需求和价格等因素为确定性参数"的假设是不现实的（周丽莎, 2013）。

一些学者的研究主要集中于确定供应链计划的水平长度和范围宽度，如Chopra 和 Meindi（2001）将供应链模型分为战略层、战术层及运作层；夏皮罗（2005）将供应链模型分为描述性模型（预测、成本、资源利用及模拟仿真）和标准化模型（数学优化）。但分类的结果并未明确给出不确定性的规范标准。为了考虑不同生产情境中的不确定性，本书将构建一个两阶段随机规划模型。用以描述能源供应网络结构的决策变量（即可代表发节点企业选址的二元变量），将作为第一阶段的变量，并假设在不确定性因素实现前的设计阶段，上述决策变量是节点企业的决策影响因素。另外，发电量、煤炭运输量等决策变量将作为第二阶段的变量，并假设其相当于不确定参数实现后的决策。在经典的随机规划方法中，目标函数包括第一阶段的绩效与第二阶段的预期绩效。例如，周金宏和汪定伟（2000）为了实现生产成本、产品运输成本和提前/拖期惩罚相关费用总和的最小化，以及供应链活动时间的最小化，构建了一个多目标优化模型。通常情况下，主要的确定性参数为产品需求。方法的根本区别在于对决策变量的选择以及预期价值的计算方式，原则上这个过程涉及不确定参数联合概率分布的多维积分问题。

有少数研究利用随机规划模型讨论了供应网络的综合设计问题。MirHassani等（2000）基于供应链多周期产能规划的两阶段模型，利用奔德斯分解法解决随机整数规划；Tsiakis 等（2001）基于不确定需求的供应链两阶段模型，开发了一个大规模混合整数线性规划方法。Alonso-Ayuso 等（2003）提出一个"分支修复探索性方法"解决两阶段随机设计问题；万仲平等（2006）构建了随机规划模型，分析不确定电力现货市场中发电企业和供电公司间的交易最优选择方案；马雪芬和张树栋（2005）构建了多目标的供应链集成优化模型对三层供应链进行集成优化，并利用了改进的多群体遗传算法进行计算；Santoso 等（2005）为解决不确定参数连续分布的供应链设计问题，利用加速奔德斯分解法整合了一个抽样战略。另外，有些学者也相应地采用二层规划的方法解决了参数设定问题或供应链收益问题（赵彤等, 2007; 柯文德和吴佳烨, 2008; 赵丹, 2012）。还有一些研究是针对不确定性影响下的供应链规划问题，多少研究将需求的不确定性视为一个多元正态分布，并将规划的随机性问题转变为一个机会约束规划问题（Petkov and Maranas, 1997; Gupta et al., 2000; Gupta and Maranas, 2003）。其中, Goh 等（2007）构建了一个多阶段全球供应链网络的随机模型，并将供给、需求、汇率和中断性风险作为不确定参数。但是上述研究中并未将决策对不确定参数的鲁棒性作为研究对象；Kevin 和 Tim（2003）将交货时间和产品需求作为不确定因素，以此研究分析短生命周期产品的协调订货决策问题；Cheng 和 Wen（2004）构建了一个在产品价格和产品需求均不确定的情况下，多个节点企业供应链的多目标优化模型。

尽管随机规划问题的相关研究已经经历了很多年，但是由于常规的随机规划方法不能直接地解决风险规避问题和决策者偏好问题，所以该类方法受到严格地限制，致使常规随机规划方法在很多的应用领域中都无法得到很好的应用。后来，为了解决决策者的风险规避问题，Mulvey 等（1995）改良了随机规划方法，称其为"鲁棒优化"。传统的供应链设计随机规划方法存在着一些不足：首先，成本最小化或收益最大化通常成为规划问题的单一目标函数（Cohen and Lee，1989；Simchi-Levi et al.，2000；Tsiakis et al.，2001）；其次，大部分的多目标供应链随机规划方法不符合经济社会的实际情况，有的研究利用了确定性方法，有的研究仅将需求作为不确定性的唯一来源（Chen et al.，2003；Chen and Lee，2004；Guillen et al.，2005）；再次，供应链风险问题的研究并不充分，并未将总成本的方差和其他风险因素的最小化问题同时进行考虑（Azaron et al.，2008）；最后，依赖性问题在供应链网络设计的战略规划中并未得到体现（Azaron et al.，2008）。

12.3　防控优化中的供应链设计问题描述

12.3.1　煤电能源供应链

2014 年，中国燃煤发电装机约为 8.2 亿千瓦，年耗煤约 20 亿吨，这使火力发电成为煤炭最主要的消费领域。由于现阶段中国工业化和城镇化水平均相对较低，但经济和社会发展速度相对平稳，未来中国对电力的需求还将会有较大的增长。虽然火力发电技术的污染排放问题仍然是一个不可忽视的议题，但是目前中国已经出现燃煤超低排放清洁发电技术，燃煤清洁高效发电转化仍然是未来发展的主要方向。预计中国最终燃煤发电装机总容量约在 12 亿千瓦，峰值耗煤量约在 36 亿吨。但考虑能效提高，耗煤量不会同比例增加。囿于煤电能源供应链节点企业众多、企业间的相互作用关系错综复杂、煤炭禀赋分布失衡、资源配置不合理、煤炭运输距离相对较长、煤电交易的中间环节相对较多等因素，中国煤电能源供应链相对脆弱，再加上政策的不确定性作用，其抵抗风险的能力相对差。近些年来，中国煤电能源供应链的风险问题较为突出。

煤电能源供应链是实现煤电交易、煤电联动、煤电产业结构调整及煤电企业发展的有效物理环境，并且通过对煤电能源供应链的系统研究，还可用以分析供应链的风险管理和防控，为供应链协调关系的研究奠定基础。煤电能源供应链是一个相对复杂的系统，其中涉及诸多节点企业和诸多合作环节（图 12-1）。除了煤炭企业、发电企业和电网公司以外，社会中参与煤电能源供应链能源流、资金流和信息流的传输过程的经济部门还包括运力部分、环境系统、电力用户及政府部门。煤电产业链中上下游企业之间的竞争不应该是单个企业与企业之间的竞争，而应该是产业链之间的竞争。在这种情况下，产业链上的企业除了考虑自身的利益外，更需要考虑整个产业链的竞争力和利益。因此在煤电产业链中，上下游企业之间必须在考虑自身利益的同时，更加注重相互合作，从而追求整个产业链整体利益的最大化。煤电联动的比例需要进行调整优化，包括煤炭价格、电力价格连续上涨的幅度限制等。

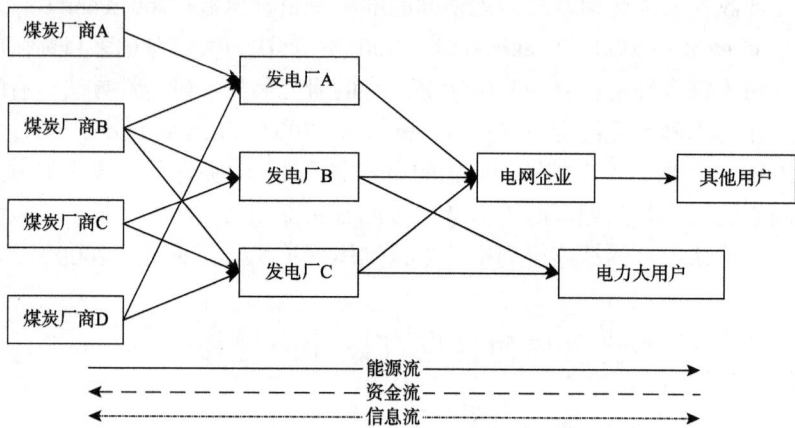

图 12-1　煤电能源供应链网络的概念模型

中国煤电能源供应链的特征风险包括以下六点。

（1）电能产品不能储存，按需生产。煤电企业最重要的特点是它的产品不能储存，发电量超过需要量会形成浪费，发电量不足会影响生产和生活的需要，更重要的是如果系统供需不对称，则会进一步影响电能产品质量乃至整个系统的安全运行，正是由于这个原因，电力行业成为最早实现产品零库存的行业。然而，社会对电量的需要是一个不定量，它会随着地区、时间、季节、气候、人们生活等方面的变化而变化。这种不能储备，需要量又瞬息万变的行业，就要求对供给和需求有精确的掌握，以便及时进行调整和控制，才能够保证整个行业的稳定运行。电能的这些特点使煤电企业具有最优秀的按需生产的系统。

（2）采购链链线较长，链节较多，链接复杂。一般煤电企业的采购链主要包括煤矿生产链、出矿煤归集堆存链、铁路运输链、港口吞吐链、海上运输链等链节，由于链长节多且各链节的权属归于不同的行业产业主体，因而在客观上增强了各链节之间链接协作的难度和管理的复杂性。

（3）采购链上"两个价格"体系长期并存，互为补充。"两个价格"体系，一是国家根据铁路对煤炭的运力分配来制定的煤炭订货计划内指导价格，二是根据煤炭市场供求关系和运力市场调节机制形成的煤炭采购计划外市场价格。煤炭计划内指导价格国家一年调整一次，对稳定抑制煤炭市场发挥重要的调控作用；煤炭市场价格随行定价，振幅较大，煤电双方借此寻求在国家价格机制外的利益平衡点，客观上是对计划内指导价格的补充与调节。

（4）保证安全运行，异常运行和缺货成本较高。煤电企业运营的一个重要度量指标就是安全性。在机组运行中，非计划停机或机组低质量运行，会给企业造成巨大的经济损失。库存供应的不确定性主要来源于两个不相互交织的环节，即生产过程和运输过程。在运输过程中，当煤炭产量供不应求或运力瓶颈遭遇卡塞，备品备件没有及时补充时，煤电企业因供应短缺极易引发停机事件。在产品生产过程中，在保证供应的前提下，关键的影响因素是生产设备的停机时间，设备可用性概率越高，平均停机时间越少，生产过程的不确定性越小。

（5）采购链与销售链价格机制错位运行。采购链市场煤价由市场供求关系决定，销售链上网电价由国家行政刚性控制，两者缺乏市场化调节功用的联动机制和制度安排，导致在煤价上涨之时，电价调整严重滞后，且调整幅度远低于煤价上涨幅度。煤电价格机制错位运行，不利于煤炭市场与电力市场的发展。

（6）生产链与销售链链线较短，同步运行。煤炭从煤场输入锅炉后完成生产供应过程，同时锅炉燃烧产生动力推进电力生产与电力输送，完成输电上网的销售过程。电力企业生产链与销售链较其采购链节，在管理方式与运作方法上相对比较单一。

12.3.2　供应链概念模型

为了分析中国煤电能源供应链风险管控问题，并解决传统随机规划方法的不足之处，本书将构建一个具有鲁棒性的不确定因素下煤电能源供应链设计的随机规划模型。在不确定因素下煤电能源供应链设计的随机规划模型中，将需求、煤炭运输采购、发电、电力输配和容量扩建等问题都作为模型的不确定参数。而且煤炭供应商的可靠性应为事前可获得的信息，但是煤炭供应商的真实供给能力却是在产生经济关系后发生的结果。所以本书还考虑了煤炭供应商（煤炭企业）的可靠性问题，即煤炭企业可能失去有效的供给能力。

本书构建的不确定因素下煤电能源供应链设计的随机规划模型中，共涉及三个目标函数（图 12-2）。第一个目标函数是第一阶段总投资和第二阶段的总运营成本（总运营成本包括煤炭运输成本、发电成本、电力输配成本及容量扩建投资等）最小化。为了保证模型的鲁棒性，还构建了其他两个目标函数。第二个目标函数是总成本的方差最小化。如果总成本因随机性问题而相应变动，煤电能源供应链设计计划可能是次优的方案。由于当仅考虑预期总成本时，会存在次优方案，所以总成本的方程应为模型构建过程中重要的问题。然而，在实践过程中，总成本的方差是一个比较难以求得的经济参量，所以有必要引入一个新的目标函数以清晰地反映"供应链风险"的概念。本书所构建的第三个目标函数即为财务风险的最小化。在不确定因素下煤电能源供应链设计的随机规划模型中，财务风险将被定义为不确定因素下，煤电能源供应链网络设计中，未满足某一期望的绩效水平或未实现某一期望的成本预算的概率。

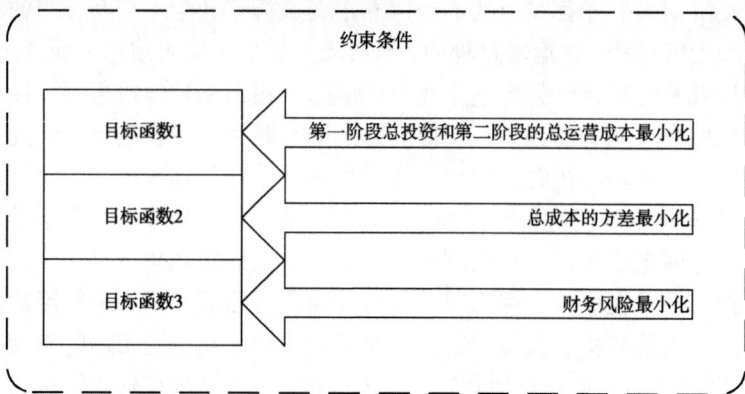

图 12-2　供应链设计多目标规划的概念模型

尽管在其他领域总成本方差和财务风险的相关问题都已经得到了重视，但是对煤电能源供应链的网络设计问题，将二者与总成本最小化目标同时作为模型的目标方程，并同时涉及供应链管理不确定性和煤炭供应商可靠性问题，应为本书的创新之处。同时，在第二阶段将不确定因素进行实现，并考虑容量扩建问题。由此，当面临较好的经济形势和政策环境时，电力需求必将增加，在第二阶段考虑发电厂（电源）和电网的容量扩建问题就十分必要。

12.4　基于防控优化的模型构建

12.4.1　确定性数学方程

通过上述分析，本书的符号设定和规划模型规范如下：

现考虑一个包含电力大用户的煤电能源供应网络 $SC = (N, L)$。其中，N 表示节点企业的集合；L 表示节点企业间的弧线链接集合。集合 N 中包括煤炭供应商 S 的集合、电力部门 P 的集合及电力用户 U 的集合。发电部门 P 的集合包括发电企业 Ge 和电网公司 Gr。设定 i 为节点企业，En 为能源产品的集合。

$$N = S \bigcup P \bigcup U \tag{12-1}$$

$$P = Ge \bigcup Gr \tag{12-2}$$

战略型决策（供应链的结构决策）的实质为电源建设和电网建设之间的权衡决策。将一个二元变量 λ_i 与战略型决策进行联系：当 $\lambda_i = 1$ 时，表示对节点企业 i 进行投资建设；当 $\lambda_i = 0$ 时，表示不对节点企业 i 进行投资建设。

策略型决策的实质为能源产品（包括煤炭 b 和电力 e，且 $b,e \in En$）从煤炭供应商到电力用户的流经路线。设定：y_{si}^b 表示煤炭从煤炭供应商 s 到发电企业 i 的煤炭运输量；g_i^e 表示在发电企业 i 处的发电量；f_{ju}^e 表示从节点 j 到节点 u 的电力输配量；c_i 为发电企业或电网企业 i 的建设成本；t_{si}^b 为煤炭的单位运输成本；h_i^k 为在发电企业 i 的单位生产成本；q_{ju}^k 为电能的单位输配成本。

供应链设计的确定性数学模型规范如下：

$$\min \sum_{i \in P} c_i \lambda_i + \sum_{b \in En} \sum_{(si) \in L} t_{si}^b y_{si}^b + \sum_{e \in En} \sum_{i \in Ge} h_i^e g_i^e + \sum_{e \in En} \sum_{(ju) \in L} q_{ju}^e f_{ju}^e \tag{12-3}$$

s.t.

$$\lambda \in X \subseteq \{0,1\}^{|P|} \tag{12-4}$$

$$\sum_{i \in Ge} f_{ij}^e - \sum_{u \in U} f_{ju}^e \leqslant \mu g_i^k, \quad \forall j \in Gr, \quad \forall e \in En \tag{12-5}$$

$$\sum_{j \in Gr} f_{ju}^e \geqslant d_u^e, \quad \forall u \in U, \quad \forall e \in En \tag{12-6}$$

$$\sum_{j \in Gr} f_{ij}^e \leqslant g_i^e, \quad \forall i \in Ge, \quad \forall e \in En \tag{12-7}$$

$$g_i^e \leqslant \varphi \sum_{s \in S} y_{si}^b, \quad \forall i \in Ge, \quad \forall b,e \in En \tag{12-8}$$

$$\sum_{e \in En} r_j^e \left(\sum_{i \in Ge} f_{ij}^e \right) \leqslant ca_j \lambda_j, \quad \forall j \in Gr \tag{12-9}$$

$$y_{si}^b \geqslant 0, \quad \forall(si) \in L, \quad \forall b \in En \tag{12-10}$$

$$f_{ij}^e \geqslant 0, \quad \forall(ij) \in L, \quad \forall e \in En \tag{12-11}$$

$$g_i^e \geqslant 0, \quad \forall i \in P, \quad \forall e \in En \tag{12-12}$$

其中，μ 表示电能的损失比率或网损率；φ 为生产效率，即煤电转化率；r_j^e 表示电网公司 j 的单位输配能力；ca_j 表示电网公司 j 的输配容量。

式（12-3）表示目标函数包含最小化的建设投资、运输成本、生产成本和输配成本之和。式（12-4）表示约束条件结构决策的二元特征；式（12-5）表示 e 在输配过程中的能量损失；式（12-6）表示 e 的输配总量应大于等于节点 u 的电力需求量 d_u^e；式（12-7）表示 e 的输配总量应小于等于节点 i 的发电量；式（12-8）

表示由于存在电厂煤场的存储，发电量应小于等于煤炭运输量与煤电转化率的乘积；式（12-9）表示当 $\lambda_j = 1$ 时，节点企业 j 的输配能力约束，当 $\lambda_j = 0$ 时，会使电力输配量 f_{ij}^e 同时为 0；式（12-10）~式（12-12）保证了能源在数量维度上的正值。

12.4.2　随机性数学方程

为了构建一个基于资源模型的两阶段随机规划模型，将不确定性与需求、煤炭采购运输成本、发电成本、输配成本和扩建投资建立联系。

在两阶段随机规划中，不确定参数可视为联合概率分布的随机变量，决策变量将被归类为两个阶段中。第一阶段的变量相当于"此时此地"（H&N）必须做出的决策，且该决策发生在不确定性之前；第二阶段的变量相当于资源类变量，发生在不确定性之后的"见机行事"（W&S）。在第一阶段决策制定且随机事件发生之后，第二阶段的决策将受限于第二阶段的约束条件。一般情况下，由于第二阶段决策与绩效高度相关，所以目标方程应表现为不确定性发生前的绩效测度和不确定性发生后的预期绩效的总和（Birge and Louveaux，1997）。

假设 12.1　在不确定性发生后，电力部门具有扩建电源设备和电网设备的权力。当面临利好的经济条件（即电力需求较高）时，尽管具有较高的扩建投资成本，但在第二阶段对容量进行扩建是合理的。

若设定 ex 表示容量扩建，k 表示单位扩建成本，O 表示扩建容量上限，$\boldsymbol{\xi}$ 表示一组随机向量 $\left(t^b, h^e, q^e, k, d^e\right)$，则两阶段随机规划模型规范如下：

$$\min \sum_{i \in P} c_i \lambda_i + E\left[Z\left(\lambda_i, \boldsymbol{\xi}\right)\right] \qquad (12\text{-}13)$$

s.t.

$$\lambda \in X \subseteq \{0, 1\}^{|P|} \qquad (12\text{-}14)$$

其中，$Z\left(\lambda_i, \boldsymbol{\xi}\right)$ 表示如下规划过程的最优值：

$$\min \sum_{b \in \mathrm{En}} \sum_{(si) \in L} t_{si}^b y_{si}^b + \sum_{e \in \mathrm{En}} \sum_{i \in \mathrm{Ge}} h_i^e g_i^e + \sum_{e \in \mathrm{En}} \sum_{(ju) \in L} q_{ju}^e f_{ju}^e + \sum_{e \in \mathrm{En}} \sum_{i \in P} k_i^e \mathrm{ex}_i^e \qquad (12\text{-}15)$$

s.t.

$$\sum_{i \in \mathrm{Ge}} f_{ij}^e - \sum_{u \in U} f_{ju}^e \leqslant \mu g_j^k, \quad \forall j \in \mathrm{Gr}, \quad \forall e \in \mathrm{En} \qquad (12\text{-}5)$$

$$\sum_{j \in \mathrm{Gr}} f_{ju}^e \geqslant d_u^e, \quad \forall u \in U, \quad \forall e \in \mathrm{En} \qquad (12\text{-}6)$$

$$\sum_{j \in \mathrm{Gr}} f_{ij}^e \leqslant g_i^e, \quad \forall i \in \mathrm{Ge}, \quad \forall e \in \mathrm{En} \qquad (12\text{-}7)$$

$$g_i^e \leqslant \varphi \sum_{s \in S} y_{si}^b, \quad \forall i \in \mathrm{Ge}, \quad \forall b, e \in \mathrm{En} \qquad (12\text{-}8)$$

$$\sum_{e \in \mathrm{En}} r_j^e \left(\sum_{i \in \mathrm{Ge}} f_{ij}^e \right) \leqslant \mathrm{ca}_j \lambda_j + \mathrm{ex}_j^e, \quad \forall j \in \mathrm{Gr} \tag{12-16}$$

$$\mathrm{ex}_i^e \leqslant O_i^e \lambda_i, \quad \forall i \in P, \quad \forall e \in \mathrm{En} \tag{12-17}$$

$$y_{si}^b \geqslant 0, \quad \forall (si) \in L, \quad \forall b \in \mathrm{En} \tag{12-10}$$

$$f_{ij}^e \geqslant 0, \quad \forall (ij) \in L, \quad \forall e \in \mathrm{En} \tag{12-11}$$

$$g_i^e \geqslant 0, \quad \forall i \in P, \quad \forall e \in \mathrm{En} \tag{12-12}$$

式（12-17）表示如果进行投资建设，对各个电源单位或电网单位的容量扩建上限。由方程可知，式（12-5）~式（12-8）、式（12-10）~式（12-12）及式（12-15）~式（12-17）的第二阶段问题中 $Z(\lambda_i, \boldsymbol{\xi})$ 的最优值是第一阶段决策变量 λ_i 和一组发生后的不确定参数 $\boldsymbol{\xi} = (t^b, h^e, q^e, k, d^e)$ 的方程。式（12-13）中的期望与不确定参数的联合概率分布有关。

在上述问题中，一方面，决策变量代表了煤电能源供应链不同节点的存在，且作为第一阶段的变量出现在不确定性发生之前。另一方面，煤炭运输量、发电量、电力输配量及容量扩建等作为第二阶段的变量，出现于不确定性发生之后。

本书将需求、煤炭运输、发电、电力输配和容量扩建成本等定义为不确定性，且规定不确定性表示一个给定事件发生概率的离散情境的集合。此类情境于联合概率和供给可靠性相关，且作为模型的输入变量。连续分布的解决方法是通过引入离散分布或利用 Monte Carlo 模拟方法形成所用不确定参数的离散样本组合。

12.4.3　多目标供应链设计

为建立一个鲁棒性的模型，方程将在原规范的结构中加入两个新的目标方程。第一个新目标方程说明总成本的方差最小化，第二个新目标方程表示未实现绩效的概率最小化。此时，上述问题变成了一个非线性问题。

假设 12.2　部分煤炭供应商会在煤炭供应过程中失去有效的供给能力。例如，2014 年上半年，由于进口煤炭冲击和煤炭高库存压力等原因，国内煤炭市场一直处于供过于求的状态，煤炭价格持续保持在较低水平；最终国内煤炭企业经济盈利能力下降，企业生产能力变差，恶性循环的结果将使煤炭企业的供给能力降低或丧失。

煤炭企业的供给能力作为必要市场信息应被提前披露，但是煤炭供应商的真实情况也是在实际运营中得以清晰描述的。某些情境中，将存在 1 家或更多的煤炭企业不具备有效的供给能力。若在某情境中，部分煤炭企业不可提供有效供给，基于对供应链整合管理的优化和未来发展的角度，这些不可靠的煤炭企业将在外部网络链接关系中被剔除。综述分析可知，这个过程将影响供应链的网络拓扑，并且减少决策变量的数量和最终方程的约束条件。一个解决不可靠煤炭供应商的替代方案是根据基准情境，在相应的情境中设置不可靠供应商的供给价值。

设定：表示给定事件发生（事件发生涉及需求、供给、煤炭运输采购成本、发电成本、电力输配成本及容量扩建投资等）概率的情境集合，且此类情境与其联合概率必须作为模型的输入变量。

各个不确定参数的发生将使第一阶段成本和第二阶段成本总和存在差别。本书在建模过程中将考虑三个目标方程：①第一阶段成本总和与第二阶段预期成本之和最小；②第二阶段总成本的方差最小；③财务风险或未实现绩效的概率最小。

对不确定性下供应链的财务风险进行定义：节点企业未能完成或实现某一特定的成本水平或预算绩效水平。

对一个两阶段随机规划问题，财务风险涉及某一特定的预算 Ω，其规范形式由一个二元变量帮助体现：

$$\text{risk} = \sum_{r=1}^{R} \text{pr}_r \delta_r \qquad (12\text{-}18)$$

其中，risk 表示财务风险；pr_r 表示情境 r 中，事件发生的概率；$R = |\text{Sce}| \times 2^{|S|}$ 表示情境的数量；δ_r 为一个表示情境 r 的新二元变量。定义：

$$\delta_r = \begin{cases} 1, & \text{cost}_r > \Omega \\ 0, & \text{cost}_r \leqslant \Omega \end{cases} \qquad (12\text{-}19)$$

其中，cost_r 表示情境 r 中已实现的总成本。

设定 Value 表示一个接近无穷大的常数，则煤电能源供应链多目标随机规划方程的规范可如下表示：

$$\min \sum_{i \in P} c_i \lambda_i + \sum_{r=1}^{R} \text{pr}_r \cdot \left(\sum_{b \in \text{En}} \sum_{(si) \in L} t_{si}^b y_{si}^b + \sum_{e \in \text{En}} \sum_{i \in \text{Ge}} h_i^e g_i^e + \sum_{e \in \text{En}} \sum_{(ju) \in L} q_{ju}^e f_{ju}^e + \sum_{e \in \text{En}} \sum_{i \in P} k_i^e \text{ex}_i^e \right) \qquad (12\text{-}20)$$

$$\min \sum_{r=1}^{R} \text{pr}_r \left(\sum_{b \in \text{En}} \sum_{(si) \in L} t_{si}^b y_{si}^b + \sum_{e \in \text{En}} \sum_{i \in \text{Ge}} h_i^e g_i^e + \sum_{e \in \text{En}} \sum_{(ju) \in L} q_{ju}^e f_{ju}^e + \sum_{e \in \text{En}} \sum_{i \in P} k_i^e \text{ex}_i^e \right.$$
$$\left. - \sum_{r=1}^{R} \text{pr}_r \left(\sum_{b \in \text{En}} \sum_{(si) \in L} t_{si}^b y_{si}^b + \sum_{e \in \text{En}} \sum_{i \in \text{Ge}} h_i^e g_i^e + \sum_{e \in \text{En}} \sum_{(ju) \in L} q_{ju}^e f_{ju}^e + \sum_{e \in \text{En}} \sum_{i \in P} k_i^e \text{ex}_i^e \right) \right)^2 \qquad (12\text{-}21)$$

$$\min \sum_{r=1}^{R} \text{pr}_r \delta_r \qquad (12\text{-}22)$$

s.t.

$$\sum_{i \in \text{Ge}} f_{ij}^e - \sum_{u \in U} f_{ju}^e \leqslant \mu g_j^k, \quad \forall j \in \text{Gr}, \quad \forall e \in \text{En} \qquad (12\text{-}5)$$

$$\sum_{j\in\mathrm{Gr}} f_{ju}^{e} \geqslant d_{u}^{e}, \quad \forall u \in U, \quad \forall e \in \mathrm{En} \qquad (12\text{-}6)$$

$$\sum_{j\in\mathrm{Gr}} f_{ij}^{e} \leqslant g_{i}^{e}, \quad \forall i \in \mathrm{Ge}, \quad \forall e \in \mathrm{En} \qquad (12\text{-}7)$$

$$g_{i}^{e} \leqslant \varphi \sum_{s\in S} y_{si}^{b}, \quad \forall i \in \mathrm{Ge}, \quad \forall b, e \in \mathrm{En} \qquad (12\text{-}8)$$

$$\sum_{e\in\mathrm{En}} r_{j}^{e}\left(\sum_{i\in\mathrm{Ge}} f_{ij}^{e}\right) \leqslant \mathrm{ca}_{j}\lambda_{j} + \mathrm{ex}_{j}^{e}, \quad \forall j \in \mathrm{Gr} \qquad (12\text{-}16)$$

$$\mathrm{ex}_{i}^{e} \leqslant O_{i}^{e}\lambda_{i}, \quad \forall i \in P, \quad \forall e \in \mathrm{En} \qquad (12\text{-}17)$$

$$\sum_{i\in P} c_{i}\lambda_{i} + \left(\sum_{b\in\mathrm{En}}\sum_{(si)\in L} t_{si}^{b}y_{si}^{b} + \sum_{e\in\mathrm{En}}\sum_{i\in\mathrm{Ge}} h_{i}^{e}g_{i}^{e} + \sum_{e\in\mathrm{En}}\sum_{(ju)\in L} q_{ju}^{e}f_{ju}^{e} + \sum_{e\in\mathrm{En}}\sum_{i\in P} k_{i}^{e}\mathrm{ex}_{i}^{e}\right)_{r} - \Omega \leqslant \mathrm{Value}, \quad r = 1,2,\cdots,R$$

$$(12\text{-}23)$$

$$y_{si}^{b} \geqslant 0, \quad \forall (si) \in L, \quad \forall b \in \mathrm{En} \qquad (12\text{-}10)$$

$$f_{ij}^{e} \geqslant 0, \quad \forall (ij) \in L, \quad \forall e \in \mathrm{En} \qquad (12\text{-}11)$$

$$g_{i}^{e} \geqslant 0, \quad \forall i \in P, \quad \forall e \in \mathrm{En} \qquad (12\text{-}12)$$

$$\lambda \in \{0,1\}^{|P|}, \quad \delta \in \{0,1\}^{R} \qquad (12\text{-}24)$$

式（12-20）表示总成本的预期值，或者第一阶段总成本之和与第二阶段预期总成本的加总；式（12-21）表示第二阶段总成本的方差或者总成本的方差；式（12-22）表示财务风险。约束条件式（12-23）中，如果在某一情境中的总成本超过某一预算 Ω，与特定情境相关的二元变量将等于 1，然后将通过相关的概率增加式（12-22）中的财务风险；否则，如果在某一情境中的总成本小于或等于某一预算 Ω，与特定情境相关的二元变量将等于 0，此时会将通过相关的概率减少式（12-22）中的财务风险。然而，这个计算过程不会改变财务风险的绝对数值。

12.4.4　目标达成技术

目标达成技术（goal attainment technique，GAT）是目标规划方法的一个发展延伸，是以解决多目标问题的方法。GAT 方法一种基于给定偏好信息的求解多目标的技术；与目标规划方法类似，GAT 方法中的优先方案对目标向量比较敏感，且权重向量由决策者决定。

GAT 中的作用变量较少，且不同于交互式多目标方法，GAT 是一种一阶段技术，所以该方法的技术速度相对较快。因此，就计算时间而言，其确定性方程形式是一个大范围的混合整数非线性规划，该方法是解决煤电能源供应链设计问题的最好的方法之一。目前，GAT 方法已经成功地应用于可靠性规划、工程项目管理及生产系统管理等领域（Azaron et al.，2006，2007a，2007b）。

利用 GAT 方法,设定有关煤电能源供应链设计问题的相关目标和权重:$base_v$ 表示一个基准性目标值;θ_v 表示决策者给定的相应权重;v 的取值为 1、2 和 3,表示上文中构建的三个目标函数的序号。θ_v 关系到相应的有待实现的 $base_v$:对一个有待实现的目标,一个较小的 θ_v 取值象征着一个较重要的目标;当 θ_v 取值逼近 0 时,则相应的目标应该且必须得到充分满足,或者相应的目标方程的取值应该小于或等于其基准性的目标值 $base_v$。通过分析可知,θ_v 是一个标准化的数值,由此可得到一个数学关系:

$$\sum_{v=1}^{3} \theta_v = 1, \quad \theta_v \geqslant 0 \qquad (12\text{-}25)$$

为解决本书中的煤电能源供应链设计问题,针对上文的目标模型,现给出 GAT 方法的规范形式:

$$\min \varphi$$

s.t.

$$\sum_{i \in P} c_i \lambda_i + \sum_{r=1}^{R} pr_r \left(\sum_{b \in En} \sum_{(si) \in L} t_{si}^b y_{si}^b + \sum_{e \in En} \sum_{i \in Ge} h_i^e g_i^e + \sum_{e \in En} \sum_{(ju) \in L} q_{ju}^e f_{ju}^e + \sum_{e \in En} \sum_{i \in P} k_i^e ex_i^e \right) - \theta_1 \varphi \leqslant base_1$$

$$\sum_{r=1}^{R} pr_r \left(\sum_{b \in En} \sum_{(si) \in L} t_{si}^b y_{si}^b + \sum_{e \in En} \sum_{i \in Ge} h_i^e g_i^e + \sum_{e \in En} \sum_{(ju) \in L} q_{ju}^e f_{ju}^e + \sum_{e \in En} \sum_{i \in P} k_i^e ex_i^e \right)$$

$$-\sum_{r=1}^{R} pr_r \left(\sum_{b \in En} \sum_{(si) \in L} t_{si}^b y_{si}^b + \sum_{e \in En} \sum_{i \in Ge} h_i^e g_i^e + \sum_{e \in En} \sum_{(ju) \in L} q_{ju}^e f_{ju}^e + \sum_{e \in En} \sum_{i \in P} k_i^e ex_i^e \right) \Bigg)^2 - \theta_2 \varphi \leqslant base_2$$

$$\sum_{r=1}^{R} pr_r \delta_r - \theta_3 \varphi \leqslant base_3$$

$$\sum_{i \in Ge} f_{ij}^e - \sum_{u \in U} f_{ju}^e \leqslant \mu g_i^k, \quad \forall j \in Gr, \quad \forall e \in En$$

$$\sum_{j \in Gr} f_{ju}^e \geqslant d_u^e, \quad \forall u \in U, \quad \forall e \in En$$

$$\sum_{j \in Gr} f_{ij}^e \leqslant g_i^e, \quad \forall i \in Ge, \quad \forall e \in En$$

$$g_i^e \leqslant \varphi \sum_{s \in S} y_{si}^b, \quad \forall i \in Ge, \quad \forall b, e \in En$$

$$\sum_{e \in En} r_j^e \left(\sum_{i \in Ge} f_{ij}^e \right) \leqslant ca_j \lambda_j + ex_j^e, \quad \forall j \in Gr$$

$$ex_i^e \leqslant O_i^e \lambda_i, \quad \forall i \in P, \quad \forall e \in En$$

$$\sum_{i \in P} c_i \lambda_i + \left(\sum_{b \in En} \sum_{(si) \in L} t_{si}^b y_{si}^b + \sum_{e \in En} \sum_{i \in Ge} h_i^e g_i^e + \sum_{e \in En} \sum_{(ju) \in L} q_{ju}^e f_{ju}^e + \sum_{e \in En} \sum_{i \in P} k_i^e ex_i^e \right)_r - \Omega$$

$$\leqslant Value, \quad r = 1, 2, \cdots, R$$

$$y_{si}^b \geqslant 0, \quad \forall (si) \in L, \quad \forall b \in \text{En}$$

$$f_{ij}^e \geqslant 0, \quad \forall (ij) \in L, \quad \forall e \in \text{En}$$

$$g_i^e \geqslant 0, \quad \forall i \in P, \quad \forall e \in \text{En}$$

$$\lambda \in \{0,1\}^{|P|}, \quad \delta \in \{0,1\}^R \qquad (12\text{-}26)$$

由式（12-26）和相关分析可知：若有一组 $(\lambda^*, \delta^*, y^*, g^*, f^*, \text{ex}^*)$ 是帕累托最优解，则必存在一对 base 和 θ 的组合可成为式（12-26）的最优解决方案。

利用式（12-26）的模型，将使最优解决方案对 base 和 θ 表现出相对敏感的特性。由于 base 的取值，有可能出现 θ 无法显著地影响最优方案的情形；最优方案可能会由于 base 的取值，被其最近的帕累托最优方案决定。这就要求 θ 应该参量化变化以生成一组帕累托最优方案。

式（12-26）的混合整数非线性规划中，除了宽松变量、二元变量和约束条件以外，还包含了 Num 个连续决策变量。

$$\text{Num} = \left(|P| + |L| \times |\text{En}| + |\text{Ge}| \times |\text{En}| + |U| \times |\text{En}| + |P| \times |\text{En}| \right) \times \boldsymbol{R} + 1 \qquad (12\text{-}27)$$

如果随机数据向量 $\boldsymbol{\xi} = (t^b, h^e, q^e, k, d^e)$ 遵循一个已知的连续的联合分布，此时应依靠一个抽样过程解决煤电能源供应链设计规划问题。若 Q 表示样本大小，则在抽样策略中，可生成一组 Q 个实现的随机向量样本 $\boldsymbol{\xi}_1$，$\boldsymbol{\xi}_2$，$\cdots$，$\boldsymbol{\xi}_Q$。然后考虑 $R = Q \times 2^{|S|}$ 的问题，则 GAT 方程可近似视为如下规范：

$$\min \ \varphi \qquad (12\text{-}28)$$

s.t.

$$\frac{1}{R}\sum_{r=1}^{R}\text{pr}_r \left(\sum_{b \in \text{En}}\sum_{(si) \in L} t_{si}^b y_{si}^b + \sum_{e \in \text{En}}\sum_{i \in \text{Ge}} h_i^e g_i^e + \sum_{e \in \text{En}}\sum_{(ju) \in L} q_{ju}^e f_{ju}^e + \sum_{e \in \text{En}}\sum_{i \in P} k_i^e \text{ex}_i^e \right) + \sum_{i \in P} c_i \lambda_i - \theta_1 \varphi$$

$$\leqslant \text{base}_1$$

$$(12\text{-}29)$$

$$\frac{1}{R-1}\sum_{r=1}^{R}\text{pr}_r \left(\sum_{b \in \text{En}}\sum_{(si) \in L} t_{si}^b y_{si}^b + \sum_{e \in \text{En}}\sum_{i \in \text{Ge}} h_i^e g_i^e + \sum_{e \in \text{En}}\sum_{(ju) \in L} q_{ju}^e f_{ju}^e + \sum_{e \in \text{En}}\sum_{i \in P} k_i^e \text{ex}_i^e \right.$$

$$\left. -\frac{1}{R}\sum_{r=1}^{R}\text{pr}_r \left(\sum_{b \in \text{En}}\sum_{(si) \in L} t_{si}^b y_{si}^b + \sum_{e \in \text{En}}\sum_{i \in \text{Ge}} h_i^e g_i^e + \sum_{e \in \text{En}}\sum_{(ju) \in L} q_{ju}^e f_{ju}^e + \sum_{e \in \text{En}}\sum_{i \in P} k_i^e \text{ex}_i^e \right) \right)^2 - \theta_2 \varphi \leqslant \text{base}_2$$

$$(12\text{-}30)$$

$$\frac{1}{R}\sum_{r=1}^{R}\delta_r - \theta_3 \varphi \leqslant \text{base}_3 \qquad (12\text{-}31)$$

$$\sum_{i \in \text{Ge}} f_{ij}^e - \sum_{u \in U} f_{ju}^e \leqslant \mu g_i^k, \quad \forall j \in \text{Gr}, \quad \forall e \in \text{En} \qquad (12\text{-}5)$$

$$\sum_{j\in\mathrm{Gr}} f_{ju}^e \geq d_u^e, \quad \forall u\in U, \quad \forall e\in\mathrm{En} \tag{12-6}$$

$$\sum_{j\in\mathrm{Gr}} f_{ij}^e \leq g_i^e, \quad \forall i\in\mathrm{Ge}, \quad \forall e\in\mathrm{En} \tag{12-7}$$

$$g_i^e \leq \varphi\sum_{s\in S} y_{si}^b, \quad \forall i\in\mathrm{Ge}, \quad \forall b,e\in\mathrm{En} \tag{12-8}$$

$$\sum_{e\in\mathrm{En}} r_j^e\left(\sum_{i\in\mathrm{Ge}} f_{ij}^e\right) \leq \mathrm{ca}_j\lambda_j + \mathrm{ex}_j^e, \quad \forall j\in\mathrm{Gr} \tag{12-16}$$

$$\mathrm{ex}_i^e \leq O_i^e\lambda_i, \quad \forall i\in P, \quad \forall e\in\mathrm{En} \tag{12-17}$$

$$\sum_{i\in P} c_i\lambda_i + \left(\sum_{b\in\mathrm{En}}\sum_{(si)\in L} t_{si}^b y_{si}^b + \sum_{e\in\mathrm{En}}\sum_{i\in\mathrm{Ge}} h_i^e g_i^e + \sum_{e\in\mathrm{En}}\sum_{(ju)\in L} q_{ju}^e f_{ju}^e + \sum_{e\in\mathrm{En}}\sum_{i\in P} k_i^e \mathrm{ex}_i^e\right)_r - \Omega \leq \mathrm{Value}, \quad r=1,2,\cdots,R \tag{12-23}$$

$$y_{si}^b \geq 0, \quad \forall(si)\in L, \quad \forall b\in\mathrm{En} \tag{12-10}$$

$$f_{ij}^e \geq 0, \quad \forall(ij)\in L, \quad \forall e\in\mathrm{En} \tag{12-11}$$

$$g_i^e \geq 0, \quad \forall i\in P, \quad \forall e\in\mathrm{En} \tag{12-12}$$

$$\lambda\in\{0,1\}^{|P|}, \quad \delta\in\{0,1\}^R \tag{12-24}$$

其中，预期总成本、总成本的方差及财务风险将分别近似等价于式（12-29）~式（12-31）。

设定 Value_Q 表示式（12-11）的一个最优价值的接近无穷大的价值常数，$\hat{\lambda}_Q$ 表示式（12-11）的最优的方案向量，则对具体实现的随机向量 ξ_1，ξ_2，$\cdots$，ξ_Q 而言，式（12-1）是确定性的规划问题。在适当的正则条件下，随着样本大小 Q 的增加，Value_Q 和 $\hat{\lambda}_Q$ 将收敛到其真实值。抽样策略的绩效问题并非本书的讨论范畴，所以在此不做详细分析。

12.5　本章小结

由于在不确定性影响下进行煤电能源供应链设计时，必须将诸多影响因素、目标和约束进行综合考虑，所以一个最优供应链结构的决定和设计工作相对负责且困难。在本书构建的煤电能源供应链设计规划模型中，考虑了预期总成本最小化、总成本方差最小化和财务风险最小化等问题，以期在一个多目标规划中设计一个相对鲁棒的煤电能源供应网络。所以，该方法应可更好地描述和解释供应链系统的复杂性问题。通过本书的方法，可以实现"降低预期总成本"和"减少供应链财务风险"之间的权衡关系。在应用过程中，可以生成不同可能性供应链结构，进而帮助决策者根据自己的偏好在所有生成的帕累托最优方案中选择较为科学合理的最佳设计方案。

　　本书利用了一种目标规划方法，即 GAT，解决煤电能源供应链多目标设计问题，并由此生成相应的帕累托最优方案。GAT 方法是一种考虑给定偏好信息优先环节的求解多目标的技术。该方法存在目标规划方法的一般性不足之处，即方案对决策者的目标和权重等因素相对较为敏感；但 GAT 方法中所涉及的变量相对较少，所以就计算效率而言可作为一种较好的解决大范围混合整数非线性规划问题的方法。由此分析可知，利用元启发式算法（如遗传算法或模拟退火算法等）解决大规模的供应链问题相对科学合理。交互式多目标规划技术可解决多目标规划问题，但其主要的缺点在于交互式方法对变量数量的要求较高，且为得到最优方案所需的阶段数量也多于 GAT 方法。所以本书并未采用此类方法进行煤电能源供应链设计问题的求解工作。

　　本书构建了不确定因素影响下煤电能源供应链设计的多目标随机规划模型，该模型也可基于煤炭运输、发电、电力输配等问题扩展为多时期的规划问题。在建模中，煤炭供应商的连续生产时间或经济寿命周期可作为相对独立的随机变量，且该变量也遵循相应的连续分布或离散分布。

第 13 章　基于防控优化的煤电能源供应链柔性策略

13.1　问题的背景介绍

一般情况的供应链节点企业，都会努力通过实施各种供应链激励措施来提高自身企业的财务绩效，如生产多种类的产品、提高的产品更新频率、利用复杂的销售渠道或分销市场以增加节点企业的营业收入；减少供应基地数量、应用网络在线采购（包括电子市场与在线拍卖）、离岸生产、即时库存系统及供应商库存管理以降低节点企业成本；或者增加外包制造项目、推广信息技术与物流以减少节点企业资产。世界范围内，典型的供应链中断的例子有很多，甚至约有 60%的企业企业认为其企业所处的供应链很容易受到干扰（Christopher，1992；Martha and Subbakrishna，2002；Chopra and Sodhi，2004；Hendricks and Singhal，2005；周鑫，2014）。然而，这些措施仅可能在相对稳定的市场环境中产生作用效果，且其中的措施办法无法应用于煤电能源供应链的风险管控中。煤电能源供应链的链长相对较长、节点企业数量相对较多、网络结构相对较复杂，在不确定性因素的影响下，煤电能源供应链的风险管控工作会变得更加冗长和复杂。在供应链失调的情况下，煤电能源供应链的冗长与复杂必将导致其应对变化的反应能力相当缓慢，因此，就会容易出现经济活动和业务流程的中断现象。

除了罕见但破坏性较为严重的意外灾害外，会导致供应链中断问题的还有 11 类风险，即道德风险、信息传递风险、生产（供给）风险、采购风险、物流风险、财务风险、企业文化差异、经济周期风险、制度/法律风险、市场（需求）风险及政策风险。前文已经给出了相关的风险界定，在此不另做展开。为了便于说明煤电能源供应链中断现象，简化建模过程，易于解释作用原理，本书将上述的 11 类风险进行合并重组，进而简化成为以下 5 种主要的供应链风险类型和 1 类其他风险[①]（图 13-1 ）。

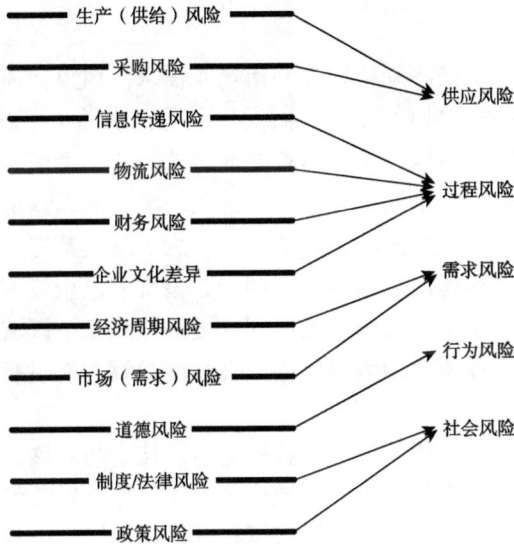

图 13-1　供应链风险重组分类

1）供应风险

供应风险主要包括生产（供给）风险和采购风险。供应风险主要存在两种表现形式：一种是供应成本不确定性（Tang，1999）；另一种是供应承诺不确定性（Lee，2004）。在煤电能源供应链中，很多发电企业为了以较少管理成本和交易成本对多个煤炭供应企业进行高效管理，决策者会采取促进与煤炭供应商之间的关系而减少直接煤炭供应企业的数量，甚至还有一些发电企业仅选择独家煤炭企业作为燃料供应来源。虽然煤炭能源供应链中的煤炭企业数量相对减少了，也会使煤炭能源供应链的部分业务管理工作更加有效，但同时发电企业的策略行为也严重增加了整个煤炭供应链的供应风险。

2）过程风险

过程风险主要包括信息传递风险、物流风险、财务风险和企业文化差异。在煤电能源供应链中，许多核心节点企业均引进了全面质量管理（total quality management，TQM）的管理理念，甚至一些规模较大的煤炭企业和发电企业也采取了精益生产（lean manufacturing 或 lean production）和六西格玛计划（six sigma）等质量管理方式，在生产过程方面投入巨额资金以提高内部质量与能力。然而尽管煤电企业对过程进行严格的管控，但是节点企业的内部运营（包括外部物流和

---

① 其他风险主要是指产权风险，其主要是由电力建设项目外包与煤炭离岸生产带来的。本书这里不做展开。

场内物流）仍有可能导致能源产品在有效产量与有效质量层面出现波动（Krazit, 2004）。

3）需求风险

需求风险主要包括经济周期风险和市场（需求）风险。需求风险主要存在两种表现形式：一种是需求数量不确定性；另一种是需求结构不确定性（Kopczak and Lee，1993）。煤电能源供应链中的节点企业会选择在多个区域进行能源产品销售以增加其企业的收入，甚至还存在跨国交易的现象，所以煤电能源供应链中煤炭企业和发电企业均会面临跨区域交易的问题。为了满足某些区域的特殊需求，同时应对国际能源市场对国内能源市场的冲击，核心节点企业均会根据各种因素进行能源需求预测。由于国际能源市场周期的波动性和每个区域市场需求的不确定性，煤、电企业的市场需求预测很可能失真，而导致产能过剩等现象。

4）行为风险

行为风险主要是指道德风险。随着社会经济技术的发展，煤电能源供应链中的合作伙伴数量发生了变化，在一定规模范围内合作伙伴数量的增加会使煤电能源供应链的可视性能力与控制性水平有所降低。可视性能力与控制性水平有所降低的主要表现为很少有煤炭企业可以获知下游发电企业的煤炭需求信息，也很少有煤炭公司拥有下游发电企业的煤炭库存信息，甚至很多节点企业对煤电能源供应链中合作伙伴的实际需求变化的感知时间超过合理的时间范围。较低水平的可视性与控制性降低了煤电能源供应链每个节点企业关于前置时间、提前补货期、订单状态及需求预测等信息的"信心"。较低的信任水平可能引发道德风险或逆向选择等破坏性行为，从而使供应链中的各个经济主体进入一个"风险螺旋"（Christopher and Lee，2004）。由于对补货时间、需求预测等信任的缺乏，每个供应链参与者都会增加订单或者掩饰现有库存，因此，信任水平会进一步恶化，从而加强了"风险螺旋"的行进。要打破这种恶性循环，恢复每个供应链合作伙伴的信任水平，就应加强供应链的可视性，及时沟通，协调纠正措施。

5）社会风险

社会风险主要包括制度/法律风险和政策风险。煤电能源供应链所处的环境是在一个相对复杂巨大的社会系统中，系统中秩序的维护者包括中央政府和地方政府。当涉及宏观经济发展和多省份发展等问题时，煤电能源供应链便会存在产业层面的社会风险。制度是煤电能源供应链中各个节点企业必须遵守的游戏规则；法律是对各个节点企业进行保证和限制的规制措施；政策是保证游戏安全、有序、顺畅、合理运行的工具。例如，煤炭生产集团作为国际一次能源主要的生产部门，会受到经营许可权、节能生产等问题的压力；发电企业也会存在电量任务、节能减排等问题的压力。除了与生产和管理相关的技术问题以外，煤电能源供应链中的核心节点企业所面临的更多是来自于政治层面的压力。

为了便于说明煤电能源供应链柔性管理（supply chain flexibility，SCF）的问题，针对现阶段中国煤电能源供应链的现状，本书主要侧重于分析和研究以上五种风险中的三种风险，即供应风险、过程风险和需求风险（图 13-2）。并且将供应风险从供应成本、供应质量和供应承诺等层面进行展开；将过程风险从内部、外部物流以及内部相关业务所涉及的能源产品质量、生产时间和生产能力等层面进行讨论；将需求风险从能源市场需求不确定性的角度进行分析。

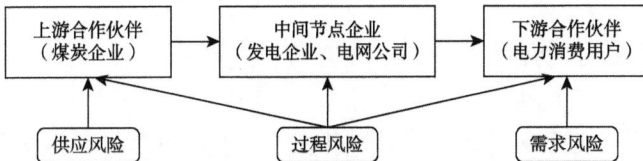

图 13-2　供应风险、过程风险与需求风险的对应关系

13.2　供应链柔性管理的文献综述

柔性是一个多维度的概念（Sánchez and Pérez，2005；Gosling et al.，2010）。崔凤阁等（2012）认为供应链柔性是在节点企业核心能力和系统快速重构能力的基础上，为了实现顾客需求和绩效改进，并应对内部、外部环境不确定性所表现出的鲁棒性，同时其指出了供应链生命周期不同阶段（组建阶段、运行阶段、解体阶段）的柔性能力分别表现为适应能力、创新能力和缓冲能力三个方面；Márcio 等（2014）也认为运营管理的时代性发展扩大了供应链柔性（supply chain flexibility，SCF）的概念。供应链柔性能力的提高也可增加产品销量、提高资源利用率，进而提升整个供应链的竞争力水平（华中生，2007）。所以，供应链柔性是为了改变或应对环境不确定性的一种时间、精力、成本或绩效最小化的能力（刘莉，2010；傅红等，2011），同时，供应链中更多柔性能力的固化和遗传可以使供应链中的供应不足得以避免，从而减少中断性风险（Blome and Schoenherr，2011；孟翠翠等，2014），因此，供应链柔性也会影响节点企业的战略要求和企业竞争力（Srai et al.，2004；冯华等，2013）。从评价柔性能力的层面看，供应链柔性包含内部维度和外部维度（Sawhney，2006），生产商柔性的研究主要在内部维度上，供应链整体的柔性更应强调外部维度（刘林艳和宋华，2010）。

在供应链运营管理研究中，更多集中于供应链职能的柔性问题或柔性的性质问题（Upton，1994；孟军和张若云，2007）。但是，之前的研究多集中于讨论单一节点企业的柔性能力，而忽略了供应链作为一个完整系统的其他重要方面（Moon et al.，2012）。目前国外的文献主要集中于研究供应链柔性概念、柔性规划建模及供应链柔性设计等方面（Fatemi，2010；Esmaeilikia et al.，2014；Chandra and Grabis，2009），如 Stevenson 和 Spring（2009）调查了供应链柔性的内部组织结构。国内学者对供应链柔性的研究主要集中于供应链柔性能力的评价等方面(方明和邓明然，2002；王桂花，2010），如苏旭东和鲁文轩（2014）结合主客观赋权法和结构熵权法，对供应链柔性能力进行了模糊综合评价；于亢亢等（2014）将供应链柔性分为物流分销柔性和需求管理柔性，并认为对关系满意度的影响，在不确定的环境条件下物流分销柔性更强，在稳定的环境条件下需求管理柔性更强。

13.3　基于防控优化的风险减轻策略

与供应风险、过程风险及需求风险相关的一些不良事件包括煤电能源供应链成本的增加、供应能力的减少、需求预测与实际需求之间存在差距等。通常情况下，供应链风险管理会从两方面进行分析，即某些不良事件发生的可能性以及事件产生所造成的损失。因此，降低此类型的煤电能源供应链风险的措施应有两种：一是降低不良事件发生的可能性，二是减少不良事件发生后所造成的损失。

13.3.1　一般性策略目的

1. 降低可能性

为了降低煤电能源供应链中某些不良事件发生的可能性，通常会选择两种有效机制：一种机制是基于风险规避的原则；另一种机制是基于 TQM 的原则。

一方面，对煤电能源供应链而言，一些风险规避机制（如建立防错系统或预警系统等机制）能够降低不良事件发生的概率。有些学者将供应链系统比作一个集装箱结构，并分析了一种用于人与集装箱的智能生物识别系统，该识别系统可以检测每个集装箱内部的温度与压力，也可以防止集装箱在运输过程中被恶意篡改（Lee and Wolfe，2003）。

另一方面，为了降低不良事件发生概率，还可根据 TQM 理论的相关原则，帮助煤电能源供应链中的节点企业合理制定相应的策略。Lee 和 Wolfe（2003）指出集装箱安全防范程序（container security initiative，CSI）就是基于 TQM 管理原则而建立的，该程序规定所有集装箱在到达港口前都应经过预先的筛选以降低突发事件的可能性。

2. 减少负面影响

为了减少煤电能源供应链中与供应风险、过程风险及需求风险等相关的不良事件所带来的负面影响和损失，Lee（2004）还介绍了一种 AAA 型供应链管理原则，即协同力（alignment）、适应力（adaptability）和敏捷力（agility）管理原则。

本质上，协同力、适应力和敏捷力分别是基于供应链风险管控的长期、中期及短期的角度进行界定的。

首先，供应链中节点企业合作伙伴之间利益的调整过程可以降低煤电能源供应链风险（Lee，2004）。为了降低供应成本所带来的风险，发电企业可以在进行完煤电交易边界的界定后，培养并发展一个提供煤炭燃料的第二个煤炭供应商，然后为这两个煤炭供应企业提供相应的惩奖制度，使具有较低供应成本的煤炭企业可以获得较高的业务份额。从长期发展的角度，节点企业之间的信任对协同利益分配是极其必要的。

其次，煤电能源供应链必须能适应市场的变化以降低其风险（St. George，1998），适应力可以通过选择中间媒介、进行市场定位或开拓新市场等方式实现（Lee，2004）。为了降低政治经济等因素的影响，同时可以更加快速的适应市场条件，发电企业可以在一定的区域内建立超过多个煤炭企业的供应网络。当发生巨大的经济波动和政策变化时，很多煤炭企业可能会由于受到冲击而无法完成煤炭订单，此时的发电企业可通过将煤炭生产任务转移给其他煤炭企业，并提供相应的财务援助，较快地适应市场，快速确保业务的连续性。

最后，提高煤电能源供应链的敏捷性能够有效地减少由于需求或供给的短期变化造成的影响（Feitzinger and Lee，1997）。为了减小煤炭库存过剩或煤炭库存不足引起的成本变动，发电企业可以重新优化生产业务流程或更新发电设备。特别是在目前的节能减排的压力下，可通过加强与煤炭企业和电力消费终端大用户的合作与沟通，快速响应短期内的市场变化，形成动态的供需网络，通过对煤电能源供应链中的能源流、资金流和信息流进行控制，将各个节点企业整合成一个统一的功能化链条，最终成为煤电能源的敏捷供应链（agile supply chain，ASC）系统。

13.3.2　柔性风险减轻策略

基于以上分析，为了使能源供应链更加灵活，同时减少与供应风险、过程风险和需求风险等相关不良事件所引发的负面影响，本书提出基于短期内的敏捷性原则的煤电能源供应链风险减轻柔性策略。本书在三类风险的基础上，主要研究四项基本的柔性策略（图 13-3）。

1. 多供应商柔性供应策略

如上文所述，在一定区域范围内，发电企业可选择多个煤炭供应企业进行合作，以降低煤电能源供应链中的供应成本风险。此时，这两家煤炭企业均具有以最低成本向发电企业提供煤炭燃料以实现煤炭有效采购的灵活性，煤电能源供应链在这种运营情况下，随着煤炭供应企业数量的增加，发电企业将会从上游煤炭节点企业处获得更大的供应柔性。在下文中将提出一个分析模型，用以研究并验

供应链风险	柔性策略	运行机制

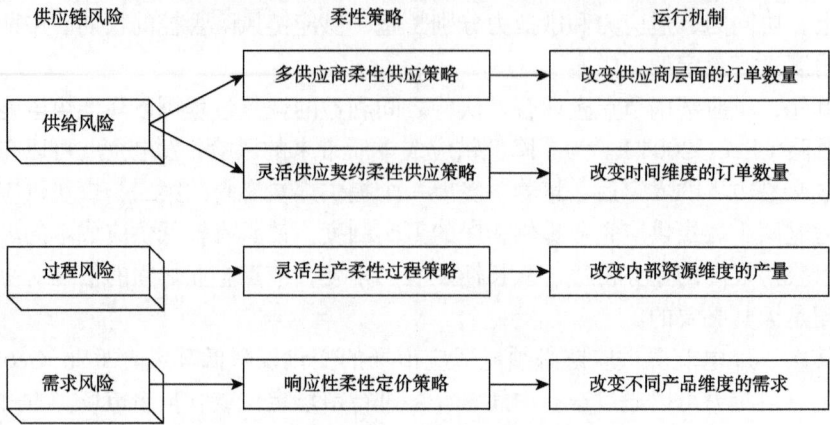

图 13-3　煤电能源供应链风险减轻的柔性策略

证煤炭供应企业数量对供应成本的影响，即供给弹性的衡量。

2. 灵活供应契约柔性供应策略

在煤电能源供应链中，煤炭企业和发电企业的合作博弈主要体现于煤炭交易谈判过程。煤电双方签订契约，由于在煤炭供给订单提交后，便无法任意更改契约中的相关条件，这会使煤炭企业和发电公司同时面临着煤炭供应承诺风险。为了减少供应承诺风险，可允许能源企业在一定比例范围内对煤炭订单数量进行动态调整。此时，煤炭订单数量上下调整的幅度便可决定供应契约的柔性程度，而这种类型的供应契约被称为"产品数量柔性契约"。在下文中将构建一个程式化模型，用以研究柔性能力对期望利润的价值的影响，即针对调整幅度方面的分析。

3. 灵活生产柔性过程策略

由于电能产品的同质性，发电企业的生产过程相对刚性；但煤炭的质量存在差异，煤炭企业的生产流程可进行弹性调整。不灵活的流水线生产工艺将抑制煤炭种类（质量）的增加，从而降低煤炭企业的竞争力。一个煤炭集团可拥有多家煤炭生产工厂来生产不同质量的煤炭产品，为了更加有效地生产差异化的煤炭资源类产品，煤炭企业应引入柔性生产系统等，以增加生产过程的柔性能力。当煤炭生产过程变得更加有弹性且灵活时，不同质量的煤炭便可以在同一煤炭企业进行生产。虽然全过程柔性能力可显著降低过程风险，但实施全过程柔性策略的成本相对较大，因此现阶段的煤炭企业很难实现全过程柔性。为了证明有限柔性对过程风险减轻的价值，在下文中将构建某一特殊的情形下的模型。

4. 响应性柔性定价策略

中国目前的电能产品价格相对刚性，但煤炭能源价格已经初步实现了市场化。

当煤、电企业之间出现失调导致煤炭供给过程变得不灵活时，煤炭企业可以利用科学合理的定价机制影响发电企业的煤炭需求，从而降低需求风险。当煤电能源供应链受到来自内、外部环境的不确定性因子的冲击和影响时，发电企业对来自于影响较严重区域煤炭企业的煤炭产品进行价格动态调整，以减少受影响煤炭企业的经济损失。下文将针对柔性定价问题构建相应的定价策略模型。

13.3.3　柔性策略组合

虽然在分析过程中，本书将这四种类型的柔性策略进行归类讨论，但在煤电能源供应链的节点企业中，几种柔性策略是可以同时使用的。例如，发电企业可以提供不同的灵活性煤炭供应契约给多个不同的煤炭企业，将多煤炭供应商策略与灵活性煤炭供应契约策略结合使用。此时，发电企业可建议存在一个煤炭供应企业组合，即与某一具有较低供应成本的煤炭企业签订灵活性相对较低的煤炭供应契约，而与另一具有较高供应成本的煤炭企业签订灵活性相对较高的煤炭供应契约，该种煤炭供应企业组合方式能够降低发电企业所面临的供应链的供应风险；另外，煤电能源供应链中的节点企业也可通过将多煤炭供应商策略与灵活生产过程策略进行结合，发电企业可以在多个区域范围内拥有生产过程相对灵活得多煤炭供应企业，此时节点企业便可以将能源产品快速地从某一企业转移到另一企业。这种策略组合所提供的操作灵活性能够使煤电能源供应链中的节点企业降低相应的供应风险。

不同能源供应链风险减轻柔性策略组合形式能够有效地降低煤电能源供应链所面临的风险，且柔性策略组合所带来的其他外部性效果也是值得研究的，但对柔性策略组合的分析已超出了本书的研究范围，且对柔性策略组合的分析相当复杂，其主要取决于在策略执行过程中针对具体问题的若干个柔性策略的特定组合方式，故本书不做深入探讨。

13.4　基于防控优化的柔性能力模型构建

基于上文的分析，本书将构建四个模型用以分析和研究两个根本性问题：煤电能源供应链中的节点企业需要多少柔性能力？多大程度的柔性才可实现能源供应链风险的有效管控？据此，本书做出如下假设。

假设 13.1　节点企业可以结合不同程度的柔性能力所带来的成本与收益来权衡和决定柔性的最佳程度，但这种最佳柔性成本不在本书的研究范围之内。由于本书重点是研究柔性策略对能源供应链所带来的收益，因此，在模型中将不考虑节点企业实施柔性策略所带来的成本问题。基于以上分析可知，在多数情况下，煤、电节点企业通过有限程度的柔性能力实施某一种柔性策略便可获得柔性策略所带来的供应链风险减轻的价值，即煤电能源供应链中的节点企业仅需要较低程度的柔性能力便可大幅降低供应链风险。

假设 13.2　在煤电能源供应链风险减轻柔性策略实施的过程中，核心节点企业会对实施某些有限程度的柔性策略产生信心。节点企业对能源供应链风险减轻柔性策略的信心需要通过大量数据证实，并且需要一定的综合评价技术对策略的实施效果进行评价。但是由于缺乏相对真实可靠的实证数据，以及成本-收益分析精确性的限制约束，本书将策略实施信心作为一种假设，并假设有效的柔性策略所产生的能源供应链风险管控效果会增加这种信心。

13.4.1　多供应商策略的柔性能力

令 $V(n)$ 表示发电企业选择 n 家煤炭供应商与选择单一煤炭供应商相比时，预期单位供应成本降低的百分比，则

$$V(n) = \big(UC(1) - UC(n)\big) / UC(1) \tag{13-1}$$

在煤电能源供应链中，若发电企业拥有 n 家煤炭企业可作为煤炭供应合作企业，且各家煤炭企业的供应成本未知。为满足每个周期内的煤炭能源需求，假定发电企业可从最低单位供应成本的煤炭供应商处采购煤炭燃料，即假定每个煤炭供应商都具有满足发电企业每个时期的煤炭需求的能力。假设煤炭企业的供应成本服从独立同分布（i.i.d.），为便于模型构建和公式描述，本书将分别分析煤炭企业的供应成本服从伯努利分布、均匀分布和指数分布时的情况。

1. 伯努利分布

在煤炭企业供应成本服从伯努利分布的情况下，煤炭供应商 i 的单位供应成本为 C_i，其中，设定 C_i 等于 c_h 的概率为 p，C_i 等于 c_1 的概率为（$1-p$），且存在 $c_h > c_1$。假设发电企业仅从煤炭企业 1（$n=1$）处进行煤炭订货活动，则此时的单位成本期望 $UC(1)$ 为

$$
\begin{aligned}
UC(1) &= E(C_1) \\
&= p \cdot c_h + (1-p) \cdot c_1 \\
&= c_1 + p \cdot (c_h - c_1)
\end{aligned}
\tag{13-2}
$$

若发电企业从煤炭企业 1 和煤炭企业 2（$n=1$ 和 2）处采购煤炭，由于理性的发电企业会从单位供应成本相对较低的煤炭供应商处订货，则相应的单位成本的期望值为

$$UC(2) = E\left(\min\{C_1, C_2\}\right)$$
$$= p_2 c_h + (1 - p_2) \cdot c_1 \qquad (13\text{-}3)$$
$$= c_1 + p_2 \cdot (c_h - c_1)$$

同理可得，当发电企业向 n 家煤炭企业发出煤炭订单时，单位成本的期望值可表示为

$$UC(n) = c_1 + p_n \cdot (c_h - c_1) \qquad (13\text{-}4)$$

通过计算可知，$UC(n)$ 是 n 的递减凸函数。一般情况下，$UC(n)$ 是由最小次序统计量决定的，因此，$UC(n)$ 取决于煤炭企业供应成本的分布情况。

2. 均匀分布

若煤炭企业的单位供应成本 C_i 均匀的分布于区间 $[a, b]$，其中，a 表示分布区间的下限值，b 表示分布区间的上限值，则可利用标准订单分布统计结果得到：

$$UC(n) = E\left(\min\{C_1, C_2, \cdots, C_n\}\right)$$
$$= a + (b - a) / (n + 1) \qquad (13\text{-}5)$$

此时，$UC(n)$ 也为 n 的递减凸函数。

3. 指数分布

若煤炭企业的单位供应成本 C_i 服从指数为 λ 的指数分布，则可利用标准订单分布统计结果得到：

$$UC(n) = E\left(\min\{C_1, C_2, \cdots, C_n\}\right)$$
$$= 1 / n\lambda \qquad (13\text{-}6)$$

此时，$UC(n)$ 为 n 的凸函数，且不断增加。

由此可知，在煤炭企业单位供应成本服从伯努利分布、均匀分布和指数分布的情况下，单位成本期望值的相对减少量 $V(n)$ 呈现递增的趋势，且为 n 的凹函数。在一定的煤炭合作企业中，发电企业仅可通过向少量煤炭企业发出煤炭订单就可大幅度降低煤电能源供应链中煤炭交易中的单位供应成本，同时证明了有限的柔性对降低供应成本风险的能力。

13.4.2　灵活供应契约的柔性能力

假设某发电企业从某煤炭企业进行煤炭采购，然后进行生产、提供电力上网，并将电能产品以价格 p 的上网电价销售给某电网公司。一个简单的数量柔性（quantity flexibility，QF）契约可以通过两个参数给定，即单位供给成本 c 和可调参数 u。假设发电企业提前一段时间下了 x 的煤炭订单，然后该煤炭企业获得了更加确切的煤炭需求信息，并想调整煤炭订单量 x。在数量柔性契约的约束下，

发电企业可将煤炭订单量 x 调整至 y，其中，y 仍然满足式（13-7）的约束。因此，数量柔性契约所提供的柔性能力可使发电企业能在获得更准确的市场信息条件下调整其订单；此时，当 $u=0$ 时，表示发电企业签订了 0-柔性契约，当 $u>0$ 时，则称发电企业签订了 u-柔性契约。

$$x \cdot (1-u) \leqslant y \leqslant x \cdot (1+u) \tag{13-7}$$

其中，u 表示允许调整的范围，且存在 $u \geqslant 0$。由模型（13-7）可知，当 u 增加时，y 的可行范围也随着增加，此时的参数 u 便可代表"u-柔性"的煤炭供应契约中的柔性程度。

为了说明数量柔性契约的供应柔性能力，假设一个两阶段模型。电网公司在第一阶段末分配发电量任务（即电能产品订单）。具体而言，在第一阶段初，发电企业将预估第一阶段末电网公司的电能产品订货数量（即电网企业所提供的电能消费终端市场需求），记为 $D(1) = a + \varepsilon$，其中，ε 为第一阶段末将实现的不确定的市场因素。$F(\cdot)$ 用以表示 ε 的累计分布函数。由于存在煤炭供应的提前期，发电企业需要在 ε 实现前的第一阶段初确定煤炭订单初始量；在第一阶段末，发电企业获知 ε 的确切值（即 $\varepsilon = e$），并可将煤炭订货量从 x 调整至 y。考虑在给定市场需求变化 $\varepsilon = e$、最初的煤炭订货量 x 以及某可变参数 u 后，为了确定最优的煤炭订货调整量 y^*，故第二阶段的问题可描述为一个线性规划问题：

$$\pi(u, x, e) = \max_{y,s} \{ps - cy\} \tag{13-8}$$

$$\text{s.t.} \begin{cases} s \leqslant y \\ s \leqslant a + e \\ x(1-u) \leqslant y \leqslant x + (1+u) \end{cases} \tag{13-9}$$

其中，$\pi(u, x, e)$ 表示在给定初始煤炭订货量 x 和市场不确定因素 e 时，u-柔性策略的最优利润可通过计算上述规划问题的最优解获得，最优利润 $\pi(u, x, e)$ 的表达式为

$$\pi(u, x, e) = \begin{cases} (p-c)x(1+u), & e > x(1+u) - a \\ (p-c)(a+e), & x(1-u) - a \leqslant e \leqslant x(1+u) - a \\ p(a+e) - cx(1-u), & e < x(1-u) - a \end{cases} \tag{13-10}$$

对于初始煤炭订货量 x，u-柔性策略的"事前"利润期望值为

$$\begin{aligned} \Pi(u, x) &= \int_{x(1+u)-a}^{\infty} (p-c)x(1+u)\mathrm{d}F(e) \\ &+ \int_{x(1-u)-a}^{x(1+u)-a} (p-c)(a+e)\mathrm{d}F(e) \\ &+ \int_{-\infty}^{x(1-u)-a} \left[p(a+e) - cx(1-u) \right]\mathrm{d}F(e) \end{aligned} \tag{13-11}$$

由模型（13-11）可证，$\Pi(u,x)$ 是 x 的凹函数，且 $x^*(u)$ 的最优解是唯一的 x 取值，此时：

$$(p-c)(1+u)\left[1-F\left(x(1+u)-a\right)\right]-c(1-u)F\left(x(1-u)-a\right)=0 \quad （13-12）$$

对于 0-柔性的情况（即 $u=0$），$x^*(0)$ 为解决方案，其中：

$$x^*(0)=a+F^{-1}\left(\frac{p-c}{p}\right) \quad （13-13）$$

则此时的最优"事前"利润期望值可以表示为

$$\Pi(u)=\Pi\left(u,x^*(u)\right) \quad （13-14）$$

令 $V(u)$ 为 u-柔性策略相对 0-柔性策略利润期望值的相对增长量，即

$$V(u)=\left(\Pi(u)-\Pi(0)\right)/\Pi(0) \quad （13-15）$$

在市场需求变化呈现正态分布的情况下，将会得到一个固定的解 $x^*(u)$，以及 $\Pi(u)$ 和 $V(u)$。但对一般形式的市场波动，$\Pi(u)$ 的固定表达式是不存在的。但是，可以通过假设 $x(u)=x^*(0)=0+F^{-1}(p-c/p)$ 来估计 $\Pi(u)$，此时：

$$\Pi(u)=\Pi\left(u,x^*(0)\right) \quad （13-16）$$

从而得到：

$$V(u)\approx V\left(u,x^*(0)\right)=\left[\Pi\left(u,x^*(0)\right)-\Pi(0)\right]/\Pi(0) \quad （13-17）$$

13.4.3　灵活生产过程的柔性能力

假设在某煤炭生产加工系统中有 n 个煤炭加工工厂和 n 种质量的煤炭产品，加工工厂 j 的生产能力记为 C_j，且 C_j 服从均值为 μ、标准差为 σ 的正态分布，且相互独立。由于发电企业装机设备的技术参数相对固定，则每种质量的煤炭 i 有相对确定的需求 μ，并规定煤炭需求缺口的均值 Δ 为

$$\Delta=E\left[\max\left\{\sum_{i\in M}\mu\sum_{j\in p(M)}C_j\right\}\right] \quad （13-18）$$

其中，M 表示煤炭产品集合；$p(M)$ 表示煤炭加工工厂集合，且至少能生产 M 集合中的一种质量水平的煤炭。

定义"全柔性系统"表示每个煤炭加工工厂都能够有效地生产所有质量水平的煤炭产品。设定一个效率指标 $\Pi\left(M^*\right)$，用于反映有限柔性系统的缺口超过全柔性系统缺口的概率，$\Pi\left(M^*\right)$ 可以很好地预测柔性结构的效率，即一个有限柔性系统的 $\Pi\left(M^*\right)$ 值与全柔性系统有相似的缺口期望值。本书使用相同的效率指标，但仅适用于不确定煤炭生产能力的情况，而不适用于煤炭需求不确定的情况，

则此时：

$$\Pi(M^*) = \max_M \text{Prob}\left\{\left(\sum_{i \in M} \mu - \sum_{j \in p(M)} C_j\right) > \max\left\{0, \left(n\mu - \sum_{j=1}^n C_j\right)\right\}\right\} \quad (13\text{-}19)$$

在 h-柔性情况下，每个煤炭加工工厂恰好能以如下的方式生产 h 种质量水平的煤炭：当 $h=1$ 时，系统不具有柔性，因为煤炭加工工厂 i 仅能生产质量水平为 i 的煤炭，因此 1-柔性系统对应的煤炭生产加工系统不具有柔性；在 2-柔性系统中（ $h=2$ ），由于煤炭加工工厂 1 可以生产质量水平为 1 和 2 的煤炭，煤炭加工工厂 2 可以生产质量水平为 2 和 3 的煤炭，依此类推，煤炭加工工厂 n 可以生产质量水平为 n 和 1 的煤炭，此时的煤炭生产加工系统稍具柔性。一般来说，柔性水平可以通过参数 h 来确定，由此得到：

$$\Pi(h) = \left[1 - \Phi\left(\frac{(h-1)\mu}{\sigma\sqrt{0.5n}}\right)\right]\Phi\left(-\frac{(h-1)\mu}{\sigma\sqrt{0.5n}}\right) \quad (13\text{-}20)$$

$$\Pi(h) = \left[\Phi\left(-\frac{(h-1)\mu}{\sigma\sqrt{0.5n}}\right)\right]^2 \quad (13\text{-}21)$$

对 $1 \leqslant h \leqslant \dfrac{n}{2}$ ，通过利用标准正态分布 $\Phi(z)$ 的特性可得， $\Pi(h)$ 表示 h 的递减凸函数。此时，将 $V(h)$ 定义为 h-柔性系统相对于 1-柔性系统效率的增加百分比，可知：

$$V(h) = (\Pi(1) - \Pi(h)) / \Pi(1) \quad (13\text{-}22)$$

由于函数 $\Pi(h)$ 是 h 的递减凸函数，可知 h-柔性系统相对于 1-柔性系统效率的增加百分比 $V(h)$ 函数为 h 的递增凹函数。此时可证：当 h 取得较少的值时，煤炭生产加工系统有限的柔性便能够给煤炭企业带来显著效率的提升，这同时说明了有限柔性对减少过程风险的能力。

13.4.4　响应定价策略的柔性能力

在煤电能源供应链中，假设某煤炭企业面向某发电企业，在煤炭销售季开始后的周期 T 内销售两种在质量水平方面具有一定可替代性的煤炭（1 和 2）（为了便于处理，考虑两种质量水平的煤炭销售情况，不过可以用同样的方法分析 n 种质量水平的煤炭销售情况），如图 13-4 所示。

在第一阶段初，煤炭企业预计整个销售季的煤炭产品 i 的总需求为 $D_i(1)$ 表示为

$$D_i(1) = \alpha_i + S_{i1} + S_{i2} + \cdots + S_{i,t-1} + S_{i,t} - bp_i + \delta(p_j - p_i) \quad (13\text{-}23)$$

其中， $i, j = 1, 2$ 且 $j \neq i$ ； α_i 表示煤炭 i 的初始需求； $S_{i,t}$ 表示对煤炭 i 在 t 时段初

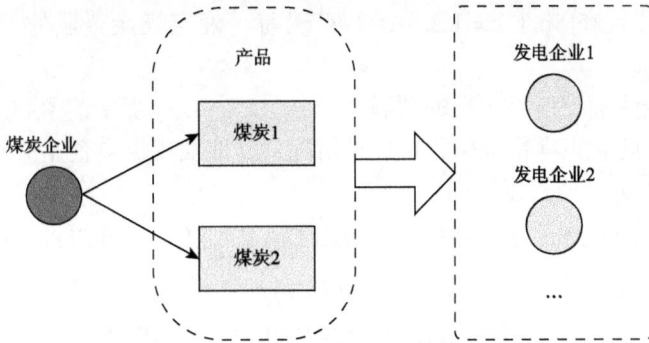

图 13-4　响应定价柔性策略案例

始需求的"冲击"；b 表示煤炭价格敏感程度；δ 为煤炭 i 与煤炭 j 的可替代性程度。

在该模型中，假设 $S_{i,t}$ 遵循一阶自回归过程（即 $AR(1)$），因而存在：

$$S_{it} = \rho_i S_{i,t-1} + \varepsilon_{it} \tag{13-24}$$

其中，$i = 1, 2$；$t = 1, 2, \cdots, T$；$0 \leqslant \rho_i < 1$；$\varepsilon_{i1}, \varepsilon_{i2}, \cdots, \varepsilon_{i,t-1}, \varepsilon_{i,t}$ 为服从均值为 0、标准差为 σ_i 的独立同分布的随机变量。为不失研究的一般性，当 $i=1$ 和 2 时，令 $S_{i0} = 0$。

为了简化问题，假设煤炭企业和发电企业均可以是由政府部门进行宏观调控，且煤炭企业有能力满足煤炭销售季节开始后的周期 T 内每种质量水平煤炭的实际需求。此时，在这种相对集成化煤电能源供应链系统中，煤炭 i 的单位成本已知，记为 c。因此仅需要确定每种煤炭 i 的零售价格 p_i。假设煤炭企业具有相对柔性的定价 p_{it}，即煤炭 i 在 t 时段末的零售价格，其中 $t = 1, 2, \cdots, T$。一旦煤炭的零售价格公布，煤炭企业将在煤炭销售季节开始后的周期 T 内以 p_{it} 销售每种质量的煤炭，这意味着煤炭企业必须在周期 T 结束前公布实际的煤炭零售价。显然，由于延迟性煤炭价格决策能够使煤炭企业在制定实际煤炭零售价格前获得更多且相对确切的市场需求信息，因此，煤炭企业将会决定采用 t-延迟策略，直至 t 时期结束，才确定实际的煤炭零售价格。随着 t 的增加，时间的柔性也在不断增加。

假设煤炭公司通过在 t 时期末设置煤炭零售价格实行 t-延迟策略，则存在等式 $S_{ik} = s_{ik}$（$k = 1, 2, \cdots, t$）。对任意给定的 $S = \{s_{ik}, i = 1, 2; k = 1, 2, \cdots, t\}$，假定煤炭季节需求为

$$
\begin{aligned}
D_i(t) \big| S = {}& a_i + s_{i1} + s_{i2} + \cdots + s_{i,t-1} + s_{it} \\
& + S_{i,t+1} + \cdots + S_{i,t-1} + S_{i,t} - bp_{it} + \delta(p_{jt} - p_{it})
\end{aligned} \tag{13-25}
$$

此时，用于检验煤炭延迟定价策略价值的方法：首先，在煤炭企业确定煤炭的实现价值 S_{ik}（$k = 1, 2, \cdots, t$）后，制定 t 时期的煤炭最优价格并获得相

应的利润；其次在 S_{ik}（$k=1,2,\cdots,t$）实现前，确定煤炭企业的"事前"预期利润。

当煤炭企业确定所要实现的利润 S_{ik}（$k=1,2,\cdots,t$）后，需要在 t 时期末确定每种质量水平的煤炭零售价格，在这种情况下，能实现煤炭企业预期利润最大化的煤炭零售价 p_{it} 可通过以下问题确定：

$$\pi(t,s) = \text{Max}\{p_{1t},p_{2t}\}(p_{1t}-c)E(D_1(t)|s) + (p_{2t}-c)E(D_2(t)|s) \quad (13\text{-}26)$$

为了求解上述问题，需要确定 $E(D_i(t)|s)$（$i=1,2$），首先对任意给定的 $S=\{s_{ik},i=1,2;k=1,2,\cdots,t\}$，用 AR(1) 过程表达 $S_{i,t+k}$，得到：

$$S_{i,t+k} = \rho_i^k s_{i,t} + \rho_i^{k-1}\varepsilon_{i,t+1} + \rho_i^{k-2}\varepsilon_{i,t+2} + \cdots + \rho_i\varepsilon_{i,t+k-1} + \varepsilon_{i,t+k} \quad (13\text{-}27)$$

其中，$i=1,2$ 且 $k=1,2,\cdots,T-t$。通过这种形式描述 $S_{i,t+k}$（$k=1,2,\cdots,t$），可以得到 $D_i(t)|s$ 的规范表达式：

$$\begin{aligned}
D_i(t)|s = {} & a_i + s_{i1} + s_{i2} + \cdots + s_{i,t-1} \\
& + \left(\frac{1-\rho_i^{T-t+1}}{1-\rho_i}\right)s_{it} + \left(\frac{1-\rho_i^{T-t}}{1-\rho_i}\right)\varepsilon_{i,t+1} + \left(\frac{1-\rho_i^{T-t-1}}{1-\rho_i}\right)\varepsilon_{i,t+2} \\
& + \left(\frac{1-\rho_i^2}{1-\rho_i}\right)\varepsilon_{i,T-1} + \varepsilon_{i,T} - bp_{it} + \delta(p_{jt}-p_{it})
\end{aligned} \quad (13\text{-}28)$$

其中，$i=1,2$。由于 ε_{ik} 为服从独立正态分布的随机变量，其均值为 0，因此可以表示为

$$E(D_i(t)|s) = a_{it} - bp_{it} + \delta(p_{jt}-p_{it}) \quad (13\text{-}29)$$

其中，$a_{it} = a_i + s_{i1} + s_{i2} + \cdots + s_{i,t-1} + \left(\frac{1-\rho_i^{T-t+1}}{1-\rho_i}\right)s_{it}$，且 $i=1,2$。

给定 $E(D_i(t)|s)$，便可确定与上述规划问题相关的一阶条件：

$$\pi(t,s) = \frac{(a_{1t}+a_{2t}-2bc)^2}{8b} + \frac{(a_{1t}-a_{2t})^2}{8(b+2\delta)} \quad (13\text{-}30)$$

现确定与 t-延迟策略相关的"事前"预期利润，即 $\pi(t) = E_s(\pi(t,s))$：首先，用一阶自回归 AR(1) 过程，描述和表达 S_{ik}（$k=1,2,\cdots,t$），即

$$S_{ik} = \rho_i^k S_{i0} + \rho_i^{k-1}\varepsilon_{i1} + \rho_i^{k-2}\varepsilon_{i2} + \cdots + \rho_i\varepsilon_{i,k-1} + \varepsilon_{ik} \quad (13\text{-}31)$$

其中，$i=1,2$ 且 $k=1,2,\cdots,t$。则可以用 S_{i0} 和 ε_{ik} 以"事前"的形式表示 a_{it}，即

$$a_{it} = a_i + \rho_i\left(\frac{1-\rho_i^T}{1-\rho_i}\right)S_{i0} + \left(\frac{1-\rho_i^T}{1-\rho_i}\right)\varepsilon_{i1} + \left(\frac{1-\rho_i^{T-1}}{1-\rho_i}\right)\varepsilon_{i2} + \cdots + \left(\frac{1-\rho_i^{T-t+1}}{1-\rho_i}\right)\varepsilon_{it}$$

$$(13\text{-}32)$$

代入 $S_{i0} = 0$ ，$\varepsilon_{i1}, \varepsilon_{i2}, \cdots, \varepsilon_{i,t-1}, \varepsilon_{i,t}$ 为服从独立正态分布的随机变量，其均值为 0，标准差为 σ_i ，又对所有随机变量 X 有 $E(X^2) = \text{Var}(X) + [E(X)]^2$ ，故得到式（13-33）：

$$\pi(t) = \left(\frac{1}{8b} + \frac{1}{8(b+2\delta)}\right) \times \sum_{i=1}^{2} \sigma_i^2 \left[\left(\frac{1-\rho_i^T}{1-\rho_i}\right)^2 + \left(\frac{1-\rho_i^{T-1}}{1-\rho_i}\right)^2 + \cdots + \left(\frac{1-\rho_i^{T-t+1}}{1-\rho_i}\right)^2\right]$$
$$+ \frac{(a_1 + a_2 - 2bc)^2}{8b} + \frac{(a_1 - a_2)^2}{8(b+2\delta)}$$

（13-33）

将 $\pi(t)$ 展开可以得到：

$$\pi(t) = \left(\frac{1}{8b} + \frac{1}{8(b+2\delta)}\right) \times \sum_{i=1}^{2} \sigma_i^2 \left(\frac{1}{1-\rho_i}\right)^2 \times \left[t - 2\rho_i^{T-t+1}\left(\frac{1-\rho_i^t}{1-\rho_i}\right) + \rho_i^{2(T-t+1)}\left(\frac{1-\rho_i^{T-1}}{1-\rho_i}\right)^2\right]$$
$$+ \frac{(a_1 + a_2 - 2bc)^2}{8b} + \frac{(a_1 - a_2)^2}{8(b+2\delta)}$$

（13-34）

通过检验 $\pi(t)$ 的一阶差分和二阶差分，可知 t-延迟策略的预期利润不断增加，且当 $0 < \rho_i < 1$ 时，t-延迟策略呈凹形，当 $\rho_i = 0$ 时，t-延迟策略呈线性。令 $V(t)$ 为煤炭企业采用 t-延迟策略相对于采用 0-延迟策略预期利润增加的百分比，则

$$V(t) = [\pi(t) - \pi(0)] / \pi(0) \tag{13-35}$$

由于 $\pi(t)$ 在 $0 < \rho_i < 1$ 呈递增凹形，因此 $V(t)$、$\pi(t)$ 在 $0 < \rho_i < 1$ 时也呈递增凹形。由于煤炭企业的延迟定价策略能使煤炭企业在了解每种质量水平的煤炭的市场信号后制定更为有利的煤炭销售价格，因此，该策略可以提高煤炭企业利润水平。

由于本书对"响应定价策略的柔性能力"建模是考虑两种质量水平的煤炭销售情况，所以在后文中将不采用过多篇幅特别进行案例计算。

13.5　算例分析

13.5.1　多供应商柔性策略案例

考虑一种情况，在煤电能源供应链中，某发电企业拥有五家供应成本不确定的煤炭供应商通过了资格预审（图 13-5），煤炭企业的单位供应成本记为 C，其单位成本均有 1/3 的概率等于 5 元、10 元和 15 元。

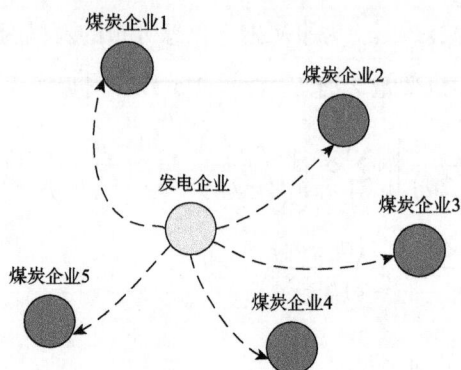

图 13-5　多供应商柔性策略案例

　　若规定不同的煤炭企业的每单位供给成本不变，且是相互独立的，则该假设也可用于离散概率分布的单位供给成本分析。另外，为了满足各个时期的能源需求，还规定发电企业总能从提供最低单位供给成本的煤炭企业处得到煤炭订货。此时，煤炭供应企业的数量便代表了供应柔性程度，即若发电企业仅有单一的煤炭供应商，则整个煤炭供给过程不具有供应柔性能力，若发电企业拥有五家煤炭供应商，则煤炭供给过程具有最大程度的柔性能力。但是，一家发电企业应该拥有多少家煤炭供应商才可实现有效的供应柔性？若发电企业全部从一家煤炭供应企业进行煤炭采购，则预期单位供应成本仅取决于该家煤炭企业，记为 $UC(1)$，则此时可得到 $UC(1)=1/3 \times（5+10+15）=10.00$。另外，当发电企业从两家不同的煤炭企业处进行煤炭采购时，由于发电企业将选择单位供给成本相对较低煤炭供应商，则相应的预期单位供应成本将于这两家煤炭企业中的潜在煤炭供应商相关，记为 $UC(2)$，且有 $UC(2) = E\left(Min\{C_1, C_2\}\right)$，且通过计算可知 $UC(2)=7.78$。因此，对 $UC(1)$ 与 $UC(2)$ 进行比较，相比于单一的煤炭供应商模式，发电企业拥有两家煤炭供应商时，可有效地降低发电企业的煤炭订货成本。类似的，可以计算出 $UC(3)=6.67$，$UC(4)=5.88$，$UC(5)=5.62$。由此得到关于 n 的 $V(n)$ 曲线，如图 13-6 所示。

13.5.2　灵活供应契约柔性策略案例

　　考虑一种情况，若一条煤电能源供应链中仅包括一个煤炭企业、一个发电企业和一个电网公司（图 13-7），由于电能产品的不可储存性，所以规定未上网的电能产品残值为 0。在一个两阶段模型中，电网公司仅在第一阶段末向发电企业安排发电量；然而，由于煤炭供货提前期，发电企业需要在第一阶段初向煤炭企业发出煤炭订货订单，即在电网公司发出实际发电量订单之前。

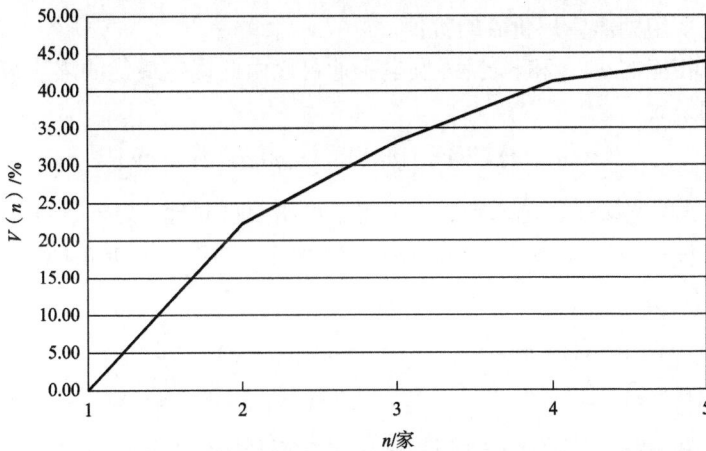

图 13-6　多供应商柔性能力曲线

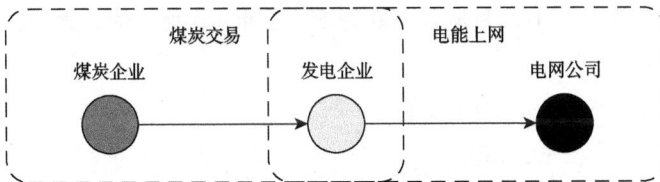

图 13-7　灵活供应契约柔性策略案例

在第一阶段初，发电企业预测电网公司在第一阶段末的发电量订货为

$$D=a+\varepsilon \tag{13-36}$$

其中，a 表示电力预测需求值；ε 表示由于第一阶段不确定的市场条件导致的电力需求误差。

发电企业在 c、p 和 D 等信息的基础上，在第一阶段初对煤炭订货量发出 x 单位的煤炭订单，其中，x 可表示为决策变量。发电企业的煤炭订货数量 x 取决于发电企业与煤炭企业之间所签订的煤炭供应契约的柔性程度。当电网公司在第一阶段末的电能产品实际分配量为 $d=a+e$ 时，假设发电企业与煤炭企业的契约柔性为 u。在具有"u-柔性"的煤炭供应契约下，发电企业在收到第一阶段末电网公司的实际电能产品订货数量后，可将其最初的煤炭订单数量从 x 更改至 y（此时，y 为决策变量），且 y 必须满足式（13-7）。

为了进一步说明柔性为 u 时对发电企业期望利润的影响，本书令 $p=2$，$c=1$，$a=100$，且规定 ε 有一个在 -50 到 50 之间的均匀分布，则其概率密度函数为 $1/100$。对 u 的价值评估一般性步骤：任意给定的 u 值以及既定的最初煤炭订货数量 x 与电力需求误差 e（e 表示 ε 的实际值），首先确定最佳煤炭订货数量 y；其次确定 x 的最优数量及发电企业期望利润的最优值；最后通过分析，根据以 u 为函数的发电企业最优期望利润，评价 u 的价值。

在给定相应的 u、x 和 e 之后，发电企业可以由此确定最优的煤炭订货数量 y，使期望利润最大：

$$\pi(u,x,e) = \underset{y}{\text{Max}}\left[p \cdot \text{Min}\{y, \varphi(a+e)\} - cy\right] \tag{13-37}$$

其中，φ 表示单位煤耗转化系数，为了便于说明模型原理，规定 $\varphi=1$。此时，y 应满足限制条件：$x(1-u) \leqslant y \leqslant x(1+u)$。当 $p=2$，$c=1$，$a=100$ 时，发电企业的最优利润 $\pi(u,x,e)$ 为

$$\begin{cases} \pi(u,x,e) = x(1+u), & e > x(1+u)-100 \\ \pi(u,x,e) = 100+e, & x(1-u)-100 < e < x(1+u)-100 \\ \pi(u,x,e) = 2(100+e) - x(1-u), & e \leqslant x(1-u)-100 \end{cases} \tag{13-38}$$

由于 e 是 ε 的实际值，且服从 -50 到 50 的均匀分布，便可计算出 $\pi(u,x,e)$ 的期望值 $\pi(u,x)$：

$$\begin{aligned} \pi(u,x) &= Ee(\pi(u,x,e)) \\ &= \int_{-50}^{x(1-u)-100} [2(100+e) - x(1-u)]\frac{1}{100}\mathrm{d}e \\ &\quad + \int_{x(1-u)-100}^{x(1+u)-100} (100+e)\frac{1}{100}\mathrm{d}e + \int_{x(1+u)-100}^{50} x(1+u)\frac{1}{100}\mathrm{d}e \\ &= \frac{1}{100}\left(-x^2u^2 - x^2 + 200x + 100xu - 2\,500\right) \end{aligned} \tag{13-39}$$

通过考虑一阶条件，可以得到能使发电企业期望利润最大化的最优煤炭订货数量 x^*：

$$x^* = (200+100u)/\left[2(1+u^2)\right] \tag{13-40}$$

当 $u=0$，$x^*=100$ 时，则对应于 $F(x^*) = (p-c)/p = 0.5$ 的解决方案，其中，F 是能源需求 D 的概率分布函数。

介于初始的煤炭最优订单量，将 x^* 代入 $\pi(u,x)$ 便可得到发电企业在柔性为 u 时的煤炭供应契约下的最优期望利润，得到（当 $u=0$ 时，柔性契约条件下 $\pi(0)=75$）：

$$\pi(u) = \pi(u,x^*) = \left(100+100u+25u^2\right)/(1+u^2) - 25 \tag{13-41}$$

令 $V(u)$ 为发电企业相对于 $u=0$ 时的柔性契约所获得的期望利润增长百分比，则

$$V(u) = \frac{\pi(u)-\pi(0)}{\pi(0)} = \frac{\left(100+100u+25u^2\right)/(1+u^2) - 100}{75} \tag{13-42}$$

由式（13-42）可知，当 u 的取值从 0 变化到 50%时，$V(u)$ 是不断递增的凹型，如图 13-8 所示。由此推断，u 值很小的"u-柔性"契约便可显著地提高节点企业的利润。下面给出一种更具有一般性的分析模型。在该模型中，ε 的概率分布具有一般性，且参数 p、c 和 a 可为任意值。

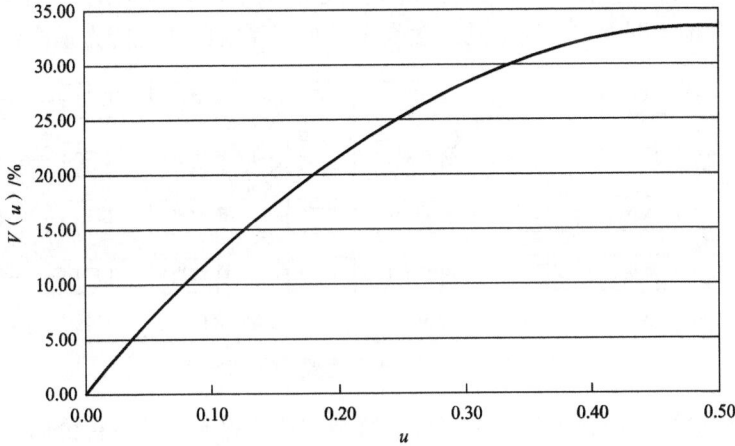

图 13-8　灵活供应契约柔性能力曲线

为验证上述结果，本书已通过案例求解出正态分布的市场冲击下 $x^*(u)$ 的数值，而上述近似方案的结果 $V(u, x^*(0))$ 非常接近 $V(u)$。通过计算可证，（近似）利润期望值的相对增加比例是递增的，且为 u 的凹函数。因此，由分析可知，在一段范围内，当 u 的取值较小时，煤电能源供应链中的节点企业也能够通过较小的柔性获得显著的利润价值；这也说明了有限柔性对降低供应承诺风险的能力。

13.5.3　灵活生产过程柔性策略案例

在煤电能源供应链中，灵活的煤炭生产过程可以减轻由于煤炭企业生产能力波动而产生的过程风险。本节建立的模型主要关注的是由于煤炭企业生产能力的不确定性，而非煤炭需求不确定性所造成的过程风险。假设某煤炭企业可以提供四种不同质量的煤炭产品（1，2，3，4），且规定每种质量的煤炭产品的需求均为 $D_1 = D_2 = D_3 = D_4 = 100$ 个单位，同时规定该煤炭企业拥有四家不同的煤炭加工工厂，工厂 j（$j=1$，2，3，4）的生产容量为 C_j，C_j 的取值为 50 个、100 个和 150 个单位的概率均为 1/3。在这种情况下，每个煤炭加工工厂没有剩余的生产容量，四个工厂的平均总容量为 400 个单位，与四种质量的煤炭产品总需求相等。当利用每个工厂的不确定性容量满足每种质量的煤炭的确定需求时，煤炭企业需要合理分配每个煤炭加工工厂对不同质量煤炭的可实现容量，从而使煤炭企业的总收入最大化。

为此，煤炭企业需提前决定每个煤炭加工工厂对某种质量的煤炭产品的生产能力。

为研究煤炭生产过程的柔性能力，假设某系统的过程柔性度为"h-柔性"，即每个煤炭加工工厂能生产 h 种质量的煤炭。对煤炭生产系统配置的描述如下：当 $h=1$ 时，每个煤炭加工工厂 j 仅能生产一种质量水平的煤炭；1-柔性系统对应的便是不具备柔性。图 13-9 描述了当 h 分别为 1、2、3、4 时的 h-柔性系统，显然 4-柔性系统（即 $h=4$）对应的是煤炭生产加工系统的柔性能力最高系统。

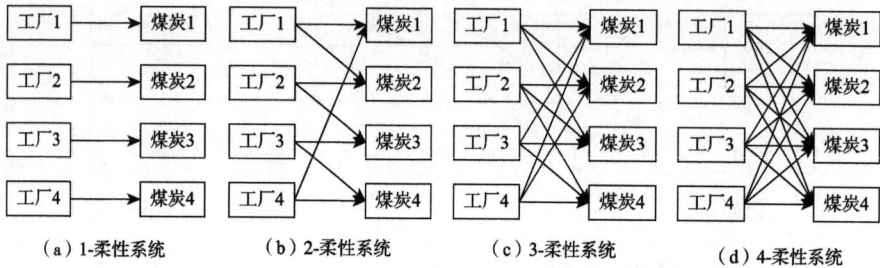

图 13-9　灵活生产过程柔性策略案例

为便于分析，简化模型，本书假设每种质量的煤炭的单位售价均为 1 元，且不存在产能过剩的现象。因此，煤炭企业的利润便取决于煤炭企业的有效煤炭销售量。为研究煤炭生产加工过程的柔性能力，需要确定与比较不同柔性系统的有效销售。首先讨论 h-柔性系统，设 $(i,j) \in A(h)$，其中，$A(h)$ 表示一组弧，使煤炭加工工厂 j 只能连接煤炭产品 i，此时对任意弧 (i,j)，令 X_{ij} 表示煤炭加工工厂 j 的煤炭产品 i 的产量。对煤炭加工工厂既定的可实现生产能力，即 $C = c = (c_1, c_2, c_3, c_4)$，在 h-柔性系统中的有效煤炭销售记为 $S(h;c)$，其对应的网络流问题的最优目标函数为

$$S(h;c) = \underset{X_{ij} \geq 0}{\text{Max}} \sum_{i=1}^{i=4} \sum_{j=1}^{j=4} X_{ij} \tag{13-43}$$

$$\text{s.t.} \sum_{i:(i,j) \in A(h)} X_{ij} \leq c_j \ \forall j, \ \sum_{j:(i,j) \in A(h)} X_{ij} \leq D_i \forall i \tag{13-44}$$

其中，模型中的有效煤炭销售 $S(h;c)$ 为煤炭企业在既定的 h-柔性系统中以及可实现的生产能力 $c = (c_1, c_2, c_3, c_4)$ 下，可获得的最大煤炭销售量；第一个约束条件表示容量约束；第二个约束条件表示煤炭企业不会过度。显然，上述问题恒有一个可行方案 $X_{ij} = 0$。

令 $S(h)$ 为 h-柔性系统中有效煤炭销售的期望值，即 $S(h) = E(S(h;c))$，则

$$S(1) = \sum_{j=1}^{4} E(\text{Min}\{C_j, D_j\}) = \sum_{j=1}^{4} E(\text{Min}\{C_j, 100\}) \tag{13-45}$$

$$S(4) = E\left(\text{Min}\left\{\sum_{j=1}^{4} C_j, \sum_{j=1}^{4} D_j\right\}\right) = E\left(\text{Min}\left\{\sum_{j=1}^{4} C_j, 400\right\}\right) \qquad (13\text{-}46)$$

为了计算 $S(2)$、$S(3)$ 的取值，应先通过 EXCEL 软件求解上述网络流问题中 81 种可能的生产容量（即 C 的不同可实现值）情景中的每个 $S(2,c)$ 与 $S(3,c)$ 的值；然后考虑每种情况的概率，从而求解 $S(2)$、$S(3)$。通过计算，可得 $S(1) = 333.3$，$S(2) = 367.9$，$S(3) = 367.9$，$S(4) = 367.9$。计算结果表明，2-柔性系统、3-柔性系统与 4-柔性系统具有相同的柔性能力。

令 $V(h)$ 为 1-柔性系统到 h-柔性系统的销售量期望的增加百分比，则得到表达式：

$$V(h) = \left(S(h) - S(1)\right)\big/S(1) \qquad (13\text{-}47)$$

由式（13-47）可得图 13-10。从图 13-10 可知，$V(h)$ 是不断递增的凹函数。柔性生产加工系统中有限的过程柔性便可以显著增加煤炭企业的有效煤炭销售。因此，为生产系统提供有限的柔性能力便可显著减少煤炭生产的过程风险，同时说明了灵活生产流程的柔性能力。下面对一般情况下的煤炭生产加工过程柔性能力进行建模。

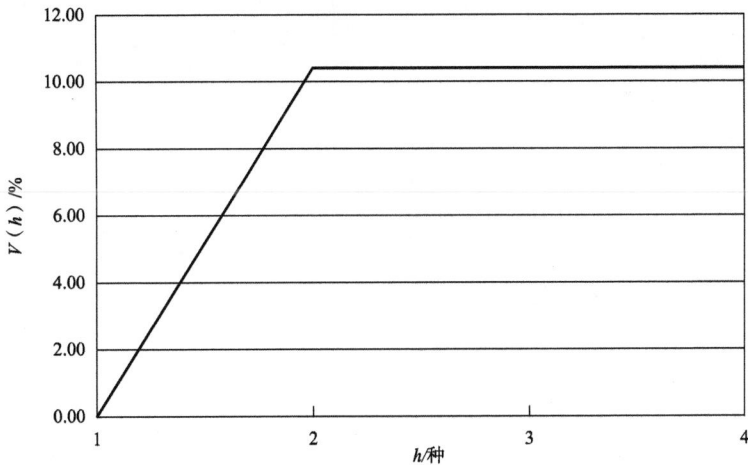

图 13-10　灵活生产过程柔性能力曲线

13.6　本章小结

可调性、适应性和灵活性是供应链风险管理的基本要素。虽然柔性（或敏捷性）可以很明显地增强煤电能源供应链的弹性，但柔性能力能够在多大程度上减轻供应链上的风险仍不得而知。若对不同程度的柔性能力所带来的收益没有清晰的认识，尤其是难以获得精确的成本与收益分析的可靠数据，煤、电节点企业将不愿意在供应链柔性方面进行投资。基于对相关理论的学习和述评，并本书将上述的 11 类风险进行合并重组，进而简化成为以下 5 种主要的供应链风险类型（供应风险、过程风险、需求风险、行为风险、社会风险）和 1 类其他风险，然后针对其中的供应风险、过程风险和需求风险，提出的煤电能源供应链风险减轻柔性策略，构建了 1 个统一的框架和 4 组程式化的模型，用以说明并验证煤、电节点企业可以通过实施一个低水平柔性能力的风险减轻策略来获得较为显著的战略价值。主要研究的四项基本的柔性策略包括多供应商柔性供应策略、灵活供应契约柔性供应策略、灵活生产过程柔性策略及响应性柔性定价策略。通过 4 组程式化的模型，可以规范地分析得到的结论，通过供应链柔性能力的建模和比较，可知煤电能源供应链中的节点企业可通过实施一个低水平柔性能力的风险减轻策略。研究结果强调了煤电能源供应链柔性的风险控制能力，为提高煤电能源供应链柔性能力和能够降低煤电能源供应链风险提供了有力证据。

第 14 章 绿色证书交易、碳排放权交易与电力市场①

14.1 问题的背景介绍

中国一直致力于"加强差别化电价执行监管、发挥电价的杠杆作用、促进产业结构调整和优化升级、积极稳妥务实推进电力体制机制改革"等工作。中国政府在电力产业"十二五"规划中也明确提出了"保障供应安全、优化能源结构、促进节能减排、实现和谐发展"的工作重点,不仅对"优化电源结构与布局"做出明确的目标规划,而且对"降低排放强度"提出合理的发展要求。国务院〔2002〕5 号文的"厂网分开、竞价上网"改革指示的颁布,预示着中国电力市场化改革已经到了一个非常关键的时期。

目前中国发电产业在发展过程中存在一些亟待解决的瓶颈问题,如发电产业统一规划能力较差、电价机制不完善、企业可持续发展能力较弱、可再生能源发电比重与发展目标存在差距等。借鉴世界典型国家电力部门改革与重组的经验,中国电力市场化改革的本质将是一个制度变迁和体制改革的过程,其核心是电价改革。这个过程将涉及两个重要的演变——可交易绿色证书(tradable green certificate,TGC)机制和碳排放权交易(carbon emission trading,ET)机制。"十二五"期间,为消除可再生能源发电产业发展的"发电、上网和消纳"三大障碍,履行哥本哈根气候峰会上的碳减排承诺,以及实现 2020 年控制温室气体排放的行动目标,中国政府不仅有必要推出可再生能源配额制(renewable portfolio standard,RPS)和TGC 机制(绿色证书交易制),而且应该同期推出 ET 机制。

一方面,在可再生能源发电配额制中,可再生能源发电的价值分为两部分:一部分是可再生能源产生的电能在目前电力市场条件下具有的价值——它与常规能源所产生电能的价值相同,体现为实际电能交易的成本,其中受益者是实际的电能

———————————
① 本章相关内容发表于:谭忠富,刘文彦,刘平阔. 绿色证书交易与碳排放权交易对中国电力市场的政策效果. 技术经济,2014,33(9):74-84。

消费者；另一部分是可再生能源电力因气候改善、环境保护和其他社会效益而具有的价值——它在电能生产过程中协调气候环境系统和电力行业的和谐发展关系，提高一国或地区的福利水平。另一方面，在各种减排政策中，基于市场的 ET 机制在实现减排目标过程中的作用比较突出（尤其是在欧洲市场）。与其他减排政策相比，ET 机制在成本和环境有效性、实现减排目标的确定性和政治接受度以及制度持续性等方面具有重要优势（del Río González，2007），能够激励企业和居民以最小成本开展减排活动。ET 机制的实施需要考虑排放目标、政策执行点、配额分配方法、配额跨期存储和借入，覆盖经济部门收益、温室气体循环利用、安全值设定等方面的问题，其中如何分配初始碳排放配额是最为重要的议题之一[①]。由于现实经济中存在交易成本因素、市场力和市场结构影响、非最小成本行为以及气候谈判风险等不确定性，因此初始配额分配将影响碳排放权交易政策的环境效率和社会成本。

那么，TGC 与 ET 的实施对中国电力市场化改革的影响如何呢？为回答上述问题，本章界定两个制度的边界，并根据中国电力市场的实际情况来构建耦合的系统动力学（system dynamics，SD）模型。

14.2　相关领域的研究情况

14.2.1　可交易绿色证书系统、碳排放权交易系统及电力市场

国内学者对三个系统互相作用的分析相对较少，或仅分析单一制度对经济的影响（张友国，2010）。现有文献大多集中于定性讨论碳减排和 TGC 之间的相互作用（de Jonghea et al.，2009），但也有一些学者利用定量建模，分析了欧美地区碳减排和 TGC 的关系（Amundsen and Mortensen，2001；Unger and Ahlgren，2005；Knutsson et al.，2006a，2006b；Abrell and Weigt，2008）。

一些学者认为排放交易计划和可再生证书市场的目的应该是促进更多的可再生能源投资，且应根据区域经济的异地属性，设计自愿性可再生证书市场和碳排放权市场，才可实现排放上限和交易市场的协调问题（Gillenwater，2008）。虽然从温室气体减排的角度，与 RPS 相比，碳排放上限政策可以更有效地减少温室气体排放（Palmer and Burtraw，2005），但是 del Río González（2007）却认为，排放权交易政策和可再生能源支持计划在同时实施过程中会产生协同作用，且协调目标间的关系极为重要。其中，Morthorst（2003a）就研究了将国际化的 TGC 市场引入一个开放的电力市场后所带来的成本效益（cost-benefit），以及对碳减排的积极作用。另外，在模型构建方面，也有了一些成果，如 Bird 等（2011）用区域

[①] 初始配额分配方法的选择会直接影响减排成本在参与主体间的转移和整体减排成本。

能源配置系统（regional energy deloyment system，ReEDS）模型评价了 RPS 与碳排放总量管制政策对美国电力部门碳减排的激励作用；Linares 等（2008）构建了一个发电产业扩建的线性互补问题（linear complementarity programming，LCP）模型，并结合 ET 和 TGC 分析了寡头垄断企业的行为。

14.2.2　竞价上网及上网电价

在美国，发电竞价上网以前，上网电价与销售电价均由基价和燃料调整费用两部分构成（林柏强，2011）；桂良军等（2012）则认为中国电力市场上网电价应以区域为范围，采用两部制（容量电价和电量电价）为基础的市场竞争形式来确定。

目前的研究多集中于"竞价上网"可行性的讨论，但也有学者进行了量化分析，如 Yucekaya（2013）设计了电价竞标的流程，并解释了其作用机理，并认为由于存在价格不确定性和盲目拍卖行为，电价接受企业必须确定合适的上网报价。国内学者认为中国电力行业"竞价上网"机制长期无法形成的原因是，电价既无法反映能源资源的成本，也无法反映市场需求变化，导致电价扭曲（劳承玉和张序，2013），并且在电力系统中实现 CO_2 减排，会使发电产业由于低碳技术的风险大、成本高、效果不确定等特点，在一定程度上丧失竞价上网优势致使发电的机会减少（任玉珑等，2011；康重庆等，2009；刘国中等，2009），但是方德斌等（2013）则认为在竞价上网中，将发电侧 CO_2 排放量作为一个指标和价格指标一起作为决定拍卖胜出者的依据是有效的，并谈论了采购拍卖流程。

14.2.3　相关文献述评

综上所述，无论在实施 TGC 制度、ET 制度和上网电价形成机制所涉及的相关理论和分析方法等方面，还是在电价形成机制、电力市场设计及制度安排对发电产业发展影响等方面，目前的研究都具有其科学合理的一方面，但仍存在几方面的局限。

第一，目前研究尚未系统分析 TGC 机制、ET 机制和应对气候变化的上网电价形成机制的作用机理，致使中国电力市场化改革的进度较慢，无法切实地实施和推进制度"试点"和改革措施；第二，目前研究并未合理界定上网电价的概念和作用效果，致使"电价形成机制"的可操作性和可实践性较差；第三，目前研究多集中于定性讨论"竞价上网"的影响，尤其是国内学者尚未针对此问题进行系统分析，回避了"竞价"的必要性问题，致使给出的发展对策、解决方案及政策建议无法落到实处。

14.3　模型构建

14.3.1　边界及假设条件

为了构建电力市场、TGC 系统和 ET 系统的上网电价形成机制的 SD 模型，本书做如下假设。

假设 14.1　鉴于电能产品具有同质性特征，在 TGC 机制和 ET 机制的作用下，电力市场中可形成统一的上网电价。电力供给者为火力发电企业和可再生能源发电企业[①]；电力需求由政府经济规划和负荷预测参考决定。

假设 14.2　TGC 机制可直接影响可再生能源发电产业的发展。假设规定可再生能源发电企业将 TGC 卖给电网企业，即不直接将其生产成本在发电产业内进行费用均摊，且市场设计初期 TGC 的价格将受到价格政策的管制。

假设 14.3　ET 机制可影响火力发电产业的发展。本书规定政府在交易基期签发给火力发电企业以一定比例的碳交易配额，其余的碳交易配额则通过系统从电网企业购买。同理，碳交易配额的价格将受到价格政策的管制。

假设 14.4　为了便于说明作用机理，本书不考虑经济危机、通货膨胀及贸易保护等问题。

基于上述界定，本书建立如图 14-1 所示的上网电价形成机制 SD 模型的反馈回路，分别如下。

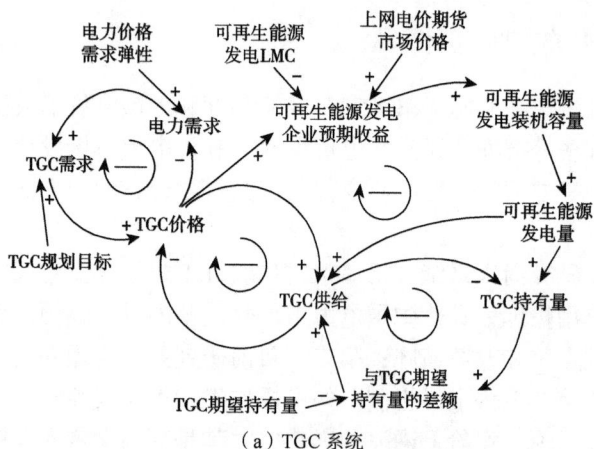

（a）TGC 系统

---

① 一般情况下，在分析 TGC 市场时，会排斥大水电发电技术的绿电生产部分。但受数据可得性的限制，本书在讨论 TGC 市场和 ET 市场时，并未将大水电技术的绿电发电量进行剔除。但研究结果仍可在理论层面说明一般性原理。

（b）ET 系统

（c）电力市场

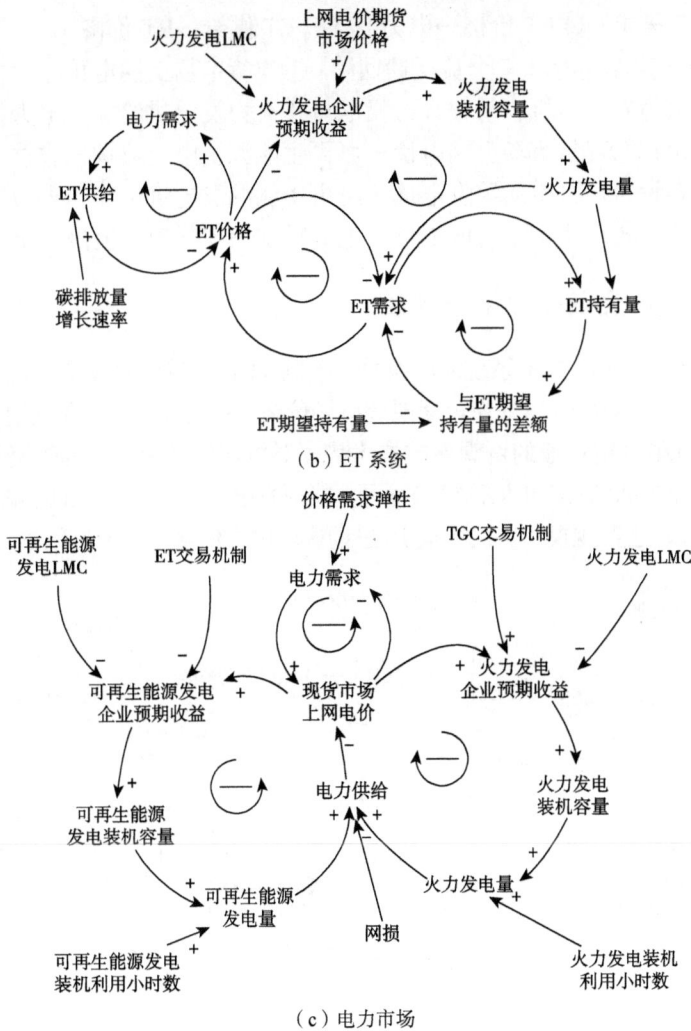

图 14-1　三个系统的因果循环图

（1）TGC 系统中存在四个负反馈回路：①TGC 价格→可再生能源发电企业预期收益→可再生能源发电装机容量→可再生能源发电量（可再生能源发电供给）→TGC 持有量→TGC 供给→TGC 价格；②TGC 供给→TGC 持有量→与 TGC 期望持有量的差额→TGC 供给；③TGC 供给→TGC 价格→TGC 供给；④TGC 价格→电力需求→TGC 需求→TGC 价格。

（2）ET 系统中存在四个负反馈回路：①ET 价格→火力发电企业预期收益→火力发电装机容量→火力发电量（火力发电供给）→ET 持有量→ET 需求→ET 价格；②ET 需求→ET 持有量→与 ET 期望持有量的差额→ET 需求；③ET 需求→

ET 价格→ET 需求；④ET 价格→电力需求→ET 供给→ET 价格。

（3）电力市场中存在三个负反馈回路：①现货市场上网电价→火力发电企业预期收益→火力发电装机容量→火力发电量（火力发电供给）→电力供给→现货市场上网电价；②现货市场上网电价→可再生能源发电企业预期收益→可再生能源发电装机容量→可再生能源发电量（可再生能源发电供给）→电力供给→现货市场上网电价；③现货市场上网电价→电力需求→现货市场上网电价。

14.3.2　可交易绿色证书系统

根据图 14-1（a），参考系统流图符号，绘制 TGC 系统的存量流量图（图 14-2）。在 TGC 制度下，TGC 价格分为短期现货市场价格（受政策管制）和长期期货市场价格；可再生能源发电产业的可观察成本优势（对可再生能源发电的投资乘数）受到期货市场上网电价、TGC 年均价格和可再生能源发电长期边际成本的影响，且可影响可再生能源发电生产规模（装机容量），进而影响电力供给。其中的数学关系[①]如下。

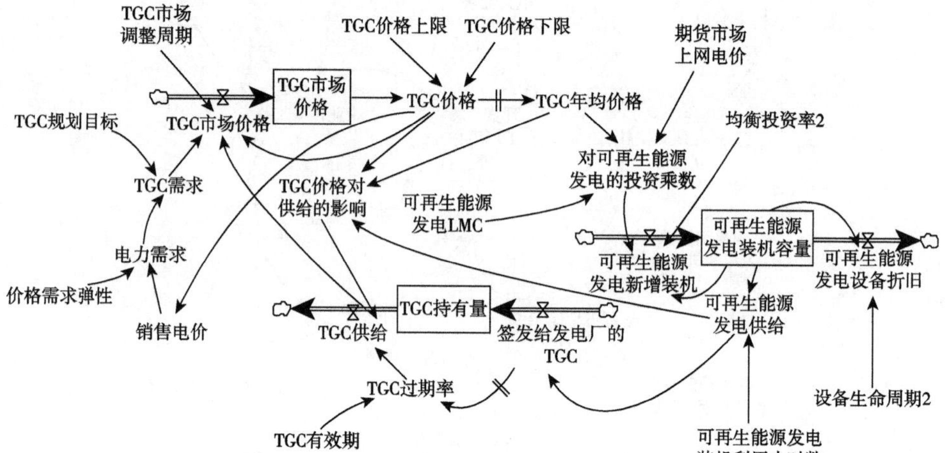

图 14-2　TGC 系统的作用机理

（1）TGC 价格=MIN（TGC 价格上限，MAX（TGC 市场价格，TGC 价格下限））。

（2）TGC 市场价格=TGC 市场价格 0+$\int$TGC价格变化 × dt。

（3）TGC 市场价格 0=0.1。

（4）TGC 价格变化=TGC 价格 ×（TGC 需求–TGC 供给）/TGC 需求/TGC

---

　　① 模型中所需基础数据为本书课题小组的项目调研数据（2012 年），为说明一般性原理，数据使用时做了加权均值处理。

市场调整周期。

（5）TGC 价格上限=0.2。

（6）TGC 价格下限=0。

（7）TGC 市场调整周期=1。

（8）TGC 年均价格=SMOOTH（TGC 价格，52）。

（9）TGC 需求=TGC 规划目标×电力需求。

（10）TGC 供给=MAX（TGC 价格对供给的影响，TGC 过期率）。

（11）TGC 持有量=TGC 持有量 0+ $\int$(签发给发电厂的TGC − TGC供给) × dt。

（12）TGC 持有量 0=$30 \times 1 \times 10^9$。

（13）签发给发电厂的 TGC=可再生能源发电供给。

（14）TGC 价格对供给的影响=可再生能源发电供给×（（TGC 价格/TGC 年均价格）^0.8）。

（15）TGC 过期率=DELAY1（签发给发电厂的 TGC，TGC 有效期）。

（16）TGC 有效期=26。

14.3.3　碳排放权交易系统

根据图 14-1（b），参考系统流图符号，绘制 ET 系统的存量流量图（图 14-3）。在 ET 制度下，ET 价格分为短期现货市场价格（受政策管制）和长期期货市场价格；火力发电产业的可观察成本优势（对火力发电的投资乘数）受到期货市场上网电价、ET 年均价格和火力发电长期边际成本的影响，且可影响火力发电生产规模（装机容量），进而影响电力供给。其中的数学关系如下。

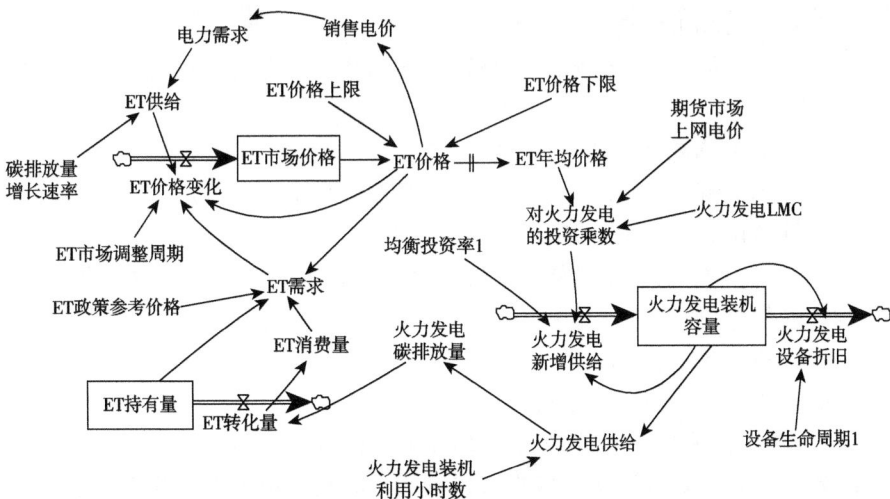

图 14-3　ET 系统的作用机理

（1）ET 价格=MAX（ET 价格下限，MIN（ET 市场价格，ET 价格上限））。

（2）ET 市场价格=ET 市场价格 0+∫ET价格变化 ×dt。

（3）ET 市场价格 0=0.05。

（4）ET 价格变化=ET 价格×（ET 需求–ET 供给）/ET 供给/ET 市场调整周期。

（5）ET 价格上限=0.2。

（6）ET 价格下限=0。

（7）ET 市场调整周期=52。

（8）ET 年均价格=SMOOTH（ET 价格，52）。

（9）ET 需求=（ET 消费量–ET 持有量）×（（ET 价格/ET 政策参考价格）^（–0.2））。

（10）ET 消费量=ET 转化量。

（11）ET 供给=电力需求×碳排放量增长速率。

（12）ET 持有量=ET 持有量 0–∫ET转化量 ×dt。

（13）ET 持有量 0=2×10^9。

（14）ET 政策参考价格=0.05。

14.3.4　电力市场系统

结合图 14-2 和图 14-3 的 TGC 系统和 ET 系统的存量流量模型，嵌入中国电力市场系统中，构建 TGC 制度和 ET 制度下的电力市场 SD 模型，如图 14-4 所示。其中主要的数学关系和设定如下。

（1）现货市场上网电价=现货市场上网电价 0+∫价格变化 ×dt。

（2）现货市场上网电价 0=0.35。

（3）价格变化=现货市场上网电价×（电力需求–电力供给）/电力需求/电力市场调整周期。

（4）电力市场调整周期=1。

（5）年均上网电价=SMOOTH（现货市场上网电价，52）。

（6）期货市场上网电价=FORECAST（年均上网电价，52×3，52×2）。

（7）电力需求=负荷预测参考×（（销售电价/政策参考电价）^价格需求弹性）。

（8）销售电价=现货市场上网电价+TGC 价格–ET 价格。

（9）政策参考电价=0.3。

（10）价格需求弹性=–0.25。

（11）负荷预测参考=（（49 000+Time）×1×10^8）/52。

（12）火力发电供给=火力发电装机利用小时数×火力发电装机容量。

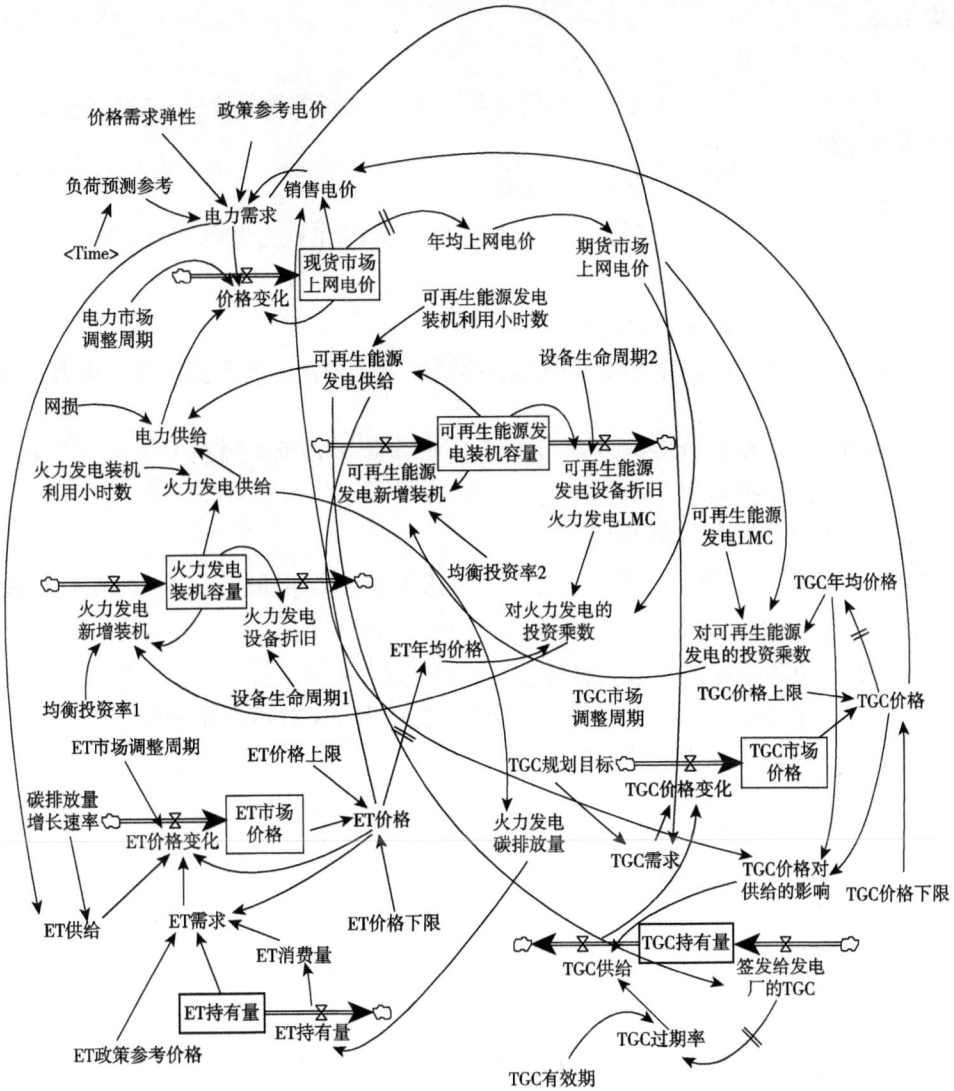

图 14-4　耦合电力交易系统及发电竞价上网价格形成机制

（13）火力发电装机利用小时数=4 800/52。

（14）可再生能源发电供给=可再生能源发电装机利用小时数×可再生能源发电装机容量。

（15）可再生能源发电装机利用小时数=3 600/52。

（16）网损=0.1。

（17）电力供给=（可再生能源发电供给+火力发电供给）×（1−网损）。

（18）对火力发电的投资乘数=（期货市场上网电价−ET 年均价格）/火力发

电 LMC。

（19）火力发电 LMC=0.32。

（20）对可再生能源发电的投资乘数=（期货市场上网电价+TGC 年均价格）/可再生能源发电 LMC。

（21）可再生能源发电 LMC=0.45。

（22）火力发电装机容量=火力发电装机容量 0+∫(火力发电新增装机-火力发电设备折旧)×dt。

（23）火力发电装机容量 0=8.19×10^8。

（24）火力发电新增装机=均衡投资率 1×对火力发电的投资乘数×火力发电装机容量。

（25）火力发电设备折旧=火力发电装机容量/设备生命周期 1。

（26）均衡投资率 1=7.8%/52。

（27）设备生命周期 1=52×25。

（28）可再生能源发电装机容量=可再生能源发电装机容量 0+∫(可再生能源发电新增装机-可再生能源发电设备折旧)×dt。

（29）可再生能源发电装机容量 0=3.13×10^8。

（30）可再生能源发电新增装机=均衡投资率 2×对可再生能源发电的投资乘数×可再生能源发电装机容量。

（31）可再生能源发电设备折旧=可再生能源发电装机容量/设备生命周期 2。

（32）均衡投资率 2=10.4%/52。

（33）设备生命周期 2=52×20。

14.4　模拟仿真

14.4.1　不同情境下的 TGC 价格和 ET 价格

根据供求定理，基于图 14-4，对 TGC 价格变化趋势和 ET 价格变化趋势进行模拟。以 2012 年为基期（0），设时间步长为 1 周，设模拟时间为 520 周（约 10年）。所需情境参数设定如下：情境 0（基准情境），即 TGC 规划目标为 30%[①]，

---

① 国家能源局数据显示，截至 2012 年年底，中国可再生能源发电（包括大水电）占比已超过 20%。其中，水电装机 2.5 亿千瓦，年发电量超过 8 000 亿千瓦时；风电装机超过 6 000 万千瓦，年发电量近 1 000 亿千瓦时；核电装机 1 257 万千瓦，年发电量 980 亿千瓦时；太阳能发电装机 700 万千瓦。

碳排放量增长速率为 5%[①]；情境 1（TGC 规划"高"方案），即 TGC 规划目标为 35%，碳排放量增长速率为 5%；情境 2（TGC 规划"低"方案），即 TGC 规划目标为 25%，碳排放量增长速率为 5%；情境 3（ET 规划"高"方案），TGC 规划目标为 30%，碳排放量增长速率为 7%；情境 4（ET 规划"低"方案），即 TGC 规划目标为 30%，碳排放量增长速率为 3%。

　　TGC 价格变化趋势如图 14-5 所示。分析图 14-5 可知以下几点。

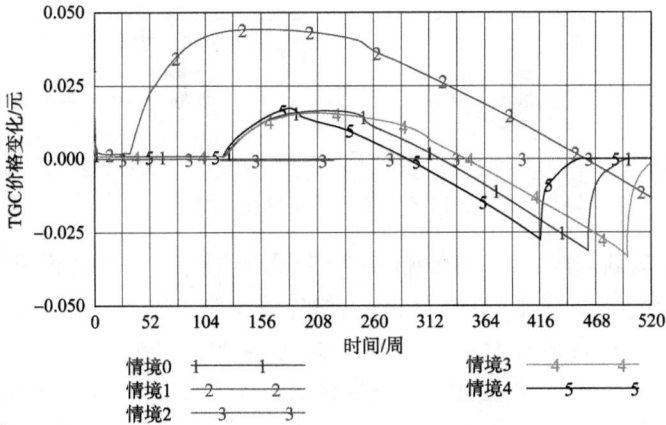

（a）TGC 价格变化

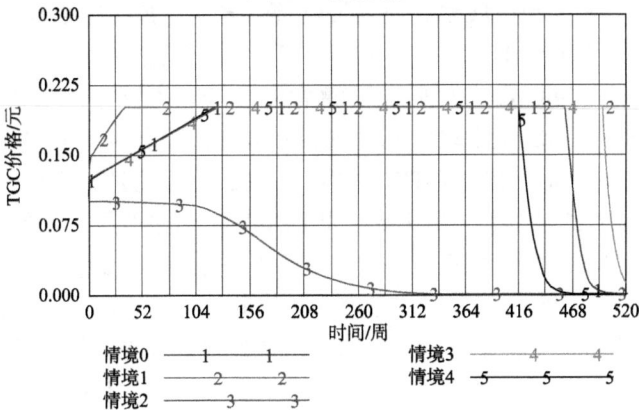

（b）价格管制下的 TGC 价格

---

① 根据英国丁铎尔中心报告数据显示，2012 年，中国碳排放量约为 90 亿吨。在哥本哈根气候峰会上，中国承诺到 2020 年单位 GDP 二氧化碳排放比 2005 年下降 40%~45%。若中国 GDP 的增长速率为 8%，则年均碳排放量的增长速率为 3.8%~4.4%。

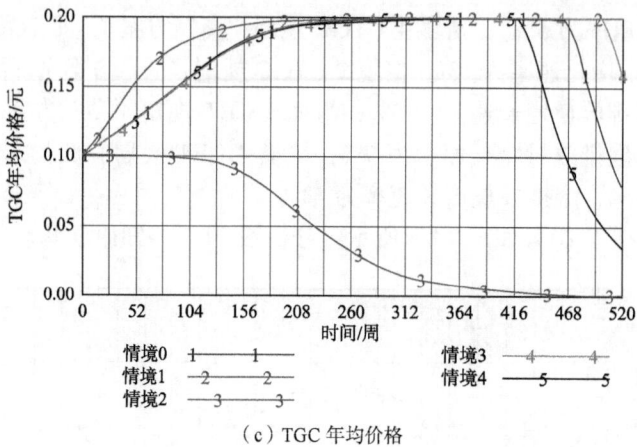

（c）TGC 年均价格

图 14-5　TGC 价格变化趋势

第一，在规划期内，由于初始价格（0.1 元/千瓦时）和 TGC 供求关系的设定，基准情境、情境 3 和情境 4 中的 TGC 价格先保持较平稳态势，然后经历了"N"形的波动过程，最后又因 TGC 价格和 TGC 供求的共同作用而趋于 0，且碳排放量增长速率可使 TGC 价格变化曲线发生移动，表现为价格波动周期随着碳排放量增长速率的增加而延长；情境 1 中 TGC 价格呈倒 U 形变化趋势，且在规划期内并未趋于均衡；情境 2 中 TGC 价格的波动幅度较小，最终围绕 0 趋于水平。

第二，在规划期内，TGC 价格受到 TGC 现货市场价格、价格上限和价格下限的共同影响，且在不同的 TGC 规划目标的激励下，其变化效果比较显著。基准情境、情境 3 和情境 4 中 TGC 价格呈倒 U 形变化趋势，在规划期初（0~156 周）增长，直到 TGC 市场价格超过政府规定的 TGC 价格上限（0.2 元/千瓦时），在规划期末（416~520 周）降低，直到 TGC 市场价格低于政府规定的 TGC 价格上限且最终趋于 0。情境 1 中 TGC 价格先增长，达到 TGC 价格上限后保持不变；情境 2 中 TGC 价格在规划初期内平缓降低，然后变化速率变大，表现为价格的"寻的行为"，最终趋于 0。

第三，TGC 年均价格是影响对可再生能源发电企业进行投资的重要因素。在规划期内，TGC 年均价格的变化趋势与 TGC 价格的变化趋势类似，但在不同情境中其变化速率较小，趋势曲线较平滑。

综上可知，政府强制规定可再生能源发电的市场份额（配额比例）会导致一定数量 TGC 供求的波动，TGC 供求波动的加剧会导致 TGC 价格波动。在现货市场中，当市场存在"超额需求"时，TGC 价格提高；随着可再生能源发电供给的增加，"超额供给"出现，TGC 价格先减少最后趋于 0，最终实现 TGC 交易的均衡。此外还可知，ET 制度可影响 TGC 系统中的价格。

ET 价格变化趋势如图 14-6 所示。分析图 14-6 可知以下几点。

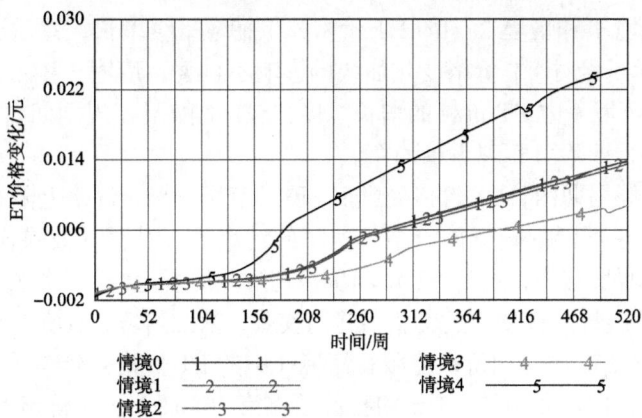

（a）ET 价格变化

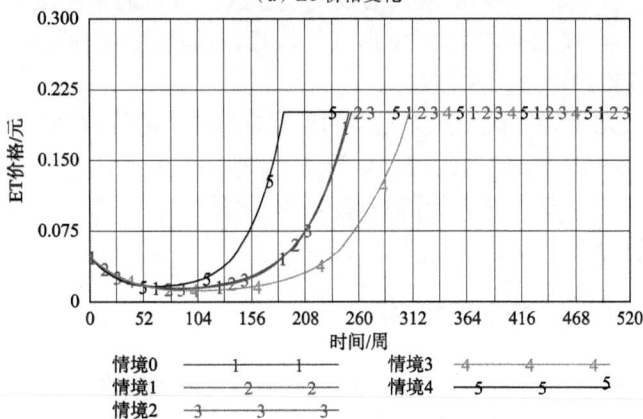

（b）价格管制下的 ET 价格

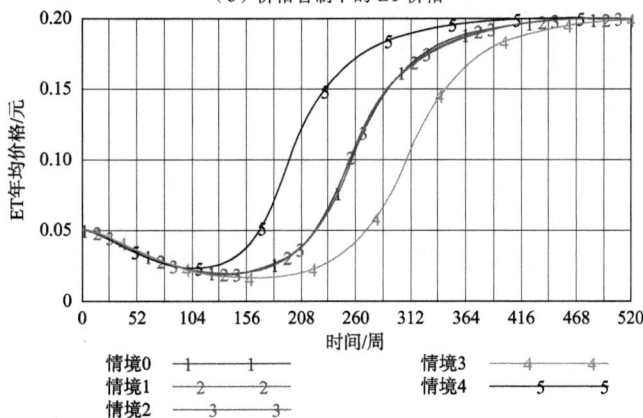

（c）ET 年均价格

图 14-6　ET 价格变化趋势

第一，在规划期内，由于初始价格（0.1 元/千瓦时）和 ET 供求关系的设定，基准情境、情境 1 和情境 2 中的 ET 价格先保持较平缓增长，然后迅速增长，且 TGC 规划目标因素对 ET 价格变化曲线的影响不显著；情境 3 中 ET 价格的增长幅度较平缓；情境 4 中 ET 价格的增长幅度比较陡峭，且在规划期内 ET 价格不会出现降低趋势，即不可实现市场均衡。

第二，在规划期内，ET 价格受到 ET 现货市场价格、价格上限和价格下限的共同影响，且在不同的碳排放量增长速率的约束下，其移动效果比较明显。ET 价格先呈 J 形增长态势，直到 ET 市场价格超过政府规定的 ET 价格上限（0.2 元/千瓦时），此后碳排放权便以此为信号进行交易。基准情境、情境 1 和情境 2 中的 ET 价格约在第 260 周达到价格上限；情境 3 中的 ET 价格会延期（在第 312 周）达到价格上限；情境 4 中的 ET 价格提前（在第 208 周）到达价格上限。

第三，ET 年均价格是影响对火力发电企业进行投资的重要因素。排除初始价格设定的干扰，在规划期内它呈 S 形增长趋势，且其调整周期的差异水平与 ET 价格的调整周期的差异水平类似。

综上可知，政府强制规定火力发电的碳减排量或碳减排速率导致一定数量 ET 供求的波动，而 ET 供求波动的加剧会导致 ET 价格波动。现货市场中，市场一直存在"超额需求"会致使 ET 价格一直增长。此外可知，TGC 制度对 ET 系统中价格的影响不显著。

14.4.2　对上网电价的影响

"发电上网"是一种电力供给行为，是发电企业与电网公司分开后的一种必然，即要求电力市场或二级市场中引入竞争，利用价格机制进行调节，最终实现发电企业生产与经营的市场均衡状态。

电力市场中的上网电价变化趋势如图 14-7 所示。分析图 14-7 可知以下几点。

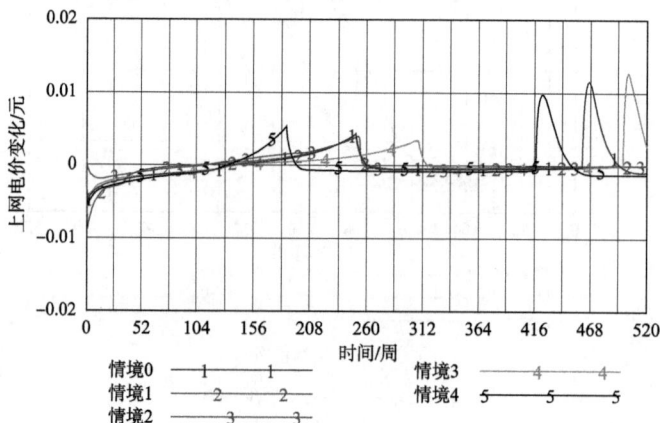

（a）上网电价变化

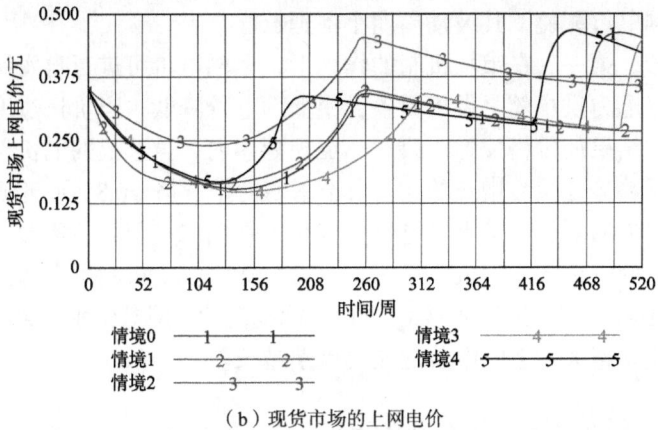

（b）现货市场的上网电价

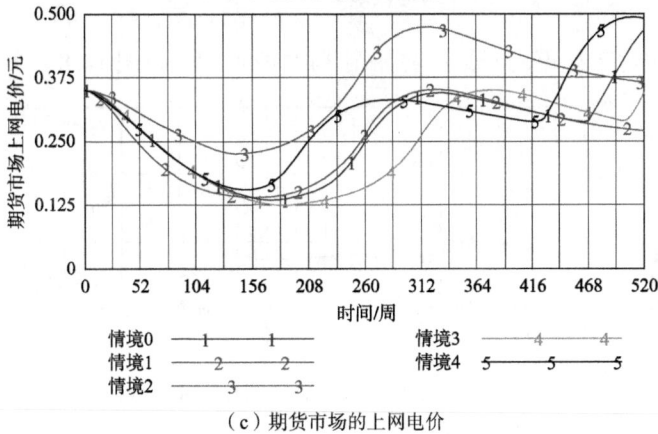

（c）期货市场的上网电价

图 14-7 电力市场中上网电价变化趋势

第一，在规划期内，剔除个别时点，上网电价的变化比较平缓，终将趋于均衡。但是，由于现货市场上网电价及电力供求的变化，价格变化会先出现跳跃后出现回落。在规划初期，情境 1 和情境 2 与基准情景的变化情况相似，但后期情境 1 和情境 2 中上网电价的变化会比较平稳，并未出现显著的波动；情境 3 和情境 4 与基准情景的波动规律相似，但波动周期存在差异，且规定的碳排放量增长速率越大，调整周期越长。

第二，在规划期内，现货市场上网电价的变化趋势是缓慢增长，但是波动幅度较为显著。现货市场的上网电价受到价格变化的影响。情境 1 和情境 2 中现货市场上网电价的波动趋势相同但是两者的波动幅度存在差异，上网电价的整体变化趋势呈"勺"形，且 TGC 规划目标越高，上网电价波动幅度越大；情境 3 和情境 4 中现货市场上网电价的波动规律相同但是两者的波动周期存在差异，上网电价的整体变化趋势呈 W 形，且碳排放量增长速率越快，调整周期越长。

第三，期货市场的上网电价反映出了一个平滑增长的过程，与相同情境中的现货市场上网电价相比,其波动周期小幅延长。

综上可知,第一,在市场机制的作用下,上网电价可进行自发调节。当价格过度增长时,电力供求随之做出调整,使上网电价降低;当价格过度下降时,电力供求调整的结果使价格反弹。第二,在规划期内,虽然上网电价出现波动,但是其整体发展趋势是缓慢增长的,且由于基期初始价格(0.35元/千瓦时)的设定及其他影响因素的限制,使上网电价并未在规划期末趋于某一常数,即在规划期内,均衡的上网电价未能形成。第三,TGC 机制和 ET 机制可引起上网电价的形成机理发生变化。政府设定的 TGC 规划目标越高,上网电价水平越高;规定的碳排放量增长速率越大,上网电价的波动周期越长。

14.4.3　对发电产业的影响

发电企业生产规模的变化趋势如图 14-8 所示。分析图 14-8 可知以下几点。

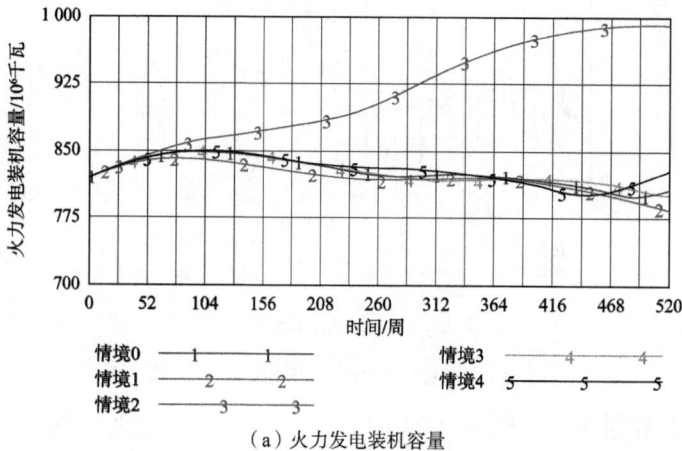

(a)火力发电装机容量

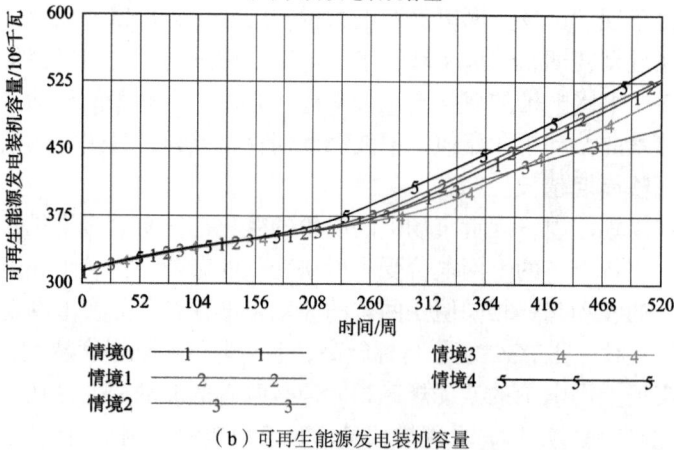

(b)可再生能源发电装机容量

图 14-8　发电企业生产规模变化趋势

第一，在规划期内，不同的规划目标组合使火力发电装机容量呈两种变化趋势。在情境 2 中，TGC 规划目标选择 "低" 方案（25%），碳排放量增长速率目标选择 "中" 方案（5%），该组合使火力发电生产规模逐期增长，且增长曲线呈扁平的 S 形；但在其他情境中，火力发电生产规模逐期减小，虽然基准情境和情境 4 中规划期末的装机容量略有增加，但是不同情境下装机容量之间的差异并不显著。

第二，在 TGC 机制、ET 机制和竞价上网机制的共同作用下，不同情境中的可再生能源发电生产规模均逐期增长。但是，由于规划目标存在不同的组合方案，因此可再生能源发电产业在中、后期的增长速率出现较明显的差异。在情境 2 中，可再生能源发电生产规模逐期增长，且增长曲线呈扁平的 S 形；在其他情境中，可再生能源发电生产规模增长曲线呈扁平的 J 形。

不同情境中电力供给的变化趋势如图 14-9 所示。分析图 14-9 可知，在发电竞价上网机制的作用下，通过引入 TGC 机制和 ET 机制，电力供给均可平缓增长，且波动不显著，但在情境 2 中其增长速率较快于其他情境。

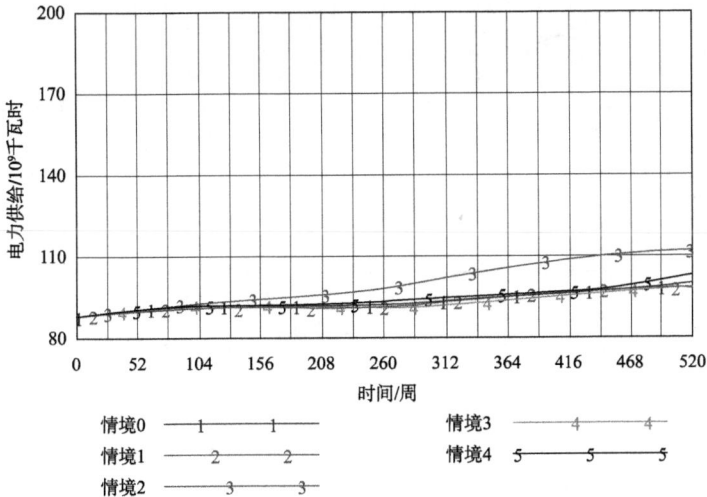

图 14-9　不同情境的电力供给变化趋势

综上可知，第一，TGC 规划目标和碳排放量增长速率对火力发电产业和可再生能源发电产业均可产生作用效果。虽然两种机制均可促进可再生能源发电生产规模的扩大，但是不同规划目标组合方案对火力发电生产规模的影响是不确定的。第二，虽然发电产业通过市场和竞价上网机制做出结构调整，但是可保证中国在未来 10 年相对稳定的电力供给；且在情境 2 中电力供给的增长显著有别于其他情境。究其原因：不同情境中，电力供给总量均逐期增加，说明中国即将逐步实现可再生能源发电技术对火力发电技术的替代；增速缓慢，说明未来一段时期内火力发电技术仍是中国电能生产的主要"力量";在情境2中,不同发电技术的生产规模均有所增加,在各自装机利用小时数不变的情况下电力供给总量逐期增加。

14.4.4　对需求侧的影响

不同情境中销售上网电价的变化趋势如图 14-10 所示。由图 14-10 可知,在不考虑电网企业的固定成本和维护费用的前提下,销售电价的影响因素主要包括现货市场上网电价、TGC 价格和 ET 价格。在不同的规划情境中,其变化呈缓慢降低态势。在情境2中,销售电价的降幅较大,但其变化过程较平缓;在其他情境中,销售电价的降幅相对较小,但是会在不同区间出现不同程度和不同周期的波动,如在情境0、情境3和情境4的前期出现上偏波动,在相应的后期出现下偏波动,在情境1的前期出现上偏波动,后期较平缓。

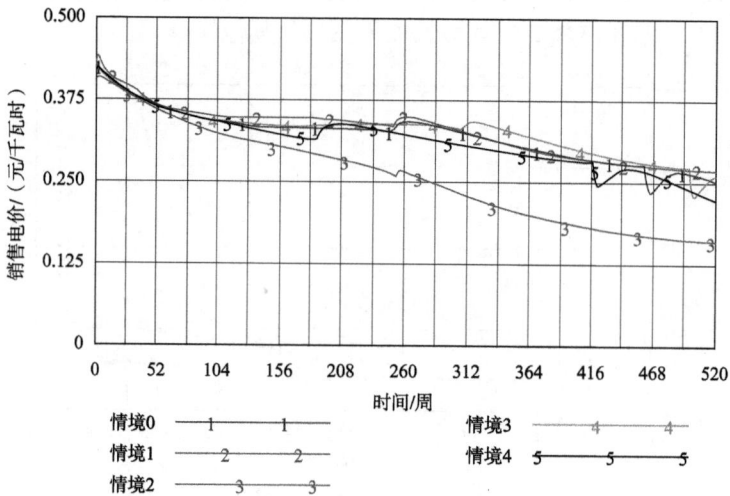

图 14-10　不同情境的销售上网电价变化趋势

不同情境中电力需求的变化趋势如图 14-11 所示。由图 14-11 可知,电力需求缓慢增加且与销售电价负相关;情境2中电力需求总量显著增加。分析其原因如下:当电力供给显著增加时,销售电价显著降低,从而导致电力需求显著增加;排除其他因素的影响效果,引入 TGC 机制和 ET 机制后,电力需求仍可保证温和增长,且与销售电价的关系符合一般性经济学原理。

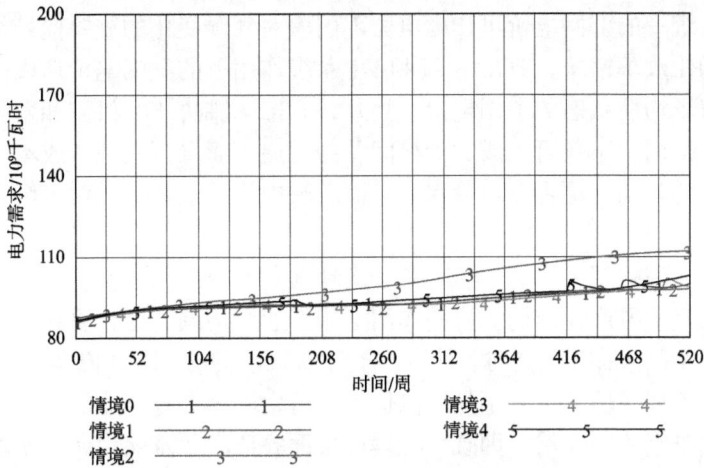

图 14-11　不同情境的电力需求变化趋势

14.5　本章小结

本章分析了给定条件下 TGC 机制和 ET 机制的优点，包括：第一，TGC 机制和 ET 机制的协同作用结果有利于推进电力部门的市场化改革；第二，通过市场机制作用，发电企业的选择更大，在面对市场风险时，成本和价格部分的反应更灵活；第三，二级市场交易更具有缓冲性，致使电力市场更稳定；第四，在应对气候变化问题上，TGC 机制和 ET 机制的作用效果可用以评价电源建设项目及其后期运营所带来的减排量额外性（additionality）指标，机制的顺利推行和实施可满足可持续发展要求且可实现节能减排目标。与此同时，TGC 机制和 ET 机制也存在一些限制：第一，两个制度对治理工具和协调方式的要求较高，即都要求一个较健全且信息有效的交易环境和平台；第二，TGC 配额和 ET 配额的设置合理性是制约政策效果的重要因素，即均要求一个动态的配额调整机制。

总结本章，可得以下结论。

第一，TGC 制度不仅可影响电力市场中的上网电价，而且可促进可再生能源发电产业的发展。在完善的 TGC 机制中，制度的实施能够有效影响 TGC 价格、上网电价及电力供求，从而影响对可再生能源发电产业的投资，并有效引导产业内企业生产规模和厂商数量的调整。

第二，ET 制度同样可影响电力市场中的上网电价。制度既可以规范火力发电产业发展的速率，也可以促进可再生能源发电产业的发展。在完善的碳排放交易机制中，制度的实施能够有效影响 ET 价格、TGC 价格、上网电价及电力供求，从而影响对发电产业的投资，并有效引导产业结构调整。

第三，统一的上网电价可作为电力部门应对气候变化的重要信号。较之传统的电力市场化改革措施，TGC 系统和 ET 系统作用下的上网电价形成机制可形成一个反映市场均衡状态的上网电价。另外，TGC 机制、ET 机制和发电竞价上网机制的协同作用，不仅可完成"价格间"的传递，而且可实现"成本—价格—投资—规模"的联动，更可在电价水平方面反映中国发电企业应对气候变化的决心和态度。

第四，合理的规划目标不仅有利于实现规划期内上网电价价格的形成，而且可以有效调整发电产业结构。协同作用下的产业结构调整比较温和，并未对中国电力供给产生巨大冲击。同时，科学、合理的 TGC 规划目标和碳排放量增长速率的组合设定（如情境 2），不仅可以促进可再生能源发电产业的发展，而且可以促进火力发电产业的发展，即既可在理论层面验证产业发展生命周期理论，又可在实践层面解决现阶段中国发电产业发展滞障的问题。

第 15 章 煤电能源供应链碳管理战略分析及协同机制①

15.1 问题的背景介绍

"十二五"规划明确提出降低温室气体排放强度、积极应对全球气候变化、走可持续发展道路的发展要求；国家发改委也组织编制"十三五"期间控制温室气体排放的工作方案，并且在"十三五"规划纲要中指出"主动适应气候变化"，任务目标中也明确提到"推动创新驱动发展"、"推动协调发展"和"加强生态文明建设"等内容。作为新时期"基础四国"②之一的中国，此举既是响应《气候变化框架公约》、《哥本哈根协议》和《联合国气候变化框架公约》等国际公约的切实行动，又是中国履行大国责任义务、改善国计民生、实现可持续发展的真实表现。目前，完善监测评估制度、加强监测评估能力建设、加强节能减排和气候变化等方面的统计工作，已成为现阶段中国亟待解决的问题。

中国电力部门是主要的碳排放部门，年均排放量约占全国总排放量的 50%，低碳发展和碳管理的重点是煤电能源供应链的各个企业。煤电能源供应链碳管理是针对温室气体（主要为 CO_2）排放，以最低的运营成本，有效地降低和抵消碳排放的管理过程，其目的是减少电力生产、输配及消费过程中的碳排放量，碳管理活动包括碳盘查、碳减排、碳报告和碳核证。碳盘查是基于能源产品层面和价值链层面，遵循温室气体议定书或 ISO14064 温室气体核证的标准方法和原则而进行的审查活动；碳减排是根据碳盘查的关键环节，针对性地采取相应措施，如改变生产和消费方式、回收利用、选择低碳高效煤炭、碳封存、购买排放额等；碳报告针对煤电能源供应链中的企业所排放情况或减排情况，对信息进行真实披露和对外公布；碳核证是认证机构对报告的内容和要求进行审核，并出具相关证

---

① 本章相关内容拟发表于：谭忠富，刘平阔. 中国煤电能源供应链碳管理战略分析及协同机制. 陕西电力，2016，44（6）：22-28。

② "基础四国"（BASIC）包括中国和巴西、印度、南非。

明材料。

为了明确碳管理目的，为四项基本活动提供战略指导，本书针对上述问题，研究煤电能源供应链碳管理及其协同机制，以期为中国煤炭产业和电力部门的低碳发展提供管理帮助。

面对全球气候变暖不断恶化、化石能源稀缺性日益严重、企业碳足迹的不断增加等一系列亟待解决的社会问题，供应链的可持续性与环境影响的外部性已受到政府、经济部门和消费者的关注（Stock et al., 2010；Stuchtey and Meyer, 2009）。除了发展经济，对社会的负责的另一个表现是改善能源资源效率，构建低碳供应链（low carbon supply chain，LCSC）（Amaeshi et al., 2008）；一些学者认为，以成本最小化和环境影响最小化为目标，通过构建一个适应发展的生态环境分析模型，用以研究供应链的发展是十分必要的（Le and Lee, 2013）。低碳供应链概念是经过绿色供应链和可持续供应链发展过程（J. G. Stead and E. Stead, 2000）提出的。张新（2011）基于低碳、环保的发展要求，分析供应链中企业进行资源整合对环境的影响，研究供应链的构建运行、市场营销、交付使用和回收等的过程，提出"低碳供应链"的概念。低碳供应链管理的目的是使节点企业的生产活动在整个生命周期中，在保证必要发展目标的前提下，使其活动对环境影响的负外部性最小；同时，通过技术和管理手段提高能源利用效率，实现供应链社会效益和经济效益的合理和稳定（蔡伟琨等，2011）。

碳管理水平已成为企业竞争力的一个重要方面，并且水平层次影响着国家的利益现实和未来的长远发展（孙振清等，2011），所以企业的经营绩效评价应充分考虑低碳发展模式的要求（Yilmaz, 2011）。从低碳设计技术、清洁能源技术、低碳制造技术三个角度分析，中国工业部门的生产技术亟待进行低碳改造（陆明，2011；王发明和毛荐其，2011），且企业的低碳竞争力是在低碳竞争中率先获取竞争优势的有效手段和重要途径（独娟，2012），所以低碳发展模式下，现代企业经营应转变管理机制，将创新能力和创新技术直接应用于企业传统的管理模式（郭睿，2011）。张建松等（2013）认为通过培训和宣传等方法，可增强企业碳管理意识。但是，在闭合的供应链中，由于企业品牌、信誉等因素，会存在"牛鞭效应"（Franke et al., 2005；Pati et al., 2010），所以，设计科学合理的低碳产品供应链运作过程，如产品的低碳采购环节、低碳生产环节、低碳交付环节、低碳回收环节，是必要的工作（施先亮和王京严，2011）。目前，国内外学者有关碳管理的研究主要集中于碳管理内涵与意义、企业低碳职能管理的研究等方面（李刚，2012b）。其中，Banister 和 Hickman（2011）分析了企业低碳发展障碍，并从完善法规政策、提高思想意识和加强自主创新等方面提出建议。另外，Poletika 等（2011）从盈利能力状况、经营发展状况、资产评估状况、信贷风险状况等评价了生产型企业的绩效，并在绩效考核评价因素中包含了低碳能力指标。徐砥中和廖培（2010）分析了企业的碳管理系统，并据此提出了基于熵理论的企业碳管理绩效综合集成评价模型；王蕴琪（2011）认为随着企业碳减排约束机制趋于严格，供应链中的节点企业协同碳减排的效率高于单个企业碳减排的效率。

15.2　供应链碳管理分析

15.2.1　PEST-SWOT 分析

在低碳发展的约束下，煤电能源供应链碳管理关系到政府部门、能源企业与消费者的重新界定。将节能减排与煤电能源供应链管理结合，使碳减排行为的作用效果体现于能源资源类全价值链的一致性行动中。例如，在煤炭和电力的产品生命周期中，为降低供应链中碳排放量，发电企业会要求设备制造企业提供零部件生产过程中所产生的碳排放量信息和煤炭企业提供动力燃料的煤炭质量信息，并通过协同管理，寻找环境、气候友好型的解决方案，以提供整个煤电能源供应链的碳管理能力和碳减排潜力。PEST 模型和 SWOT 模型均是用于战略分析的管理学模型。两个模型均是从四个维度对研究对象进行定位分析的。PEST 模型的维度包括政策层面（political，P）、经济层面（economic，E）、社会层面（social，S）和技术层面（technological，T）；SWOT 模型的维度包括优势因素（strength，S）、劣势因素（weakness，W）、机遇因素（opportunitiy，O）和挑战因素（threat，T）。对中国煤电能源供应链低碳发展的 PEST-SWOT 分析如表 15-1 所示。

表 15-1　煤电能源供应链低碳 PEST-SWOT 分析

维度	P	E	S	T
S		SE1：资源禀赋优势 SE2：低碳生产行为 SE3：低碳保险业务	SS1：低碳消费行为 SS2：碳中和方案 SS3：节能减排经验	ST1：碳捕获与封存技术 ST2：清洁能源发电 ST3：节能技术
W		WE1：重工业阶段特点 WE2：产业升级缓慢	WS1：碳足迹核算困难 WS2：企业社会责任增加	WT1：核心技术缺乏 WT2：科技人才储备不足
O	OP1：环保气候政策支持 OP2：立法保障	OE1：碳金融 OE2：碳交易市场 OE3：碳汇交易	OS1：国际低碳发展趋势 OS2：低碳城市试点 OS3：媒体宣传 OS4：国际合作 OS5：公众低碳意识	OT1：科研经费加大 OT2：固碳减排工程实施
T	TP1：国际公约的限制 TP2：即将推出的碳税政策	TE1：煤炭成本波动 TE2：全球经济增速缓慢	TS1：发达国家责任转移	TT1：绩效考核方案

（1）优势（S）包括经济性优势（SE）、社会性优势（SS）和技术性优势（ST）。

经济性优势体现于资源禀赋优势、低碳生产行为和低碳保险业务；社会性优势体现于低碳消费行为、碳中和方案及节能减排经验；技术性优势体现于碳捕获与封存技术、清洁能源发电和节能技术。

（2）劣势（W）包括经济性劣势（WE）、社会性劣势（WS）和技术性劣势（WT）。经济性劣势体现于重工业阶段特点和产业升级缓慢；社会性劣势体现于碳足迹核算困难和企业社会责任增加；技术性劣势体现于核心技术缺乏、科技人才储备不足。

（3）机会（O）包括政策性机会（OP）、经济性机会（OE）、社会性机会（OS）和技术性机会（OT）。政策性机会体现于环保气候政策支持、立法保障等方面；经济性机会体现于碳金融、碳交易市场、碳汇交易的发展要求；社会性机会体现于国际低碳发展趋势、低碳城市试点、媒体宣传、国际合作、公众低碳意识；技术性机会体现于科研经费加大、固碳减排工程实施。

（4）挑战（T）包括政策性挑战（TP）、经济性挑战（TE）、社会性挑战（TS）和技术性挑战（TT）。政策性挑战体现于国际公约的限制、即将推出的碳税政策；经济性挑战体现于煤炭成本波动、全球经济增速缓慢；社会性挑战主要体现于发达国家责任转移；技术性挑战体现于绩效考核方案。

15.2.2　Porter's Five Forces 分析

煤炭产业和电力产业是碳减排的重点关注行业，也是世界各国进行碳交易的主要经济部门。中国煤电能源供应链的低碳环境中，每个节点的企业都面临着低碳能力竞争的五种力量。根据波特五力理论和模型，构造中国煤电能源供应链碳管理竞争分析模型，如图 15-1 所示。

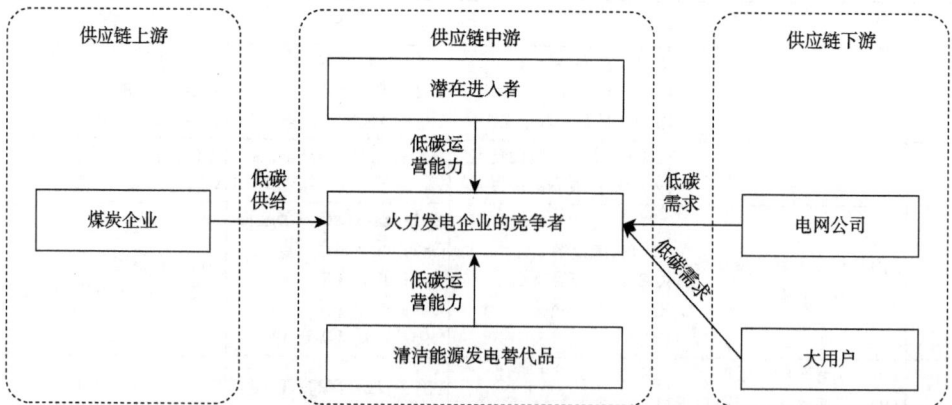

图 15-1　煤电能源供应链碳管理竞争分析

（1）与发电企业的竞争对手在碳管理方面进行同业比较，从而降低成本、提高碳管理能力，最终形成碳管理的标杆企业。

（2）煤炭企业的低碳生产、供给能力及运力部门的低碳运输能力，不仅决定了煤电能源供应链的低碳化程度，也成为煤电能源供应链碳管理的重点。发电企业在选择供应链上游合作伙伴时，应从经济效益、环境保护、气候友好、社会责任等角度进行综合评价，跟踪调查供应链的碳足迹，从而推进碳盘查、碳减排等工作。

（3）随着电网公司和大用户对碳排放问题的需求趋于严格苛刻，消费者将会越来越重视碳排放的相关指标，从而提高发电企业碳管理能力。若引入减排成本控制机制和煤炭消费总量控制机制，利用低碳标志，使发电企业提供给电网公司和电能消费大用户的电力指导低碳消费。将低碳标志作为消费决策的重要依据，不仅可以控制内部碳排放量，而且可以树立电力供给低碳化标准。

（4）市场中的潜在进入者也在碳管理方面具有优势。潜在进入者通过投资碳排放量较低的装机设备或碳减排技术设备，发挥潜在进入企业的整合优势，从而提高供应链碳管理的能力。

（5）清洁能源发电技术是火力发电企业的替代品部门。清洁能源发电产业的发展，不仅可以实现发电产业的产业结构调整和可再生能源对化石能源的替代，而且可以实现发电产业煤炭消费总量控制和二氧化碳排放量控制。因此，清洁能源发电企业应根据政策环境和市场环境，从发电技术层面，积极影响供应链碳管理的战略发展规划。

15.3　供应链碳管理

15.3.1　协同管理机制

通过以上战略分析，为实现中国煤电能源供应链碳管理的合理绩效，煤电能源供应链碳管理的主要应对策略应集中于管理协同的问题上。煤电能源供应链碳管理协同的目标是通过生产技术和管理技术的协调作用，提高物流生产效率，降低资金流成本，以实现供应链碳管理系统中资源合理配置，且提高社会福利水平。煤电能源供应链碳管理协同系统是一个复杂开放的社会经济系统，直接影响着其利益相关部门的关系。因此，煤电能源供应链碳管理协同系统应包括碳管理生产协同、碳管理销售协同、碳管理调度协同、碳管理战略规划协同、碳管理基础设施协同、碳管理组织协同、碳管理文化协同和碳管理技术协同等。

（1）生产协同是对煤炭、电力的低碳化生产过程的协调合作。一方面，通过统一规划进行纵向生产合作，发电企业购买生产能力较先进的装机设备、能源效率较高的煤炭，不仅可以提高化石能源利用效率，而且可以降低二氧化碳的排放量；另一方面，通过充分利用低碳设备进行横向合作，发电企业在满足本企业电力生产任务后，利用行业信息共享平台，将剩余电力生产力进行转移，不仅提高本企业的利润水平，而且可实现行业内的共赢。

（2）销售协同是煤炭企业、发电企业、电网公司及用户的低碳基本价值活动的业务协同。基于能源物质流、资金流和信息流的共享资源，联合区域产业中的企业共同参与营销活动，既能降低采购成本和销售成本，又能形成区位品牌、实现品牌协同效应，从而提升本供应链中节点企业的碳管理能力和市场知名度。

（3）调度协同是指通过统一调度，对煤炭产业和电力部门中的各协同元进行管理、控制和反馈，使供应链中的节点企业具有相似的低碳发展战略、匹配的低碳运营方式、协调的低碳发展技术与工艺等，从而提高煤电能源供应链碳管理的核心竞争力。

（4）战略规划协同的管理目的是提高供应链系统的适应能力，供应链中的节点企业针对碳管理中存在的复杂性战略问题，由低碳发展战略规划主导，使煤炭企业、发电企业和电网公司的碳管理协调发展，以实现低碳发展的"涌现现象"。

（5）基础设施协同主要是企业的碳减排设备、信息披露与交流平台、企业规则等硬件、软件的协同。对电网公司，应为发电企业提供高效的输配电服务、分布式能源建设规划、低碳规则指导等活动或设施；对发电企业，应购买和安装高效、节能、减排的装机设备，从而指导煤炭企业提高煤炭生产能力和煤炭质量。基础设施协同的目的是通过软硬件的协调，实现供应链协同效益的最大化。

（6）组织协同要求企业适应政策环境、经济环境的变化和发展要求，提高经济效益，实现可持续发展。通过供应链中的企业间协调组织，建立激励作用明显、适应能力强、控制效果有效的结构框架。组织结构是供应链碳管理的制度基础，企业必须通过协调组织，构建一个与碳管理活动相适应的低碳供应链组织。

（7）文化协同能够融合低碳理念、低碳发展战略、低碳组织部门、低碳协调过程、碳管理动态评估等因素。因此，通过媒体宣传、组织学习等活动，开展低碳文化的培养，使低碳文化因素发挥作用。

（8）技术协同是低碳发展的约束下，经济竞争的核心因素。碳管理技术协同涉及供应链上游、中游、下游企业与科研机构间的协同关系。在煤电能源供应链中，低碳技术涉及可再生能源及新能源、煤炭清洁利用、二氧化碳捕获与埋存等领域有效地控制温室气体排放新技术，如碳捕获与封存和碳捕获利用与封存（carbon capture utilization and storage，CCUS）等低碳化技术。企业间通过共同研究、战术整合和成果转让等途径，实现供应链碳管理的技术协同。

15.3.2　指标体系构建及权重确定

通过煤电能源供应链中各个环节碳管理的横向和纵向差距比较，结合碳管理的外部经济社会环境，识别碳管理的管理状况，制定科学合理的协同管理目标。根据中国煤电能源供应链的特征，经过管理识别、价值判断、调查问卷、小组讨论、专家咨询等工作，建立合理的评价标准体系，形成煤电能源供应链碳管理指标体系网络分析法（analytic network process，ANP）模型，如图 15-2 所示。

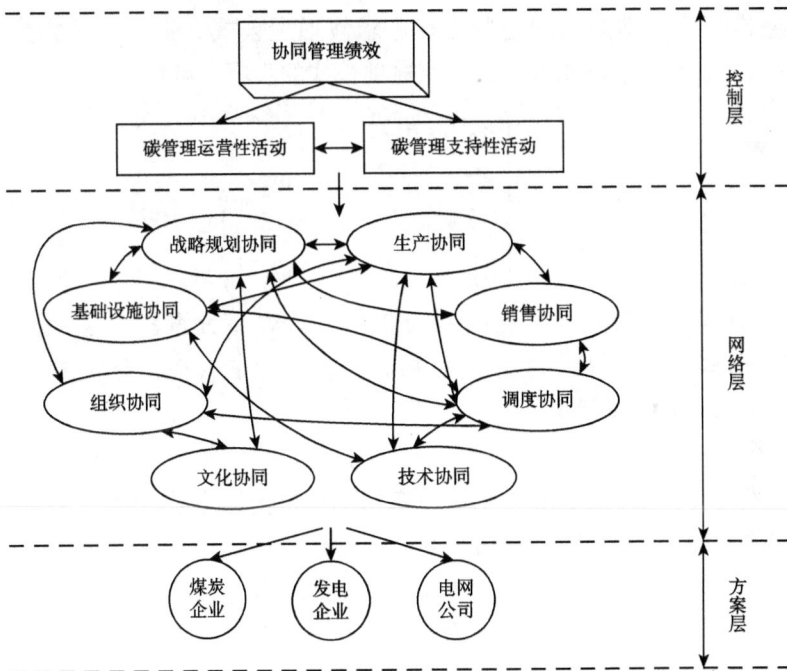

图 15-2　煤电能源供应链碳管理协同评价指标体系的 ANP 结构模型

通过分析指标体系中指标间的相互依存关系，将各个指标间的相互依存关系的影响权重组成矩阵。在选择和确定权重集的方法时，本书利用 T. L. Saaty 教授提出的"1~9 标度"法，通过计算得到比较判断矩阵。在计算元素权重方面，可利用最大特征根 λ_{max} 对应的标准特征向量各分量计算结果，作为煤电能源供应链碳管理的各个因素权重；根据 Perron 定理可知，利用最大特征根对应的标准特征向量应为正向量。为了衡量判断矩阵一致性，建立一致性指标 CI；同时为了减少比例标度的影响，对 CI 进行修正，引入判断矩阵的平均随机一致性指标 RI。

$$\mathrm{CI} = \frac{\lambda_{max} - n}{n-1} = \frac{-\sum_{i \neq max} \lambda_i}{n-1} \qquad (15\text{-}1)$$

$$CR = \frac{CI}{RI} \times 100\% \qquad (15\text{-}2)$$

根据比较矩阵，设定：控制层中，p_1，p_2，$\cdots$，p_m 为"准则"的元素；网络层中，C_1，C_2，$\cdots$，C_N 表示煤电能源供应链碳管理协同评价指标；e_{i1}，e_{i2}，$\cdots$，e_{iN} 表示 C_i 中的三级指标，且 $i = 1, 2, \cdots, N$。以控制层元素 p_s（$s = 1, 2, \cdots, m$）为准则，以网络层指标 C_j 中的三级指标 e_{jk}（$k = 1, 2, \cdots, n_j$）为次准则，按其对三级指标 e_{jk} 的影响程度，将煤电能源供应链碳管理协同评价指标 C_i 中的元素进行间接优势度比较，构造控制层元素准则 p_s 下的判断矩阵。然后，利用特征根法，通过数列的递推公式（即线性的差分方程）求解通项公式，得到权重向量 $w_{i1}^{(jk)}$，$w_{i2}^{(jk)}$，$\cdots$，$w_{iN}^{(jk)}$。对 $k = 1, 2, \cdots, n_i$ 重复通项公式的步骤，可得到：

$$W_{ij} = \begin{pmatrix} w_{i1}^{(j1)} & w_{i1}^{(j2)} & \cdots & w_{i1}^{(jn_J)} \\ w_{i2}^{(j1)} & w_{i2}^{(j2)} & \cdots & w_{i2}^{(jn_J)} \\ \vdots & \vdots & & \vdots \\ w_{in_i}^{(j1)} & w_{in_i}^{(j2)} & \cdots & w_{in_i}^{(jn_J)} \end{pmatrix} \qquad (15\text{-}3)$$

其中，W_{ij} 列向量即为 C_i 元素 e_{ik}（$k = 1, 2, \cdots, n_i$）对 C_j 元素 e_{jk}（$k = 1, 2, \cdots, n_j$）的影响程度排序向量。对 $i = 1, 2, \cdots, N$ 和 $j = 1, 2, \cdots, N$ 的各个元素重复计算步骤，可获得准则 p_s 下的超矩阵 W。

当指标之间存在相关性时，需要通过把指标作为元素，对 W_{ij} 进行加权处理。当遵循某准则时，煤电能源供应链碳管理协同评价指标体系结构将呈现内部独立的递阶层次结构，此时该超级矩阵退化为一般矩阵：

$$W = \begin{bmatrix} C_1 \\ C_2 \\ \vdots \\ C_N \end{bmatrix} \begin{pmatrix} W_{11} & W_{12} & \cdots & W_{1N} \\ W_{21} & W_{22} & \cdots & W_{2N} \\ \vdots & \vdots & & \vdots \\ W_{N1} & W_{N2} & \cdots & W_{NN} \end{pmatrix} \qquad (15\text{-}4)$$

运用 Super Decisions 软件运算，得到指标的权重、次级目标影响参数和总目标影响参数，如表 15-2 所示。由于 ANP 模型中方案层也参与支配关系和反馈关系的比较，所以最终不仅可得到极限矩阵，也可得到煤电能源供应链中各个企业的优势度比较结果。

表 15-2　煤电能源链碳管理评价指标及权重

指标	指标权重	次级目标权重	总目标权重
生产协同	0.093 86	0.331 99	0.129 11
销售协同	0.040 04	0.141 61	0.055 07
调度协同	0.148 81	0.526 39	0.204 71

续表

指标	指标权重	次级目标权重	总目标权重
战略规划协同	0.152 54	0.425 32	0.259 92
基础设施协同	0.029 44	0.082 07	0.050 15
组织协同	0.034 89	0.097 27	0.059 44
文化协同	0.097 41	0.271 61	0.165 98
技术协同	0.044 38	0.123 73	0.075 61

在软件主界面上，首先，通过"Computations/Show new priorities"命令的调入，计算得到各个准则结点相对于评价体系中目标结点的优势度，得到二级指标的优先排序。其次，选择"Computations /Unweighted SuperMatrix /Graphical"，生成全局的未加权超矩阵。再次，选择"Computations /Limit Matrix"命令生成全局的加权超矩阵（局部）。最后，运行"Computations /Priorities"命令，生成指标的全局权重。得到结果整理后如图 15-3 所示。

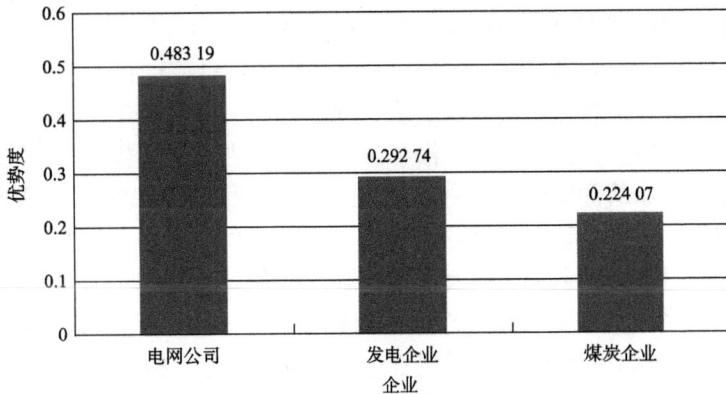

图 15-3　煤电能源供应链碳管理中企业的优势度排序

由图 15-3 可知，电网公司的优先度最大，为 0.483 19，其次是发电企业，为 0.292 74，最后是煤炭企业，为 0.224 07。在实现煤电能源供应链碳管理目标的过程中，指标因素的互相影响会对碳管理起促进作用，而电网公司的碳管理是重要的协同管理环节。电网公司根据中国宏观经济和气候变化情况，在战略规划协同管理中起着引导、约束与反馈的作用，而发电企业正是煤电能源供应链碳管理的关枢环节，是连接上游和下游的碳管理践行者，其低碳运营活动为碳管理绩效的实现提供可靠保障。因此，在现阶段的煤电能源供应链碳管理不成熟和管理工具不健全的情况下，煤炭企业应积极配合电力部门的组织协调工作，在碳管理生产协同、碳管理销售协同、碳管理调度协同、碳管理战略规划协同、碳管理基础设施协同、碳管理组织协同、碳管理文化协同和碳管理技术协同的共同作用下，促进各个经济部门积极面对能源、环境、气候问题，并制定与实施具有激励性、适应性和控制性的可持续发展碳管理流程，最终形成中国煤电能源供应链碳管理体系。

15.4　本章小结

一方面，世界能源价格和中国能源强度呈进一步上涨和提高的趋势，中国电力部门面临着能源安全、环境保护、气候改善等几个急需解决的问题；另一方面，地缘政治、美国货币宽松政策和欧债危机蔓延的不确定性以及哥本哈根联合国气候大会上中国的碳减排承诺，使中国电力部门的气候能源经济问题日益突出。本章的主要结论包括：

（1）根据 PEST-SWOT 分析结果，煤炭企业、发电企业和电网公司应充分发挥其发展优势，克服企业发展劣势，充分利用政策、经济、社会和技术的环境优势，转变思想观念、提高碳管理能力，在国内和国际的威胁因素中，开拓创新、优化产业，实现中国煤电能源供应链的可持续发展。

（2）煤炭企业、发电企业和电网公司是煤电能源供应链碳管理的主要参与者和受益者。企业应将企业利益与社会责任有机结合，在科学合理的机制下实施碳管理。在充分考虑同行业竞争者、潜在进入者和清洁能源发电企业的低碳运营能力，以及煤炭企业的低碳供给能力和电网公司和大用户的低碳需求水平时，采取低碳运营方式，把握低碳发展机遇，履行社会责任，以达到供应链温室气体减量国际标准，努力成为低碳发展约束下的行业领跑者。

（3）根据各个企业碳管理的外部环境和运营特征，利用碳管理协同机制指标体系，对煤电能源供应链碳管理的过程进行筛选、引导、控制和协调。在碳管理过程中，根据各个企业的优势度排序，相应分配供应链碳管理的权利和义务。在生产协同、销售协同、调度协同、战略规划协同、基础设施协同、组织协同、文化协同和技术协同的共同作用下，在实现碳管理协同目标的前提下，使中国煤电能源供应链碳管理健康有序可持续地发展。

第16章 政策含义与展望

16.1 政策建议

根据研究结论，本书给出如下政策建议。

（1）根据制度变迁中电煤交易的治理成本与边界选择的研究结论，提出如下建议。

第一，政府层面，应构建科学合理的资产评估体系。为了促进经济发展和实现社会公正，政府应组建相应的国有资产评估专项机构，尤其是界定关系专用性投资和关系专用性资产，并形成配套的评估机制，以保证国有资产的资源配置效率和公共福利最大化。

第二，企业层面，应构建科学合理的信息管理体系。不仅要保证供应链上下游的企业间策略信息的公开和透明，以提高决策"公平性"，还要界定生产成本、交易成本和治理成本的规范范围，完善各自的成本核算体系，以提高决策"效率性"。

第三，体制是改革的基础。在市场化改革过程中，选择合理的煤电交易边界、安排有效的治理结构、设计配套的运行机制，应是煤炭市场化改革和电力市场化改革中的首要问题。在此基础上，分析"价格联动"、"投资联动"和"规模联动"等问题才具有现实意义和可操作性。

第四，在交易边界的选择时，应根据资源禀赋、区域经济发展水平、企业生产规模、生产能力和技术水平等因素，选择适应性强的治理结构作为交易的边界。由于存在以上的制约因素，所以中国现阶段的煤电交易应在三种治理结构中进行。唯其如此，才能保证制度安排和政策框架设计的可行性，且从根本上保证中国煤炭市场化改革和电力市场化改革的有效性。

（2）制度变迁过程中，作为经济社会系统的考察标准，经济效率和社会公平应作为煤电交易甚至是能源交易稳定匹配和规模联动的终极目标。在设计"稳定匹配和规模联动的煤电交易机制"时，必须充分考虑效率问题和公平问题。唯其如此，机制的运行才不会偏离发展初衷，机制中的市场才不会失灵，机制中的制度才不会失效。由此,本书提出如下政策建议。

第一,市场设计是能源交易稳定匹配和规模联动的基础和必要条件,更是能源体制改革中的基础和重点。市场设计不仅应考虑能源交易平台和交易方式,而且应明确所有权归属,在科学的治理结构中选择合理的协调工具。由于区域发展的不平衡,中国能源交易形式也应根据局部市场的差异,选择合理的所有权形式。通过治理结构创新,选择合理的边界,协调不同情况下能源交易的激励效果、适应能力及产业绩效,保证能源交易过程的顺利实现,实现能源体制改革的宏伟目标。

第二,制度安排是煤电交易稳定匹配和规模联动的根本保障,"游戏规则"对能源交易极为重要。无论选择何种交易模式,实现能源交易稳定匹配有效性的必要保证是中国能源企业偏好排序的客观性和打分的真实性;得分数的必要保证是收益和信任的合理有效。保证上述问题的有效性,就必须充分利用中国的制度禀赋和制度结构,活跃规制治理和规制激励。在此基础上,分析交易的匹配问题、构建规模的动态联动才对推动国有企业改革具有实践意义。

第三,控制和调整能源产业规模的过程中,既应合理适度地淘汰产能落后、得分较小的现役能源企业,合并重组效率或信誉较低的能源供应商;又应通过能源需求方设置必要的市场准入壁垒,使新进入市场的能源供给者在与能源需求者的交易中考虑其得分数。若新能源企业的得分数必然小于现役能源企业的得分数,则应放弃进入该能源市场的意愿。

(3)根据煤电交易中的激励相容机制设计的结论,提出如下建议:首先,科学设计政府对燃煤发电企业的激励机制,如专项资金分配机制、契约的设计和监督惩戒机制等,以此提高燃煤发电企业的生产效率水平。其次,建立中国煤炭总量控制的评估机制,实施动态测算进口煤炭和国产煤炭的效率水平,并将其作为发电产业激励机制设计的重要内容。最后,完善促进产业发展的货币性转移机制,以弥补当前中国发电产业发展激励政策效应不足的问题。

(4)为保证和协调经济稳增、能源安全及环境和谐的关系,迫切需要解决中国煤电能源供应链风险管理问题。煤电能源供应链风险递展机理分析研究为供应链风险管理工作提供必要的理论基础,根据研究内容,建议如下:首先,切实推进中国煤炭、电力市场化改革,健全制度法律体系,完善政策框架,唯其如此,才能确保两大能源产业在市场机制和政府规制的协调作用下,以供应链为媒介、以"交易"为单位,实现资源的合理配置和有效利用,从而在成本、价格、投资及规模等方向实现联动及能源安全。其次,深化具有中国特色的煤电能源供应链风险管理理论的系统研究,尤其对涉及风险(源)递展的关键问题,如供应链风险递展途径、递展模式、制度安排、应对策略及监管机制等问题。最后,完善供应链风险递展及管控理论体系。以中国能源发展中长期规划为指导,借鉴世界各个主要工业化国家供应链管理的成功经验，科学研究并合理构建适合中国阶段性发展的煤电能源供应链指标体系，并通过对内、外环境的准确判断，适时地进行宏观调控和企业管理；在参考借鉴现有理论和技术方法的基础上，合理建立供应链风险递展及管控框架，并进一步发展和深化相关理论，使其成为中国煤电能源供应链风险管控的有力支撑和有效机制。

（5）基于煤电能源供应链风险关系及风险评价测度的结论，提出如下政策建议。电能产品虽然是大宗商品但其具有不可储存性，因此电力生产和消费必须保持时时均衡。同时，电力产业具有回收周期长和投资密集高等特点。电力规划必须统一、协调、可持续：若电力发展出现"超前"，则将导致电力基础设施从沉没成本变为闲置资源，造成资源浪费和分配不均；反之，若电力发展出现"滞后"，又将对企业的生产和居民的生活造成影响，电力短缺会造成不必要的社会经济损失。电力产业发展的波动也会造成煤炭产业发展的不稳定：如果电力中断，几乎全部的工业产业均无法正常运营。煤电能源供应链的协调发展可以在稳定煤炭市场和电力市场的前提下，保证电力的正常供需，为工业生产的顺畅与居民生活的稳定提供保障。所以，科学合理的系统性规划和管理，对中国煤电供应链中的各个经济部门、节点企业而言，既是亟待解决的问题，又是客观发展的要求。必须实施以市场为导向的产业发展政策，制订协调一致的产业发展规划，提高政府的协调能力与执行能力，在保证中国能源安全的基础上，科学管理供应链风险，确保中国化石能源和二级能源的有效利用和相关技术的研发与推广，以促进煤、电产业的规模化、产业化和链条化发展。

（6）为了克服中国发电产业发展的瓶颈问题，中国迫切需要改革和变迁发电产业的发展政策及相关制度。TGC 制度和 ET 制度不仅契合了调整国家经济结构、优化能源结构、理顺能源价格及保护资源环境气候的战略要求，而且有利于实现中国电力市场化改革深化和"政策-市场"共同作用的发展变迁。因此建议如下。

第一，切实推进中国电力市场化改革，加强应对气候变化上网电价形成机制、TGC 机制和 ET 机制的制度建设。唯有如此，才能理顺政府和企业的职能，"把错装在政府身上的手换成市场的手"，从而保证中国发电产业在"看得见的手"和"看不见的手"的共同作用下实现产业资源的合理配置和有效利用，从而促进产业可持续发展和提升社会福利水平。

第二，为构建资源节约型和环境气候友好型经济社会，应进一步完善能源产品价格形成机制。科学、合理的电价形成机制不仅具有指导和调节市场供求的信号作用，而且具有风险规避和价格发现的作用。唯有如此，才能保证中国电力市场的资源配置效率，进而降低政府的监管成本和企业的交易成本，切实推进中国电力市场化改革的进程。

第三，发电企业上网电价的形成过程应在一种合理的市场环境下和政策框架中进行。加强具有中国特色的、应对气候变化的上网电价的相关制度安排和政策框架设计的系统研究，尤其是加强涉及 TGC 和 ET 的关键问题的研究，如交易平台、交易方式、价格政策、契约机制及监管罚金机制。

第四，完善规划目标组合设定和配额分配机制。以中国发电产业中长期规划为指导，借鉴世界主要工业化国家的成功经验，科学界定和合理分配各个地区以及各种发电技术产业的绿色证书配额和碳排放许可证配额比例，并进一步建立合理的电力衍生品价格形成机制，使之成为理顺能源价格、配置能源资源的有效工具。

（7）虽然中国政府未对企业碳减排实行强制政策，但当前正是企业实施碳管理的绝佳时期。政府对供应链具有重要的影响，所以企业在战略制定时要与政府良好沟通，将供应链中的节点企业长期利益、节点企业短期利益与社会福利水平相结合，从宏观层面、产业层面和微观层面通过碳管理等决策和经济活动增加中国企业的可持续增长发展能力。另外，加强科研机构的科研力度是推动低碳发展的重要力量，煤炭企业、发电企业和电网公司应积极参与相关机构的碳管理研究，在沟通机制的作用下，获取碳管理的信息和资源，以实现供应链的低碳发展目标。

（8）为了进一步提升煤电高效清洁发展水平，努力打造煤电产业"升级版"，亟待分析和研究现阶段中国煤电能源供应链的现状问题和发展障碍。煤电产业"升级版"使煤电联动机制再次成为业界关注的焦点。但是，煤电联动机制想借此次打造煤电产业"升级版"仍有一定困难。由于煤电联动机制涉及多方的利益，再加上当前煤价波动远远超出相关标准，严重滞后的电价下调与煤电联动没有实质性关系，所以煤电联动机制的启动还很困难。首先，无论是煤电产业"升级版"的打造还是煤电联动机制的形成都需要一个过程，这将是一个长期的系统性工程。其次，煤电联动机制借助煤电产业"升级版"形成的可能性相对较小。另外，随着经济社会的发展，提升煤电高效清洁发展水平也成为一个刻不容缓的问题。但是这一提升也是需要过程的，清洁煤电的未来方向肯定是朝着煤电联动机制的方向走，但是目前对清洁煤电概念的定位还没有很强的说服力，再加上煤电企业"零排放"所带来的成本提升也是导致煤电联动机制难以形成的困难之一。因此，煤电价格联动机制目前还有很多困难没有能够得到解决。煤电联动机制的形成还十分困难，尤其是其中的价格联动，这涉及电力价格、煤炭价格难以理顺，电力价格由政府部门严格把控，煤炭价格受巨头企业影响以及其核心问题煤电矛盾，这些都是制约煤电价格联动机制形成的因素。虽然煤电联动在一定程度上会缓解部分发电企业的成本压力，但是煤电联动所产生的一些副作用也应警惕。构建和谐稳定的煤电关系，事关国家能源安全大局。中国煤电能源供应链中的煤、电企业双方存在冲突，拉锯式的谈判不断升级。正常情况下，从国家中央政府到地方政府部门，都应减少或避免对煤炭供需企业订货数量、品种、流向、价格等做任何干预，促使煤、电交易双方完全自主协商、自主定价。煤炭作为中国主要的一次能源，应在战略层面得到持续的关注，在煤炭市场化交易更加彻底的同时，还应一直在努力破解煤电矛盾，推进多种形式的煤电联合，具体应该考虑"止亏、拓展，煤电实现双赢"、"联营、长协，多种方式推动"及"循环、降耗，资源利用率提升"等问题。

（9）随着市场对煤电需求的不断膨胀和国家大力发展瓶颈行业的政策支持，各地立足煤炭资源优势，加速火电项目建设步伐，煤电一体化建设实现了迅猛发展。在煤电行业迅猛发展的同时，区域煤电行业投资高度集中，将导致潜在行业风险加剧。煤电行业投资集中主要表现在煤电行业投资比重相对较高、贷款投向集中于煤电行业、国内大型企业集团纷纷涉足煤电行业等，这些现象导致了区域煤电行业的快速发展。煤电行业投资集中易引发煤电行业信贷资金供应相对充裕与其他行业资金严重不足、煤炭供应能力限制与区域火电行业煤炭需求膨胀、煤电行业贷款风险集聚与银行贷款风险控制能力弱化、煤电资源型行业快速发展与实现区域经济可持续发展四大矛盾。煤电行业投资过热导致潜在行业风险的问题，在一定程度上已经严重影响了区域经济的可持续发展，应当引起高度重视。政府产业结构管理部门要树立正确的科学发展观，合理制定煤电行业规划，严格项目审批，按照"抓大限小"的原则，结合区域实际和资源优势，做好煤电项目建设规划，提高资源综合利用效率，防止煤电行业区域集中投资引发的重复建设等问题。同时，加强对煤电行业投资经营状况的监测，提高过度投资行业的监测、预警和提示能力，积极引导金融机构配合好国家产业政策，减少对过热行业和高风险行业的信贷支持力度，疏导煤电行业过剩资金合理转向，合理引导资金流向，以市场化手段促进煤电企业实现良性循环，确保区域经济协调发展。在搞好合理规划、引导资金合理流向的基础上，地方政府还要综合利用区域内各种资源，做好能源基地建设中的环境保护工作，加大对环境治理的投入，严控社会再生产过程中大量的烟尘、粉尘、二氧化硫和废渣等"三废"的排放，减轻地区环境承受压力，加强环境保护，提高可持续发展能力，建设和谐社会。

（10）当前煤电能源供应链的发展中需要考虑的几个问题。

第一，要进一步明确中国煤电的战略定位。应把加快提高煤炭转换为电力的比重和电能占终端能源消费的比重，确定为解决中国能源优化利用和环境保护的重大、基础战略。从长期来看，大力发展可再生能源发电就是中国能源和中国电力的未来，但若没有煤电在近、中期阶段的强力支撑，可再生能源发电就没有坚实的基础，也就没有未来。

第二，要高度重视煤电机组的"锁定"效应。2050 年基本上是现有煤电机组运行寿命的终结期，因此，2050 年左右将是中国电力结构进入新一轮调整的关键时期。在目前大量煤炭散烧的情况下，不应继续盲目提前关停火电机组尤其是关停供热火电机组，而应从全社会的节能减排效果、从电力系统的整体效率、从电力系统的安全、从火电机组的全生命周期等方面进行综合性评价，防止形成关停了小供热机组用供热锅炉替代供热、用大机组替代小机组进行调峰的现象，从而降低整体效率。如果不具备以天然气替代煤电的能源结构，不具备以更新、更高的燃煤发电技术替代现有发电技术的条件，就应当减缓用新煤电替代老煤电的速度。减缓煤电"锁定"效应形成的电力发展和全社会的影响。

第三，要统筹安排好煤电的厂址资源。应当将厂址资源等视为中国能源和电力发展的战略资源之一，发展煤电应当优先挖掘现有的厂址资源和规划好新的厂址资源。要与时俱进，从思想上破除对煤电"有罪推定"的先验论和经验论，应分清燃煤多不等于排放多，排放多不等于影响大的简单推论，在环境容量的优化上进行科学规划，确保煤电建设控制在社会和环境影响许可的范围之内。

第四，要加大煤炭为基础、电力为中心、各种产业循环发展的区域循环经济的发展。必须转变传统的发展模式，以因地制宜的循环发展作为推动煤炭和电力发展的模式，从产业链的规划设计上、从宏观调控的手段上、从区域经济发展上将煤、电和其他产业同步规划，但同时要避免为"循环"而循环，"循环"而不经济的蛮干方式。

第五，要加大能量系统的优化。煤电应起到能量系统优化中的主力军作用。把以电代煤、以电代油、以电代气、以电代柴、以电以气代煤作为解决中国雾霾天气和城市生活型污染的核心手段之一。法规约束、政策引导、市场调节、政府监管、中央政府和地方政府要协调。在成本很大的前提下，慎重决策以气替代清洁煤电。

第六，科学合理制定燃煤电厂的污染控制水平。应当与时俱进，采用最佳可行技术（best available technologies，BAT）来确定污染排放标准，不科学的排放标准不论宽严都是不正确的，排放标准绝不是越严越"正确"、越严越"环保"。

第七，煤电科学发展需要有科学的燃气发展战略作支撑。天然气的首要使命是替代民用及工业燃煤，其次是通过电力用气以稳定燃气负荷提高民用的经济性，再次是用于发电调峰，最后才是用于发电。

第八，加快推进与科学电力发展相匹配的电价市场化改革。电价市场化改革已经成为决定电力能否科学发展的最重要因素，成为能源战略的核心和前提。

第九，政府不要将管理上的失误毫无责任推卸到发展速度上。实际上这是可以做到协调发展的，由于管理上的失误却没有做到。

16.2　局限与展望

囿于研究时间、研究技术及研究环境等因素，本书还存在诸多不足。作为未来科研的后续工作与深化应用，本书将指出有待进一步推进和开展的研究工作内容。

（1）本书讨论了煤电交易的边界选择问题，从交易-治理总成本的角度，分析了煤电交易的制度变迁演化博弈过程。本书的创新点在于可提供一套科学合理的理论体系，指导煤、电企业针对煤电交易，做出有效的策略选择。但研究过程还存在一些局限：首先，成本函数在设定时，仅考虑专用性资产因素，并未考虑煤电交易的频率和不确定性等因素。其次，并未讨论煤电交易过程中的煤、电价格的定价机制和价格调节问题。最后，实证数据的不可得性和缺失，制约着对本书论证进行的验证过程。由于篇幅的限制，本书也未对煤炭企业与火力发电企业的交易过程的匹配问题进行论述。未来的研究工作会针对以上问题，逐步进行深入研究。

（2）本书的研究存在局限：并未对供应风险的效果型递展过程进行描述分析。以后的研究工作拟根据复杂系统理论，利用 SD 技术方法，对供应风险的效果型递展过程进行深入分析，以期形成更为全面系统的"供应链风险递展理论"。

（3）首先，未来研究可将定价机制整合于鲁棒规划模型，将价格作为驱动因子，改进模型对营业利润的解释能力。其次，可根据具体情况扩展决策模型，进一步分析短期和长期的煤电能源供应链风险管理，这可能涉及煤炭批量生产、电力节能减排调度和供应链短期财务计划等问题。未来研究可针对供应链风险转移和分担问题，研究煤电能源供应链如何自主、快速而经济地处理各种不确定性，并实现供应链的风险缓冲、适应和创新等性能。

（4）本书讨论了以"应对气候变化的上网电价形成"为导向的中国电力市场化改革"上网电价"问题，分析了 TGC 制度和 ET 制度对中国电力市场影响的政策效果，并构建了 SD 模型。然而，本书的研究过程还存在一些局限。首先，受数据可得性的限制，本书未将大水电产业从可再生能源发电产业中剥离出来，致使模拟仿真中的基期数据虽然可以说明产业发展的一般性趋势问题并提供政策参考，但无法完全描述中国 TGC 交易的实际情况，且未将电网企业界定为系统内的经济部门、未界定电网企业的边界和职能。其次，本书未将能源供应链风险管理问题以及企业交易匹配问题作为"电价形成机制"的考量因素，以期在今后的研究中对其作用效果进行展开讨论。最后，未考虑技术进步、学习曲线、负荷预测拐点等问题。未来将针对以上问题逐步深入研究。

参 考 文 献

白让让. 2009. 买方主垄断：政府规制与电煤价格的长期扭曲. 世界经济，8：83-96.

包森，田立新，王军帅. 2010. 中国能源生产与消费趋势预测和碳排放研究. 自然资源学报，25（8）：1248-1254.

卜亚. 2012. 激励相容：银行金融创新监管机制构建——理论综述及研究展望. 技术经济与管理研究，1：72-76.

才汝骏，沙炜，李响. 2011. 中国煤炭进口形势及未来走势分析. 煤炭经济研究，6：93-97.

蔡伟琨，毛帅，蔡友霞. 2011. 低碳供应链发展的企业战略探析. 企业活力，10：32-35.

柴建，郭菊娥，龚利，等. 2011. 基于 Bayesian-SV-SGT 模型的原油价格 "Value at Risk" 估计. 系统工程理论与实践，31（1）：8-17.

常良峰. 2003. 供应链优化及主从对策问题应用研究. 东北大学博士学位论文.

陈长彬，缪立新. 2009. 供应链风险类别、脆弱性因素及管理方法解析. 商业经济，5：98-101.

陈军. 2013. 基于行政力量推动的我国煤电一体化之路. 长春大学学报，23（7）：812-816.

陈祥锋，朱边立. 2002. Markovi 模型在供应链契约管理中的应用. 科研管理，23（2）：94-99.

陈远，任惠，蒋群. 2011. 含风电场的发输电系统并网方案的选择. 广东电力，24（1）：58-61.

程国平，邱映贵. 2009. 供应链风险传导模式研究. 武汉理工大学学报，2：36-41.

程敏，赵敏，李龙清. 2009. 煤电联营在经济可持续发展中的作用. 技术与创新管理，30（3）：362-365.

楚扬杰. 2006. 供应链风险预警与防范机制研究. 科技与管理，4：65-66.

崔彩云，王建平. 2013. 项目导向型供应链风险识别方法探讨. 商业时代，21（1）：44-45.

崔凤阁，李全喜，齐懿冰. 2012. 不确定条件下供应链的柔性和绩效研究框架. 企业经济，1：101-104.

邓爱民，聂治坤，刘利国. 2009. 不确定性供应链的鲁棒优化研究综述. 统计与决策，21：160-162.

邓明然，夏喆. 2006a. 基于耦合的企业风险传导模式研究. 经济与管理研究，3：66-68.

邓明然，夏喆. 2006b. 企业风险传导规律研究. 财会月刊，11（1）：13-14.

邓明然，夏喆. 2007. 企业风险传导及其载体研究. 财会通讯，7：25-26.

丁伟东，刘凯，贺国先. 2003. 供应链风险研究. 中国安全科学学报，4：64-66.

独娟. 2012. 论企业低碳竞争力的形成要素及构建路径. 求索，5：193-194.

方德斌，王先甲，吴敏芳. 2013. 考虑碳排放的发电侧多属性采购第二价格拍卖. 系统工程理论与实践，8：1984-1992.

方明，邓明然. 2002. 供应链柔性综合评价的探讨. 武汉理工大学学报（信息与管理工程版），24（6）：23-25.

方云龙. 2012. 供应链整合与供应链风险研究. 华东师范大学硕士学位论文.

冯华，张密，冯丽. 2013. 基于供应链柔性化的供应网络能力研究框架. 中国地质大学学报（社会科学版），13（6）：112-118，135.

付东. 2012. 中国煤电产业链协调性评价及制度安排研究. 中国地质大学博士学位论文.

傅红, 段万春, 杜元伟, 等. 2011. 基于变权层次分析的企业供应链物流绩效评价方法. 现代管理科学, 5: 38-39, 64.

谷敬煊, 姚立军. 2013. 借资本市场之力实现"煤电一体化"战略的实践探索. 煤炭经济研究, 33（1）: 34-38.

桂良军, 谷增军, 乔英伟. 2012. 基于政府规制的我国煤电企业收益协调机制设计. 中国软科学, 7: 159-168.

郭睿. 2011. 低碳经济下的企业管理机制. 中国市场, 18（1）: 29-31.

郭晓鹏, 杨里. 2012. 弹性煤电供应链一体化风险管理框架研究. 物流技术, 31（9）: 347-349.

韩玉忠. 2013. 国华电力煤炭供应链风险分析. 大连海事大学硕士学位论文.

何慧, 何俊, 赵正佳. 2006. 供应链协调机制与契约分析. 物流科技, 29: 130-132.

何晓群. 2004. 多元统计分析. 北京: 中国人民大学出版社.

洪剑锋. 2011. 风险调整绩效度量指标（RAPM）与经济增加值（EVA）研究综述//国金融风险经理论坛组委会. 风险管理. 北京: 企业管理出版社.

侯杰泰, 温忠麟, 成子娟. 2004. 结构方程模型及其应用. 北京: 教育科学出版社.

胡金环, 周启蕾. 2005. 供应链风险管理探究. 价值工程, 3: 36-39.

华中生. 2007. 柔性制造系统和柔性供应链——建模、决策与优化. 北京: 科学出版社.

黄良宝, 朱忠烈, 王峥, 等. 2009. 节能发电调度对华东电网规划的影响研究. 华东电力, 37（5）: 686-690.

黄守军, 任玉珑, 孙睿, 等. 2011. 基于碳减排调度激励性厂网合作竞价机制设计. 中国管理科学, 19（5）: 138-146.

黄小原, 晏妮娜. 2007. 供应链鲁棒性问题的研究进展. 管理学报, 4（4）: 521-518.

黄永, 孙浩, 达庆利. 2013. 制造商竞争环境下基于产品生命周期的闭环供应链的定价和生产策略研究. 中国管理科学, 21（3）: 96-103.

江卫. 2012. 基于系统动力学的煤炭企业循环经济系统研究. 天津大学博士学位论文.

姜建忠. 2014. 华鑫公司供应链牛鞭效应成因及对策研究. 华东理工大学硕士学位论文.

蒋文军. 2013. 中国煤电价格冲突及其调控研究. 武汉理工大学博士学位论文.

景普秋, 王清宪. 2008. 煤炭资源开发与区域经济发展中的"福"与"祸": 基于山西的实证分析. 中国工业经济, 7: 80-90.

康重庆, 陈启鑫, 夏清. 2009. 低碳电力技术的研究展望. 电网技术, 33（2）: 1-7.

柯文德, 吴佳烨. 2008. 基于双层决策模型的足球机器人系统研究. 茂名学院学报, 18（3）: 54-57.

劳承玉, 张序. 2013. 破除电力体制改革"马歇尔困境"的路径选择. 经济体制改革, 2: 34-38.

雷莲萍, 李华. 2001. 铁路主要通路煤炭运输的预测与展望. 煤炭经济研究, 4: 68-71.

雷莲萍, 李华, 石群. 1999. 电力结构变化对铁路煤炭运输的影响. 煤炭经济研究, 12: 21-23.

黎灿兵. 2006. 电力监管理论与方法的研究. 清华大学博士学位论文.

李彬, 季建华, 李国威. 2010. 综合收益和风险的供应链鲁棒性指标模型研究. 上海交通大学学报, 47（3）: 484-488.

李朝军. 2013. 中断情景下权衡效率和鲁棒性的供应链网络设计与实证研究. 山西大学硕士学位论文.

李春发, 朱丽, 徐伟. 2012. 基于数量弹性契约的供应链鲁棒运作模型. 天津理工大学学报, 28（2）: 78-82.

李存斌,李鹏,陆龚曙. 2013. 基于 MFGM 企业项目链风险元传递研究. 运筹与管理,4:241-247.

李刚. 2011. 供应链风险传导机理研究. 中国流通经济, 1: 41-44.

李刚. 2012a. 基于复杂网络的供应链建模与性能分析研究. 浙江大学博士学位论文.

李刚. 2012b. 企业低碳管理研究综述与展望. 科技创业, 3: 40-41.

李华娟. 2013. 基于博弈分析的双渠道供应链协调机制研究. 华南理工大学硕士学位论文.

李军. 2013. RBF 神经网络在供应链风险预警中的应用. 科技信息, 2: 191-193.

李莉, 谭忠富, 李宁, 等. 2010. 煤电差价合约及其合作效益优化分配的博弈模型. 中国管理科学, 18 (4): 133-139.

李丽, 杨力, 韩静. 2011. 煤电一体化趋势下煤电联营的博弈分析. 中国煤炭, 37 (1): 29-32.

李威, 杨子健. 2012. 加快沿海进口煤炭中转基地建设. 宏观经济管理, 4: 36-38.

李稳安, 赵林度. 2002. 牛鞭效应的系统动力学分析. 东南大学学报 (哲学社会科学版), 10: 96-98.

李永卓. 2010. 基于战略联盟的煤电供应链管理研究. 中国矿业, 19 (1): 71-74.

廖诺. 2010. 多级供应链系统动力学建模与仿真研究. 管理学刊, 23 (4): 53-55.

林伯强. 2005. 中国电力工业发展: 改革进程与配套改革. 管理世界, 8: 65-79, 171-172.

林伯强. 2011. 煤电联动并非我国独有. 中国电业, 8: 78-78.

林伯强, 魏巍贤, 李丕东. 2007. 中国长期煤炭需求: 影响与政策选择. 经济研究, 2: 48-58.

林伯强, 姚昕, 刘希颖. 2010. 节能和碳排放约束下的中国能源结构战略调整. 中国社会科学, (1): 58-71.

林勇, 马士华. 2000. 供应链企业合作机制与委托实现理论. 南开管理评论, 3 (2): 49-53.

刘冰. 2009. 煤电企业纵向交易合约选择的理论分析. 财经问题研究, 10 (1): 58-64.

刘冰. 2010. 煤电纵向交易关系: 决定因素与选择逻辑. 中国工业经济, 4: 58-68.

刘博. 2006. 区域市场煤电联营的产业效应分析. 西南交通大学硕士学位论文.

刘国中, 文福拴, 薛禹胜. 2009. 温室气体排放权交易对发电公司最优报价策略的影响. 电力系统自动化, 33 (19): 15-20.

刘虹. 2012. 煤电一体化面临的问题与对策. 宏观经济管理, 8: 53-55.

刘家国. 2011. 需求拉动型供应链突发风险传递模型. 运筹与管理, 5: 14-19.

刘家国, 李俊. 2011. 定价推动型供应链突发事件风险传递研究. 软科学, 9: 44-47.

刘莉. 2010. 供应链绩效竞争优势与企业绩效的实证研究. 中国软科学, (S1): 307-312, 377.

刘林艳, 宋华. 2010. 供应链企业间企业内协调对供应柔性和企业绩效影响的实证研究. 经济管理, 32 (11): 147-155.

刘希颖, 林伯强. 2013. 改革能源定价机制以保障可持续发展——以煤电联动政策为例. 金融研究, 4: 112-126.

刘跃伟. 2009. 基于多目标的供应链网状结构多级库存研究. 大连海事大学硕士学位论文.

刘振秋, 唐璟. 2009. 关于当前煤电价格矛盾的再认识——兼论电价改革与电力体制改革的关系. 价格理论与实践, 1: 12-14.

陆明. 2011. 机械制造中的低碳制造理论与技术应用. 才智, 29 (1): 38.

罗菲. 2007. VBM 框架下的价值驱动要素分析. 发展研究, 5: 96-98.

罗乾宜. 2011. 企业 EVA 体系中战略风险管控的导入. 财务与会计, 7: 21-23.

罗陨飞, 姜英, 涂华. 2011. 我国煤炭进口形势与进口煤质量分析与研究. 煤质技术, 2: 1-5.

马华士, 林勇. 2003. 供应链管理. 北京: 高等教育出版社.

马丽, 张光明, 李平. 2007. 供应链风险的传递机制与传递路径研究. 科技情报开发与经济, 31（1）: 96-98.

马林. 2004. 供应链风险管理下供应商选择熵权多目标决策分析. 统计与决策, 1: 43-44.

马林, 沈祖志. 2004. 中小企业供应链管理的汇率风险决策分析. 大连理工大学学报, 2: 51-53.

马卫民, 朱值军, Li S. 2013. 基于鲁棒优化方法的供应链协同创新——非完全竞争市场下的 RSFC 问题. 经济论坛, 8: 109-114.

马雪芬, 孙树栋. 2005. 多目标的供应链集成优化及数值仿真. 机械工程学报, 41（6）: 174-180.

孟翠翠, 季建华, 李新军. 2014. 基于柔性能力的供应链突发事件应急管理研究述评. 软科学, 28（4）: 127-130.

孟军, 张若云. 2007. 供应链柔性综合评价体系研究. 中国管理信息化, 10（9）: 56-59.

宁钟, 孙魏, 石香研. 2006. 供应链风险的情景分析与管理. 物流科技, 11: 56-60.

潘克西, 濮津, 向涛. 2002. 中国煤炭市场集中度研究——中美煤炭市场集中度比较分析. 管理世界, 12: 77-88.

彭丽. 2014. 供应链财务风险传导机制与控制体系研究. 南京理工大学硕士学位论文.

齐锋. 2012. 基于制度基础观的煤电纵向交易关系研究. 经济研究参考, 51（1）: 72-76.

齐金平. 2014. 基于不确定环境下战略联盟型供应链物流探索. 企业经济, 1: 44-47.

乔金锁, 王喜富, 沈喜生. 2013. 煤炭运输网络结构鲁棒性评价及应用研究. 交通运输系统工程与信息, 13（4）: 126-133.

邱灿华, 蔡三发, 沈荣芳. 2005. 分布式决策供应链的协调机制实施研究. 同济大学学报, 16（5）: 120-124.

邱浩正, 林碧芳. 2012. 结构方程模型的原理与应用. 北京: 中国轻工业出版社.

邱若臻, 黄小原. 2007. 时滞和参数不确定的供应链动态模型及其鲁棒 H∞ 控制. 信息与控制, 36（2）: 240-244.

邱若臻, 黄小原. 2011. 基于最小最大后悔值准则的供应链鲁棒协调模型. 系统管理学报, 20（3）: 296-302.

邱映贵. 2010. 供应链风险传递及其控制研究. 武汉理工大学博士学位论文.

曲创, 秦阳洋. 2009. 中国煤电谈判势力的来源与比较. 财经问题研究,（10）: 46-51.

任玉珑, 黄守军, 彭光金. 2011. 基于 CO_2 减排调度的电力市场激励规制策略研究. 统计与决策, 2: 40-43.

桑圣举, 王炬香. 2006. 供应链风险管理的研究与发展. 工业技术经济, 9: 84-86.

邵帅. 2010. 煤炭资源开发对中国煤炭城市经济增长的影响——基于资源诅咒学说的经验研究. 财经研究, 3: 90-101.

沈慧芬, 高欣佳. 2012. 以交易费用视角来理解煤电一体化. 经济视角, 5: 18-24.

沈小龙, 贾仁安. 2012. 我国煤电价格联动机制研究——基于系统动力学的视角分析. 价格理论与实践, 11: 23-24.

施先亮, 王京严. 2011. 低碳产品的供应链运作模型研究. 物流技术, 5: 106-108.

石少波. 2014. 供应链风险传导机制及管理决策研究. 石油石化物资采购, 2: 79-82.

石友蓉. 2006. 风险传导机理与风险能量理论. 武汉理工大学学报, 9: 48-51.

舒彤, 陈收, 汪寿阳, 等. 2010. 基于影响因子的供应链协同预测方法. 系统工程理论与实践, 30（8）: 1363-1370.

苏旭东, 鲁文轩. 2014. 基于结构熵权法的供应链柔性模糊综合评价研究. 物流科技, 1:

101-105，113.

孙振清，何延昆，林建衡. 2011. 低碳发展的重要保障——碳管理. 环境保护，12：40-41.

谭荣，曲福田. 2010. 中国农地发展权之路：治理结构改革代替产权结构改革. 管理世界，6：56-64.

谭忠富. 2013. 煤电能源供应链风险递展机理经济学分析. 中国电力企业管理，13（1）：26-27.

谭忠富，刘平阔. 2015. 交易成本、治理成本与边界选择：制度变迁中煤电交易的博弈问题. 华东经济管理，29（1）：73-80.

谭忠富，于超，姜海洋. 2009. 用户端峰谷分时电价对发电端节煤影响分析模型. 系统工程理论与实践，29（10）：94-101.

谭忠富，张会娟，刘文彦，等. 2014. 煤电能源供应链风险控制研究综述. 现代电力，4：66-74.

谭忠富，张明文，王绵斌. 2009. 煤炭价格与发电价格联动平衡关系模型. 电力系统及其自动化学报，21（3）：1-5.

唐莉莉. 2011. 供应链的鲁棒性度量及敏感性分析. 天津大学硕士学位论文.

万仲平，肖昌育，王先甲. 2006. 基于随机二层规划的不确定电力市场中交互式模糊竞价决策方法. 武汉大学学报，5（19）：12-16.

王保忠，何炼成. 2012. 对我国煤电冲突问题的再认识. 经济纵横，5：36-39.

王翠. 2012. 煤电企业供应链合作关系探析. 重庆科技学院学报（社会科学版），22（10）：81-82.

王道平，张学龙，赵相忠. 2013. 具有灰色随机动态特征的供应链牛鞭效应的鲁棒性分析. 中国管理科学，21（1）：57-62.

王发明，毛荐其. 2011. 低碳技术：低碳经济发展的动力与核心. 山东工商学院学报，2：29-32.

王桂花. 2010. 基于可拓物元模型的供应链柔性评价. 计算机应用研究，27（10）：3724-3726，3730.

王华清，宋学锋. 2009. 煤运电产业链纵向关系研究现状述评与展望. 中国矿业，18(9)：116-120.

王进强，张明玉，曹卫兵. 2009. 推进煤电一体化 促进能源工业又好又快发展. 管理世界，4：175-176.

王莉. 2013. 河北省区域粮食物流系统协调性评价研究. 燕山大学硕士学位论文.

王绵斌，谭忠富. 2009. 基于"增量法"下的电网投资风险评估模型. 电工技术学报，21（9）：18-24.

王能民，汪应洛，杨彤. 2007. 供应链协调机制选择与绩效关系研究综述. 管理科学，20（1）：22-29.

王庆云，王溢辉. 2006. 中国煤炭运输系统发展展望. 中国物流与采购，11：16-19.

王文宾，陈祥东，周敏. 2014. 不对称信息下逆向供应链奖惩机制研究. 中国矿业大学学报，1：175-182.

王兴海. 2013. 基于权重智能优化的供应链鲁棒性建模与仿真. 物流技术，21（11）：339-341.

王元明. 2009. 项目型供应链风险传递及其对策研究. 天津大学博士学位论文.

王元明，赵道致，徐大海. 2008. 基于风险传递的项目型供应链风险控制研究. 软科学，12（1）：1-4，13.

王玥葳，李清亮. 2012. 进口煤对中国近期沿海煤炭市场的冲击分析. 中国煤炭，9：5-7.

王蕴琪. 2011. 供应链碳管理的权衡因素及其完善. 企业经济，4：68-70.

汪卫. 2012. 基于系统动力学的煤炭企业循环经济系统研究. 天津大学硕士学位论文.

魏一鸣. 2006. 中国可持续发展战略报告. 北京：科学出版社.

吴军, 汪寿阳. 2004. CVaR 与供应链风险管理//章祥荪. 中国运筹学会第七届学术交流会议论文集. 香港：Global-Link 出版社.

吴军, 李建, 汪寿阳. 2006. 供应链风险管理中的几个重要问题. 管理科学学报, 9（6）：1-12.

吴侃侃. 2007. 价值驱动理论探索及在电网企业的应用. 电力信息化, 12：22-24.

吴伟. 2011. 供应链质量风险传递机理研究. 武汉科技大学硕士学位论文.

武丹. 2008. 基于竞价上网的煤电纵向一体化及其效率. 产业经济研究, 34（3）：20-27.

夏德, 王林. 2012. 供应链风险识别与风险管理杠杆选择. 企业经济, 7：24-27.

夏德建, 任玉珑, 史乐峰. 2010. 中国煤电能源链的生命周期碳排放系数计量. 统计研究, 27（8）：82-89.

夏皮罗 J. 2005. 供应链建模. 陈光欣, 孙国卓译. 北京：中信出版社.

肖虹. 2003. 论激励相容约束下的转移定价机制设计. 财经论丛,（9）：78-85.

肖兴志, 王钠. 2007. 转型期中国煤矿安全规制机制研究——基于激励相容的视角. 产业经济评论, 6：1-19.

徐斌. 2011. 中国煤电纵向整合的政策选择与协调. 经济体制改革, 5：26-30.

徐斌. 2012. 交易成本是影响纵向整合选择的重要因素吗？——来自中国煤电上市公司的实证检验. 经济经纬, 1：12-17.

徐兵, 朱道立. 2008. 竞争供应链的结构和链内协调策略分析. 运筹与管理, 17（5）：51-57.

徐砥中, 廖培. 2010. 基于熵理论的企业低碳管理绩效评价实证研究. 求索, 10：14-16.

徐广业, 但斌. 2012. 电子商务环境下双渠道供应链协调的价格折扣模型. 系统工程学报, 27（3）：344-350.

徐广业, 但斌, 肖剑. 2010. 基于改进收益共享契约的双渠道供应链协调研究. 中国管理科学, 18（6）：59-64.

徐玖平, 陈书建. 2004. 不对称信息下风险投资的委托代理模型研究. 系统工程理论与实践, 24（1）：19-24.

许秋韵. 2006. 基于价格折扣与合作的供应链协调性研究. 电子科技大学硕士学位论文.

薛健. 2013. 电煤市场化改革对煤炭产业的影响与对策. 宏观经济管理, 5：62-64.

颜忠娥. 2013. 基于 QFD 的供应链质量风险传递模型研究. 科技进步与对策, 12（1）：22-25.

杨丰梅, 成雅娜, 李健. 2011. 基于奖惩契约的闭环供应链协调性研究. 系统科学与数学, 31（10）：1250-1258.

杨贺, 刘金平, 聂锐. 2012. 我国电煤应急储备的必要性和可行性研究. 经济问题, 2：66-69.

杨彤, 聂锐, 刘玥. 2010. 基于价格传导复杂网络模型的煤电价格传导效应模拟分析. 中国矿业, 18（9）：31-35.

杨彤, 时如义, 康长安. 2013. 煤电一体化的不利影响及防范措施. 中国煤炭, 39（3）：17-19, 52.

叶厚元, 洪菲. 2010. 不同生命周期阶段的企业风险传导强度模型. 武汉理工大学学报, 3：437-441.

叶建木. 2009. 企业财务风险传导路径及传导效应. 财会月刊, 1：88-89.

叶建木, 邓明然, 王洪运. 2005. 企业风险传导机理研究. 理论月刊, 3：156-158.

叶泽, 何娇. 2013. "煤电之争"的根源及治理对策. 中国软科学, 6：142-153.

叶泽, 陈星文, 蔡建刚. 2012. 电煤市场中买方市场集中度对均衡价格的影响分析. 中国工业经济, 2：68-78.

于亢亢, 宋华, 钱程. 2014. 不同环境下的供应链运作柔性的绩效研究. 管理科学, 27（1）：43-54.

于鲲鹏. 2014. 生产型供应链脆弱性若干关键问题研究. 重庆大学博士学位论文.

于立, 刘冰, 马宇. 2010. 纵向交易理论与中国煤电的纵向交易效率. 经济管理, 32（3）：18-24.

于立宏, 郁义鸿. 2006a. 基于产业链效率的煤电纵向规制模式研究. 中国工业经济, 6：5-13.

于立宏, 郁义鸿. 2006b. 需求波动下的煤电纵向关系安排与政府规制. 管理世界, 4：73-86.

于立宏, 郁义鸿. 2010. 纵向结构特性与电煤价格形成机制. 中国工业经济, 3：65-75.

于洋. 2008. 基于系统动力学的供应链管理研究. 西南交通大学博士学位论文.

于智为, 胡小军, 张希良, 等. 2008. 能源系统复杂性管理建模方法研究. 管理学报, 5（5）：670-673.

于左. 2010. 我国煤电价格水平、交易方式及其相关决定因素. 改革, 3：43-53.

于左, 孔宪丽. 2010. 政策冲突视角下中国煤电紧张关系形成机理. 中国工业经济, 4：46-57.

俞海宏, 刘南. 2012. 数量柔性契约下引入激励的服务供应链协调性研究. 浙江大学学报（理学版）, 39（3）：352-360, 366.

袁永博, 闫国栋, 王艾琳, 等. 2010. 系统动力学在建设工程风险识别中的应用. 数学的实践与认知, 40（21）：99-106.

曾雪峰. 2010. 基于交易成本理论的发电企业煤电一体化决策研究. 中国电力教育, 15（1）：236-238.

张炳, 王珂, 毕军. 2010. 煤电市场对火电行业 SO2 排污交易市场的影响分析. 中国环境科学, 30（3）：416-419.

张存禄, 黄培清. 2004. 数据挖掘在供应链风险控制中的应用. 科技管理, 1：12-14.

张复明, 景普秋. 2006. 煤炭工业可持续发展基金及其效应分析. 中国工业经济, 9：30-37.

张广胜. 2013. 农产品供应链风险影响因素结构分析——基于 ISM 模型. 华东交通大学硕士学位论文.

张建松, 刘玫, 林翎, 等. 2013. 工业企业低碳管理评价方法研究. 中国标准化, 6：48-52.

张金清, 李徐. 2008. 资产组合的集成风险度量及其应用——基于最优拟合 Copula 函数的 VaR 方法. 系统工程理论与实践, 28（6）：14-21.

张京敏. 2005. 论提高供应链协调性的途径. 北京工商大学学报（社会科学版）, 20（2）：84-88.

张静. 2008. 电信基础设施共享政策的激励相容性分析. 中国通信, 12：22-25.

张鲲, 刘宏志, 刘道新, 等. 2011. 基于博弈论的发电与输电协调规划. 华东电力, 39（2）：168-171.

张明文, 谭忠富, 于超. 2009a. 燃煤发电机组之间节能置换及效益分配优化模型. 华北电力大学学报, 36（3）：108-111.

张明文, 李莉, 谭忠富. 2009b. 中国煤电产业链的协调发展及其相关问题分析. 华东电力, 2：213-216.

张萍. 2011. 不确定条件下供应链鲁棒优化模型及算法研究. 华中科技大学博士学位论文.

张涛, 孙林岩. 2005. 供应链不确定性管理：技术与策略. 北京：清华大学出版社.

张巍. 2009. 供应链企业间的协同创新模型研究. 重庆大学硕士学位论文.

张昕瑞, 王恒山. 2009. 供应链鲁棒性作用模型及衡量研究. 江苏商论, 3：116-118.

张新. 2011. 低碳供应链初探. 物流工程与管理, 33（1）：80-82.

张星星, 孙璐. 2009. 中国煤炭产业市场结构的问题研究. 太原科技, （8）：47-48.

张友国. 2010. 经济发展方式变化对中国碳排放强度的影响. 经济研究, 4：120-133.

张振川. 2004. 现代企业风险价值管理问题探讨. 会计研究, 3：55-58.

张忠寅. 2012. 制造业供应链风险传递的选择性机制研究. 南京航空航天大学硕士学位论文.

赵丹. 2012. 基于二层规划的煤电供应链收益分配研究. 沈阳工业大学硕士学位论文.

赵洱崇, 刘平阔. 2013. 固定电价与可再生能源配额交易的政策效果: 基于生物质发电产业. 工业技术经济, 9: 125-137.

赵连阁. 2009. 中国煤电定价实践、理论及其规范研究. 经济学家, 11: 30-36.

赵彤, 杨文国, 郭田德. 2007. 无线传感器网络中参数设定的双层规划模型及算法. 软件学报, 18 (12): 3124-3130.

赵晓丽, 乞建勋. 2007. 供应链不同合作模式下合作利益分配机制研究——以煤电企业供应链为例. 中国管理科学, 15 (4): 70-76.

赵晓丽, 乞建勋. 2008. 煤电企业供应链合作冲突规制模型. 中国管理科学, 16 (4): 96-103.

郑小京, 郑湛, 徐绪松. 2013. 供应链风险管理研究综述——风险控制. 技术经济, 32 (8): 118-124.

郑勇. 2003. 煤炭铁路运输将对供需调整产生影响. 中国煤炭, 29 (6): 14-16.

郑湛, 郑小京, 徐绪松. 2013. 供应链风险管理研究综述——信息风险管理. 技术经济, 6: 120-129.

周建中, 陈秀宏. 2013. 非对称信息下市场需求与生产成本同时发生扰动时的供应链决策. 中国管理科学, 21 (6): 61-70.

周金宏, 汪定伟. 2000. 考虑多运输方式的供应链生产计划多目标模型. 系统工程学报, 15 (4): 362-366.

周丽莎. 2013. 电煤供应链多级库存多目标优化研究. 华北电力大学硕士学位论文.

周鑫. 2014. 企业战略导向与供应链柔性的关系——以"联想"为例. 经营与管理, 12: 117-119.

周艳菊, 邱莞华, 王宗润. 2006. 供应链风险管理研究进展的综述与分析. 系统工程, 3: 2.

朱大庆, 欧国立. 2013. 煤电一体化的若干问题与政策建议. 宏观经济管理, 7: 67-71.

朱磊, 范英, 魏一鸣. 2009. 基于实物期权理论的矿产资源最优投资策略模型. 中国管理科学, 17 (2): 36-41.

朱羿锟. 2001. 论治理成本. 中国工业经济, 8: 61-64.

庄品, 王宁生. 2004. 供应链协调机制研究. 工业技术经济, 6: 71-73.

Abrell J, Weigt H. 2008. The interaction of emissions trading and renewable energy promotion. Economics of Global Warming. Germany: Dresden University of Technology, WP-EGW-05: 1-18.

Adida E, Perakis G. 2006. A robust optimization approach to dynamic pricing and inventory control with no back orders.Mathematical Programming, 107 (1): 97-129.

Aitken J. 1998. Supply chain integration within the context of a supplier association. Physical Review B Condensed Matter, 48 (12): 15457-15460.

Albrecht M. 2010. Supply Chain Coordination Mechanisms: New Approaches for Collaborative Planning, Lecture Notes in Economics and Mathematical Systems. Berlin, Heidelberg: Springer-Verlag.

Alchian A A. 1950. Uncertainty, evolution, and economic theory. Journal of Political Economy, 58 (3): 211-221.

Alchian A, Harold D. 1972. Production, information costs and economic organization. America Economic Review, 62: 717-795.

Alonso-Ayuso A, Escudero L F, Garin A, et al. 2003. An approach for strategic supply chain planning under uncertainty based on stochastic 0-1 programming. Journal of Global Optimization, 26: 97-124.

Amaeshi K M, Osuji O K, Nnodim P. 2008. Corporate social responsibility in supply chains of global brands: a boundaryless responsibility? Clarifications, exceptions and implications. Journal of Business Ethics, 81（1）: 223.

Amundsen E S, Mortensen J B. 2001. The Danish green certificate system: some simple analytical results. Energy Economics, 23: 489-509.

Anderson D, Lee H. 1999. Synchronized supply chains: the new frontier. Achieving Supply Chain Excellence Technology, 44（4）: 12-18.

Anderson E, Weitz B. 1992. The use of pledges to build and sustain commitment in distribution channels. Journal of Marketing Research, 29: 18-34.

Anderson P, Anderson E. 2002. The new e-commerce intermediaries. MIT Sloan Management Review, 43: 53-62.

Arns M, Fischer M, Kemper P. 2002. Supply chain modeling and its analytical evaluation. Journal of the Operation Research Society, 53（4）: 885-894.

Arthur W B. 1991. Designing economic agents that act like human agents: a behavioral approach to bounded rationality. American Economic Review, 81（2）: 353-359.

Arthur W B. 1993. On designing economic agents that behave like human agents. Journal of Evolutionary Economics, 3（1）: 1-22.

Arya A, Löffler C, Mittendorf B, et al. 2014. The middleman as a panacea for supply chain coordination problems. European Journal of Operational Research, 240: 393-400.

Augutis J, Krikstolaitis R, Martisauskas L, et al. 2011. Energy security level assessment technology. Applied Energy, 97（9）: 143-149.

Azaron A, Katagiri H, Kato K, et al. 2006. Modelling complex assemblies as a queueing network for lead time control. European Journal of Operational Research, 174: 150-168.

Azaron A, Katagiri H, Kato K, et al. 2007a. A multi-objective discrete reliability optimization problem for dissimilar-unit standby systems. OR Spectrum, 29: 235-257.

Azaron A, Katagiri H, Sakawa M. 2007b. Time-cost trade-off via optimal control theory in Markov PERT networks. Annals of Operations Research, 150: 47-64.

Azaron A, Brown K N, Tarim S A, et al. 2008. A multi-objective stochastic programming approach for supply chain design considering risk. Production Economics, 116: 129-138.

Azevedo F, Valea Z A, Moura P B, et al. 2010. A long-term risk management tool for electricity markets using swarm intelligence. Electric Power Systems Research, 80: 380-389.

Bajari P, Tadelis S. 2001. Incentives versus transaction costs: a theory of procurement contracts. Rand Journal of Economics, 32: 387-407.

Bakshi N, Adida E, Demiguel V. 2013. Supply chain intermediation when retailers lead. Working paper, London School of Business.

Baliga S, Sjostrom T. 2009. Contracting with third parties. American Economic Journal: Microeconomics, 1: 75-100.

Banister D, Hickman R. 2011. Low-carbon transport in a developed megalopolis: the case of London. Transport Moving to Climate Intelligence, 3: 41-52.

Bannai M, Tomita Y. 2007. Risk hedging against the fuel price fluctuation in energy service business. Energy, 32: 2051-2060.

Barbarosoglu G, Arda Y. 2004. A two-stage stochastic programming framework for transportation planning in disaster response. Journal of the Operational Research Society, 55（1）: 43-53.

Barlas Y, Gunduz B. 2011. Demand forecasting and sharing strategies to reduce fluctuations and the bullwhip effect in supply chains. Journal of the Operational Research Society, 62（3）: 458-473.

Barnes-Schuster D, Bassok Y, Anupindi R. 2002. Coordination and flexibility in supply contracts with options. Manufacturing & Service Operations Management, 4（3）: 171-207.

Battaglini M. 2007. Optimality and renegotiation in dynamic contracting. Games and Economic Behavior, 60: 213-246.

Belavina E, Girotra K. 2012. The relational advantages of intermediation. Management Science, 58: 1614-1631.

Bensoussan A, Çakanyildirim M, Feng Q. 2009. Optimal ordering policies for stochastic inventory problems with observed information delay. Production and Operations Management, 18（5）: 546-559.

Berg S V, Tschirhart J. 1988. Natural Monopoly Regulation. Cambridge: Cambridge University Press.

Bikram K, Bahinipati A, Kanda R, et al. 2009. Horizontal collaboration in semiconductor manufacturing industry supply chain: an evaluation of collaboration intensity index. Computers & Industrial Engineering, 57（1）: 880-895.

Bird L, Chapman C, Logan J, et al. 2011. Evaluating renewable portfolio standards and carbon cap scenarios in the U.S. electric sector. Energy Policy, 39: 2573-2585.

Birge J R, Louveaux F. 1997. Introduction to Stochastic Programming. New York: Springer.

Blackhurst J, Wu T, O'Grady P. 2004. Network-based approach to modelling uncertainty in a supply chain. International Journal of Production Research, 42: 1639-1658.

Blome C, Schoenherr T. 2011. Supply risk management infinancial crisis: a multiple case-study approach. International Journal of Production Economics, 134（1）: 43-57.

Bok J K, Grossmann I E, Park S. 2000. Supply chain optimization in continuous flexible process networks. Industrial and Engineering Chemistry Research, 39: 1279-1290.

Bollen K A. 1989. Structural Equations with Latent Variables. New York: Wiley.

Boonchuay C, Ongsakul W. 2011. Optimal risky bidding strategy for a generating company by self-organising hierarchical particle swarm optimization. Energy Conversion and Management, 52: 1047-1053.

Brindley C. 2004. Supply Chain Risk. Surrey: Ashgate Publishing.

Brown S J, Sibley D S. 1986. The Theory of Public Utility Pricing. Cambridge: Cambridge University Press.

Brusset X, Agrell P J. 2014. Dynamic supply chain coordination games with repeated bargaining. Computers & Industrial Engineering, 80: 12-22.

Buchmeister B, Friscic D, Palcic I. 2014. Bullwhip effect study in a constrained supply chain. Procedia Engineering, 69: 63-71.

Cachon G P. 2003.Supply chain coordination with contracts// Graves S C, de Kok A G. Handbooks in Operations Research and Management Science: Supply Chain Management. Amsterdam: Elsevier.

Cachon G, Netessine S. 2004. Game theory in supply chain analysis//Simchi-Levi D, Wu S D, Shen Z J. Handbook of Quantitative Supply Chain Analysis – Modeling in the eBusiness Era. International Series in Operations Research & Management Science. New York: Springer Science.

Casazza J, Delea F. 2003.Understanding Electric Power Systems. New York: John Wiley and Sons.

Cavinato J L. 2004. Supply chain logistics risks. From the back room to the board room. International Journal of Physical Distribution and Logistics Management, 34（5）: 383-387.

Ceresia F. 2009. A model of goal dynamics in organization: goal setting, goal commitment, training and management by objectives. Proceedings of the 2009 Conference on System Science, Management Science & System Dynamics. Shanghai: Tongji University.

Chandra C, Grabis J. 2009. Role off lexibility in supply chain design and modeling-introduction to the special issue. Omega, 37 (4): 743-745.

Chao H P, Peck S. 1996. A market mechanism for electric power transmission. Journal of Regulatory Economics, 10: 25-60.

Chen C L, Lee W C. 2004. Multi-objective optimization of multi-echelon supply chain networks with uncertain demands and prices. Computers and Chemical Engineering, 28: 1131-1144.

Chen C L, Wang B W, Lee W C. 2003. Multi-objective optimization for a multi-enterprise supply chain network. Industrial and Engineering Chemistry Research, 42: 1879-1889.

Chen F, Dresher Z, Ryan J K. 2000. Quantify in the bullwhip effect in a simple supply chain: the impact of forecasting, lead times and information. Management Science, 46 (3): 436-443.

Chen H, Chen T J. 2003. Governance structures in strategic alliances: transaction cost versus resource-based perspective. Journal of World Business, 38: 1-14.

Chen T K, Liao H H, Kuo H J. 2013. Internal liquidity risk, financial bullwhip effects, and corporate bond yield spreads: supply chain perspectives. Journal of Banking & Finance, 37: 2434-2456.

Cheng L C, Wen C L. 2004. Multi-objective optimization of multi-echelon supply chain networks with uncertain product demands and prices. Computers and Chemical Engineering, 28 (10): 1131-1144.

Cho R, Gerchak Y. 2005. Supply chain coordination with downstream operating costs: coordination and investment to improve downstream operating efficiency. European Journal of Operational Research, 162: 762-772.

Chopra S, Meindi P. 2001. Supply Chain Management: Strategy, Planning and Operation. New Jersey: Prentice-Hall.

Chopra S, Sodhi M. 2004. Avoiding supply chain breakdown. Sloan Management Review, 46 (1): 53-62.

Christopher M. 1992. Logistics and Supply Chain Management. London: Pitman.

Christopher M, Lee H. 2004. Mitigating supply chain risk through improved confidence. Working Paper, Cranfield School of Management.

Christopher S T. 2006. Perspectives in supply chain risk management: a review. International Journal of Production Economics, 103: 451-488.

Christopher T, Tomlin B. 2008. The power of flexibility for mitigating supply chain risks. International Journal of Production Economics, 116: 12-27.

Cinar D, Kayakutlu G. 2010. Scenario analysis using Bayesian networks: a case study in energy sector. Knowledge-Based Systems, 23: 267-276.

Cohen M A, Lee H L. 1989. Resource deployment analysis of global manufacturing and distribution networks. Journal of Manufacturing and Operations Management, 2: 81-104.

Colley P. 1998. Trading practices in the coal market: application of the theory of bilateral monopoly to the Australia-Japan coal trade. Resources Policy, 24 (1): 59-75.

Commons J R. 1924. Law and economics. Yale Law Journal, 34: 371-382.

Cranfield Management School. 2002. Supply chain vulnerability. UK: Management School, Cranfield University.

Cuieford J P. 1965. Fundamental Statistics in Psychology and Education. 4th edition. New York: McGraw Hill.

Cvsa V, Gilbert S. 2002. Strategic commitment versus postponement in a two-tier supply chain.

European Journal of Operational Research, 141: 526-543.

Day C J, Hobbs B F, Png J S. 2002. Oligopolistic competition in power networks: a conjectured supply function approach. IEEE Transactions on Power Systems, 17（1）: 597-607.

de Jonghea C, Delarueb E, Belmansa R, et al. 2009. Interactions between measures for the support of electricity from renewable energy sources and CO2 mitigation. Energy Policy, 37（11）: 4743-4752.

Dejonckhere J, Disney S M. 2008. Measuring and avoiding the bullwhip effect: a control theoretic approach. European Journal of Operational Research, 147: 567-590.

del Río González P. 2007. The interaction between emissions trading and renewable electricity support schemes: an overview of the literature. Mitigation and Adaptation Strategies for Global Change, 12（8）: 1363-1390.

Deloitte. 2004. Supply Chain Risk Management: Better Control of Your Business Environment. Deloitte Touche Tohmatsu.

Didem C, Gulgun K. 2010. Scenario analysis using Bayesian networks: a case study in energy sector. Knowledge-Based System, 23: 267-276.

Donald C D C, Waters J. 2007. Supply Chain Risk Management: Vulnerability and Resilience in Logistics. London: Kogan Page Limited.

Dumanli A G, Gulyurtlu I, Yu Y R. 2007. Fuel supply chain analysis of Turkey. Renewable and Sustainable Energy Reviews, 11（1）: 2058-2082.

Edward G, Anserson J, Fine C H, et al. 2006. Upstream volatility in the supply chain: the machine tool industry as a case. Production and Operation Management, 9（3）: 239-261.

Emrelseri S O. 2011. A new energy paradigm for Turkey: a political risk-inclusive cost analysis for sustainable energy. Energy Policy, 39: 2386-2395.

Epstein J M, Axtell R L. 1996. Growing Artificial Societies: Social Science from the Bottom Up. Cambridge: The MIT Press.

Esmaeili M, Aryanezhad M B, Zeephongsekul P. 2009. A game theory approach in seller-buyer supply chain. European Journal of Operational Research, 195: 442-448.

Esmaeilikia M, Fahimnia B, Sarkis J, et al. 2014-02-18. Tactical supply chain planning models with inherent flexibility: definition and review. http://dx.doi.org/10.1007/s10479-014-1544-3.

Fama E F. 1981. Agency problems and theory of the firm. Journal of Political Economy, 2: 335-357.

Fan J P H. 2000. Price uncertainty and vertical integration: an examination of petrochemical firms. Journal of Corporate Finance, 6: 345-376.

Fatemi M. 2010. Supply chain flexibility: definition and review. European Journal of Economics, Finance and Administrative Sciences, 20（20）: 140-147.

Feitzinger E, Lee H. 1997. Mass customization at Hewlett-Packard: the power of postponement. Harvard Business Review, 75: 116-121.

Finch P. 2004. Supply chain risk management. Journal of Supply Chain Management, 9（2）: 183-196.

Forgionne G, Guo Z L. 2009. Internal supply chain coordination in the electric utility industry. European Journal of Operational Research, 196（2）: 619-627.

Forrester J W. 1958. Industrial dynamics: a breakthrough for decision makers. Harvard Business Review, 36（4）: 37-66.

Franke J, Stockheim T, Konig W. 2005. The impact of reputation on supply chains: an analysis of permanent and discounted reputation. Information Systems and E-Business Management, 3（4）: 323-341.

Friedman M. 1953. The Methodology of Positive Economics//Milton F. Essays In Positive

Economics. Chicago: University of Chicago Press.

Gabbar H A. 2009. Engineering design of green hybrid energy production and supply chains. Environmental Modelling & Software, 24: 423-435.

Gale D, Shapley L S. 1962. College admissions and the stability of marriage. American Mathematical Monthly, 69 (2): 9-15.

Gambetta D. 1988. Trust: The Making and Breaking of Cooperative Relations. Oxford: Basil Blackwell.

Gerbing D W, Anderson J C. 1988. An updated paradigm for scale development incorporating unidimensionality and its assessment. Journal of Marketing Research, 25 (2): 186-192.

Ghirardi M, Menga G, Sacco N. 2008. An optimisation-oriented model of distributed supply-chain. Mathematics and Computers in Simulation, 79: 937-946

Gillenwater M. 2008. Redefining RECs—Part 2: untangling certificates and emission markets. Energy Policy, 26: 2120-2129.

Gjerdrum J, Shah N, Papageorgiou L G. 2000. A combined optimisation and agent-based approach for supply chain modelling and performance assessment. Production Planning and Control, 12: 81-88.

Goh M, Lim J Y S, Meng F. 2007. A stochastic model for risk management in global chain networks. European Journal of Operational Research, 182 (1): 164-173.

Gonzales J J. 1982. Efficiency aspects of electric utility coal operations. Energy Economics, 4: 127-133.

González P. 2004. Investment and screening under asymmetric endogenous information. Rand Journal of Economics, 35 (3): 502-519.

Gosling J, Purvis L, Naim M. 2010. Supply chain flexibility as a determinant of supplier selection. International Journal of Production Economics, 128 (1): 11-21.

Green M L. 1979. Vertical integration of successive oligopolies. American Economic Review, 8 (69): 137-141.

Guillen G, Mele F D, Bagajewicz M J, et al. 2005. Multiobjective supply chain design under uncertainty. Chemical Engineering Science, 60, 1535-1553.

Gulati R. 1995. Does familiarity breed trust? The implications of repeated ties for contractual choice in alliances. Academy of Management Journal, 38 (1): 85-112.

Gupta A, Maranas C D. 2003. Managing demand uncertainty in supply chain planning. Computer and Chemical Engineering, 27: 1219-1227.

Gupta A, Maranas C D, McDonald C M. 2000. Mid-term supply chain planning under demand uncertainty: customer demand satisfaction and inventory management. Computers and Chemical Engineering, 24: 2613-2621.

Gylfason T, Zoega G. 2006. Natural resources and economic growth: the role of investment. The World Economy, 29 (8): 1091-1115.

Haftendorn C, Kemfert C, Holz F. 2012. What about coal? Interactions between climate policies and the global steam coal market until 2030. Energy Policy, 48: 274-283.

Hahn G J, Kuhn H. 2012. Value-based performance and risk management in supply chains: a robust optimization approach. International Journal of Production Economics, 139 (1): 135-144.

Hallikas J. 2002. Risk analysis and assessment in network environments: a dynamic case study. International Journal of Production Economies, 78: 45-55.

Hallikas J, Karvonenb I, Pulkkinenb U, et al. 2004. Risk management processes in supplier networks. International Journal of Production Economics, 90 (1): 47-58.

Hanany E, Tzur M, Levran A. 2010. The transshipment fund mechanism: coordinating the decentralized multilocation transshipment problem. Naval Research Logistics, 57: 342-353.

Handfield R, Warsing D, Wu X. 2009. (Q, r) Inventory policies in a fuzzy uncertain supply chain environment. European Journal of Operational Research, 197 (2): 609-619.

Harland C, Brenchley R, Walker H. 2003. Risk in supply networks. Journal of Purchasing & Supply Management, 9: 51-62.

Hawdon D. 2003. Efficiency, performance and regulation of the international gas industry — a bootstrap DEA approach. Energy Policy, 31: 1167-1178.

He Y H, Zhou Y. 2012. Early warning model for risks of energy prices and energy price ratios in China's energy engineering. Systems Engineering Procedia, 3: 22-29.

Hendricks K, Singhal V. 2005. An empirical analysis of the effect of supply chain disruptions on long-run stock price performance and equity risk of the firm. Production and Operations Management, 14 (1): 25-53.

Hodgson G M. 1998. The Political Economy of Utopia: Why the Learning Economy is Not the End of History. London: Routledge.

Hogan W. 1992. Contract networks for electric power transmission. Journal of Regulatory Economics, 4: 211-242.

Höhn M I. 2010. Relational Supply Contracts, Lecture Notes in Economics and Mathematical Systems. Berlin, Heidelberg: Springer-Verlag.

Holburn G L F, Spiller P T, Walter A H. 2002. Institutional or Structural: Lessons from International Electricity Sector Reforms. Cambridge: Cambridge University Press.

Holland J H, Miller J H. 1991. Artificial adaptive agents in economic theory. American Economic Review, 81 (2): 365-370.

Holmstrom B. 1982. Moral hazard in teams. Bell Journal of Economics, 13: 324-340.

Holmstrom B. 1989. Agent costs and innovation. Journal of Economic Behavior and Organization, 12: 305-327.

Houlihan J B. 1987. International supply chain management. International Journal of Physical Distribution and Materials Management, 17 (2): 51-66.

Høyland K, Wallace S W. 2001. Generating scenario trees for multistage decision problems. Management Science, 47 (2): 295-307.

Huanga Y H, Wu J H. 2008. A portfolio risk analysis on electricity supply planning. Energy Policy, 36: 627-641.

Jarrow R A, Yu F. 2001. Counterparty risk and the pricing of defaultable securities. Journal of Finance, 5 (56): 1765-1800.

Jensen M, Meckling W. 1976. Theory of the firm: managerial behavior, agency costs and capital structure. Journal of Financial Economics, 3: 305-360.

Joskow P L. 1985. Vertical integration and long-term contracts: the case of coal-burning electric generating plants. Journal of law, Economics, & Organization, 11 (1): 33-80.

Joskow P L. 1987. Contract duration and relationship-specific investments-empirical evidence from coal markets. Journal of Economics, (21): 251-274.

Joskow P L. 1988. Price adjustment in long-term contracts: the case of coal. Journal of Law and Economics, 31: 47-83.

Joskow P L. 1990. The performance of long-term contracts-further evidence from coal markets. American Economic Review, 77: 168-185.

Joskow P L. 2003. Electricity sector restructuring and competition-lessons learned. Cuadernos de

Economía, 40: 548-558.

Juttner U, Peck H, Christopher M. 2003. Supply chain risk management: outlining an agenda for future research. International Journal of Logistics: Research and Applications, 6 (4): 197-210.

Kahn E P. 1998. Numerical techniques for analyzing market power in electricity. The Electricity Journal, 11 (1): 34-43.

Kampstra R, Ashayeri J, Gattorna J. 2006. Realities of supply chain collaboration. The International Journal of Logistics Management, 17 (3): 312-330.

Kang M, Mahoney J, Tan D. 2009. Why firms make unilateral investments specific to other firms: the case of oem suppliers. Strategic Management Journal, 330: 117-135.

Kashani H A. 2005a. Regulation and efficiency: an empirical analysis of the United Kingdom continental shelf petroleum industry. Energy Policy, 33 (7): 915-925.

Kashani H A. 2005b. State intervention causing inefficiency: an empirical analysis of the Norwegian continental shelf. Energy Policy, 33 (15): 1998-2009.

Kazempour S J, Moghaddam M P. 2011. Risk-constrained self-scheduling of a fuel and emission constrained power producer using rolling window procedure. Electrical Power and Energy Systems, 33: 359-368.

Kemp A G, Stephen L. 1999. Price, cost and exploration sensitivities of prospective activity levels in the UKCS. Energy Policy, 27: 105-116, 801-810.

Kersten W, Schroeder M, Skirde H, et al. 2012. The development of supply chain risk management (SCRM) implementation model. 23rd Annual Conference of Production and Operations Management Society. Chicago.

Kevin W, Tim M. 2003. Coordinated ordering decisions for short life cycle products with uncertainty in delivery time and demand. European Journal of Operational Research, 151 (1): 12-24.

Khalid A M, Rajaguru G. 2006. Financial market contagion or spillovers evidence from Asian crisis using multi-variate GARCH approach. Seminar Series of the University of New South Wales, 2006 Program. Bond University. May.

Kirman A P, Vriend N J. 2000. Evolving market structure: an ACE model of price dispersion and loyalty. Journal of Economic Dynamics and Control, 25 (5): 459-502.

Klein B, Crawford R, Alchian A. 1978. Vertical integration, appropriable rents, and the competitive contracting process. Journal of Law and Economics, 21: 297-326.

Kleindorfer P R, Saad G H. 2005. Managing disruption risks in supply chains. Production and Operations Management Society, 1: 53-68.

Klos T B, Nooteboom B. 2001. Agent-based computational transaction cost economics. Journal of Economic Dynamics & Control, 25: 503-526.

Klugman S A, Panjer H H, Willmot G E. 2004. Loss Models: from Data to Decisions. 4th edition. Hoboken: Wiley.

Knemeyer A M, Corsi T, Murphy P R. 2003. Logistics outsourcing relationships: customer perspectives. Journal of Business Logistics, 24 (1): 77-109.

Knutsson D, Werner S, Ahlgren E O. 2006a. Combined heat and power in the Swedish district heating sector-impact of green certificates and CO2 trading on new investments. Energy Policy, 34: 3942-3952.

Knutsson D, Werner S, Ahlgren E O. 2006b. Short-term impact of green certificates and CO2 emissions trading in the Swedish district heating sector. Applied Energy, 83: 1368-1383.

Koopmans T C. 1957. Three Essays on the State of Economic Science. New York: McGraw-Hill.

Kopczak L, Lee H. 1993. Hewlett-packard: deskjet printer supply chain//Lee H. Stanford Graduate

School of Business Case. Stanford: Stanford Education Press.

Koyuncugil A S, Ozgulbas N. 2012. Financial early warning system model and data mining application for risk detection. Expert Systems with Applications, 39: 6238-6253.

Krajewski L, Ritzman L, Malhotra M. 2010. Operations Management Processes and Supply Chains. New York: Pearson.

Krazit T. 2004-04-21. Trouble in East Fishkill? IBM chip group struggles. http://www. macworld. com/article/1035653/ibm.html.

Krickx G A. 2000. The relationship between uncertainty and vertical integration. International Journal of Organizational Analysis, 8 (1): 309-329.

Laffont J J, Tirole J. 1994. A Theory of Incentives in Procurement and Regulation. Cambridge: The MIT Press.

Lane D A. 1993. Artificial worlds and economics, part II . Journal of Evolutionary Economics, 3(3): 177-197.

Le T P N, Lee T R. 2013. Model selection with considering the CO2 emission alone the global supply chain. Journal of Intelligent Manufacturing, 24 (4): 653-672.

Lee H. 2004. The triple—a supply chain. Harvard Business Review, 82 (10): 102-112.

Lee H, Padmanabhan V, Whang S. 1997. Information distortion in a supply chain: the bullwhip effect. Management Science, 43 (4): 546-558.

Lee H, Wolfe M. 2003. Supply chain security without tears. Supply Chain Management Review, 11: 12-20.

Lee S J, Siau K. 2001. A review of data mining technique. Industrial Management & Data Systems, 101 (1): 41-46.

Leung S C H, Tsang S O S, Ng W L, et al. 2007. A robust optimization model for multisite production planning problem in an uncertain environment. European Journal of Operational Research, 181 (1): 224-238.

Li J P, Li M L, Wu D S, et al. 2012. An integrated risk measurement and optimization model for trustworthy software process management. Information Sciences, 191: 47-60.

Linares P, Santos F J, Ventosa M, et al. 2008. Incorporating oligopoly, CO2 emissions trading and green certificates into a power generation expansion model. Automatica, 44: 1608-1620.

Lindroth. 2001. Supply chain risk and risk sharing instruments: an illustration from the telecommunication industry. Proceedings of the Logistics Research Network 6th Annual Conference, 12: 848-849.

Liu H L, Jiang C W, Zhang Y. 2008. A review on risk-constrained hydropower scheduling in deregulated power market. Renewable and Sustainable Energy Reviews, 12: 1465-1475.

Loredo E, Sua H E. 2000. The governance of transactions: Joskow's coal-burning generating plants example revisited. Energy Police, 7 (19): 107-114.

Márcio A, Thomé T, Scavarda L F, et al. 2014. A multi-tier study on supply chain flexibility in the automotive industry. International Journal of Production Economics, 158: 91-105.

Mariñoso B G. 2001. Technological incompatibility, endogenous switching costs and lock-in. The Journal of Industrial Economics, 49 (3): 281-298.

Mark G, Lim J Y S, Meng F. 2007. A stochastic model for risk management in global supply chain networks. European Journal of Operational Research, 182 (1): 164-173.

Markmann C, Darkow I L, Gracht H. 2013. A delphi-based risk analysis — identifying and assessing future challenges for supply chain security in a multi-stakeholder environment. Technological Forecasting & Social Change, 80: 1815-1833.

Martha J, Subbakrishna S. 2002. Targeting a just-in-case supply chain for the inevitable next disaster.

Supply Chain Management Review, 6（5）: 18-23.

Mcafee R P, Reny P. 1992. Correlated information and mechanism design. Econometrica, 60: 395-421.

McClain M L. 2000. Assessing supply chain risk for space systems supportability. Logisties Spectum, 4: 54-56.

Meulbrook L. 2000. Total strategies for company wide risk control. Financial Times, 5: 45-57.

Milici R C. 2000. Depletion of appalachian coal reserves—how soon? International Journal of Coal Geology, 44（3~4）: 251-266.

Milliken F J. 1987. Three types of perceived uncertainty about the environment: state, effect, and response uncertainty. Academy of Management Review, 12: 133-143.

MirHassani S A, Lucas C, Mitra G, et al. 2000. Computational solution of capacity planning models under uncertainty. Parallel Computing, 26: 511-538.

Montero J P. 1997. Marketable pollution permits with uncertainty and transaction costs. Resource and Energy Economics, 20: 27-50.

Moon K, Ying C, Ngai E. 2012. An instrument for measuring supply chain flexibility for the textile and clothing companies. European Journal of Operational Research, 222（2）: 191-203.

Morthorst P E. 2003a. A green certificate market combined with a liberalised power market. Energy Policy, 31: 1393-1402.

Morthorst P E. 2003b. National environmental targets and international emission reduction instruments. Energy Policy, 31: 72-83.

Mulhall R A, Bryson J R. 2014. Energy price risk and the sustainability of demand side supply chains. Applied Energy, 123（15）: 327-334.

Mulvey J M, Vanderbei R J, Zenios S A. 1995. Robust optimization of large-scale systems. Operations Research, 43: 264-281.

Nagurney A. 2006. On the relationship between supply chain and transportation network equilibria: a supernetwork equivalence with computations. Transportation Research, 42: 293-316.

Nagurney A, Matsypura D. 2004. A supply chain network perspective for electric power generation, supply, transmission, and consumption// Gatu E J C. Advances in Computational Economics, Finance and Management Science, Kontoghiorghes. Berlin: Springer.

Nolz P C, Doerner K F, Gutjahr W J, et al. 2010. Bi-objective metaheuristic for disaster relief operation planning//Coello C A, Dhaenens C, Jourdan L. Advances in Multi-Objective Nature Inspired Computing. Berlin, Heidelberg: Springer.

Nooteboom B. 1999. Inter-Firm Alliances: Analysis and Design. London: Routledge.

Nunnally J C. 1978. Psychometric Theory. 2nd edition. New York: McGraw-Hill Book Company.

O'Doherty J. 2009-06-21. Ryanair slams Boeing 737 'confusion'. Financial Times June 21st. http://www.ft.com/intl/cms/s/0/4d2375b6- 9c12- 11e0-bef9-00144feabdc0.html#axzz1cX57hBT9.

Oksay S, Iseri E. 2011. A new energy paradigm for Turkey: a political risk-indusive cost analysis for sustainable energy. Energy Policy, 39（5）: 2386-2395.

Oliveira F, Gupta V, Hamacher S, et al. 2013. A Lagrangean decomposition approach for oil supply chain investment planning under uncertainty with risk considerations. Computers and Chemical Engineering, 50（1）: 184-195.

Osborne D, Smith G, Mann B. 2013. Supply chain management for bulk materials in the coal industry. The Coal Handbook: Towards Cleaner Production, 29（2）: 589-627.

Ovalle O R, Marquez A C. 2003. The effectiveness of using e-collaboration tools in the supply chain: an assessment study with system dynamics. Journal of Purchasing and Supply Management,

9 （4）：151-163.

Pagano U. 1999. Veblen, new institutionalism and the diversity of economic institutions. Paper for the Conference of the European Association for Evolutionary Political Economy, Prague.

Palmer K, Burtraw D. 2005. Cost-effectiveness of renewable electricity policies. Energy Economics, 27: 873-894.

Pati R, Vrat P, Kumar P. 2010. Quantifying bullwhip effect in a closed loop supply chain. Opsearch, 47 （4）：231-253.

Paulsson U. 2003. Managing risk in supply chains. Working Paper, Cranfield University.

Peck H. 2005. Drivers of supply chain vulnerability：an integrated framework. International Journal of Physical Distribution and Logistics Management, 35 （4）：210-232.

Petkov S B, Maranas C D. 1997. Multiperiod planning and scheduling of multipurpose batch plants under demand uncertainty. Industrial and Engineering Chemistry Research, 36: 4864-4881.

Plambeck E L, Taylor T A. 2007. Implications of renegotiation for optimal contract flexibility and investment. Management Science, 53: 1872-1886.

Poletika I M, Krylova T A, Golkovskii M G. 2011. Correlation of acoustic, physicochemical, and mechanical properties of coatings obtained using electron-beam welding deposition of chromium carbide on low-carbon steel. Protection of Metals and Physical Chemistry of Surfaces, 7 （2）：225-235.

Pousinho H M I, Mendesc V M F, Catalão J P S. 2011. A risk-averse optimization model for trading wind energy in a market environment under uncertainty. Energy, 36: 4935-4942.

Radetzki M. 1995. Elimination of West European coal subsidies. Energy Policy, 23 （6）：509-518.

Ramanathan R. 2001. Comparative risk assessment of energy supply technologies：a data envelopment analysis approach. Energy, 26: 197-203.

Rao S, Goldsby T J. 2009. Supply chain risk：a review and typology. Journal of Logistics Management, 20 （1）：97-123.

Rappaport A. 1998. Creating Shareholder Value：A Guide for Managers and Investors. 2nd edition. New York：Free Press.

Reichelstein S. 1992. Constructing incentive schemes for government contracts：an application of agency theory. The Accounting Review, 67 （4）：712-731.

Riker D A. 2012. International coal trade and restrictions on coal consumption. Energy Economics, 34: 1244-1249.

Riordan M H, Williamson O E. 1985. Asset specificity and economic organization. International Journal of Industrial Organization, 3: 365-378.

Roth A E, Sotomayor M A O. 1990. Two-sided Matching：A Study in Game-theoretic Modeling and Analysis. Cambridge：Cambridge University.

Sadeghi M, Shavvalpour S. 2006. Energy risk management and value at risk modeling. Energy Policy, 34: 3367-3373.

Sadorsky P. 2012. Modeling renewable energy company risk. Energy Policy, 40: 39-48.

Sánchez A, Pérez M. 2005. Supply chain flexibility and firm performance：a conceptual model and empirical study in the automotive industry. International Journal of Operations and Production Management, 7 （7）：681-700.

Santoso T, Ahmed S, Goetschalckx M, et al. 2005. A stochastic programming approach for supply chain network design under uncertainty. European Journal of Operational Research, 167: 96-115.

Sawhney R. 2006. Interplay between uncertainty and flexibility across the value chain：towards a transformation model of manufacturing flexibility. Journal of Operations Management, 24 (5): 476-493.

Schmitz P. 2002. Simple contracts, renegotiation under asymmetric information, and the hold-up problem. European Economic Review, 46: 169-188.

Segal I, Whinston M. 2002. The Mirrlees approach to mechanism design with renegotiation (with application to hold-up and risk sharing). Econometrica, 70 (1): 1-45.

Senge P. 1994. The Fifth Disciplne: The Art of Learning Organization and Practice. New York: Crown Publishing Group.

Shahbaza M, Tiwari A K, Nasir M. 2013. The effects of financial development, economic growth, coal consumption and trade openness on CO2 emissions in South Africa. Energy Policy, 61: 1452-1459.

Sheffi Y. 2001. Supply chain management under the threat of international terrorism. International Journal of Logistics Management, 12 (2): 1-11.

Simchi-Levi D, Kaminsky P, Simchi-Levi E. 2000. Designing and Managing the Supply Chain. Boston: McGraw Hill.

Simon H A. 1978. Rationality as process and as product of thought. American Economics Reviews, 68: 1-16.

Skouloudis A, Flamos A, Psarras J. 2012. Energy supply risk premium: review and methodological framework. Energy Sources, (1): 71-80.

Song J S, Zipkin P. 2009. Inventories with multiple supply sources and networks of queues with overflow bypasses. Management Science, 55 (3): 362-372.

Srai J S, Fleet D, Shi Y. 2004. Identification of supply chain capabilities in international supply networks. Proceeding of the 11th International EurOMA Conference, INSEAD. Fontainebleau, June: 27-29.

St. George A. 1998. Beyond "Filling in the Mosaic" //Benjamin E C. Harvard Business School Case Study. New York: John Wiley & Sons.

Stead J G, Stead E. 2000. Eco-enterprise strategy: standing for sustainability. Journal of Business Ethics, 24 (4): 313.

Steenhof P A. 2006. Decomposition of electricity demand in China's industrial sector. Energy Economics, 28 (3): 370-384.

Stevenson M, Spring M. 2009. Supply chain flexibility: an inter-firm empirical study. International Journal of Operation and Production Management, 29 (9): 946-971.

Stock J, Boyer S, Harmon T. 2010. Research opportunities in supply chain management. Journal of the Academy of Marketing Science, 38 (1): 32.

Stuchtey M, Meyer T. 2009. Energy-efficient supply chains, big savings within our grasp. International Commerce Review, 8: 136-144.

Sucky E. 2004. Inventory management in supply chains: a bargaining problem. International Journal of Production Economics, 1: 253-262.

Sucky E. 2006. A bargaining model with asymmetric information for a single supplier-single buyer problem. European Journal of Operational Research, 171 (2): 516-535.

Suh T, Kwon S. 2000. The role of bilateral asset specificity and replaceability on trust in supply chain partner. Working Paper, Cranfield University.

Sun X L, Li J P, Wang Y F, et al. 2013. China's sovereign wealth fund investments in overseas energy: the energy security perspective. Energy Policy, 65: 654-661.

Svensson G A. 2000. Coceptual framework for the analysis of vulnerability in supply chain.

Internation Journal of Physical Distribution & Logistics Management, 9: 731-749.

Świerczek A. 2013. The impact of supply chain integration on the "snowball effect" in the transmission of disruptions: an empirical evaluation of the model. International Journal of Production Economics, 157: 89-104.

Tan X M. 2013. China' s overseas investment in the energy/resources sector: its scale, drivers, challenges and implications. Energy Economics, 36: 750-758.

Tang C S. 1999. Supplier relationship map. International Journal of Logistics: Research and Applications, 2 (1): 39-56.

Tang C S. 2006. Perspectives in supply chain risk management. International Journal of Production Economics, 103 (2): 451-488.

Taylor T A, Plambeck E L. 2007a. Simple relational contracts to motivate capacity investment: price only vs. price and quantity. Manufacturing Service and Operations Management, 9(1): 94-113.

Taylor T A, Plambeck E L. 2007b. Supply chain relationships and contracts: the impact of repeated interaction on capacity investment and procurement. Management Science, 53: 1577-1593.

Tesfatsion L S. 1997. A trade network game with endogenous partner selection//Amman H M, Rustem B, Whinston A B. Computational Approaches to Economic Problems, Advances in Computational Economics. Dordrecht: Kluwer.

Timpe C H, Kallrath J. 2000. Optimal planning in large multi-site production networks. European Journal of Operational Research, 126: 422-435.

Towill D R, del Veehio A. 1994. The application of filter theory to the study of supply chain dynamics. Production Planning and Control, 5 (1): 82-96.

Trüby J. 2013. Strategic behaviour in international metallurgical coal markets. Energy Economics, 36: 147-157.

Tsiakis P, Shah N, Pantelides C C. 2001. Design of multi-echelon supply chain networks under demand uncertainty. Industrial and Engineering Chemistry Research, 40: 3585-3604.

Unger T, Ahlgren E O. 2005. Impacts of a common green certificate market on electricity and CO2 emission markets in the Nordic countries. Energy Policy, 33: 2152-2163.

Upton D M. 1994. The management of manufacturing flexibility. California Management Review, 36 (2): 72-89.

Uta J, Helen P, Martin C. 2003. Supply chain risk management: outlining an agenda for future research. International Journal of Logistics: Research and Applications, 4: 200-210.

van der Pol M, Currie G, Kromm S, et al. 2014. Specification of the utility function in discrete choice experiments. Value in Health, 17: 297-301.

Vehvil€ainen I, Keppo J. 2003. Managing electricity market price risk. European Journal of Operational Research, 145: 136-147.

Viswanthan S, Wang Q. 2003. Discount pricing decisions in distribution channels with price sensitive demand. European Journal of Operational Research, 149 (3): 571-587.

Walters D. 1999. The implications of shareholder value planning and management for logistics decision making. International Journal of Physical Distribution & Logistics Management, 29 (4): 240-258.

Warfield J N. 1973a. An assault on complexity. Battelle Monograph No 3, Battelle Memorial Institute, Columbus. Ohio, USA.

Warfield J N. 1973b. Intentional structures. IEEE Transactions on Systems, Man and Cybernetics, SMC3, (2): 133-140.

Warfield J N. 1973c. Binary matrices in systems modelling. IEEE Transactions Systems, Man and

Cybernetics, SMC, 3（5）：441-449.

Warfield J N. 1974a. Developing subsystems matrices in structural modelling. IEEE Transactions Systems, Man and Cybernetics. SMC, 4（1）：74-80, 81-87.

Warfield J N. 1974b. Structuring complex systems. Battelle Monograph No 4, Battelle Memorial Institute, Columbus. Ohio, USA.

Warfield J N. 1976. Societal Systems：Planning Policy and Complexity. New York：John Wiley & Sons.

Warfield J N. 1982a. Interpretive structural modelling//Olsen S A. Group Planning and Problem Solving Methods in Engineering Management. New York：John Wiley & Sons.

Warfield J N. 1982b. Organisations and systems learning. Gen Syst, 27：5-74.

Warfield J N. 1984. Principles of Interactive Management//Jane F R. System Theory and Practice. New York：John Wiley & Sons.

Warren K. 2008. Strategic Management Dynamics. New York：Wiley.

Willems B. 2002. Modeling cournot competition in an electricity market with transmission constraints. The Energy Journal, 23：95-125.

Williamson O. 1971. The vertical integration of production：market failure considerations. American Economic Review, 61：112-125.

Williamson O. 1975. Markets and Hierarchies：Analysis and Antitrust Implications. New York：The Free Press.

Williamson O. 1979. Transaction-cost economics：the governance of contractual relations. Journal of Law and Economics, 22：233-261.

Williamson O. 1981. The economics of organization：the transaction cost approach. American Journal of Sociology, 87：548-577.

Williamson O. 1983. Credible commitments：using hostage to support exchange. American Economic Review, 73：519-540.

Williamson O. 1985. The Economic Institutions of Capitalism：Firms, Markets, Relational Contracting. New York：The Free Press.

Williamson O. 1988. The logic of economic organization. Journal of Law, Economics and Organization, 4：65-93.

Williamson O. 1989. Transaction cost economics. Handbook of Industrial Organization, （1）：136-182.

Williamson O. 1991. Comparative economic organization：the analysis of discrete structure alternatives. Administrative Science Quarterly, 36：269-296.

Williamson O. 1993. Calculativeness, trust, and economic organization. Journal of Law and Economics, 36（1）：453-486.

Winter S G. 1964. Economic natural selection and the theory of the firm. Yale Economic Essays, 4：225-272.

Wiser R, Bachrach D, Bolinger M. 2004. Comparing the risk profiles of renewable and natural gas-fired electricity contracts. Renewable and Sustainable Energy Reviews, 8：335-363.

Wu F, Varaiya P, Spiller P, et al. 1996. Folk theorems on transmission access：proofs and counterexample. Journal of Regulatory Economics, 10（1）：5-24.

Yang M. 2008. China's energy efficiency target 2010. Energy Policy, 36（2）：561-570.

Yilmaz A. 2011. Temperature and surface potential correlations with serrated flow of low carbon steel. Journal of Materials Science, 46（11）：3766-3776.

Yu Z W. 2003. A spatial mean-variance MIP model for energy market risk analysis. Energy

Economics, 25: 255-268.

Yucekaya A. 2013. Bidding of price taker power generators in the deregulated Turkish power market. Renewable and Sustainable Energy Reviews, 22: 506-514.

Zaklan A, Cullmann A, Neumann A, et al. 2012. The globalization of steam coal markets and the role of logistics: an empirical analysis. Energy Economics, 34 (1): 105-116.

Zand D E. 1972. Trust and managerial problem solving. Administrative Science Quarterly, 17 (2): 227-239.

Zissis D, Ioannou G, Burnetas A. 2014. Supply chain coordination under discrete information asymmetries and quantity discount. Omega, 11: 1-22.

Zsidisin G A. 2003. A grounded definition of supply risk. Journal of purchasing & Supply Management, 9 (1): 217-224.

附　　录

中国煤电能源供应链风险指标调查问卷

尊敬的受访者：

您好！由衷感谢您在百忙之中参与华北电力大学经济与管理学院主持的国家自然科学基金"煤电能源供应链风险递展动因分析及风险控制模拟模型研究"项目的问卷调查！我们希望了解有关经济技术类指标对于中国煤电能源供应链风险管理的重要性。您的客观回答对项目研究具有非常重要的意义。

本问卷中的所有问题将不涉及您的工作机密与个人隐私，您只需依据自身的实际工作经验作答即可。我们在此承诺，对您填写的一切内容将严格保密，并仅供学术研究使用。收回的问卷将按严格的程序进行统计处理，不会涉及具体的单位或个人信息。

再次对您的支持表示真诚地感谢！

华北电力大学经济与管理学院

项目负责人：谭忠富教授

联系人：刘平阔

2013 年 12 月

作答提示：您可以在所选答案上打"√"，电子调查问卷可以将所选答案以"添加颜色背景、其他颜色、加粗或是斜体"等方式加以区分。

答卷人背景信息

1. 您的工作性质

A. 政府部门　　　　　　　　　　　B. 教育及科研机构研究人员

C. 煤炭企业员工　　　　　　　　　D. 电力企业员工

E. 其他（运力部门、储配中心和金融系统）

2. 您的受教育情况

A. 博士（及在读）　　　　　　B. 硕士（及在读）

C. 本科　　　　　　　　　　　D. 本科以下

3. 您从事能源或者电力行业的实践工作或者研究的时间

A. 小于 3 年　　　　　　　　　B. 4~10 年

C. 11~15 年　　　　　　　　　D. 大于 16 年

4. 您目前的职位

A. 高层管理（教授或高工）　　　　B. 中层管理者（副教授或工程师）

C. 专业的技术人员（班组长、讲师或助工）　　D. 普通成员

答卷说明

> 煤电能源供应链风险管理涉及煤炭生产、煤炭运输、发电、输电到用电的能源供应链各个环节之间协调发展的风险衍生源。一方面，煤电能源供应链风险是各种不确定性风险源的表现形式；另一方面，由于供应链上的节点企业间存在互相依赖性，任何一个企业或流程出现问题，都会波及和影响整个供应链的正常运作，导致供应链的效率降低。根据现有研究的分析，供应链风险的分类标准存在差异，如"可控风险和不可控风险""中断风险和运营风险""内生风险和外源风险"等。

下面的题目是关于中国煤电能源供应链风险评价指标重要性程度的一些测量。每一个题目后面的数字表示您认为该指标对风险指标评价的重要程度。其中，1 为"非常不重要"，2 为"不太重要"，3 为"一般重要"，4 为"比较重要"，5 为"特别重要"。如果您认为还有"极其/非常/很重要"的指标本问卷没有涉及，请在问卷的最后进行补充并标明其重要程度，并对这些指标作简要的说明。

中国煤电能源供应链风险指标的重要性评价

煤电能源供应链风险指标	风险对于煤电能源供应链管理的重要程度				
指标的名称及其说明	非常不重要	不太重要	一般重要	比较重要	特别重要
R_1 道德风险	1	2	3	4	5
说明：由于信息不对称，一方从另一方那儿得到剩余收益，合约破裂导致供应链危机					

续表

煤电能源供应链风险指标	风险对于煤电能源供应链管理的重要程度				
R_2 信息传递风险	1	2	3	4	5
说明：松散的联盟使供应链上发生信息错误的机会增多；信息传递延迟将导致上下游企业之间沟通不充分					
R_3 生产（供给）风险	1	2	3	4	5
说明：企业生产过程刚性太强，缺乏柔性					
R_4 采购风险	1	2	3	4	5
说明：采购过程的某个环节上出现问题					
R_5 物流风险	1	2	3	4	5
说明：原料供应、原料运输、原料缓存、产品生产、产品缓存和产品销售等过程中可能出现衔接失误					
R_6 财务风险	1	2	3	4	5
说明：公司财务结构不合理、融资不当使公司可能丧失偿债能力而导致投资者预期收益下降					
R_7 企业文化差异	1	2	3	4	5
说明：企业在经营理念、文化制度、员工职业素养和核心价值观等方面必然会存在一定的差异					
R_8 经济周期风险	1	2	3	4	5
说明：经济繁荣和衰退交替的周期性变化，使供应链的经营风险加大					
R_9 制度/法律风险	1	2	3	4	5
说明：国家的制度、法律在逐渐完善的过程中，规制、制度、法律法规的调整、修订的不确定性					
R_{10} 市场（需求）风险	1	2	3	4	5
说明：消费者需求偏好的不确定性，使企业准确的能源需求预测的难度加大					
R_{11} 政策风险	1	2	3	4	5
说明：当经济政策发生变化时，会对供应链的筹资、投资及其他经营管理活动产生影响；此外还包括环境、气候政策					
R_{12} 意外灾害	1	2	3	4	5
说明：地震、火灾、政治的动荡、意外的战争、气候变化、环境恶化等					
指标补充及重要度					
1	1	2	3	4	5
说明					
2	1	2	3	4	5
说明					

问卷到此结束，麻烦您再认真检查一遍是否有遗漏的问题未答！

再次感谢您对我们工作的支持，敬祝心想事成！